ハイデガーと哲学の可能性

世界・時間・政治

森一郎［著］

法政大学出版局

序

本書は、ハイデガー研究に志して以来の私のつたなき歩みの小括である。

卒業論文「ハイデガー『存在と時間』に於ける本来性と非本来性の二様態に就いて」で一九八六年に学部を卒業した私は、大学院に入ってからもハイデガー研究を続けた。一九八八年末に提出した修士論文「世界への関わり――ハイデガーにおける世界内存在の現象学」の内容の一部は、本書第一部に収めた論文にも用いられている。つまり、収録論文のうち一番早いものは、かれこれ三十年近く前に書かれたことになる。

それら一九九〇年代前半に成立した論文を中心に博士論文をまとめようと考えたこともあったが、結局それは実現せず、代わりに二〇〇〇年代に入ってから書き継いだものを一書として公刊し、学位請求論文とした。『死と誕生』（二〇〇八年）がそれである。その後に出した『死を超えるもの』（二〇一三年）と、『世代問題の再燃』（二〇一七年）にも、ハイデガー関連の論文をいくつか収録した。以上三つの単著に収めたもの以外で、私がハイデガーに関して書いてきた論文を集めたのが、本書である。なお、先ごろ著わした『現代の危機と哲学』（二〇一八年）は、基本的には書き下ろしだが、一部、本書の第Ⅲ部に収録した論文の内容を用いたところがある。

分量は膨らんだが、もう一つの博士論文とするほどのものになりえているかは自分では分からない。少なくとも、私が三十年間、一人の哲学者に胸を借りながらたどたどしくも考えてきたことの総まとめにはなっているように思う。つまり、ハイデガー研究に従事しつつ、自分なりに現代における哲学の可能性を切り拓こうとしてきた悪戦苦闘の跡を示していることは間違いない。その夢の跡にざっと一瞥を加えておく。

第Ⅰ部「自己と世界」には、私が東京大学文学部で助手をしていた頃の論文を収めた。ただし第二章「死の明証」は、私が院生として最後に履修した一九八九年度の渡邊二郎教授の『存在と時間』演習の課題レポートに由来する。第一章「ハイデガーにおける形式的暗示について」は、一九九〇年にはじめて行なった学会発表の原稿を、はじめて学会誌に掲載したもの。修士論文のエッセンスに由来する第三章「自発性の回路」と、そのテーマの続行である第四章「感受性と主体」は、一九九二年にそれぞれ行なった学会発表をもとにしている。第五章「哲学的言説のパフォーマティヴな性格について」のみ、東京女子大学に赴任してからの学会発表原稿であり、今回はじめて印刷に付すものである。いずれも、『存在と時間』に示された自己と世界との関わりにみなぎる「おのずと」の動性と、それに固有な語り方を主題にしており、「世界内存在の現象学」を標榜した修士論文の延長線上にある探究である。

第Ⅱ部「時間とその有意義性」には、やはり修士論文執筆時に芽生えた「世界時間」への着眼ならびに「ハイデガーとマルクス」というテーマ設定に沿って、一九九〇年代中頃までに成立した論文を集めた。私にとって、時間への問いはさしあたり、時間の有意義性への問いであった。第六章「配慮される時間」は、東京大学文学部哲学研究室編『論集』掲載版とその注をつづめた『現象学年報』投稿版のうち、前者を採った。第七章「時計と時間」は、同『論集』に掲載したその続編で、助手時代の締めくくり論文の一つ。第八章「時間の有意義性について」と、第九章「技術と生産」は、東京女子大学紀要『論集』に載せたもの。ハイデガーの世界時間論からマルクスの剰余価値説へと転回を果たそうとした当初の企図が、アーレント『人間の条件』との出会いによって、喜ばしくも中断を余儀なくされた事情については、第八章末尾の注に残した「付記」を参照されたい。

第Ⅲ部「哲学と政治」には、東京女子大学哲学科の一九九六年度哲学演習で『人間の条件』を取り上げて以来アーレントから受け始めた刺激をもとに挑んだハイデガー読解を収めた。第十章「哲学の実存」は、『哲学雑誌』の特集「現代における哲学の意味」に寄稿したもの。その注で表明されたハイデガーとアーレントの関係への関心は、今日までの私の研究テーマを告げるものとなった。第十一章「ハイデガーにおける学問と政治」と、第十二章「労働のゆくえ」は、「ハイデガーとナチズム」問題を扱った姉妹編。後者は、渡邊二郎教授古稀記念論文集第三巻に寄稿したものだが、刊行が遅れに遅れ、二〇〇八年五月二五日、つまり渡邊二郎先生を偲ぶ会当日にようやく出版された（第十二章末尾の注の「後記」参照）。第十三章「出来事から革命へ」は、第十一章と同じく、ハイデガー研究会編の論集への寄稿。『哲学への寄与』を『権力への意志』および『革命について』と比較してみた。

第Ⅳ部「哲学の可能性」には、『死と誕生』と『死を超えるもの』のあと、『世代問題の再燃』に前後して書いた、比較的近年のハイデガー論を集めた。本書最長の第十四章「共‐脱現在化と共‐存在時性」は、東京女子大学を去る直前、『思想』に上下に分けて載せた、私なりのハイデガー研究の集成。

渡邊二郎門下の第二の卒業論文と思っている。内容的に第Ⅱ部と関係があり、『死を超えるもの』とも連続している。第十五章「政治に対する哲学する者たちの応答可能性」は、日本哲学会大会シンポジウム「哲学の政治責任」の提題用に書いたもので、内容的には第Ⅲ部と関連が深い。第十六章「『存在と時間』はどう書き継がれるべきか」は、ハイデガー研究会が二〇一七年に開催した『存在と時間』刊行九十周年記念シンポジウムの開会記念講演。第十四章と同じく、第Ⅱ部の発展形というべきものであり、「時間と存在」というテーマで「本編」に挑戦する一歩手前の準備作業をなす。

かりそめに、第Ⅰ部を「世界」篇、第Ⅱ部を「時間」篇、第Ⅲ部を「政治」篇、と表示できるとすれば、第Ⅳ部は全体として、この「世界・時間・政治」という根本問題への再アプローチとなっている。第Ⅳ部から読み始めていただくこともありだと思う一方で、本書の副題に、たんなる三題噺にとどまらない思考の一貫性が映し出されていることを、著者としては希《ねが》うものである。

本書に収めるにあたって、初出発表時の文章の冗長な箇所を削り、表現を一部改め、文体に統一をもたせるようにした(*)。ただし、内容的には手を加えていない。この三十年間のハイデガー研究の隆盛ぶりからして、最新の動向に後れをとっている感は否めないが、その欠を補うことはしなかった。第二章や第七章の若書き論文にあからさまなように、私の研究スタイルは、あくまで自分にとっての問題事象にこだわるところにある。その傾向がずっと変わっていないことは、たとえば第十四章に明らかである。ハイデガー研究としては偏りがある点、読者諸賢のご海容を乞う。私がこの哲学者を研究対象として選んだのは、同行しながら自分の考えを育むことのできる相手だと見込んだからであり、その選択は間違っていなかったと確信している。

現代における哲学の可能性をつましくも追究してきたこの夢の跡が、いつの日か、思考の小道を行き交《か》う同好の士にめぐり合うことを願うばかりである。

（＊）**補注——訳語について**

三十年にわたって書き継いできた文章を集めたことから、ハイデガー独特のドイツ語の本書での日本語訳に、若干の不統一が見られるが、あえて残したままにしたものがあることをお断わりしておく。

最も顕著なのは、ハイデガーの技術論の用語 Ge-Stell（Ge-stell）を、第九章では「集立」と訳し、第十二章では「総かり立て体制」と訳している点である。マルクスの「資本」という概念と対比するうえでは、「集立」も悪くはないが、第二次世界大戦の「総動員態勢」をくぐり抜けた経験が刻印された語感を活かすには、「総かり立て体制」がシックリくる。また、bestellen は、第九章では「用立てる」と訳し、第十二章では「徴用して（かり）立てる」と訳した。これに応じて Bestand も、それぞれ「用象」、「徴用（して立てられた）物資」となる。

ハイデガーの思索の一九三〇年半ば以降のキーワードである Ereignis は、たんに「出来事」と訳した場合もあるが、「本来固有」なものが生じるという意味をもたせる場合には、「本有化の出来事」と訳した。また、ハイデガーの遺稿中に出てくる（Sein と微妙に異なる）Seyn には（「存在」のほかに）「有」を訳語にあてた場合もある。せっかく「有」という漢字があるのに、訳語としてまったく使わないのは、もったいないように思われる。

以上の訳語上のゆれは、二〇〇三年にハイデガー全集第七九巻『ブレーメン講演とフライブルク講演』を翻訳出版したことが、境目となっている。

『存在と時間』期の術語にも、若干のズレがある。たとえば、Mitsein は基本的に「共存在」と訳したが、「共同存在」と訳した箇所もあり、Verstehen は基本的に「了解」と訳したが、「理解」と訳した箇所もある。また、

faktisch は基本的には「事実的」と訳したが、tatsächlich と対比させるために、「現事実的」と訳した箇所もある。これらは、二〇一四年に『ハイデガー読本』を共同編集して出したことが影響している。
本書での訳語に関しては、巻末の事項索引も参照されたい。

ハイデガーと哲学の可能性／目次

第Ⅲ部　哲学と政治

凡　例

一、ハイデガー全集（*Martin Heidegger Gesamtausgabe*, Vittorio Klostermann, Frankfurt am Main, 1975-）から引用する場合は、GAと略記して巻数を添え、コンマの次に頁数を記す。（適宜、論文名、講義タイトル、出版年などを注で補った。）

一、『存在と時間』からの引用は、SZと略記し、単行本（Martin Heidegger, *Sein und Zeit*, 1927, 15. Aufl., Max Niemeyer, Tübingen, 1979）の頁付けで示す。（訳書としては、『中公バックス世界の名著74　ハイデガー』原佑責任編集、中央公論社、一九八〇年、の原佑・渡辺二郎訳に負うところが大きい。）

一、第四章に限り、カントとハイデガーのテクストに関して、注で断った略号を使用した。

一、外国語文献から引用するさい、既訳書に拠ったものは明記するよう努めた。訳文を変更した場合も少なくないが、先学の業績には大いに恩恵を蒙っている。記して感謝する。

一、引用文中の〔　〕は、引用者の補足。ただし、引用文中に原語を添える場合は、（　）を用いる。

一、ギリシア語は、アルファベットにしてイタリック体で記す。カタカナ書きにする場合、慣例に従った。（例：「ソフィア」、「ピュシス」、「フロネーシス」、「プラトン」）

一、注は、章ごとに注番号（1）、（2）…を付け、各章末に載せた。

第I部　自己と世界

第一章　ハイデガーにおける形式的暗示について

一　語り方の問題

哲学において、ひとはしきりに「自我」や「主観」について語り、「体験一般」とか「意識の流れ」とかいったことをあれこれ口にする。ところで、ひとがそのように語るとき、そうした語りそのものは、いかなる様式をもっているのだろうか。その場合、語りの主題は、それにふさわしい仕方で語られていると言えるのか。

なるほど、「主観」を「客観」から明確に区別するのは、近世以来の西洋哲学の根本動向であったし、思考する主観の主観性は、長らく哲学上の主要テーマであり続けた。しかしながらそのことは、哲学が「主観」について語る当の語り方そのものにみずから十分な注意を払ってきたということを、必ずしも意味しない。

ハイデガーの『存在と時間』は、このような問題を哲学に突きつけたと言ってよい。周知の通り、この書物においては、ふつう「人間」と呼ばれている存在者は、術語的に「現存在」と名づけられ、この存在者がたんなる事物とは異なったあり方をしていることが徹底的に際立たせられている。そしてそのことを通じて、事物的存在性の存在理念にもっぱら定位している伝統的存在論の一面性を根底から揺り動かすことが試みられるが、そのさい、現存在について語る語り方が、事物を対象として語る語り方とは根本から異なっていることに注意が促されているのである。

すなわちハイデガーは、現存在の存在諸性格を「実存カテゴリー」と名づけて、現存在ではない存在者の存在規定たる（狭義の）「カテゴリー」から区別し、こうしたカテゴリー上の区別を堅持しながら「現存在の実存論的（＝実存カテゴリー的）分析論」を新たに試みるのだが（vgl. SZ, 44f.）、このことは同時に、「カテゴリー的」ならざる仕方で現存在について存在論的に語りうる可能性を方法的に追求することでもあった。『存在と時間』において遂行されている学的解釈という「語り（ロゴス）」が、そうした問題意識を不断に携えていることは、あらためて注目されてよいことだと思われる。(1)

ハイデガーが語りの様式上の差異にあくまでこだわるのは、この点を無差別に放置することが、現存在と事物的存在者との「存在論的無差別」（SZ, 209）と連携していると見なすからである。「意識」について、あるいは「体験」について、さらには「実存」について、哲学がいくら贅言を費やそうとも、そうした語りが、暗黙裡に、事物についての語りの様式のうちにとどまっているかぎり、それは、語られる話題を「それ自身のほうから見えるようにさせる」どころか、いよいよもって見えにくくさせ、かえって隠蔽するだけに終わる、と考えられているのである。(2)

現存在の実存論的分析論は、現存在の存在様式を学的に解釈するという課題に取りかかるために、まずもって、この存在者にふさわしい語り方を我がものとしなければならない。しかも、ハイデガーはこうした方法的問題性を、『存在と時間』に先立つ最初期の講義においてすでに明確に捉えていた。そしてそれは、この時期のハイデガーの思索そのものを規定するものですらあった。この点をまず明らかにしておくことが肝要である。

二　「解釈学的直観」の生成

近年、ハイデガーの初期テクスト、とくに初期フライブルク時代の諸講義が公けにされるにつれて、「事実的生の現象学的解釈学」の内実が次第に明らかとなってきた。そこには、世界のうちに現に存在しているがままの「事実的生の経験」を哲学的概念性へ彫琢しようと試みる、若きハイデガーの姿がある。それは、当時の「生の哲学」の諸潮流や第一次世界大戦直後の「実存」的風潮に触発されながらも、それらに付きまとう方法的素朴さに飽き足らず、「根元学」としての哲学の理念を新たに樹立しようとする企てであった。

そして、このような問題意識のなかから、「形式的暗示（formale Anzeige）」という特異な表現様式が、「あらゆる哲学的概念および概念連関の方法的根本意味」が「そのうちで見て取られねばならない当のもの」（GA9, 10f.）として浮かび上がってくるのである。

ところで、この「形式的暗示」という哲学的概念性については、その重要性はさまざまな論者がつとに指摘していたにもかかわらず、これまで十分な検討がなされてきたとは言いがたい。(3) もちろん、この問題についてハイデガーが正面から取り組んでいるとおそらく考えられる一九二〇年前後のいくつかの講義が公刊されていない〔一九九一年の〕現状では、[4]「形式的暗示」の何たるかに関して議論するにはおのずと制約がある。とはいえ、問題がハイデガー哲学のいわば起源に関わるものであり、また『存在と時間』を解釈するうえで無視できないものであるだけに、ある程度の見通しを得ておく必要はあると思われる。

すでに公刊されたテクストのうち、「形式的暗示」の問題性が明示的に取り扱われているものとして、いくつか挙げられるが、[5]ここでは、それらに先立って、いまだ「形式的暗示」という言い方こそされていないものの、そこへと至るモティーフが鮮明に打ち出されている「哲学の理念と世界観問題」（一九一九年戦後緊急学期講義）を瞥見したいと思う。[6]

「この講義全体はもともと、方法問題のみをめぐって動いてきた」（110）と言われているように、当時のハイデガーの関心は、「根元学（Urwissenschaft）としての哲学」の方法理念に向けられている。しかも、こうした問いかけは、「体験一般の方法的把握の問題、すなわち体験そのものについての学はいかにして可能か、という問い」（98）の一点に集約される。この問いに答えることによって、「先理論的な根元学としての現象学」の可能性がはじめて証示されると考えられているのである。

ハイデガーはまずもって、「理論的なものに特権待遇を与えること」に真正面から異議を申し立て、「理論的なもののこうした先行支配は打ち破られねばならない」（59）と宣言している。「しかもそれは、実践的なものの何らかの優位を説くといったお決まりのやり方においてではなく」、「理論的なものが、それ自体かつそのようなものとして、何らかの先理論的なものを遡示するがゆえである」（59）と述べている。

理論的なものがそこに起源を有し、それにもとづいてはじめて可能となる基底としての、こうした「先理論的なもの」とは、「私が或るものを体験する」(65)という「環境世界体験」(73)であるとされる。これに対して、そうした生の有意義連関の全体性が打ち壊され、「そのつどの固有な自我」(73)、「歴史的な自我」(74)が遮断、抽象、抹消されていく過程は「脱-体験化(Ent-leben)」と呼ばれる。

では、「脱体験化」ならざる仕方で先理論的なものへと現象学的に遡り、体験そのものに肉薄する方途はいかにして可能か。ここにはよく知られた次のような困難がひそんでいる。一般に現象学においては、体験の「反省」という方法が採用されるのがつねである。しかし、「反省において、われわれは理論的態度をとっている」のであって、体験を反省するときにはわれわれは「直接的な体験作用を越え出て向こう側に体験を立て」、いわば体験の「〈流れを止める〉」のである(100f.)。したがって、体験の無媒介な把握をめざす反省という現象学の方法は、それ自身、体験の対象化、理論化にすぎず、「理論的なもの」への空しい逆戻りでしかないことになり、現象学が目標とするような「体験の無媒介な把握は存在しない」(101)という否定的結論に逢着せざるをえない、というわけである。

この点からの現象学批判は、早くも当時、新カント派のナトルプによって行なわれていたが、[7]ハイデガーは、それを踏まえたうえで、あくまで「現象学の地盤に立って」(102)、積極的な反批判を試みている。

まず、ハイデガーは、「現象学の本来的意味」を明らかにするために、フッサールによって定式化された、いわゆる「諸原理中の原理」[8]を独自に解釈しようとする。すなわち、「現象学の方法的根本問題、つまり体験領域の学的開示の様式への問い」がそれに則るべき現象学の「諸原理中の原理」――「〈直観〉において原的におのれを呈示するものはすべて、それがおのれを与える通りに、〔…〕端的に受け取らねばならない」こと――は、それ自身もはや「理論的性質のものではない」(109)。むしろそれは、「誠実な生一般の根元志向であり、体験作用および生そのものの根元態度であり、体験作用と同一の、絶対的な、生の感応(*Lebenssympathie*)である」(110)とするのである。

この場合の„Sympathie“とは、ある人が別のある人と感情を共にする、という意味での「共感」ないしは「同情」とはまったく異なることを言っていると解されなければならない。「体験作用と同一の」と言われているように、ここでは、自他の区別といったようなものが、つまり体験とその反省との間の隔たりが、そもそも意味をなさないような自同的事態が考えられているのである。それゆえ、そうした態度は「現象学的な生(phänomenologisches Leben)」とも言い表わされている(110)。つまり、「体験↓反省↓記述」といったような事後的な、結局のところ不完全性を免れないような、体験との「合致」などではなく、体験の記述がそのまま体験の遂行とイコールであると言えるようなアプローチこそが、現象学と呼ばれるにふさわしい、とハイデガーはここで主張しているのである。

とはいえ、体験は、何といっても言語によって記述せざるをえないから、無媒介的な体験そのものは言語化によって対象化、理論化され、つまりは「汚染」されるのではないか――とあくまで疑ってみることもありえよう。しかしハイデガーは、「あらゆる言語はそれ自体すでに客観化である」とするのは、「証明されていない先入観」である、と見なす(111)。それゆえ、ハイデガーの問題関心は、体験を客観化的に理論化するのではないような言語表現の可能性を証し立てること、に行き着くのである。[9]

体験の「流れを止め」、その彼岸から対象化を施す理論的な言語形式ではなく、体験のただなかに食い込んでそれと一体の運動をなすような特異な表現様式。表現の了解がそのまま生そのものの遂行であるような際立った語りのあり方。――まさにこれこそ、のちに「形式的暗示」と呼ばれる哲学的概念性の理念にほかならない。ハイデガーはこの講義において「形式的暗示」という言い方こそしていないが、その問題性の核心なら、これを確かに摑みとったと言ってよいだろう。

そればかりではない。こうした表現様式がなぜ「形式的暗示」と呼ばれるに至るのか、についての手がかりも、われわれはこの講義から或る程度得ることができるのである。

ハイデガーは、ひとくちに言語表現による理論化と言っても、二通りの仕方があることを、フッサールを踏まえつつ[10]、指摘する（112ff.）。第一に、一般概念による段階的包摂のプロセスとしての客観化がある（フッサールの用語では「類的一般化（Generalisierung）」、すなわち類種関係に基づく領域的対象規定に相当する）。しかし、理論化はそれに尽きないのであって、第二に、事象内実上まったく空虚な「或るもの一般」を取り出すもう一つの理論化が可能である（フッサールの言う「形式化（Formalisierung）」という操作を指す）。そして、ハイデガーはこの両者のうち、とくに後者に注目し、それが前者の意味での理論化のいかなる段階系列にもあまねく施しうるものであって最上類にのみ関わるものではないこと、しかも、そうした「或るもの一般」という形式は「理論的領域、対象区域にのみ拘束されてはいない」ことを重視する。「いかなる体験可能なもの一般も、可能的な或るものである」（115）。それでは、この「或るもの一般」はいかなる意味起源を持っているのか。ハイデガーは次のように述べる――「その意味は、まったき生自身のうちに安らっている」（115）。「形式的に対象的なものが普遍性（Universalität）をもつのは、それが、生の流れつつある体験の自体性に起源を有しているからなのである」（116）。

ありとあらゆるものに関して、それを「或るものである」と言いうること――「或るもの一般」という表現のこのような「普遍性」は、それが先理論的体験そのものに起源を有しており、それによって動機づけられていること、そしてまさにそれゆえに「生それ自体の或る根本層を遡示する」（116）ものであること、このことの証左であるとハイデガーは考える。だとすれば、「或るもの一般」という空虚な表現の意味源泉へ遡ることは、つまりそれを我がものとして了解することは、体験と同一平面上に立って生そのものをそのつど遂行することにほかならない。それは、無媒介な「生の感応」という意味でまさしく直観ではあるが、それでいて同時に、了解し解釈することでもある。それゆえハイデガーは、これを「了解する直観、すなわち解釈学的直観」（117）と呼ぶのである。

「解釈学的直観」という方法理念は、「現象学〈対〉解釈学」といったお決まりの対立図式を前提してしまっている今日のわれわれの眼からすれば、それこそ「木製の鉄」と言うに等しい、理解不可能な言い方であろう。だが、ハイデガーの出発点が、言いかえれば「解釈学的現象学」の起源が、そこにあったことは否定しようがない。「反省」という方法に代えて「了解的解釈」が打ち出されたといっても、それはたんに「直接性から媒介性へ」といった回り道が採用されたということではなく、むしろ、不完全な事後的性格を払拭しえない「体験の反省およびその純粋記述」といったモデルを捨て、「現象学的生」の自同的遂行のうちに表現そのものをも引き入れ、生およびそれを遡示する表現が解釈の歩みと一体となって自己展開する方法上の遂行モデルが新たに提示された、ということなのである。そしてそれはまさしく、より端的に生そのものに同行するため、すなわち「体験作用と同一の生の感応」という「現象学の本来的意味」を成就せんがため、であった。

さて、きわめて荒削りながら、以上で一九一九年の講義の説明をひとまず終える。われわれが「形式的暗示の問題」と呼ぶところのものがいかに重要であるかは、もはや明らかであろう。この問題は、『存在と時間』において立てられることになる「存在への問い」にじかに関わっていると言ってよいのである。

ハイデガーは、フッサールにならって、「或るもの一般」を純粋に取り出す「形式化」という論理学的手続きを「類的一般化」から際立たせ、この「或るもの一般」に固有な「普遍性」に注目しているが、しかし、フッサールの言う意味での「形式的存在論」をみずから企てているわけでは、もちろんない。そうではなく、「或るもの一般」の持つ超越範疇的性格の真の意味起源が生自身のなかにひそんでいることが重要なのである。ハイデガーが、後続する初期フライブルク講義において試みていること、それはまさに、形式的暗示的に発端に置かれた「私は在る（ich bin）」という表現の意味を、既成の解釈傾向に抗して、そのつどの解釈学的状況に身を晒しつつ、自己解釈していくことであった。つまり、一見空虚で取りつく島がないかに見える「在る」の意味を、「私は在る」の意味に向けて気遣いつつある「事実的な生の経験」という最も極端な個別性に即して、その遂行状況のただなかから、みずから問うていくという、独特の存在論が課題となっているのである[11]。それは、これまで見てきた一九一九年講義にすでに予告されていたことであったと言ってよい。

ハイデガーは、「私は在る」の意味に関しては、その「遂行意味（Vollzugssinn）」が「統率的（archontisch）」な優位を占める、と言っている[12]。一見奇異に映るこの説明も、現象学の遂行は同時に生の遂行そのものである、という考えに沿ったものであることが分かる。つまり、「我在り」の現象学はそれ自身、遂行的（パフォーマティヴ）な性格を孕んでいる、ということである。

形式的に暗示された「私は在る」の存在意味への問いとして一九二〇年前後のテクストにおいて着手されている、こうした現象学的解釈学をさらに検討してみることは、それ自身きわめて重要ではあろうが、むしろ以下では、なおいっそう重要な課題に、すなわち『存在と時間』を「形式的暗示」とその遂行という角度から解釈する、というわれわれの本来的課題に移りたいと思う。

三　『存在と時間』における問いの構造とその遂行意味

まずは、『存在と時間』第二節——表題は「存在への問いの形式的（formal）構造」——に即して、ごく基本的な確認から始めたい。

『存在と時間』は、存在を問い、存在の意味を問い確かめようとする探究の書である。ところで、こうした問いはそれ自身としてどのような様式をもっているのであろうか。「問う」という営みは、或るものを見えるようにさせるはたらきの一つ、言いかえれば、「語り」の一種である。一般に、問いは語りの様態として、手がかりとなるべき「問いの糸口」をもつ。このような「問いかけられるべき話題」へと問いが宛てられることによって、問われている事柄がさまざまに開陳され、規定される。

さて、存在への問いにおいて「問いかけられているもの（das Befragte）」は、「存在者」である（SZ, 6）。しかるに、ひとくちに「存在者」といっても、多種多様、千差万別である。ところがハイデガーは、存在への問いにおいて出発点となるべき「範例的存在者」とは、「問うている者であるわれわれ自身がそのつどそれである当の存在者」——すなわち「現存在」——であるという（SZ, 7）。なぜであろうか。

暫定的な説明としては、問うことは、問うという存在可能性をもつ存在者の存在様態の一つだから、問いを仕上げるためには、この存在者をその存在に関して明らかにしておく必要がある、とされる（SZ, 7）。この理由づけは、しかし、明らかに十分でない。たんに、問うこと一般と現存在との連関ではなく、ほかならぬ存在を問うという問うことと現存在との際立った連関が示されなければならないからである。とはいえ、くだんの説明によって、少なくとも一つのことがすでに明らかとなっている。すなわち、問うことと問いかけられている存在者との自同性――問いかけられているものが問うている者自身にほかならないこと――がここには見てとれるのである。

だとすれば、この問いは、一種の「再帰的」構造をもっていることになる。もちろんここでは、方法としてのいわゆる現象学的反省だとか、自己意識の明証性だとかいった性急な観念は、さしあたり遠ざけておかねばならない。問うている当人が同時に問いかけられている者でもあるということは、問うという仕方で自己に対して自己自身について語るということを意味する。そのような自己についての語りを、問いを発する現存在はみずからに突きつけるのであり、問いを突きつけられる現存在は、これはこれで、自己のあり方に関して自己自身に対していわば申し開きを迫られる。ここに見られるのは、一種の自己審問とでもいうべき構造である。それは自己内対話でこそあれ、透明なモノローグではない。

では、このような形で存在への問いが立てられているのは、なぜか。「現存在の優位」は、いかにして根拠づけられるのか。問われているものが存在であるのなら、問いの糸口としての第一次的に問いかけられるべき存在者は、たんに存在者であるばかりでなく――もしそれだけのことなら、その問いは特定の存在領域に関わる領域的存在論をめざすにとどまる――、存在への際立った接近通路を具えたものでなければならない。存在への問いの第一段階としての現存在分析論が「基礎的存在論」を自称するのなら、現存在と存在との、ないしは現存在の存在様式と存在への問いとの、決定的な親和性が示されなければならない。

第二節の最後の段落では、こう言われる。「存在の意味への問いのうちに〈循環論証〉といったものはひそんでいないが、問われているもの（存在）が、ある存在者の存在様態としての問うことに〈後ろから、または前から、関わっている（Rück- oder Vorbezogenheit）〉という注目に値することなら、確かにある。問うことが、問われているものによって本質上襲われているということ（Betroffenheit）は、存在問題の最も固有な意味に属する」（SZ, 8）。この点をさらに立ち入って究明するのが、第四節――表題は「存在問題の存在者的（ontisch）優位」――である。この節は、現存在の優位を詳らかにすることによって、存在への問いの優位を基礎づけようとするものである。

ハイデガーは、後の論述――直接的には第九節「現存在の分析論の主題」――を先取りして、次のような規定を現存在に与える。「現存在は、他の存在者と並んで生ずるにすぎないような一存在者なのではない。むしろ、現存在は存在者的に際立っているのであり、しかもそれは、次のことによる。すなわち、この存在者にはおのれの存在においておのれの存在自身が問題となっているということ、これである」（SZ, 8: vgl. 41f.）。『存在と時間』においてとくに「実存の形式的暗示」と呼ばれるのは、まさにこの規定にほかならない（vgl. SZ, 114, 313）。だがそれが、他の存在者に立ち勝る現存在の優位の説明であると言えるのは、なぜか。ここで、次のような解釈を提案したい。

問いは、存在を問題にする。現存在にとって、おのれの存在が問題である。どちらの場合にも、存在が問題となっている。存在への問いと現存在の存在様式とは、同一の構造ないし方向性をもつ。だから、存在を問うて現存在に問いかけるとは、当の現存在自身の「〈関心事〉」（SZ, 12）に語り及び、それを聞きただすことなのである。存在への問いにおいて、現存在が第一次的に問いかけられるべき存在者として選ばれるのは、この存在者が、おのれの存在を気遣うという仕方で存在しているからであり、しかも、そうした存在関係において固有の「存在了解内容（Seinsverständnis）」を結晶させているからである。

ここで注目すべきは、存在への問いは、それが実存をめがけて現存在に語りかける語りであるかぎり、独特の遂行的性格をおびるという点である。というのも、当人にとっての関心事にことさら触れ、それを査問するという構造をもつ語りは、容易に察せられる通り、目立って対話の動性に晒されるからである。しかも、そうした「語りの動性」に、いわば乗じて語ることが、現存在分析論の遂行的ロゴスに本質上属しているからである。

当人にとっての関心事にことさら触れる語りは、何らかの反応、ないしは抵抗を伴うものである。その場合、語り手と聞き手とが相互に織りなす力関係が、語りの本質要素をなす。言いかえれば、語りとそれが行使する「ちから」とは、切り離して考えられない。この「ちから」の内部で、語り手と聞き手は、相互に干渉し合って能動－受動の対話地平を生起させる。聞き手は、触れられたくないことには敏感に反応するし、語り手のほうも、これはこれで、いかなる受け止め方をされるかを、あらかじめ斟酌《しんしゃく》しなければならない。

このように、ひとの関心事を語るということは、そのような語りに固有な「応答関係（Verhältnis）」なしには到底考えられない。だとすれば、翻って、現存在をその存在に関して査問する語りもまた、すなわち現存在の実存論的分析論の遂行的ロゴスもまた、何らかの語りの動性を孕んでおり、いやそれどころか、それなしには考えられないものなのである。だがそれにしても、その場合の語りの動性とは、いかなるものなのか。

たとえば、ひとが他の誰かから、「お前は、自分の存在が気がかりであり、それに対してかくかくの態度で存在している」と語りかけられるとしよう。彼は「そんなことは私の勝手だ。いらぬお節介を焼くな」と言い張るにちがいない。けだし、当人の関心事とは各人固有の事柄であって、当人ならざる誰かが横から口出しできることではない。関心事には、そのつど誰かにとってという当事者規定が構成的なのであり、そうした当事者性を抜きにはありえない。だとすれば、では、現存在にその存在を聞きただすという問いは、「余計なお世話。」として拒絶されることなしに、いかにして遂行されうるのであろうか。

答えは、この問いの再帰的構造、つまり、問いかける側と問いかけられる側との自同性にある。先に確認した通り、問いを突きつけられる現存在は、同時に、問いを突きつける現存在でもある。現存在は別の誰かから問いを受け取るのではない。この問いはおのれから発しておのれの方へと、つまり再帰的に宛てられ、受け止められるのであり、現存在はおのれに対しておのれのあり方をみずから問いただすのである。実存論的分析論が現存在の自己解釈であるとは、このような強い意味において解されねばならない。

しかし、だとすると、「そういう現存在とはいったい誰のことなのか」という疑問がすぐさま湧き起こってくるであろう。それゆえ次に、そもそも「現存在」という表現は誰を指示しているのか、また、それはいかなる指示機能をもつのか、という問題が生じる[13]。

「現存在」とは「問うている者であるわれわれ自身」である、とすでに確認されていた。ではさらに、「問うている者であるわれわれ」とは誰であるのか。「〈人間〉である」という答えではこの場合答えにならない。「人間」という表現は、その指示対象を類種関係において一般的に規定するものであり、今問題になっている「誰か」という問いに対する答えとしては無効なのである（『存在と時間』で「人間」という表現がことさら遠ざけられている理由の一つはこれである）。「現存在」という表現は、「人間」「主観」「意識」といった表現とは別の指示機能をもっている。すなわちそれは、「そのつどの〈私〉」を端的に指示する。

ハイデガーは、第九節「現存在の分析論の課題」の冒頭の「その存在者が課題になっている存在者であるのは、そのつどのわれわれ自身である」（SZ, 41）という一文における「われわれ」を、後年の欄外注記で、「そのつど〈私〉（je ›ich‹）」と敷衍（または修正）している（SZ, 440）。この場合の引用符付きの「〈私〉」とは、もちろん、哲学史上で論じられてきた「自我」ではなく、「私」という人称代名詞が指示する当の個体、という意味であろう。ということは、そのつどのわれわれ、ないしはそのつど〈私〉を指示する「現存在」という表現は、「私」という人称代名詞と、その指示対象から言えば、等価だということになる[14]。

ここで次のような反論があるかもしれない。「『存在と時間』で言う「われわれ」とは、著者ハイデガーのことを意味するのではないか。つまり「現存在」とは結局、ハイデガー個人を指しているのであり、現存在の分析論は彼自身の自己解釈以上のものではない。それを、そのつどの〈私〉に押しつけてよいものだろうか。少なくとも、この私は困る」。

「現存在」という表現は、確かに、発話者が自分を指しつつ「私」と言うような意味で、そのつどの〈私〉を指示するものではない。もしそうであるなら、「現存在」は著者ハイデガーしか指示しないであろう。「現存在」という表現は、そのつどの〈私〉をじかに指示するのだが、それも、指示対象を内実のうえからは何ら規定することなく、ひたすら指示個体のみをめがけてひとしなみに指示する。これが、現存在に関する形式的暗示的な語りに固有な指示機能なのである。

「形式的に（formal）」は、「一般的に（allgemein）」とは違う。形式的暗示は、当該の存在者に妥当する領域的事象規定をすべて脱落させ、空虚な仕方で指示対象を指し示す。しかもそれは、漠然とおぼろな仕方においてではなく、直接的・端的に、である。つまり、この際立った語りは、そのつど「私」と言うことのできるあらゆる存在者に無差別に襲いかかり、各々の〈私〉にあまねく突きつけられる。

それゆえ、「暗－示する（an-zeigen）」の an- は、「摑みかかる（an-greifen）」、「触れる（an-tasten）」、「襲う（an-gehen）」といった動詞に共通の接頭辞 an- と同様、まずもって、直接的指示の意に解さねばならない。指示するものに直接触れるこのような指示機能は、実存が現存在にとって問題であり、関心の的であることに由来する。このことをハイデガーは、存在が現存在にとって「そのつど私のものであること（*Jemeinigkeit*）」と表現している（SZ, 42）。このような「各自性」、すなわち実存の当事者性こそは、形式的暗示のもつ端的な指示機能の可能性の条件をなす当のものである[15]。

それと同時に、この an- には、「ほのめかす（an-deuten）」の意味が同時に鳴り響いている。つまり形式的暗示は、それが「暗示」たるかぎりにおいて、「了解するようほのめかす（zu verstehen geben）」

ことしかしない（示唆的性格）。一般に、「ほのめかし」とその受け取られ方との間には、食い違いやずれが付きまとうが、しかもそれは、精確な了解に及ばなかったという消極的意味に解されてはならない。そもそも、「暗示内容の精確な了解」などという言い方自体、ナンセンスなのではなかろうか。

形式的暗示においては、了解を引き受けるか否かの決定権は、実存するそのつどの〈私〉へ差し戻される。暗示そのものは、「その気にさせる」ことによって拘束力をもつにすぎない。Anzeige の an- は、「発端を置く（an-setzen）」などに見られる暫定性の意を含む。つまり、解釈の方向性を指し示すだけで、それ以上は言わないで相手に任せるのである。

逆に言えば——このことが決定的に重要なのだが——、形式的暗示に対し、それが一般に妥当するかどうか疑わしいとの理由で、その拘束性を否認することはできない。「自分はともかく他の人の中には例外が必ず見出せるはずだ」と言い逃れることによって、形式的暗示の「普遍妥当性」を覆そうとするのは、その意義機能を原則的に見誤るものである。そのような却下が正当であるような審級には、この表現様式はそもそも属していない(16)。

それにしても、ひとは実存の形式的暗示の押しつけ的性格にしばしば頑強な抵抗を示す。本来性と非本来性の区別が語られるさいには、とくにそうである。それは、もとはと言えば、この種の語りが、そのつどの〈私〉にとって忽《ゆるが》せにできないようなデリケートで他人事ならざる問題、つまり〈私〉のプライヴァシーに触れているからなのである。実存の当事者性を直撃する形式的暗示の個別化的拘束性を免れようとする諸々の言説が尽きることなく現われるのも、それらが消極的抵抗という仕方で、この種の語りに固有な動性の地平にまさに当事者として関与しているからこそである。押しつけと感じられるのは、むしろ形式的暗示に備わるある種の「ちから」を逆証するものですらある。しかも、そうしたそのつどの抵抗のかたちにおいてしか、このような「語りのちから」は立証されない。

現存在をその存在に関して査問する語りは、現存在にとっておのれの存在が切実な関心事であるかぎり、当人の弱みに触れる語りとでもいうべき性格をもつ。だからこそ、そうした語りは、さまざまな抵抗を惹起するのだが、それは、無くもがなの障害ではなく、気分を逆撫でされて頑なになるという仕方で、身をもって応答する一つのかたちなのである。逆に言えば、『存在と時間』のテクストを「字義通り」に了解することも、それが、現存在に関わる語りに固有の「ちから」におのれを晒しつつ従うことである以上、一つの実存的な抵抗形態であるにすぎない。

したがって、形式的暗示は、「実存論的／実存的」というあの区別を、いわば跨《また》いで指示する機能をもつ。実存論的解釈は、そのつどの〈私〉に「ほかならぬこの私のことを言っているのだ」と自発的に了解させるものでなければならない[17]。そして、このような自発的了解の実存的証言として引き合いに出されるプライヴェートな現象こそは、現存在による現存在への再帰的＝自発的な語りかけとしての、あの「良心」という際立った語りなのである[18]。

注

（1）語りがつねに「何々についての語り（Rede über…）」（SZ, 161）であるかぎり、語りの様式と「語りの話題となる存在者（das Beredete, Worüber）」との間には、現象学的意味での志向的相関関係が成り立つ。したがって、言語論批判ないしは論理学批判は、同時に存在論的なそれでなければならないし、その逆もまた真である。いわゆるカテゴリー的錯誤は、存在論的倒錯と連携しているのである。

（2）「主観性は認識不可能である」とか「生は表現不可能である」とか「体験は反省不可能である」とか「〈私〉は語りえない」とか言って終える前に、それらはそもそも擬似問題ではないか、と問うてみる必要があろう。そのような「不可能性」に突き当たるのは、探究の元手となる語り（ロゴス）があまりに狭く解されているからではないか、と。

（3）ハイデガーの初期フライブルク講義に接していたベッカーは、『存在と時間』と同時に上梓された著作において、早くも「形式的暗示」の問題に深い関心を寄せている。Vgl. O. Becker, *Mathematische Existenz*, in: *Jahrbuch für Philosophie und phänomenologische Forschung*, Bd. 8, Niemeyer, 1927, S. 565, 623, 632, 673.

ガダマーやペゲラーは、「形式的暗示」という方法理念が、キルケゴールにおける「注意を促すこと（Aufmerksammachen）」ないしは「間接的伝達（indirekte Mitteilung）」という方法に近似していることを指摘している。Vgl. H.-G. Gadamer, *Gesammelte Werke*, Bd. 3, Mohr, 1987, S. 316 ; O. Pöggeler, „Zeit und Sein bei Heidegger", in: *Zeit und Zeitlichkeit bei Husserl und Heidegger* (Phänomenologische Forschungen 14), Aber, 1983, S. 162.

（4）わけても、一九一九／二〇年冬学期の『現象学の根本問題』、および一九二〇年夏学期の『直観と表現の現象学——哲学的概念形成の理論』の二つの講義が重要であろう。初期フライブルク時代のテクストに見られる「事実性の解釈学」については、『ディルタイ年報』第四巻が特集を組んでいる。Vgl. *Dilthey-Jahrbuch für Philosophie und Geschichte der Geisteswissenschaften*, Bd. 4, Vandenhoeck & Ruprecht, 1987.

（5）一九二一／二二年冬学期講義『アリストテレスの現象学的解釈——現象学研究入門』（GA61）、およびそれと同時期に成った「カール・ヤスパース『世界観の心理学』論評」（GA9, 1-44）には、「形式的暗示」についてのかなり立ち入った言及が見られる。また、一九二七年の講演「現象学と神学」（GA9, 47-67）でも、「形式的暗示」の問題は、本質的論点に関わるものとして提起されている。やや下って、一九二九／三〇年冬学期講義『形而上学の根本概念』（GA29/30）でも、「形式的暗示」は依然として原則的な方法的意義をもたされている。

（6）*Die Idee der Philosophie und das Weltanschauungsproblem* (Kriegsnotsemester 1919), GA56/57, 1-117. 以下

本節では、この講義からの引用は、頁数のみを括弧内に表示することにする。

(7) Vgl. P. Natorp, „Husserls »Ideen zu einer reinen Phänomenologie«", in: *Logos* VII (1917/18), S. 224–246.（*Husserl*, Hrsg. v. H. Noack, Wissenschaftliche Buchgesellschaft, 1973, S. 36–60 に再録。）

(8) Vgl. E. Husserl, *Ideen zu einer reinen Phänomenologie und phänomenologischen Philosophie I*, Husserliana III/1, Nijhoff, 1976, §24, S. 51. 渡辺二郎訳『イデーンI－I』みすず書房、一九七九年、一一七頁。なお、引用文中の強調は、原則として原著者に由来する。

(9) 「現象学と神学」に付された書簡「〈今日の神学における非客観的思考と語りの問題〉に関する神学者の討論のための主要な観点への若干の指示」（GA9, 68–77）は、一九六四年に書かれたものであり、後期テクストに属するが、「いかなる語り（Sprechen）も語りとしてすでに客観化的である」といった見方を徹底的に批判している点においては、言語についての初期ハイデガーの問題意識と、それほど隔たっていない。

(10) Vgl. E. Husserl, *Logische Untersuchungen Bd. I*, Husserliana XVIII, Nijhoff, 1975, Kap. 11 ; *Ideen I*, §13. ハイデガーはすでに一九一五年の教授資格論文において、フッサールの「純粋論理学」ないしは「純粋文法学」の理念に触発されつつ、一方で「或るもの一般」という対象カテゴリーを取り出し、他方でそれを、意義カテゴリーに関わる「意義の形式論」との志向的相関関係において問う、という試みを行なっている。Vgl. *Kategorien- und Bedeutungslehre des Duns Scotus*, in: GA1, 189ff.

(11) 『存在と時間』の根本モティーフは、いかなる類をも超越する「存在の〈普遍性〉」を「現存在の存在の超越」のうちにひそむ「最もラディカルな個体化の可能性と必然性」に即して開示することにあった。Vgl. SZ, 38.

(12) Vgl. GA9, 29. ペゲラーは、「実存としての生という現象の場合、一般に、遂行意味が、関係意味および内実意味に対して〈統率的〉である」とし、当時のハイデガーはまた「支配的（dominant）」という語をも用いていたことを指摘している。Vgl. O. Pöggeler, „Heideggers Neubestimmung des Phänomenbegriffs", in: *Neuere Entwicklungen des Phänomenbegriffs* (Phänomenologische Forschungen 9), Alber, 1980, S. 132f.

(13) 『存在と時間』において、この「誰か」の問いによってあぶり出されてくるのは、さしあたって、非本来的な

「ひと-自己」である。Vgl. SZ, §25–§27.

(14) したがって、「現存在」という表現は、フッサール流に言えば、「本質的に偶因的な表現」に属する。Vgl. *Logische Untersuchungen Bd. 2*, Husserliana XIX/1, 1984, 1. Untersuchung, §26.

(15) 「そのつど私のものであること・各自性（Jemeinigkeit）」という実存規定は、『存在と時間』に先立つ講義では、「そのつど性・各時性（Jeweiligkeit）」と表現されていた。Vgl. GA 20, 205ff. この個別化的時間規定は、現存在分析論の核心に位置する存在規定である。

(16) ゲートマンは、ハイデガーが一九二一／二二年冬学期講義において示した哲学の理念を「生の同一哲学」として規定したうえで、次のように述べる。「哲学することと事実的な生の遂行との融和が強まれば強まるほど、それだけいっそう、哲学することはその間主観的妥当性要求を喪失し、哲学の陳述はますます私秘的になり、それゆえ取るに足らないものとなる」（C. F. Gethmann, „Philosophie als Vollzug und als Begriff", in: *Dilthey-Jahrbuch*, Bd. 4, S. 45）。確かに、あらゆる言明が「普遍妥当性要求」に服さねばならないとすれば、この指摘は正しい。だが、形式的暗示という語りをハイデガーが方法的に仕上げようとしたのは、まさにそうした言語観を突破せんがためだったのである。

(17) われわれは、存在への問いという語りに特有の「再帰性」を、ハイデガーが『存在と時間』で示そうとした新しい「自発性」の理念の下図を描くものである、と解釈したい。一九一九年講義に早くも現われる「出来事という性格（Ereignischarakter）」（GA56/57, 75f.; 116f.）は、以後も一貫して掘り下げられていったのであり、なにも「転回」後の後期思想に特有なトピックというわけではない。

(18) 「形式的暗示」と「良心」との関係を指摘したものとして、以下を参照。F. K. Blust, *Selbstheit und Zeitlichkeit*, Königshausen & Neumann, 1987, S. 56ff.

第二章　死の明証

一　死に関するデモクラシーと、死の管理体制

死はさまざまな仕方で語られる。その多彩さたるや、あまりに多岐にわたっているがために、万遍なく見渡すことが到底不可能なほどである。ひとは、それぞれが拠って立つ言説の系から、それに基づいて、死に関して語りかけ、論じ合う。たとえば、生物学的・医学的な見地から、民俗学的・人類学的な観点から、歴史学的・社会史的な知見から、心理学的・精神分析学的な洞察から、さらには、形而上学的・神学的な伝統から、社会工学的・統計学的な与件から、人生観的・処世訓的な叡知から、宗派的・儀礼的な風習から、文学的・象徴的な解義から。しかも、それら諸言説は、そのいずれもが、それなりの仕方で死を「語られる当の話題」に据えた、れっきとした「死についての語り」なのである。それらは各々、みずからのアプローチの正当性を臆することなく主張する。

このように、死という主題をめぐって、にわかに望見しがたいほど多様かつ厖大な語りが存在すると

いう事実は、いったい何を意味するのであろうか。死とは、多彩ではあるが結局のところ把握不可能な何らかの曖昧さを帯びた、いわば万華鏡の如き相対的現象である、ということなのだろうか。なるほど、死に関する言説をざっとかき集めてみるだけでひとはもう、あたかも迷宮の内にはいり込んだかのようなめまいを覚えずにはすまされない。死にまつわる百家争鳴的事態は、われわれをして途方に暮れさせ、死の多義的性格ないしは不確定性を納得せしめるに十分であるかに見える。

じっさい、かりに誰かが「死とはかくかくのことを意味する」と論定しようとすれば、すぐさま別の誰かが、「そうとばかりも言い切れない。死とはむしろしかじかだとする考え方だってあるのだから」と反応する。こうした「ああ言えばこう言う」式の議論の応酬はいつまでも尽きることがない（死に関するデモクラシー）。そうして、その帰するところ、死はどうとでもとれる空漠とした「何か」だ、ということになってしまうのである。ひとは好んで死に関する古今東西の観念を渉猟してその壮大な目録を集成しさえするのだが、そうした労多き作業が期せずして実証していることと言えば、何のことはない、「死とは、曖昧模糊とした曰く言い難いものである」ということなのである。

しかし、そうとばかりも言い切れない。試みに、死についての様々な言説がかくも声高に互いに競い合っておのれを主張するのはなぜであろうか、と問うてみればよい。もしかりに、この「話題」がわれわれにとって何でもないもの、取るに足らぬもの、どうでもよいものであったとしたら、この「話のタネ」は、われわれをしてかくもはなはだしくそれについて語ることを余儀なくさせるものとは決してなりえないであろう。死についてひとは語らずにはいられない。このことは、死がひとの関心をそそる際立った事象であることを意味する。死に関する言説は、その抜群の「需要」に応じて、至るところで産み出され、巷を賑わし、氾濫しさえする。その過剰とも思える流通は、これはこれで、新たな必需性を煽り立ててやまない。ひとは死についてできるだけ多くのことを知りたがるのである。さまざまな角度から、好みに応じて。

しかるに、ここにはもう一つ特徴的なことがある。死はなるほど一方で、勝れてわれわれの関心の的である。確かにそうなのだが、それと同時に他方で、われわれは日常生活において、死について口外することを憚っている。その場合、死は、それに言及するのはできるかぎり「自粛」することが望ましい忌避の対象とされているのである。ひとは死について頑なに口を閉ざす。死について語ることはどうにもやりきれないことなのだ。そして、他の誰かが語るのを聞くことも。あえて死を論じ立てようとする者は、大人げないふるまいだと咎められ、相手にされなくなる（死の管理体制）。慎み深い沈黙が行き渡る。かくして、死に触れたがらない風潮は、暗黙の相互監視、自主規制によってつつがなく維持されてゆく。

ひとは一方で、死に関して思い思いに語り、論じ合い、長大な「カタログ」を築き上げるほどだが、他方で、死について語ることをおのれに禁じ、互いに口ごもるのを常とする。この対照的な二面性は、次のような周知の事実にも見てとれる。すなわち、新聞、雑誌、テレビでは日々、大量の死亡報道がなされ、小説、映画、ドラマのなかでは累々たる死体の山が積み上げられるというのに、その反面、死はますます人目につかない場所に追いやられ、あたかも特殊施設の中でたまたま起こる例外的技術ミスででもあるかのように粛々と処理されるという事実。ひとは死を欲し解放するとともに、死を拒み抑圧する。何とも奇妙なことではないか。しかも、この奇妙さはたいてい、それとしてことさら意識されることもない。誰もがこの二通りの態度をこともなげに使い分けている。

だが、われわれはあえて問うてみることにしよう。なぜこのような一見相反する態度が可能なのだろうか、と。この奇妙な両立可能性の根底には、死についてのいかなる了解がひそんでいるのであろうか、と。

二　死を飼い馴らすことと、死によって飼い馴らされること

われわれは、死についての語りが至るところで産み出され、流通しているという実状から出発した。次いで、死は日常的には、逆に隠匿され封印されるということが確認された。では、そもそもひとが死を口にするのをためらうのはなぜであろうか。

答えはごく容易に与えられよう。死が遠ざけられるのは、それが何にもましてイヤなもの、このうえない厄災だからである。死は、それに近寄ったり巻き込まれたりすることを極力避けるべき禍々しきものだとされている。死が恐るべき脅威であるからこそ、それに少しでも触れたりするのは縁起が悪いこととして斥けられるのである。

当たり前といえば、あまりに当たり前の話である。誰だって死ぬのはご免だし、死んだら困る。死ほど厭わしいものはない（「死ぬほど退屈だ」という言い回しを参照）。だからこそ皆、この厄介な代物をなるべく遠ざけ、できるかぎり考えまいとする。

だが、そのように死が由々しきもの、最悪の災いと見なされているとすれば、いよいよ謎は深まるばかりである。ひとは細心の注意を払って、憎むべき死に近づくまいと心を砕き、平穏な日常生活をその

不吉な影に侵犯されまいと躍起になっているのに、その傍らで、あろうことか、死について語ることをことのほか好み、死に関する種々の言説を喜んで受け入れるのである。この不可思議な両義的事態はいったい何を意味しているのか。

われわれは、このような「死に関わりたくはないが、さりとて関わらずにもいられない」というアンビヴァレントな態度を次のように解する。

死は、それを口にすることすら疎んじられる、極めつけの嫌われものでありながら、だからといって無視するわけにもいかない、稀有の関心事である。ひとは、この背反的な「あちらを立てればこちらが立たず」を、淀みなき手さばきで「どちらもひとからげに」の両立可能性へずらし変えるという早業をやってのける。どのような仕方でか。それは、死がはらんでいる並々ならぬ切迫感をできるかぎり軽減し、あたかも自分とは関係のない出来事であるかのように改鋳し、当たり障りのない日常茶飯事に引き下げたうえで、思い通りに語り広め聞き流すという巧妙な仕方で、である。そのような加工を施されることにより、この話のタネは、日々の雑談のうちに紛れ込んでは軽微な感傷を催させるにすぎない程度の、つつましい闖入者とでもいった相貌を帯びるに至る。猛々しかった死が、いつの間にやら飼い馴らされたように従順になる。死をそのようなものとして隠しつつ－見えさせるはたらきを、この主題をめぐって紡ぎ出されるさまざまな言説は、暗黙の機能としてもつ。だから、死がそうした仕方で談論風発、いくら語られようと、誰も痛くも痒くもない。ひょっとすると、こそばゆいくらいには感じられるかもしれない。そう、その程度の刺激こそまさにひとの欲するところなのだ。

死をそのように当たり障りなく論じ散らすことによって、死がまずもってひとびとの関心事となるゆえんの「ひとごとならなさ」はいつしか鎮静化され、他人事の気楽さへと上滑りしていく。もはや死に固有の圧迫感は失われ、その脅威は宙づりにされる。かくしてひとは死に対して勝利を収めたかに見える。なぜなら死は、巧みに仕組まれた語りの隠匿機能（言説上の戦略）によって、その威圧感を殺がれ、ありきたりの出来事の平板さへと封じ込められてしまっているのだから。ひとは首尾よく死を飼い馴らすことができたかのようである。そしてまた、一たび意のままに訓育された死は、まことによく人口に膾炙する。死はお好み次第に雑談のタネに供され、慰み物にされさえする。

だが、それはよくしつらえられた見かけにすぎない。死は、たとえ無邪気な噂話のなかに拡散されていようと、依然として猛威をふるっている。死を飼い馴らすことなどわれわれにはもともとできない相談であって、せいぜい死によって飼い馴らされるのが関の山である。死を思いのままに飼い馴らしたつもりでいる種々の語りにしても、じっさいは、死の迫りくる脅威によって背後から動機づけられ、気分的に規定されている以上は。

ひとは、死に動じないようにするために、その重みを減らすような言説の様式を発明するのだが、そうした懸命な努力自体、ほかでもない、死の払拭し難い重さに動かされた結果なのである。死についてひとが語る、その語りのたわわな諸様式を背後から支え、方向づけているもの、それは実に、当の話題たる死そのものである。死を意のままに手なずけ与しやすいものにしようと欲するわれわれの意志の原動力こそ、隠れなき死の事実にほかならない。この端的な事実を前にしては、もはやわれわれは居ても立ってもいられない。その重心から発する求心的かつ遠心的な力の場あってこそ、はじめて死に関する言説の集散的諸形態が分立するのであり、しかもそれは、死がわれわれを引き付けると同時に拒み斥けるという特有の動性においてである。

今や次のことが判然となった。死を御しやすいものとして隠しつつ見えさせることに意を注いでいる多様な語りの存在は——なければないに越したことはない、視野を妨げる障害物などではなく——、それがまさに包み隠そうと願っている死の基本性格を知らず識らずのうちに共に明らかにしてくれているということ、これである。死を封じ込めようとする語りは、まさにそうすることによって、死についての基礎了解を「問わず語り」しているのである。ひとは、死について気安く語るとき、気安く語ることを強いてくるこの話題の並々ならぬ重さをとうに了解し終えている。このような暗黙の先行了解を誰もがアプリオリに携えているからこそ、あの「関わりたくはないが、さりとて関わらずにもいられない」という、死へのアンビヴァレントな態度が可能なのである。

死がどのように解釈されようとも、死の事実そのものは決して揺るがない。というよりも、この傍若無人な揺るぎなさが、われわれをいっそう震撼せしめ、その場しのぎの言辞へ差し向けるのである。したがって、その力関係からすれば、こう言ってもいいだろう。死はみずから動かすことなしにわれわれを動かす、と。こうした不動ゆえの可動性という性格が、死の事実の意味には属している。そうは言ってももちろん、この種の動性分析はあくまで日常性に密着してなされるのであって、そこに形而上的思弁のはいり込む余地はない。それは弁証法とも異質である。ここでは、背反するものの両立可能性は、低次の段階の矛盾が止揚されて高次のレヴェルへ移行し綜合された結末を意味するのではなく、さしあたって両立不可能に見えるもの相互の落差を産み出す源泉へと遡って指示する現象的実状以上でも以下でもないからである。

死の事実に晒され、それに動かされるのは、そのつどの当事者のみである。死に関して傍観者的に語る者は、当事者性を喪失してしまうのではなく、死に動機づけられて語っているかぎりで、そのつどの当事者たることを決して免れない。それどころか、語ることに抵抗をおぼえ、触れないようにする、という消極的な語り方でさえ、死の動性の圏外にいるのではなく、当事者たらざるをえないことの派生的、欠性的な亜種の一つなのである。死についての言説の系は、幾重にも入り組んだ断層を成しつつ、死がわれわれに触れ、襲いかかってくるありさまを雄弁に証言している。死の事実についての先行了解は、そのつどわれわれの口を衝いて出てくる言葉のうちに凝縮されたかたちで結晶しているのである。

死という事象は、事実性の領分に属するがゆえに、天下り的な一般的概念性を押しつけられることに原則的に逆らう。だが、死へと別の仕方で接近するための方法上の手引きは必ずや存在する。死について語られた言説の諸様式は、われわれの寡黙な先行了解を遡って指示し、ことさら露呈させる「痕跡」だと言っていい。この道しるべが一見どれほど曖昧さに満ちていようと、その原則的な方法的意義は何ら傷つかない。ここで問題になっている種別的な指示連関にあっては、「無規定性」は遡行的解釈の限界や不可能性を意味するのではなく、事象に即した告知の積極的「規定性」と見なされるからである。

こうした方法上のポジティヴィズムを、以下の分析の根幹に据えつつ、今や、死についての語りの諸相を、より立ち入って解釈し分ける段となった。

三　死の経験可能性と、死のリアリティー

ひとは往々にして、「死とは何であるか」を気軽に問い、かつ性急に答えようとする。この問いの困

難さは、問われている事象にふさわしい問いの様式をまずもって確保することにあるのに、である。探究上のそうした「初期設定」を等閑視することで、ひとはこの問題に適切に接近する可能性を、最初から塞いでしまう。というのも、「死とは何であるか」という問いは、もともと「問われているものそのもの」が、石ころのような事物でも身の回りの道具でもないがゆえに、不用意に立てられることの叶わぬものだからである（そうはいっても、今引き合いに出したような卑近な存在者を主題化することが何ら予備条件を必要としないというつもりはない）。何といっても、死とはわれわれ自身のあり方に直接関わる特異な現象なのである。われわれ自身がそれでない諸々の対象とわれわれ自身のあり方に属する事柄との基本的差異を弁えないかぎり、何らかの擬似問題が忍び込んでくることは必定である。この種のカテゴリー的錯誤は、問われている事柄をそれ自身のほうから明らかにするどころか、いよいよもって見えにくくさせることに寄与する。

そのような隠蔽的問題設定の一つとして、「死はそもそも経験可能か」という議論がある。この問いははなはだ根本的に見える。なぜなら、ここでは「死とは何であるか」という問いそのものの立論可能性が、俎上に載せられているからである。それは、死の意味を問うための真正の可能的接近様式を「厳密」に探し求めているように思われる。しかも、この厳密性要求を貫徹しようとすれば、すぐさま、次のように言わざるをえなくなる。――われわれは「死そのもの」を決して経験できない。なぜなら、われわれが生きているとき死は存在せず、死が出来するやいなや今度はわれわれの方が存在しなくなるから。

見たところ、この論理は少しも間違っていない。それどころか完全に正しい。確かにそれは整合的に推論されているのである。だが、こうした議論のうちにひとたび据え置かれるや、たちまち死は隠蔽されてしまうのである。なぜか。

死が、それにふさわしくない語りの様式において、素朴このうえない枠組みの内部で、扱われようとしているからである。つまり、死はこの場合、事物的に存在する対象物または身の回りに出来する事件として、あらかじめ措定されている。こうした初期設定がいったんなされてしまえば、その軌道に沿って動く言説は、どこまでも隠蔽的であり続け、当の主題からますます逸れていくばかりである。

「死の経験不可能性」を論証するより先に、われわれは、その場合に「経験」という語がいかなる意味において語られているか吟味してみよう。ここでは「経験」は非常に限定された外延において想定されている。「経験可能性」が問題となるのは、当該の事象が端的な仕方で与えられ把握可能となる場面が求められているからであり、このように或るものを「経験」に差し戻して規定するとは、「経験」を真理の発現する特権的な場として認証することを意味している。そのような「真理を与える経験」なる尺度は、これはこれで、対象を現前的に持つ、という一定の理念に準拠している。つまり、ここでとくに「経験」と言われている事態とは、当の対象が「生身のありありとしたありさまで」現前するかぎりでの、対象との無媒介な遭遇を意味している。先に挙げた例で言えば、石ころという対象は、それを眼前に見てとること、あるいは直接手に触れることによって、紛うかたなく暴露される。だから、その意味からすれば、石ころは、それが現実に存在するからわれわれにとって知覚可能である、というよりもむしろ——われわれの側の認定手順から言えば——、そもそもそれが知覚可能であるからこそ、現実に存在するものたりうるのである。このように、「経験可能性」は現実的存在者の可能的領圏を限界づけるのであり、逆に、経験可能でないものは、そのような基準からすると、不十分にしか存在しないものとされ、つまり一種の非存在と解される。総じて、現実性もしくは実在性という存在のランクは、経験可能性さらには現前性の理念と緊密な相関的関係にある。われわれは、そうした経験可能性を尺度にして存在を認定することに慣れきっている。

そして、言うまでもなく、そのような意味において死は経験可能ではない。死を石ころのように知覚するなど、どうしてできようか。あくまで現前性の理念にこだわるとすれば、死を現前的に持つとは、その端的な現実化、すなわち経験する者自身の消滅、を意味するほかなく、その結果、ありとあらゆる可能性が一瞬のうちに断たれてしまうであろう。

そこで、死の経験不可能性を「論証」し終えるや、ひとは自分に言いきかせつつ次のように申し添えることを忘れない。「だから死などもともと何でもないものなのだ」と。こうした言い聞かせこそ、死は経験可能でないと説く語りのスタイルそのものに内属する戦略なのである。死の非現実性を指摘することによって、ひとは死を「無‐視」するための正当性を確保するのだが、そのおかげでひとは、死の重みをおのれに免除してやることに成功する。かくして死は「無に等しいもの」となる。

だが、そのさい当然のごとく用いられている「経験可能性‐現実存在」の相関は、果たしてオールマイティーなのだろうか。死は経験可能でなく、それゆえ信憑性に乏しいもの、存在しないに等しいもの、現実性を欠くものだと、誰に言えようか。もしそうなら、なぜひとは、死を気に病んで語らずにいられないのであろうか。ひとが死を無視したがるのも、それが無視したくともしきれない厄介な事実としてひとを襲うからではないのか。むしろ死は、われわれの信憑知の限界を突き破ってこれ見よがしに迫ってくるのではなかろうか。それは、石ころの現実存在性とは比較にならないもう一つの現実として、われわれに立ちはだかってくるのではないか。

このように見てくると、今やわれわれは、通例の現実性概念を大幅に拡張、ないしは全面的に更新する必要に迫られていることに気づく。死のように「非実在的」で、現前的所持の問題にならない事象にも、何らかの「現実性」を認めざるをえないとすれば、従来の現実性概念では到底間に合わないことになろう。しかも、死が際立った「リアリティー」をなすとすれば、これまでの存在のランク付けも瓦解のやむなきに至るであろう。そしてこのことは同時に、現前性の理念にもっぱら定位して考えられてきた「経験」および「真理」についての抜本的な再審理を促すことになるはずである。

死の経験不可能性を論《あげつら》う言説が広く受け入れられるのは、決して偶然ではない。それは、死に直面しつつそこから逃走しようとする語りの系に属しており、かつそのかぎりにおいて、語られる当の話題である死そのものに、その動かし難い事実に、根底から動機づけられているからである。一般に、死を身近に起こる事件としてのみ見立て、言いふらす態度は、任意に修正可能なたまさかの過誤ではなく、事象そのものにその根拠をもつ、死を飼い馴らそうとする試みの一つなのである。

四　他者の死と、そのひとごとならなさ

死をひとたび経験不可能であると決めつけてしまうと、今度は——ただ無に等しいものとして放置するだけでは居心地が悪いらしく——、次善策として、他者の死を主題として採用したらどうか、という提案がなされる。他者の死なら、なるほど確かに身近に出来する。その与えられ方なら、あるいは明証

的に証示でき、したがって現前性の理念に合致するかもしれない。他者が死んでゆくのをこの眼で目撃するという端的な「経験」にもとづいて、「死一般」の意味を推論しうるのではないか、というわけである。

なるほど、われわれの常識に染みついているあの認識論的手続き、つまり或る自我Aが別の自我Bないしは他我一般の内部意識を類推することが、方法的に承認されるなら、逆に、他者の死bから自己の死aないしは普遍妥当的な死一般を推定することだって、同等の権利で認められるべきなのかもしれない。ただちに気付かれるであろうが、この二通りの議論は、奇妙な対称性を示している。そして、両者の相似性を支えているのは、自我Aと自我Bとはあくまで同型的に並存しており、そう考えて何らさしつかえない、とする暗黙の存在要請なのである。出発点は正反対であるにしろ——意識は自己意識としてしか明証的に与えられず、死は他者の死としてしか十全に経験されない、とされる以上そうなる——、一方の自我は他方の自我と同一視できるほどに等しいあり方をしているはずだ、と無造作に決めつけられている点で、双方の議論がよく似た形式をもつのは、理の当然なのである。それゆえ、これらの議論に現われるA、Bの差異記号は、むしろA、A′と準同一的に表現すべきであり、A′にしても結局Aに一致すべきとされるのである。

こういった認識論的議論は、よくできたことに、それがたとえ失敗に帰したとしても、そのことによって議論の前提たる「相互に独立な同型的自我の並存」の仮説が侵犯されるということは、まずありえないしくみになっている。というのも、そこでは、自我の存在様式そのものは問題とされず手つかずのまま放置され、せいぜい認識の可能性に一定の限界が引かれるだけに終わるからである。

はたして死がそのような意味で同型的に与えられ類比的に推論しうるものであるかを、他者の死の「経験」に即して、しばし吟味してみよう。

他者の死に接する経験が深刻なのは言うまでもない。身近な人との死別の場合にはとくにそうである。先立たれた人びとが否応なしに味わう喪失感は、故人と共に生き、触れ合う可能性が今や完全に断たれてしまったことの取り返しのつかなさを、激しく露呈させる。それは、他者と共に世界の内に生きる存在可能性が、有限なものでしかないという抗い難い事実を、一挙に呼びさます。相互共存在が実存の本質契機をなすかぎり、このような経験は紛れもなく真正の現象を呈する。この経験の重みを消し去ることは誰にもできない。

ここで、もう少し仔細にこの経験の与えられ方を見てみよう。

他者の死は、その人にとっての実存不可能性を意味する。その場に居合わせる他の人びとが感じる取り返しのつかなさは、第一次的には当の故人にとってしか問題でないものがブラックボックス的にまず与えられ、次いでそれを、残された人びとがあれこれ推し量って実感する、といった回りくどい仕方で与えられるのでは断じてない。そうではなく、他者の死に立ち会う（あるいは訃報を伝え聞く）場合に感受される喪失感は、一挙にわれわれを襲う。身近な人との死別が真正の経験たりうるのは、それに固有のまったき出来事性ゆえである。他者がまず死を率先して経験し、しかるのちにわれわれがその人の経験に参入する、というのではない。他者の死とは、はじめからわれわれ自身も巻き込まれてその一角をなすような、相互共存在の地平における全体的出来事なのだ。そうした出来事の磁場のうちにさしあたってわれわれが不在を決め込むなど、そもそも問題になりえない。他者の死という出来事にわれわれは是非もなく引きずり込まれる。そのときわれわれ自身の一部もまた「死ぬ」のである。われわれの存在可能性の核心の一つが確かに喪われるかぎりにおいて。

以上で、他者の死が独立かつ同型的に与えられ経験されるとする仮説が、事象にそぐわないものであることが示された。他者が死ぬとき、われわれは当事者として関与しているのであり、われわれの存在自身がこの出来事を共に構成しているのである。相互に独立した同型的死を導出する試みが挫折するのは、人間の認識能力の欠陥に由来するのではなく、死が、対称図形のように重ね描かれることをそれ自身のほうから拒否するからなのだ。

いや、他者の死を「冷静」に受け止める場合もあるのではないか、と反論されるかもしれない。むしろそうした受け止め方のほうが、中立公正な態度であり、他者の死の経験として純正ではないか、と。このような反論がされる場合、死を平凡で陳腐な日常的ニュースとして聞き流す態度のことが考えられているわけではあるまい。ここで問題となりうるのは、自身の身辺に起こる死を、ごくありきたりで自然な出来事として動ずることなく看取り、平静に受け入れる態度、であろう。そのような死の応接の仕方は、それを証拠として、「死は人生観や世界観の相違に応じて変わりうる相対的、複義的な現象にすぎない」とする見解が力を得てくるだけに、われわれにとって放置できない事例をなしている。

他者の死を冷静に受け止める態度は、歴史的、文化的条件によってさまざまな様式をとりうるし、個人差も相当あろうが、その諸形態は、人びとの永年の鍛錬によって培われた、倫理的、美的な「実存の技法」と言うべきものであろう。そうした「徳」の意味と射程は、これはこれで、十分問うに値する問題である。だが、ひとたびこの実存的態度が直接与件として目下の問題系のうちに組み込まれるとすれば、それは他者の死という現象の根源性を希薄化することにしかならない。それは、二通りの仕方での問題の隠蔽なのである。第一に、提起された問題を「人の生き方」のレヴェルへずらし変え、問われている事象をぼかしてしまうという隠蔽。もう一つは――こちらの方がより重大だが――、そこで言われる「冷静さ」なるものが、じつは、死の重みそのものによって動機づけられ煽り立てられた気分的被規定性にほかならない、という事象連関を見えにくくしてしまうという隠蔽。

他者の死を冷静に迎え、従容《しょうよう》と受け入れることは、さまざまなレヴェルにおいて基《もとい》づけられた現象を呈しており、それが、先に記述されたような、他者の死によって取り返しのつかなさが端的に露呈される、という現象の真正性と抵触するものであるかは、非常に疑わしい。冷静さを保つという仕方での「死に対する抵抗力」の醸成は、むしろ、死がそれだけ衝撃力をもってわれわれを奇襲してくる事実であることを逆証するものである（相手が強ければ強いほどそれだけ抵抗力もまた培われる）。死に動ずるまいとする態度すら、その起源を辿れば、死によって動かされた一つの所産にすぎない。

このように、種々の語りは、それがいかなる言説の系に属しているかに応じて、見えさせる（または見えにくくさせる）範囲を決定されている。とりたてて見識を必要としない「素朴な直言」ですらそうであって、言説上の機能的布置と無関係ではない。素朴さという利点さえ、言説間の力関係、戦略性を規定する強力なファクターとなりうるからである。

死の「本来的経験」を、他者の死の経験に求めようとする語りもまた、翻ってみれば、死の事実性という根本現象から後退することに与る言説に属するということが、今や判明する。他者の死の経験は、その様態の多様性が引き合いに出されることによって、それ自身、真正な形で取り扱われることが妨げられかねないのだが、それ以上に、他者の死を代用主題として論じ入れることそのことが、死をそれ自身の方から見えるようにさせる何らかの際立った接近様式を問い求める方途を立て塞ぐ語りとして機能するのである。

他者の死に立ち会うという「経験」が重視されるとき、確かに一つの真正な現象が探り当てられていると言ってよいのだが、そのことによって自己自身の死の「経験」が補填されると期待されているとすれば、「死とは何であるか」を問う可能性はただちに湮滅させられてしまう。そればかりではない。そういった理路によって、他者の死の経験へ近づく通路まで放棄してしまうことになる。なぜか。この二つの「経験」は、その外見上の相似性にもかかわらず、一方を採用すれば他方は無しに済ますことができるような、同レヴェルの平行的類似物ではないからである。

他者の死は、先に見たように、共存在可能性の取り返しのつかない喪失として、相互共存の構造連関において現象的に真正な形で記述することができる。だが、そのように共存在に種別的な現象がいったん主題化されるや、今度は死そのものは、もはや副次的な意味においてしか視野のうちに入ってこなくなる。というより、死についての了解は、不断に前提されつつも、それ自身は掘り下げられないままにとどまる。

たとえば、他者の死は、個人および集団の生存に介入する政治的暴力の最悪の帰結として現われることがある。このような禍悪は、われわれをして、現に行使される構造的暴力について真剣に討議することへと向かわせる。自分がいつか死ぬことをくよくよ思案するより、多くの人民がいわれなくいのちを失ってゆくこの現実を直視せよ、死の独我論ではなく、大量虐殺の政治学へと向き直れ、との要請が突きつけられる。

この或る種もっともな促しに対しては、他者に対する暴力が殺人という形態をとることが、かくもセンセーショナルとなるのはなぜか、という問い返しは依然残されている。死がひとの気分に直接訴える際立った事象であることは疑いえない（かってそれは効果的な見せ物ですらあった）。では、誰かが死ぬのを見聞きするとき、われわれが何にもまして気分を煽られ、情動を催すのは、なぜだろうか。死がただならぬもの、打ち捨てておけぬものであることをみずから了解し終えているからこそ、言い換えれば、死がわれわれ自身の関心事中の関心事であるからこそ、自分ならざる者の死が、ひとごとでない事件としてわれわれの関心を引きつけるのである。

他者が死ぬとき、われわれの心は痛む。では、この痛みは何に由来するのか。他者が死に臨んで感じる心痛をこちらで推察することによってだろうか。断じて否。この痛みは、他者の痛みの不完全なコピーではなく、まさにこの私の身に媒介なしに襲いかかってくるオリジナルな痛みなのである。そして、このことが可能であるのは、他者の死が、この私を私自身の死へと端的に指示するかぎりにおいてのみである。死んでゆく見知らぬ他者を「かわいそう」だと思うとき、すでにひとは自分が死に触れられ、晒されていることを知っている。われわれは、死と踵を接しているおのれを、概念的ではないにしろ、気分的に了解している。このような、自己の死への気分づけられた先行的関係なしには、ひとは故人に哀悼の念を捧げることすらできないだろう。自己の死の由々しさを弁えている者のみが、他者の死のただならなさを感受することができる。後者が前者を呼び起こすことは確かにありうるが、だからといって前者が後者によってはじめて作り出されるわけではない。

他者の死を見聞することと、自己自身の死を了解することとは、相似的な仕方で考えられてはならない。両者の間には、間接的導出を許すような都合のよい対称性はもともと存していない。このことは同時に、自己にも他者にも等しく妥当する死一般なるものは存在しない、ということを意味する。死はそのつど、「誰が」死ぬのかという当事者規定とこみになってはじめてまったき現象をなす。他者の死が当人の存在のかけがえのなさを峻烈に露呈させるのも、死に固有な個別性に基づいている。だから、他者の死を自己の死と互換可能と見なすのは、分析されるべき現象の実状をはじめから脱落させることなのである。

死は自己においては経験できず、他者の死を出発点とすべきだとする提言に関する言説分析は、以上でいったん終えることにする。もちろん、死に関する語りの様式は、実際は、はるかに多彩をきわめていよう。しかしわれわれは今や、それらを動機づけている事象そのものへ歩を進めなければならない。

五　「我死につつ在る」という語りと、その遂行的明証性

死についてさまざまな言説が産出され、集成されるという実状からわれわれは出発した。次いで、それらは、死をこのうえない脅威として感じとり、その切迫から遁走しようとする種別的な動性を示すことが判然となった。そのような「逃避」は、しかし、ひとの気紛れや不真面目さに由来するのではなく、死は、われわれにそのような「抵抗運動」をさせるように出来ているのである。死についての多様な語りを動機づけているもの、それは、語りの話題であるところの死それ自身なのである。それゆえ、この動機づけの連関をいわば逆手にとって語りの諸相を動性分析にかければ、死がどのようにわれわれを動

かしているかが、すなわちわれわれの死についての先行了解が、析出されることになる。では、われわれは死にどのように出会っているのであろうか。

もとより、死はわれわれの存在を脅かすものとして了解されている。ところで、脅かすものに当面してそこから遁走するという態度は、一般に、脅かす相手から遠ざかり安全な場所に避難するという性格をもつ。ひとは死について論じ散らすことによってその切迫感を宥め鎮める。ひとは死の不気味さを忘れさせてくれる言説の場に逃げ込むのである。だが、そのことによって死の現事実は、抹消されるのではなく（それは不可能である）、隠蔽される。忘却が隠蔽作用に基づくかぎり、死は、それを忘れ果てている者にもひとしなみに触れている——とはいっても、いわば背後から触れているにすぎない。死の事実は、さしあたってたいていは、後ろ向きの了解という離反的な仕方で感受されているだけである。

だが、そのようにおぼろに察知されているのが常態であっても、われわれにとってそれ以外の死の経験の可能性が与えられていないとは断定できない。確かに死は、石ころに蹴躓くようには経験されないし、内部意識のように直接的に与えられることもないが、だからといってそれらと別の仕方で近づきうる方途が一切閉ざされていると決めつけるいわれもまたない。もしも死がわれわれにとって無縁の存在なら、死を気遣う言説がかくも取り揃えられ、流布するなどそもそもありえないだろう。今や求められるべきは、死をそれがおのれを示す通りに見えるようにさせる比類なき「経験」である。では、そのような独特の「明証」——すなわち死の明証——とは、いったいいかなるものでありうるのか。

こうした「明証」が確保されないかぎり、つまり事象そのものを与える際立った接近様式を我がものとしないかぎり、われわれは「死とは何であるか」という問いの変幻自在な多義性に決着をつけることは、ついにできないであろう。では、この無謀とも思える企てに着手するための手引きはわれわれに与えられているだろうか。

われわれは前節（四）で得られたテーゼから出発する。

死はそのつど私の死である。

死には当事者性が固有である。「死ぬのは誰か」と言えば、まさにそのつどの各人が死ぬのである。不特定の非人称的、匿名的な「ひと」もまた死ぬように見えるが、われわれはそれぞれおのれ自身の死をそのつど死ぬのであって、「ひと」が死ぬわけではない。死はわれわれ一人一人をもれなく襲うのだが、それは、普遍妥当的にではなく、個別化的な一対一の関係においてである。すでに見たように、隣人、同胞が死ぬことが、あるいは見知らぬ人びとが殺されることが、われわれの重大な関心事となりうるのも、ひとえに、各個人が自己自身の死へと個別化的に指示されているからこそである。

死と死ぬ当人とのこのような間柄は、しかし、所有物と所有者との関係とはおよそ異なっている。所有物は所有者のためのもの、生きる手段であり、所有者は一定の限界内において自分の好きなようにその所有物を利用することができる。所有物の方は、これはこれで、利用されることにより次第に消耗していく。消耗した物品は、補修されてそのあり方を変じたり、廃棄されて寿命を終えたりする。たとえば、家屋敷は人が住むためのものであるが、状況に応じて抵当に入れられたり売買されたりする。また、使い古されると住人の都合の良いように改築されたり解体されたりする。

これに対し、死は、それがいくら私の死であろうとも、私の意のままには改装されえないし、誰か他の人に譲渡することもできない。用済みとして処分するわけにもいかない。死は、いかなる私の財産にもまして「不動」である。

「私の死」という言い回しにおける「の」は、所有関係を表わしていない。私は、私の死との関係において劣勢をきわめている。私は死によって翻弄され、言いなりになっているのであり、両者の間柄たるや――私が死をではなく――死が私を承諾なしに抵当に入れ、好き勝手に運用しているのではないかと思えるほどである。しかもその挙げ句、最後に利用価値を失って廃棄処分の憂き目に会うのも、この私のほうである。

死はそのつど私の死であるが、従属しているのはむしろこの私であって、私はみずからの死を意のままとすることが決してできない。たとえ、今はの際を潔く迎えるべく周到に手筈を整えていようとも、死はそんなことにはお構いなしに傍若無人に訪れる。逆に、近頃では、死がなかなかやって来ないことによって弄ばれ、振り回される状態に甘んじなければならないことが稀ではないが、そうした現状にしても、死のあり方が人工的に変性させられたということを意味するのでは全然なく、われわれが死に従属せしめられていることの一つの現われなのである。「死の不可能性」に現代人が怯えなければならなくなったのも、死の絶対的可能性に駆り立てられた飽くなきテクノロジーによる。

また、「命を賭けて」死を自分のものとすべく自殺を遂げようとも、この賢しらな目論見はあえなく挫折する。なぜなら、自殺の企てそのものが、「自由意志」から発したかに見えようと、誘い惑わすものとしての死に、徹頭徹尾引きずられた結果でしかなく、かてて加えて、自殺する者は今や死の支配下に完全に屈するだけに終わるのだから。さらに、何かのため、誰かのためにおのれの命を捧げる犠牲行為ですら、死に対して勝利を収めることには少しもならない。それどころか、犠牲者はまさに死に屈伏することにおいてこそ、何かのため、誰かのために生きたことをはじめて証しすることができるのである（ソクラテスやイエスの汚名にまみれた死を想起せよ）。いかに死にざまが美化されようと——死はひとの気分にじかに訴えるがゆえにはなはだしい煽動的効果をもつ——、それは死の支配からの離脱を断じて意味しない。

現代医学の人知を尽くした延命策にしても死を支配することではないし、生命保険が大々的に約束するような死の統御もまた同断である。ひとはよってたかって死に戦いを挑むが、挑発されることそのことがすでに劣勢であることの証左なのである。

総じて、私には自分の死をみずから選びとる自由な権限は与えられていない。選びとられ対応づけられているのは、むしろこの私のほうなのだ。

ひとは言うだろう。「だが、生きている間はまだ死は現実になっていない」と。確かに、私と私の死との間の一対一対応はそのような意味ではどこにも存在しない。私はまだ死んではいず、死が私を襲うさまを眼前に見出すことはできない。できるのはせいぜい、いつか死んでゆく自分の姿を思い浮かべることぐらいであろう。私の死は私に決して現前しない。その意味で「私の死」とは、正確に言えば「私の死の可能性」である。

しかしこのことは、死が非現実的なもの、一種の虚構であることを意味するわけではない。それどころか、死の事実とは、われわれを遊びや夢うつつの状態から正気へと立ち返らせる「最も現実的なもの」なのである。死は象徴化されてお伽話のテーマともなりうるが、私にとって私の死は、それ自身ゲームでも物語でも共同幻想でもなく、そうした約束事をどれもこれもひとまとめに反故にしてしまう当のものである。死はひとをしらふにさせる。このごく当たり前の実状を受け入れようとしない論客のいかに多いことか。

　つまり、「今のところはまだ」という様相において私の死は、いまだ現実に至っていない不完全な状態にあるのではない。それどころか、私の死は、まさしく可能性としてこそ現に今、私に向けて不断に執行されている。執行猶予刑は、刑が宙ぶらりんの可能的状態にあるからこそ実刑とは別様な行為拘束的効果をもつが、それと似て、死はあくまで可能性にとどまっているからこそ私にとって無視しえぬ脅威なのであり、極めつけの「リアリティー」をもつのである。そうした死に種別的な「現実性」——「事実性」——に、事物的対象性から得られる現実性尺度を無理やり当てはめて済まそうとするのは、いわばカラスミを煮て食ってしまった挙げ句まずいと強弁するようなものである。いつ現実化するか分からないが、いついかなるときにも可能であるという可能性格をもっていることが、死の「アクチュアリティー」を増幅させるのであり、ひとはこの無規定な可能性の恒常的執行力をできるかぎり留保しようとして、平均寿命なる抽象物を捏造してやまないのである（こうした仮構のもと、安心を切り売りする「不安産業」が成り立つ）。だが、いかに統計上のトリックを駆使しようと、私の死の可能性は微塵も傷つかない。死は、安心を得ようとすることをも染め抜いて動機づけている。言いかえれば、そのような仕方で私にいつでも襲いかかっている。

　このように、死が可能性として私にとって問題であり、この可能性はいついかなるときにも私の存在に付きまとっているかぎり、私は、私の死をつねにすでに死につつある、と言わねばならないだろう。

私は不断に死につつある。

このテーゼは、瀕死の重病人についてのみ当てはまるのでもなければ、何らかの政治的状況によって生存を脅かされている現代人の危機感の表明でもない。そうではなく、それは、死がそのつど私の死であるかぎりでの、私にとっての死の隠れなき与えられ方を表現する。私は老年に達し死期が近づくにつれてはじめて自分の死に対面するのではないし、あるいは「親知らず」的に死と擦れ違うのでもない。老いが老いつつある人にとってのみ問題となる（老齢をいかに認定するかは一義的でないにしろ）のに対し、私の死は老若男女を問わずあらゆる「私」と言いうる当人にとって、隠蔽されていようがいまいが、問題たらざるをえない。というのも、死は私の存在につねにすでに組み込まれ、含意されているからである。生と死とは、寸分の隙もなく踵を接しており、互いに他なしには存立不可能な非独立的関係にある（「いのち」という和語は、この相互依存関係をよく言い表わしている）。この二者は、掻き集められて一つの総計をなすのではなく、一方が他方を蚕食しつつそのつど一つの全体として与えられている。このせめぎ合いの接触面において、事情はどうなっているだろうか。この比類なき直接性は何を意味するか。われわれはここに、第三の、そしておそらくは最終的な、次のようなテーゼを見出す。

私は死を確実だとさとっている。

私は、生きているかぎり、私の死とじかに触れ合っている。この「接触」の仕方には種々の様態が属するし、したがって死の切迫性を語り薄める様式も含まれるが、その来襲の抗い難い「確実性」にはいかなる言い訳も申し開きも可能ではない。この疑う余地なき死の事実に対しては、反駁不可能な「必当然性」などという尺度では到底間に合わない。というのも、死の「必然性」は論証などされないし、またその必要もないからである。私の死は、その確からしさを推論されるより以前に、私の身にいわば先天的に突きつけられている。

ところで、私の死の確実性は、それにふさわしいあり方を私に要求する。では、死を確実だとさとる、隠蔽的ならざる、言いかえれば明証的なあり方とはどのようなものであろうか。確かに、死から遁走する語りの様式も、隠蔽するという仕方で死の確実性をどこかで察してはいるが、その発語傾向からして、もちろん明証的であるというわけにはいかない。

これに対して、私は不断に死につつあると私が今まさに発語するとき、これとて一つの語りであるには違いないが、私は私の死から遠ざかろうとしてはいない。私は死が私の存在と共に厳然と存在していることを、媒介なしに感じている。死はこのうえなく近い。なぜなら、私が存在していることがそのまま私が死にゆくことでもあるからだ。この密着度においては、もはや私が死について語っているのではない。私の死が私の口を借りておのれを語り出しているのである。死がおのれを示す。死の明証。

このように私が死をじかに語り出しつつ、それ自身のほうから見えるようにさせるとき、死はいかなる非隠蔽的な存在様式を私に指定してくるであろうか。

死への明証的な接近は、死の現実化ではありえない。死に固有な可能性格があくまで持ちこたえられるのでなければ、死がそれ自身としておのれを与えることなど覚束ない。死の種別的な可能性格に耐えつつ死へとおのれを晒すとき、私は私の死を明証的に確実だとさとることができる。

死の可能性は、純然と眺めやる理論的態度によって暴露されるのではない。また、死について無我の境地で超然と瞑想に耽るといったような態度も適切とは言えない。そのような空想的な理想状態を想定するのは、死の途方もない威力を知ろうとしないお目出たさに由来する。死に面前して直立不動の姿勢を取り続けることなど誰にもできはしない。死はわれわれを襲い、動かす。わけても、明証的に与えられる死は、それが切り拓く指示に私がおのれを従わせるよう、私を促し、強いてくる。

　では、死の切り拓く指示に従うとは、いかなることか。死の明証は、どのような遂行性格をおびるのであろうか。

　死は、他の諸可能性と並ぶ一つの可能性ではなく、私の一切の可能性を無みする空前絶後の可能性である。かりにこの可能性が現実化されれば、私の実存可能性はことごとく断たれる。いわれなく、無益に。それもそのはずで、死それ自身にはいわれや意義などあろうはずがない。だが、死を確実だとさとりつつこの可能性に晒されているおのれを見出すとき、他の諸可能性はむしろ活性化される。死という無のふちどりを帯びることによって、私の存在可能性の全体がくっきりと浮かび上がり賦活されるのであり、私の死は私の存在――「我在り」――を際立たせるのである。死に接近することによってかえって私は諸々の可能性へと投げ返される。私は「我為し能う」へめがけて指示される。「死を能くする」とはこのような可能性の企投を意味する。現実となった死はあくまで無益な事実ぽっきりだが、可能性のうちに保持される死は、私をしてそのつどの具体的状況へ差し向けるという積極的権能を発揮する。死は、私の行為の指示連関を産出するという意味において、私の存在を無みする「無」でありながら豊かで実り多い「能産性」を示すのである。

　かつて哲学において、「我思う」の反駁不可能な確実性が一切の学知の最深の基底であるとされた。「我思う」の不可疑性へ降り下ってはじめて、もはや隠蔽の余地なき無媒介な明証性が保証されると考えられたのである。そうした省察の賭金は「我思う」と「我在り」との隔たりなき自同性にあった。両者の間には寸分の懸隔もありえないがゆえに、反省的自己知の確実性からそのまま、あらゆる認識の真理尺度が汲み取られたのである。

「我死につつ在る」という語りに備わっている最終的明証性は、このような文脈において理解されるべきである。その深さにおいて、「我死につつ在る」という発語のおびる、いわば遂行的明証性に比肩しうるものが、他にありうるであろうか。死の可能性にもましておのれを主張しうるような「現実性」や「必然性」が、どこにありえようか。われわれは今や、「存在」と「真理」という共属的理念についての再審理を、否応なしに迫られていることに想到する。(1)

注

(1) 本章のもとになった論文には、注を一つも付けなかったが、内容的に関連の深い二つの拙論をここに付記しておく。「『存在と時間』における死の実存論的概念について」、実存思想協会編『実存と宗教』実存思想論集Ⅶ、以文社、一九九二年六月一日、所収。「死をめぐる哲学的省察の所在について」、『創文』第三四一号、創文社、一九九三年三月一日、所収。このうち前者は、拙著『死と誕生』第二部の第一章第一節に採り入れられた。

第三章　自発性の回路

『存在と時間』における世界概念の再検討

一　ハイデガーの「世界」概念の問題性

以下では、ハイデガーの主著『存在と時間』における「世界」概念を、その最初の仕上げが試みられている第一八節（SZ, 83 ff.）に即して、積極的に再解釈してゆく。

この箇所は、幾度となく言及されながらも、これまで掘り下げられることの少なかった問題的なテクストである。われわれのそういう言い方は、あるいは不遜に響くかもしれない。ハイデガーがそこで「世界の世界性」を「有意義性（Bedeutsamkeit）」として定式化した（SZ, 87）ことは、もはや周知の事柄に属すると言ってよいからである。しかしわれわれはあえて、こう尋ねたい。そういう「有意義性」とはいったい何を意味するのか、と。

というのも、われわれの身の回りに諸々の存在者の指示連関がくまなく張りめぐらされているという事情――「適所全体性（Bewandtnisganzheit）」（SZ, 84）――から個々の「道具的存在者（Zuhandenes）」

がそのつど出会われる、ということだけなら、何もわざわざ「有意義性」などと言い添えて屋上屋を架すような真似をする必要はないからである。世界を、世界内部的存在者の総体から区別し、しかも一つの「実存カテゴリー」として規定しようとするからには、相応の言い分というものがあるはずなのである。

ここには解釈上のある種の困難がひそんでいる。なぜなら、「現存在」つまりそのつどの〈私〉が、自己自身の存在構造に属する世界の「有意義化作用（be-deuten）」によって目的手段連関を切り拓き、世界内部的存在者を「出会わせ」、「存在させる」といった説明が、かりに、自我から発する対象への意味付与作用の強調というふうに解されるとすれば、われわれはそこに、主観による世界の超越論的構成を事とする近代哲学の一亜種を見出すほかはないからである。もしそうなら、ハイデガーの世界内存在の現象学は、無世界的自我を放逐した手柄と引き換えに、世界全体をそのつどの私の了解作用へと溶解してしまう「最も極端な主観的観念論」（GA24, 237）との誹《そし》りを免れないことになろう。

もとより、『存在と時間』で着手されている「基礎的存在論」が広い意味での超越論的問題設定のうちを動いているということ、これは紛れもない事実である。問題は、そうした試みが、世界の世界性を、そのつどの私の存在しうることという「究極目的（Worumwillen）」から連綿と織り合わされた可能性の指示機能といったふうに規定することによって、結局のところ「世界の主観化」というお決まりの独我論的隘路《あいろ》にはまり込んでしまっているのではないか、ということなのである。

ここで、三つの「好意的」解釈がまず念頭に浮かぶ。第一に、世界と世界内部的存在者との区別を持ち出して後者の自体存在を強調し、以て観念論的色彩を薄めようとするテクニカルな方向。第二に、自我の関与のなさという意味での受動性や匿名性をポイントにして、主観性の放免を図るという現象学にありがちな説明パターン。最後に、不安における世界の「無意義性（Unbedeutsamkeit）」への転化という根本気分を重んじ、結果的に「有意義性」概念を一段格下げする解釈。そのいずれも不十分である。

むしろ、まずもって問われねばならないのは、そのつどの〈私〉のあり方を「世界内存在」として提起することの意味そのもの、ではないだろうか。つまり、世界が現存在の存在に属するとされるとき、この存在者の方はいったいどういうことになるのか。ハイデガーも明言する通り、「それを究明することがわれわれを世界という現象へ導いた主導的問題とは、何といっても、主観とは何であり、またそれがいかにあるか――主観の主観性には何が属するか――を規定すること、まさにこのことであった。〔…〕結局のところ、世界という現象こそは、まさしく主観概念をよりラディカルに捉えることへと強いるものなのである」（GA24, 238）。別の言い方を借りるなら、「世界内存在」とは、「主観性ならびに主観的なものという概念を根底から変容させる（verwandeln）」（GA26, 252）ことをめざす一つの概念装置なのであり、それゆえ、「人間という概念全体を変革する（revolutionieren）」（GA26, 167）ことこそ、世界内存在の現象学の根本モティーフであったのだ。

本章の狙いは、世界の世界性としての「有意義性」という概念から、以上のような問題状況への、一見微細でありながら決定的な「転回」点を読みとることにある。

二　「適所を得させること」と「自己を指示しむけること」

さて、「適所性と有意義性　世界の世界性」と題された問題の第一八節は、「いかにして世界は道具的存在者を出会わせうるのか」という問いと共に開始される（SZ, 83）。しかも、世界が世界内部的存在者に行使するこの「出会わせるはたらき（begegnen lassen）」は、すぐさま「先行的開放（vorgängige Freigabe）」とも言い換えられる（SZ, 83）。道具的存在者がそれ「として」出会われるための余地を蔽いなくあらかじめ確保してやるという意味での封鎖解除という役回りが、世界の際立った特徴だとされるのである。こうした特有の関与は、さらに、道具的存在者の存在が、「何々のため」という有用性の指示を担っていることに鑑みて「適所性（Bewandtnis）」と術語化されることに応じて、「適所を得させること（bewenden lassen）」と呼ばれることになる（SZ, 84）。世界は、存在者を適所性という存在へとそのつど「振り向け」、そこで「打ち切りにし」、ひとまず「落着させる」、というわけである。しかも、そうした機能は、これはこれで、存在者を「存在させること（sein lassen）」にほかならない、とされる（SZ, 84）。

ここでまず問題となるのは、「存在させる」という場合の「させるはたらき（Lassen）」とは何であるか、という点であろう。

ハイデガーもすぐさま断わっているように、この「存在させる」とは、「或るものを存在にもたらし制作する」という意味ではない（SZ, 85）。ドイツ語でふつう 'sein lassen' と言えば、「あるがままに任せる」「その通りに放っておく」――もっと言えば「何もしない」――という意味である（vgl. SZ, 84）。だからその反対は、「手を加える、改良する、打ち壊す」ということになる（SZ, 85）。つまりこの場合の「させる」とは、「強制」「使役」というよりは、むしろ「許容」「放任」に近い。

ただしハイデガーは、「〈存在させること〉のこうした存在者的意味を原則的に存在論的に捉える」と明言しており（SZ, 84 f.）、以上のような通例の意味での「受容性」とは異なる、存在論的レヴェルでのある種の「自発性」を際立たせようとしている。それでは、世界によるこうした「自発的関与」――いわば存在論的おせっかい――とは何を意味するのだろうか。

ハイデガーはここではじめて、世界内存在する現存在の「了解作用（Verstehen）」を前面に打ち出す（SZ, 85）。ここまでの議論では、世界という現象は、世界内部的存在者が出会われるための先行的な「目標根拠（Woraufhin）」としてもっぱら導入されていた。それに対して、これ以後は、その同じ世界が、現存在の了解しつつ「何々へと自己を指示しむけるはたらき（sich verweisen an...）」の「拠り所（Worin）」として掘り下げられてゆく（SZ, 86）。

この一見微妙な言い換えを見過ごすべきではない。ここである種の転換が果たされていることは、適所性の諸連関が、さしあたりは、そのつど表立って出会われる「適具（Womit）」からその用途としての「適用（Wobei）」へという方向で遡行的に辿られ、その終着点としての「究極目的（Worumwillen）」、つまり現存在の存在しうることへ帰着する、というふうに説明されていた（SZ, 84）のに対し、今やそれが「反転」され、発起点としての「究極目的」のほうから始まって、発生的に「適用」へ至り最後に「適具」へと復帰する、というふうに再定式化される（SZ, 86）という事情からも窺われよう。以下に見る「有意義化」の場合にも、その指示作用は、あくまでも「究極目的」を起点とし、「一定の目的」、「適用」と下って最後に「適具」にて打ち止めとなる、という方向において考えられており（SZ, 87）、決してその逆にはなっていない。この反転された指示の向きは、たんなる言い回しの変更ではなく、環境世界分析がいよいよ「指示の存在論的発生」（SZ, 68）という本来の問題次元に立ち至ったことを告げている。

注意されるべきは、自己の存在しうることという「究極目的」から翻ってそのつど存在者へと「自己を指示しむける」という仕方で際立たせられている当の「了解」とは、とりわけ、現存在の「自己了解」の側面だという点である。これ以降、焦点は、「自己を指示しむける（sich verweisen）」における「自己（sich）」へ移っていく。何気なく挿入されているかに見えるこの再帰代名詞が示しているのは、適所性という意味での指示において問題であった「世界内部的存在者への世界の関与」という関係を、その「存在論的由来」（SZ. 76）へと掘り下げてみると、この関係には、指示にみずから従う当の現存在の了解作用それ自身が、共に了解されるという仕方で介在し宿っている、という入り組んだ事情なのである。

かくして、「現存在が自己を指示しむけるという様態で自己を先行的に了解するさいの拠り所（Worin）、これが、存在者を先行的に出会わせるはたらきにとっての目標根拠（Woraufhin）なのである」（SZ. 86）とされるのだが、この文章における「である」という語は、世界了解と自己了解との等根源的共属という意味での、ハイデガー流の「超越論的最高原則」を集約的に表現するものである。そして、この「目標根拠」にして「拠り所」であるとされる当のものこそは、求められている「世界という現象」にほかならない（SZ. 86）。とはいえ、こうした定式化は、問題の発端でこそあれ、その解決ではない。吟味されるべきは、世界内部的存在者への「世界の関与」に、なぜ、「自己を指示しむける」という意味での「自己の関与」がわざわざ差し挟まれなければならないのか、という点なのである。

このような見方が、結局のところ、自己の存在しうることのためという現存在の「都合」によって世界がはじめて構成される、ということを言わんとするものだとすれば、「世界企投」とは、世界を自己の思い通りに描き出す主観性の意志の発露だとされても仕方ないだろう。「自己了解がすなわち世界了解である」とする先の最高原則は、ことによると、世界と自己との等根源的共属という主張を大幅に踏み越えて、現存在という特権的存在者のこのうえない僭越を物怖じせず謳い上げているかのように響く。もしそうだとすれば、かの「存在させるはたらき」とは、やはり、現存在の「存在者的－存在論的優位」の副産物であった、ということにならないであろうか。

ここから、次のようなハイデガー解釈が生ずることになる。つまり、世界企投の最深の繋留点を現存在の「超越論的意志」に見てとる『存在と時間』の時期においては、まだ何といっても人間中心主義が濃厚であり、これを批判的に克服した「転回」を経てはじめて「ヒューマニズムを超えた」存在の思索が展開される、と見なす解釈である。

われわれは、もとより、そうした解釈の可能性を全否定するものではないし、ハイデガー特有の回顧的自己解釈を鵜呑みにするつもりもない。しかしながら、『存在と時間』のテクストは、少なくとも、別様に読み直される可能性を排除していないと思われる。次節では、そのような再読可能性を何ほどか示したいと思う。

三　自発性の回路としての「有意義性」

ここでもう一度、「適所を得させること」が「自己を指示しむけること」へ翻された経緯のもつ意味を考えてみることは無駄ではないだろう。

「適所全体性」とは、身の周りの道具への日常的配慮というふるまいがその下に服すべき、あらかじめ指定された社会的な「システム」ないしは行為の「規則」のことである、と言ってよい。したがって、そのような一連の指示体系の根底に「自己を指示しむける」という自己の関与が見出されるということは、一般に——こういう言い方がもし許されるとすれば——「規則に従う」ということがありうるためには、それに先立って、「規則に自己を従わせる」という主体化＝自己服従のメカニズムが作動している、ということを含意するはずである（規則はそれが受け入れられてはじめて規則たりうるのだから）。ではいったい、なにゆえにわれわれは、あらかじめ与えられた恣意的とも言える規則を「従容として」受け入れているのであろうか。

この問いに対する答えは、規則そのものをいくら分析精査しても決して出てこない。それもそのはずで、そんないいわれなど実はどこにもありはしないのだ。総じて、規則からの逸脱や乖離は、原理的にはつねに可能である。しかもそれでいて、規則に従ったわれわれの日常的ふるまいは、「暗闇における跳躍」と見えるほど根拠を欠くものだとしても、さしたる破綻もなく円滑に作動している。そこにはアクロバット的な要素は寸毫も見られない。事実として、ひとは日々遅滞なく、まさに「自動的」にふるまっている。このような「規則への服従」の抹消不可能な実定性こそは、真に問いに値する事柄だと思われる(1)。

この問題に取り組むには、規則やシステムの「正当性」ではなく、それに対して従順なふるまいを示す当の主体のあり方そのものをあぶり出すことへ向かわねばならない。今や、「規則に自己を従わせる」という場合の「自己」の身分が改めて問われるのである。そして、これこそ、目下の文脈で言えば、

「自己を指示しむけること」にみられる自己の関与、その自己服従のメカニズム、という謎にほかならない。われわれはここで、もう一つの「超越論的主体性」の問題に際会しているのである。

ハイデガーは、「自己を指示しむける」という意味での現存在のいわば恭順さをいっそう掘り下げるに先立って、「現存在は、〔…〕自己をそのうちでそのつどすでに了解しているその拠り所と根源的に慣れ親しんでいる」（SZ, 86）としている。なるほど、習い性となる、という経験的側面は侮りがたいものがある。しかし、とかく強調されがちなこのような「世界との親密性」は、われわれがここで当面している「なにゆえ」の問いに対する十分な答えとはなりえない。なぜならそれは、自己と世界とが自同的に融け合ってめでたく一体化していることを意味するものではなく、それどころか、世界と媒介なしに触れ合い、このうえなく近い間柄にあるということ自体、一歩間違えば、親密なるがゆえの無気味さをこれ見よがしに剝き出しにしてわれわれに付きまとってくるからである。自己と世界との根源的関わりは、習慣による正当化といった次元を突き抜けた地点にこそ求められねばならない。

そして、このような、指示に従うことの無理由性・没根拠性のただ中において自己を指示へといわば薄皮一枚で繫ぎ留めている「蝶番《ちょうつがい》」の役目を担っているものこそ、世界の「有意義化作用（be-deuten）」、すなわち、その「了解するようほのめかすはたらき（zu verstehen geben）」（SZ, 87）だと考えられる。[2]

先に確認されたように、「適所を得させること」は、「自己を指示しむける」という仕方での自己了解へと裏返された。ハイデガーはそこからさらに、その「了解するはたらき」を、「了解するよう‐ほのめかす」という二重性を孕んだ「世界から自己への折り返し」の運動へといっそう掘り下げることによって、一気呵成に、「有意義性（Bedeutsamkeit）」という形で世界概念の実存論的定着化を図るのである（SZ, 87）。

注意すべきは、この「有意義性」概念が提出される直前の箇所で、了解作用が、「そのうちを了解的な指示作用が動いている当の拠り所」としての世界を、「自己に宛てる（sich vorhalten）」（SZ, 87）とさりげなく言われている点である。[3] これまで辿ってきた分析においては、まず、世界内部的存在者への世界の関与が、次いで、その関係への自己の介入が、主題化されていたのみであった。それに対し、ここでは、まさに世界と自己との純粋な関わり合いそのものが問題になっている。しかもその関係たるや、現存在の了解作用で起こる「宛てる - 宛てられる」の直接的触れ合いの間柄だと言われているのである。

何がここで決定的なのだろうか。それは、この「宛てる - 宛てられる」の関係が、まさに両義的だという点である。すなわち、世界と自己の両者は、互いに反転可能な――お望みなら「交叉配列」と言ってもいい――関係のうちに見てとられているのである。了解作用が世界を自己に宛てるということが、同時に、世界から宛てつけられた逆圧に自己が晒されることでもあるということ、それがこの関係の際立った特質をなす。だとすれば、先ほど確認した「世界了解と自己了解との共属」という最高原則は、今や、自己了解で世界が企投され形成されるという意味での「世界への自己の関わり（Bezug）」と、その関わりそのものが自己へ折れ曲がって降りかかってくるという意味での「世界から自己への係わり（Angang）」とが反照的な相互限定にある、という形で取り返されていることが分かる。

それでは、世界と自己との間にこうした再帰的関係を見てとることは、「指示に従うこと」のいわれなさに、いかなる裏付けを与えるものなのであろうか。両者との間柄に見られる「了解するよう - ほのめかす」という触発の構造が、そのつどの〈私〉のふるまいを動機づけ湧出させる意味源泉である、とはどういうことか。

「有意義性」の内実である「了解するようほのめかすこと」は、端的に言えば、「了解させること」である（ここでは'geben'は'lassen'と同じ意味を表している。ここでも「させるはたらき」が問題となっている)。つまりここでは、たんに「了解すること」以上の何ごとかを言い当てられようとしている。では、その剰余分とは何であろうか。それは、了解作用そのものが二重化され折り返されて、「了解の示唆を与える側」と「それに応じて了解する側」の二極の項が、相互干渉的な抵抗地平を形づくる、という点にある。この両者、すなわち世界と自己が、能動－受動の応答関係を孕みつつ抵抗の動性を漲らせている、という洞察こそは、ハイデガーの世界概念において最も決定的な点なのである。

それにしても、この「運動」は何を意味しているのだろうか。

世界の指示連関が総じてそこに帰着する「究極目的」とは、自己の「存在しうること」そのものという可能性一般の「ゼロ地点」であって、それは、あらゆる可能性がそこで消尽する極限的可能性たる「可死性」と隣り合わせている。だからこそ、それ以上遡って「なにゆえ」を問うことは、極端に無意味なのである。しかし、この「無－」によって却下され打ち返されるということ自体は、決して無意味ではありえない。なぜなら、この底の抜けた「事実」――であって当為ではない――としての「存在すべきこと」に裏打ちされてはじめて、能作イコール所作であるような、すなわちパフォーマンスとしての生の「遂行意味」がくっきり浮かび上がるからである。

このように考えれば、自己了解をほのめかす世界の「無言の圧力」が告げているのは、無意味さがかえって意味の源泉である、という反転的事態にほかならないことが分かる。つまり、世界の「有意義性」とは、その「無意義性」と何ら別物ではなく、ただそれが「逆さ透かし」されたものなのである。

とはいえ、「ほのめかす」という仕方で了解「させる」ということは、むろん、義務の強制でも傀儡《かいらい》の操縦でもない。つまり、「ほのめかし」に聞き従って了解することは、世界からの促しにそのまま流されることではなく、曲がりなりにも、一定の反応を及ぼし返すだけの「自己裁量」の余地を与えられている（相手の誘惑に乗るも乗らないも、ある意味ではとことん当人の勝手なのだから）。ここには、何らかの倹しい「自由」が見出される。もとよりそれは、気ままな自由放埒ではないが、かといって、明確に意識化された自己確立の自由とも断然異なる。むしろそれは、「ふと」「我知らず」湧き起こってくる自己了解の運動性格なのである。つまり、ここでの「自由」とは、世界の有意義性がはたらく際の、ある種の「隙間」「幅」「余裕」のことなのである。

われわれがあえて「自発性の回路」と呼ぶものは、このような自由を「許容」するような世界内存在の全体的生起にほかならない。もちろん「自発性」といってもそれは、感性の受容性に対する知性の能動性のことを言うのではない。むしろそれは、「指示に従う」という意味での「受動性」と両立し一体となってはたらくところの、「自己を従わせる」ことのうちに秘められた「内発性」なのである。そしてそれは、ふだんわれわれが「おのずとそうなる」とか「自然とその気になる」といったほどの意味で用いる「自発的（spontan, voluntary）」という語の微妙なニュアンスに通じている。(4) 世界の「有意義性」という概念は、そのような「自然発生的」で「突発的」な事態を含意するものであるように思われる。

だから、「自発性の回路」における「おのずと」という意味での「自然さ」とは、ありのままの素朴さというより、「おのれから－おのれへ」という独特の再帰的構造がもたらす「おのずと」なのである。

言いかえれば、「させる」（＝能動）と「される」（＝受動）とが互いに拘束し合って一つの非自立的全体を形づくるときにこそ、「自然とそうさせられる」という半ば「自動的」な回路が成立するのである。

受動性と背反しないこのような新しい「自発性」の理念を描くことが、世界内存在の現象学の絶えざる賭金であったとすれば、どうであろうか。世界内存在という存在構造の提示とは、自己のうちにあって自己の意のままとならない何ものかによって、そのつどの〈私〉が不断に襲われている、という意味での「内的自然」を掘り当てようとする試みだったのではなかろうか。

もちろん、以上ごく手短に描き出した「自発性の回路」は、「有意義性」という形式的概念によって暗示されているにすぎない。むしろ、『存在と時間』の現存在分析論は、この隠伏された回路を次第に暴き立て、開発してゆく試みだと言ってもいいほどである。結局のところ、この書の頂点で主題化されることになる、良心の「了解するようほのめかすはたらき」（SZ, 269）にしても、世界内存在そのものの再帰的構造に「ふと」襲われ、「おのが身を思い知らされる」際立った反省のことだったのである。

注

（1） この事情は、徹底した懐疑を導入することによって、「規則に従うこと」の底の抜けた「どうしようもないナマの事実（the brute fact）」を劇的な仕方で露呈させた、クリプキのウィトゲンシュタイン解釈を髣髴させる。「懐疑的議論の核心は、究極的には、それによって行為を正当化しうるようないかなる理由もなくわれわれが行為しているレヴェルに逢着する、という点にある。われわれは、躊躇するどころか、むしろ盲目的に行為するのである」（Saul A. Kripke, *Wittgenstein on Rules and Private Language*, Blackwell, 1982, p. 87. 黒崎宏訳『ウィトゲンシュタインのパラドックス』産業図書、一九八三年、一七〇頁以下)。――他方、それとは別に、カント倫理学が探り当てた「規則に従うこと」のいわれなき事実性を、目下の議論と重ね合わせることができるように思われる。カントによれば、傾向性から切断された「道徳法則への服従」とは、「なにゆえ」という一切の理由づけを拒絶する「理性の事実（ein Faktum der Vernunft）」にほかならない。「いかにして道徳法則はそれだけで直接に意志の規定根拠たりうるか、は人間の理性にとって解くことのできない問題であって、それは、いかにして自由意志は可能か、という問題と同じなのである」(Immanuel Kant, *Kritik der praktischen Vernunft*, Ph. B. 38, Meiner, S. 85)。だが、「規則に従うこと」のそのような事実的な天下り性は、「規則に自己を従わせる」という服従＝主体のあり方を「自由」として逆説的に析出させる当のものでもあった。

(2) 'bedeuten' はもともと、'deuten'（示唆する）という自動詞に、他動詞的意味の be- を付け加えてできた語であり、ハイデガーはこの語源を意識しつつ 'zu verstehen geben' と敷衍しているのである（vgl. Hermann Paul, Deutsches Wörterbuch）。なお、世界を「有意義性（Bedeutsamkeit）」と規定するのは、最初期の「事実性の解釈学」以来のものだが（vgl. GA61, 98, 149 ; GA63, 93, 96 ; GA20, 274 ; GA21, 144）、それをそのまま『存在と時間』の世界概念と同一視するわけにはいかない。なぜなら、『存在と時間』以前では、世界と世界内部的存在者の区別が明確化されていないことに応じて――「有意義性」がしばしば 'Bedeutsamkeit*en*' と複数形で表記されているのは、その証左であろう（vgl. GA61, 96, 97, 100, 101, 103, 104, 106, 107）――、世界の世界性を「了解するようほのめかす」という反照的な構造へと深化させるということはなされていないからである。

(3) 些細なことにこだわるようだが、この 'sich vorhalten' という語は、「自己にあらかじめ保持する」というより、「自己に宛てる」ないしは「自己に突き付ける」とでも訳すべきものである。一般に、'jm. etw. vorhalten' とは、「或る人に或る物を差し出す」といったほどの意味であり、それどころか、この言い回しは、'vorwerfen' という動詞の用法に準じて、「或る人を或ることのかどで訴える、非難する」という場合にも使われる（vgl. Wahrig Deutsches Wörterbuch）。つまり、この場合の vor- という分離前綴は、「何々に面と向かって」という対立的密着性を表わしているのである。それゆえ、この語によって自己と世界との間柄が表現されているとすれば、両者の関係は、直接的な触れ合い――もっと言えばせめぎ合い――のうちにあることになる。この一見何の変哲もない語をわれわれが重視するのは、それが行き当たりばったりに言い添えられているのではなく、当時のハイデガーの「世界‐地平」概念における一つの基本語ですらあるからである（vgl. GA3, 79, 90, 119, 150, 151, 155, 193 ; GA25, 382, 390, 411 ; GA26, 247）。

（4）だから、この種の「自発性」とは、実のところ、ごく卑近なわれわれに馴染みの現象でもある（たとえば、自発的ではあるが主意的ではない「ボランティア活動」のことを考えよ）。また、「自発的服従」の典型的な日常的発現形態としての「自粛」という際立った現象が、強制執行か自由意志かといった二項対立では到底捉えられないことは、言うまでもない。そうした微小な「自然発生運動」こそ、かつて大規模な大衆煽動によって吸い上げられ統合化されていった当のものでもあったのであり、その草の根の論理は今なお問うに値する。そして、もちろんこの問題は、「ハイデガーのナチズムへの政治的関与」を他人事めかして語り散らす議論の手前に位置するのである。

第四章　感受性と主体

カントの尊敬論から

一　「主体」という問題

主体の主体性とは何か――この問いは、哲学的省察の汲めども尽きせぬ源泉の一つであるように見える。また、「主体的であるとはいかなることか」という問いかけは、われわれを行為へと導く不断の重しであるようにも思われる。しかしながら今日、「主体（Subjekt）」の概念そのものが、根本から動揺を来たし、深刻な反省を迫られているのも事実である。「自己が自己であり続けること」という意味での主体性の理念が、至るところで綻《ほころ》びを見せているのである。

そもそも、今日いうところの「主体」の概念自体が、近世以降に成立したという否定しがたい歴史的事情がある。ごく大ざっぱに言って、古代ギリシア以来伝統的に「実体」という意味で「存在」の側に帰せられていた「根底に置かれたもの」という存在論的規定が、デカルト、ライプニッツ、カント等を経て、表象する「意識」の側へ移し置かれることによってはじめて、近代的意味での認識論的「主観」

概念なるものが支配的となった[1]。この周知の経緯は、「主体」の問題が永遠不変であるどころか、徹頭徹尾、近代という時代によって制約されたものであることを示している。その近代そのものに根底から疑問が投げかけられている今日、当の主体概念に対しても、さまざまな問題点が指摘されるに至っているのである。

たとえば、次のような批判的議論などは、その典型と言ってよい。

「主体」が人間の意識に帰せられる場合、この存在者は、認識主観ないしは行為主体として、働きかける側にもっぱら同定されている。これに対し、「対象」一般（自然および他者）は、働きかけられるものとして、まさに「客体（Objekt）」として据え置かれる。もちろん「主体」そのものが働きかけられる場面も想定されはするが（感覚や欲求など）、それは主体にとって非本質的側面にとどまる。能動性を発揮することによっておのれの意のままとなる世界を築き上げること、そのような能産的力能こそが主体たるゆえんであるとすれば、主体性とは、それに対抗する外的なものを圧倒し従属させることによってみずから支配者たることを目指す力の運動であることになろう。だとすれば、「自己が自己であり続ける」という一見中立的な理念そのものが、自己中心的な対象支配の貫徹という動性を内蔵しているのであり、かつ、そうした「主体－能動－支配」という連関において、首尾一貫した暴力装置として機能しえ、実際この装置は比類なき成功を収めて今日に至っているのだ。――このように、主体概念に対して根本的疑義が呈されているのである。

近代という時代の孕む暴力性に対する抜本的な異議申し立てがさまざまな局面で浮上している現在、能動的であることと等価であるような主体の概念にもまた、重大な疑問符が突きつけられていることが分かる。

見られる通り、問題の根は、他に対して一方的に働きかけつつそれ自身はおのれを保持し続ける作用極としての主体の概念にひそんでいる。ここから、その能動性を掘り崩すものとして、その客体支配に服することなき「他者」の外在性にもとづく多元論が希求されもする。だが、それでもまだ「主体」には最重要の拠点が残されているように思われる。なぜなら、その支配力の核心は、自己意識という内在的領分に存するからである。他なるものの影響を一切受けつけないかのごとき自給自足的なこの自己透明性こそは、そこに還帰することによってありとあらゆる客体性の意味をもう一度基礎づけてやることができる、絶対的な権利源泉なのである。だから、この固有の領土が攻め残されているかぎり、「主体」はいくら他者に譲歩しようと、最後には居直ることができるのである。

それゆえ、「主体」の問題は、自己に対する自己の面前という現象に懐深く分け入ることなしには、決して解き明かすことができない。他者との出会いにおける受動的契機を引き合いに出すことは、なるほど重要な論点をなすが、それだけでは、「主体」の権能を審問するには決定的に不十分なのである。あるいはこう言ってもよかろう。他者論は、もしそれが徹底したものであろうとするなら、必然的に、勝れた意味での自己論でもなければならない、と。逆に、主体概念の徹底した再吟味は、同時に、その反対概念に擬せられている当のものを再検討することへと通じているはずである[2]。

それでは、主体概念の再検討という課題は、いかにして着手されうるのであろうか。以下では、いわば一つの迂路をとってこの問題に取り組むことにしよう。つまり、近代における主体概念にその骨格を決定的な仕方で与えたと目されるイマヌエル・カントの哲学、それも、「実践理性の自律」を高らかに宣言した彼の倫理学のうちに、以上の問題状況への何らかのヒントを見いだすことを試みたいと思う。カントといえば、「自由＝自律」の理念に取り憑かれ、主体の本質をもっぱら能動性に求めていると見なされているが、その考え方のうちに、決してそのようには割り切れない不朽の洞察が秘められているとすればどうであろうか。しかもそれが、主体についての伝統的通念に風穴を開け、これを更新すべき必然性へと導いてゆくとすればどうであろうか。

二　主体における自己服従の回路

以下の解釈においては、カントの主体概念に見られる或る種の「隙間」を、積極的に拡大させたいと思う。そして、そのさい導きの糸として選ばれるのが、主体において感受性が占める位置なのである。

だが、主体の主体性を、感受性とまともに関係づけて論じようとすること自体、初歩的な無理解をさらけ出すものだと言われるかもしれない。カントの説に従うかぎり、感受性のレヴェル――いわゆる「感性的（pathologisch）」な側面――こそは、純粋実践理性の批判的解明においてまずもって排除されねばならないからである。外的動因によって欲求が刺激されるという本能的な「傾向性（Neigungen）」をことごとく遮断することが、普遍妥当的な道徳法則に従う真に自由な主体たることの条件であるとすれば、感受性とは、たとえばそれが博愛という高級なものであったとしても、道徳性の阻害要因でこそあれ、決して意志の積極的規定根拠とはなりえないはずである。カントの主体概念が、受容性と自発性の峻別によって組み立てられているということは疑いを容れない。

しかしながら、他方でわれわれは、カント倫理学の根幹をなす論述のうちに、そのような二元論的構図をはみ出すかのような記述に出会うのである。

その注目すべき記述とは、まず『人倫の形而上学の基礎づけ』（一七八三年）において輪郭を与えられ、次いで『実践理性批判』（一七八五年）に至って詳論されたところの、いわゆる「道徳感情」としての「尊敬（Achtung）」の分析にほかならない。

しかも留意すべきは、ハイデガーがこの尊敬論を、「カントによって与えられた道徳性の現象の現象学的分析の白眉」（GP, 189）として高く評価している点である。

周知の通り、ハイデガーは『カントと形而上学の問題』（一九二九年）において、純粋悟性概念の感性化である「図式機能（Schematismus）」と並んで、道徳法則のいわば感性化たる機能を果たす「尊敬」という現象を、カントによって探り当てられた「受容的自発性（rezeptive Spontaneität）」の例証として、積極的に論及している（KM, §30, 150ff.）。さらに、その論述の母体となった一九二七年夏学期講義『現象学の根本問題』（全集での公刊は一九七五年）では、いっそう立ち入った解釈が展開されており（GP, 185ff.）、啓発されるところが多い。しかも、カントの尊敬論をハイデガーがそのように重要視するのは、じつは、彼なりの「感受性の現象学」に由来すると考えられる。したがって、カントの議論を追うことは、同時に、ハイデガー自身の現象学を理解するうえでのよすがともなりうるはずである[3]。

さて、まずは、感受性一般を、意志の自律を侵犯し他律を招く要因として原則的に排除するカント倫理学の体系構成において、なぜ尊敬なる感情が積極的に位置づけられねばならないのか、を押さえることから始めよう。

カントは、自然の因果法則とは異なる自由を、実践的な道徳法則において確証しようとする。というのも、「道徳法則は自由の認識根拠」（KpV, 4）であり、行為主体が、欲求や衝動といった感性的な刺激によってではなく、純粋な自己立法によって道徳法則を意志の客観的な唯一の規定根拠として自己自身に課すとき、つまり、もっぱら義務にのみ基づいて行為が自己決定されるとき、その主体は、自然的な感性界を超えた知性界に属する自由な存在者として自己を見出すことになるからである。それゆえ、実践理性にとって、道徳法則とは、その「存在根拠」である自由に先立って、「最初にわれわれに現われる」（KpV, 30）ものなのである。

このように、カントにおいて、意志の「自律（Autonomie）」とは、その字義どおり、意志がみずから自己自身に法則を与えるという意味での「自己‐立法」というあり方にほかならない。それは、外的影響を遮断したいわば純粋自己能与ではあるが、しかし勝手気ままな任意選択ではなく、むしろ必然性の意識であって、端的に言えば、自己による自己への内的強制にして同時に自己に対する自己の服従なのである。

すでにここには、或るこみ入った問題がひそんでいる。つまり、道徳法則とその立法者たる主体との「間柄」をどう考えるか、という問題がそれである。

もしかりに、道徳法則が主体にとっていわば天下り的に外的原因（たとえば神の摂理）に基づいてよそから与えられているのであれば、法則に基づく道徳的行為とは、意志の自律どころか、その他律を証《あか》しするものに成り下がってしまうであろう。他から与えられた法則を受け入れ、それに甘んじて従うという受容性は、自由の否定にほかならないのである。それゆえ、自由を確証する法則とは、主体みずからが自己自身に与え自己を自発的に拘束するものでなければならない。つまり、道徳法則への服従とは、服従が同時に支配でもありうるような唯一の形式である、純粋実践理性の自己支配なのである。

他方で、道徳法則は、主体と馴れ合い融け合っているというわけにもいかない。それは、主体が自分の好き勝手にあみ出したものでもなければ、主体の意のままになる私的所有物でもない。個々の主体にとって好都合ないかなる格率も、まさにその好都合さゆえに、すでに普遍的法則たる資格を失っている。なぜなら、それに従って行為することは、結局のところ、自愛に基づく一種の迎合と見なさざるをえないからである。法則が強制を伴うことは、それが主体の意に反して存在していること、その不如意性を意味するからである。強制力は隔たりの意識あってこそ行使されるのであって、馴れ馴れしい居心地の良さからは決して出てこないのだから。道徳法則は、それが主体をはるかに凌《しの》ぐ超然とした存在であるからこそ、有無を言わさぬ拘束力を帯びることができるのである。

以上からして、道徳法則と主体とは、独特な緊張関係のうちにあることが分かる。道徳法則は、主体によって与えられたものでありながら、主体を強制するだけの隔たりを孕んだものでなければならない。逆に、主体は、道徳法則をみずから自己に課すものでありながら、それを意のままとすることが決してできない。ここには明らかに、相互に確執し合う一種の抗争関係がある。自律とか自発性とか言っても、それは、円滑に進みゆく調和的なオートメーションでは決してなく、その内奥において、ズレやきしみを必然的に伴う特異な自己運動なのである。

それでは、この奇妙な齟齬《そご》・軋轢《あつれき》は、その現場において、いかなる事態を引き起こしているのであろうか。法則と主体とのこうした関係――ハイデガーの好んで使う言葉を借用するならば「拮抗的親和性（Innigkeit）」とでも言うべき矛盾した間柄――は、いかにして記述されうるのか。法則に従うとき、いかなる主体のあり方が露呈するのか。こうした問題を表立って論じている箇所こそ、『実践理性批判』の「純粋実践理性の動機について」と題された章にほかならない。

「動機（Triebfeder）」とは、本質的に一つの関係概念であって、しかもそれは、或るものから或るものへの作用が何らかの反作用を呼び起こすような双務的関係である。力を及ぼすものとは、この場合、道徳法則自体である。これに対して、力を及ぼされるのは主体の意志であり、そのことによって主体は一定の行為へと向かう。そのさい焦点は、こうした影響関係における主体のあり方そのものに絞られる。カントはそれを、尊敬という「感情（Gefühl）」として提示するのである。

しかし、なぜ感情なのか。そもそも、カント自身、特定の感情に道徳性の原因を帰す道徳感情学派をこともなげに却下している（KpV. 38）。意志が感情の影響を蒙るのは、ほかに規定根拠をもつということであり、他律に陥ることになるからである。にもかかわらず、感情が道徳的行為の動機として積極的に取り上げられているのはなぜなのか。

カントがまずもって強調しているのは、尊敬の感情とは道徳法則への服従を可能ならしめる「根拠（Grund）」ではありえないという点である。厳密に言えば、純粋実践理性の動機とは「道徳法則以外の何物でもあってはならない」（KpV. 72）のであって、尊敬そのものではない。動機論において実際に詳論されているのが尊敬という道徳感情であることからすれば、このことは、不可解な自己矛盾であるように見える。

カントは、この点、意志の客観的な規定根拠と主観的なそれとを区別し、道徳法則を前者に、尊敬感情を後者に割りふっているようでもある。「意志を規定しうるようなものとして残されているのは、客観的には法則しかなく、主観的にはこの実践的法則に対する純粋な尊敬〔…〕しかない」（GMS, 400）。しかし、それでも問題は残る。なぜ客観的な根拠だけで十分ではないのか。なぜ、こともあろうに、一掃されるべき感情がここで顔を出してくるのか。この点を理解することが肝要である。

意志は、法則に服従することによってはじめてみずからの自律を証しすることができる。しかしながら、なぜそのように従わなければならないのかは、それだけでは決して明らかではない。法則が自分に都合の良いものであれば、それは自愛の原理に堕すであろうし、また法則の遵守が自己満足につながるとすれば、それは自負の暗闇へ迷いこんでしまうだろう。法則への服従は、自由を証しするための手段であってもならない。いかに高邁な目的であれ、法則をその手段とすることは許されないからである。つまり、法則への服従は、徹底して没目的、無理由なのである。そのようにいわれなき服従を法則は意志に強いるということを、カントは「実践理性の事実」（KpV, 31, 32, 55, 91）というふうに言い表わしている。

「事実（Faktum）」という言い方はいかにも唐突であるように見えるが、むしろそれは、カントの首尾一貫性を示している。なぜ人は法則に従うのかという問いは、もともと問いとして成立しないのであって、それはむしろ、道徳法則の性格そのものの誤認だからである。実際にそうなっていること、それは私たちによって根拠づけられることを原理的に拒絶する。「いかにして道徳法則はそれだけで直接に意志の規定根拠たりうるかは、人間の理性にとって解くことのできない問題であって、それは、いかにして自由意志は可能かという問題と同じである」（KpV, 72）。だから、法則への服従とは、原因を解明されるべき懸案ではなく、一つの実定的事実以外の何物でもない。しかも、この事実の外見上の天下り性のもつ意味は、決して消極的なものではない。法則への服従が理由づけを拒むという「なにゆえ」の問いの却下が、逆に、いわれなく自己を従わせている主体の入り組んだあり方を析出させる「いかに」の問いへと、われわれを差し向けるからである。

そして、結論を先取りして言えば、動機論におけるそのような「いかに」という事実の記述によって露呈されるものこそ、服従の「折り目」としての主体のあり方にほかならない。なぜなら、法則に従うとは、主観的には、つまり行為する主体のほうから見れば、法則におのれを従わせることを意味するからである。すなわち、道徳法則を動機とする行為の成立には、主体における「自己が＝自己に－させる＝される」という入り組んだ自己二重化の運動が与っている。このような能動性と受動性の等根源的生起がそのつどの主体において両立可能であることによってはじめて、主体の主体性のうちに「おのれから－おのれへ」つまり「おのずと」という自己服従の回路が張《みなぎ》っていることが証しされる。そして、この特異な形態における服従にこそ、主体の自発性、すなわち自由が宿るのである。

とすれば、主体における二重化された自己の折り返しの運動とそのせめぎ合いのただ中から立ち昇るいわば服従ゆえの自由を、事実として突きつけることが、実践理性の動機論の隠されたモティーフであったとは言えないだろうか。次節では、こうした解釈を、カントの記述に即しながら、より具体的に肉づけしてゆきたいと思う。

念のために言っておけば、以下においてわれわれは、ハイデガー流の「現象学的解体」という逸脱の作法にあくまで忠実でありたいと考える。ひとたび「伝統に風穴をこじあける」ならば、とかく「形式主義」「厳粛主義」などと評されがちなカント倫理学のうちに、ひょっとすると、卓抜な「人間観察家」

が面目躍如としているかもしれず、あるいは、その冷徹な眼差しのうちに、「主体化」をめぐる現代の議論の帰趨がすでに輪郭を描かれていないともかぎらないからである。

三　感受性と主体——支配と服従の間

カントによって掘り起こされた尊敬という感情は、「主体」のあり方を、今述べたような「二重化された自己の折り返しの運動」として露呈させるものであると考えられる。しかし、それはどういう意味であろうか。

ここで、感情一般についてのハイデガーの注釈がきいてくる。「何かに対して感情をもつこと（Gefühlhaben *für* etwas）のうちには、つねに同時に、おのれを感じること（*Sich*fühlen）がひそんでおり、しかも、おのれを感じることのうちには、〔感じている者が〕おのれ自身にあらわとなる（sich selbst Offenbarwerden）様態がひそんでいる」（GP, 187. Vgl. KM, 152f.）。つまり、感情において「現象学的に決定的なこと」（GP, 187）は、対象感受が、それと等根源的に自己感受を伴っており、しかもそれは、自己にとって自己自身があらわとなるあり方——ハイデガー言うところの「開示性」——にほかならない、というのである。

何らかの感情を催すとき、人はたんに、自分に迫ってくる他なるものに出会うだけでなく、それに触れられている自分自身に直接出会っている、とする見方は、ハイデガー自身の気分論——「何々のうちに存在しているおのれを見出すこと（*Sich*befinden in...）」としての「情態性（Befindlichkeit）」の概念——に由来していると思われる（SZ, §29, 134ff.）。しかも興味深いことに、ハイデガーは或る箇所で、

「おのれを感じること」における「おのれ」を、「身体（Leib）」のレヴェルに見てとってもいる（vgl. N I, 118f.）。

ともあれ、目下の問題は、自己が自己をどのようなものとして見出すか、そしてそれは、主体のいかなるあり方を意味するものであるか、である。感情のうちに自己が自己に触れるという出来事を見届けることによって、何が見えてくるであろうか。

カントによれば、感性的に規定された存在者である人間は、まずもって、快不快の感情によって左右されるとされる。外からの刺激によって快に傾き、不快を避けるこうした傾向性にしても、表立たない仕方においてであれ、自己自身を感受する一定の自己関係性を有している。カントの整理に従うと、そうした「自分にとって」という原理は、自分の幸福を満足させようとする「我欲（Selbstsucht）」にほかならず、これは、自分を贔屓《ひいき》する「自愛（Eigenliebe）」と、自分に満悦する「自負（Eigendünkel）」とに大別される（KpV, 73）。

こうした自己との癒着に対して、道徳法則は、それを排除すべく、まずもって「否定的」に働きかける。「純粋実践理性は、自愛に対しては、これをたんに打ち破るだけであるが、〔…〕自負のほうは、これを完全に叩きのめしてしまう」（KpV, 73）。しかも、この働きかけは、主体の自己への関係そのものを排除するものではなく、むしろそれを変様させるのである。つまり主体は、法則の前にへりくだっているおのれを見出すのであり、しかもそれは、高慢の鼻をへし折られるという一種の苦痛を伴う。それゆえ、「感情に対して否定的に働きかけることは、それ自身感情である」（KpV, 73）ということになる。――「これは、『エチカ』における〈情動はつねに情動によってのみ克服されうる〉というスピノザの有名な命題を想起させる」とハイデガーは言い添えている（GP, 189）。

ところで、このような消極面のみを見れば、道徳法則に対する感情は、何よりもまず、「謙譲（Demütigung）」と呼ばれるべきであろう。ところがカントによれば、むしろそれは「尊敬」という感情なのである。「道徳法則は、何といってもそれ自体積極的なものであるから〔…〕、それが自負を挫くことにおいて、同時に尊敬の対象なのである」（KpV, 73）。

この説明からするかぎり、カントが「尊敬」と言うときには、この感情は、もっぱらその対象（道徳法則）に鑑みて性格づけられているように見える。しかし実際はここにも、いやそれどころかここにこそ、自己感受の契機がひそんでいる。というのも、厳然たる法則の前にみずからの思い上がりを打ち砕かれた主体は、しかし、打ちひしがれるどころか、おのれ自身が高まってゆくのを見出すからである。その意味では、尊敬は、自己の高揚感ないしは解放感という或る種の快感を伴う。とはいえそれは、たとえば出自や地位によって高貴だと見なされている人物を仰ぎ見るときに覚えるありがたさとは断然異なる。なぜなら、後者は、相手を高めることによって自分もお相伴《しょうばん》に与って高まろうとする傲慢な野心と渾然一体となっており、その自負はいよいよ増長の一途を辿るからである。道徳法則に対する尊敬の感情が、このような迎合と異なるのは、それが依存ではなく自立を呼び起こす点にある。

しかし、なぜ法則への隷属が、同時に自立でもありうるのだろうか。

すでに見てきたように、道徳法則とは、行為主体みずからがおのれに課すところの自己拘束という性格をもつものであった。だからこそ、尊敬は、「みずから働きかけられる」（GMS, 401）唯一の感情として、他の感性的に触発された諸感情とは区別される。この特有の内発性は、しかし、「みずから進んで」

ではないし、いわんや「好き好んで」ではまったくなく、むしろその正反対に、「不承不承・しぶしぶ（ungern）」（KpV, 77, 80）委ねられる、という矛盾した性格をもつ。それどころか、われわれは道徳法則をみずからもて余しては、「その品位を私たちの与しやすい傾向性に、好んで（gern）引きずり降ろしたがる」（KpV, 77）ほどである。なぜか。それは、「われわれ自身がそれに値しないことをきわめて厳格にわれわれに突きつける威嚇的な尊敬から、逃れようとする」（KpV, 77）からにほかならない。それでいて、「われわれは、尊敬をせいぜい外的に抑えることができるだけであって、何といっても内的にそれを感じることを防ぐことはできない」（KpV, 77）。その不如意なありさまたるや、「人間の内なる法則が、人間自身の本質に対する尊敬を、人間にどうでもこうでも強要する」（MS, 402f.）、と言わざるをえないほどである。

とすれば、たとえ、法則をみずから与える立法者が、行為する主体を措いてほかにありえないとしても、それがただちに主体自身と同一視されるわけではない、ということは明らかであろう。むしろそれは、主体のうちにありながら主体みずからにとって御しがたい何ものか、なのである。謙譲してへりくだる自己とはどこかしら異なったこのよそよそしい自己、この何ものかの存在を、尊敬の感情はまさに証言して憚らない。つまり、尊敬における自己感受とは、この自己のなかにある自己ならざるものによって主体が触発されているという出来事なのである。おのれの内なる、おのれを凌駕し圧倒する何かに襲われる際立った「経験」、そうした自己差異化の運動が引き起こす内的な「抵抗」こそ、尊敬という感情の生起、その「パッション（受動・受苦・受難・熱情）」の出来事にほかならない。

カントはこの、「人間をおのれ自身を超えて高めるもの」（KpV, 87）のことを、「人格における人間性

(Menschheit in seiner Person)(KpV, 87, 88)と名づけている。それが「目的自体」(KpV, 87)として卓越した「尊厳(Würde)」(KpV, 88)を備えているのは、それが生身の人間と決してイコールではなく、各人に内在しながらも無限の隔たりにおいて超越しているいわば「内なる他者」だからである。ここまでくれば、ハイデガーの「人間における現存在(Dasein im Menschen)」(KM, 223)という言い方を思い起こすのも、ゆえなきことではあるまい。またそう考えるなら、「私たちの本性の崇高性」(KpV, 87)、「私たち自身の超感性的実存の崇高性」(KpV, 88)とカントが呼ぶものの意味も、あながち了解不可能ではなくなるであろう。カントもまた、内在的超越の脱自性に思いをひそめていたのではないか、と思われるのである。

ともあれ、決定的なことは、「主体」とはもはや、能動性のよろいに固められた一枚岩的な「堅物」ではなく、自己のうちに自己をはみ出すものを孕んで差異化しつつ、能動-受動の抵抗地平を織り成している、可塑性に富んだ多様体だ、という点である。不快にして快、あるいは逃げようとして引き込まれる、というアンビヴァレントな動性が、尊敬の感情において両立可能であるのも、そうした主体の二重化に基づいている。しかも、働きかける側と働きかけられる側へと二重化された自己は、たんに分裂しているのではなく、抵抗し合いながら一つのまったき「自発性の回路」を形づくるのである。

自己卑下が同時に自己尊敬でもあるこの自己感受は、自己満足とは異なった自己享受のあり方であり、おのれの服従要求をおのれ自身受け入れる「自己是認(Selbstbilligung)」(KpV, 81)として、主体の内部に織り合わされた一つの相互承認のかたちなのである。

このように、カントの尊敬論において描き出されている「主体」とは、自己における自己ならざるもの、つまり「内なる他者」とでも言うべきもの、を受け入れる際立った「許容力」をもつものであった(4)。それは、感性の受容性でも意志の能動性でもなく、みずからをみずからで受け止めうるという受け身の〈ちから〉——「感受性（Empfänglichkeit）」（RGV, 27, vgl. KM, 151）——を意味するのである(5)。自己に呼応するこうした応答可能性を基盤としてはじめて、おのれからおのれへの「内的強制」（KpV, 83）は、「おのずと（von selbst）」（KpV, 86）という「自発的服従」へと変様することができる。

そして、この「おのずと」という性格こそは、主体が自由でありうることの真の証しなのである。主体の受動性が同時にその自発性を意味する、という逆説がここにある。

今やわれわれは、次のように言うことができる、「主体」とは、たんに自己を支配する「専制＝君主」ではなく、それと表裏一体的に、自己によって支配される「服従＝臣下（Untertan）」（KpV, 82）でもある、と。そして、もしそうであるなら、能動性と等置されるような主体性の概念は、もはや徹底的に「反転」されねばならない。なぜなら、「服従する主体」とは、形容矛盾であるどころか、ここでは逆に、冗語的表現ですらあるのだから(6)。結局のところ、尊敬の感情が開示する主体のあり方とは、放恣な権力と隷属せる屈従とのあいだにあって、「おのれ自身の主であると同時に奴でもある」（GP, 195）ような「服従＝主体」のことだったのであり、したがってまた、「感受性」とは、受動的感応力として、そのような主体の撓《たわ》みのうちにひそんでいる「襞《ひだ》」そのものをなすものだったのである。

注

・カントからの引用は、アカデミー版全集の頁付けに従う。略号は以下の通り：

GMS = *Grundlegung zur Metaphysik der Sitten.*（Bd. IV）

KpV = *Kritik der praktischen Vernunft.*（Bd. V）

RGV = *Die Religion innerhalb der Grenzen der bloßen Vernunft.*（Bd. VI）

MS = *Metaphysik der Sitten.*（Bd. VI）

・ハイデガーのテクスト：

SZ = *Sein und Zeit*, 15. Aufl., 1979.

GP = *Die Grundprobleme der Phänomenologie*（GA24）, 1975.

KM = *Kant und das Problem der Metaphysik*, 4. Aufl., Klostermann, 1973.

N = *Nietzsche*, 2 Bde.（I, II）, Neske, 1961.

（1）「主体」概念の変遷については、ごく簡略には、R. Eisler, *Wörterbuch der philosophischen Begriffe*, 4. Aufl., Mittler, 1930 の ‘Subjekt（subiectum, *ὑποκείμενον*）’ の項を参照。いわゆる「主体性の形而上学」の系譜に関するハイデガーの解説としては、『ニーチェ』所収の「ヨーロッパのニヒリズム」（N II, 31ff.）、「存在の歴史としての形而上学」（N II, 399ff.）などがある。

（2）ハイデガー的な存在論への批判を梃子《てこ》として成立したレヴィナスの「他者」の倫理学は、実際には、「主体」の分析論にほかならず、まさに「感受性と主体」という問題系のうちに正当に位置づけられるものである。たとえば、「顔の顕現」の記述（E. Levinas, *Totalité et Infini*, 4e éd., Nijhoff, 1971, p. 172 sq.）は、以下で扱うカントの尊敬論と驚くほどよく似た「抵抗の論理」に沿って動いている。これは、両者が「無限なもの」との出会いを主題としている以上、むしろ当然と言うべきなのかもしれないが。

（3）アンリは、ハイデガー的な「超越」に対して「内在」こそいっそう根源的であるとする立場を鮮明に打ち出した『顕現の本質』において、カントの尊敬論を取り上げ、カントでは、尊敬という「法則による主体の触発」が「法則の表象」という意味での「超越」においてのみ考えられており、その存在論的条件であるはずの「情感性という純粋概念」が「全面的に欠けている」とし、対ハイデガーとほぼ同様の批判を加えている（M. Henry, *L'essence de la manifestation*, 2e éd. Presses universitaires de France, 1990, p. 650 sq.）。以下の解釈では、そのような議論に対するわれわれなりの応答という性格を併せもっている。

（4）『判断力批判』におけるカントの「崇高」の分析は、こうした自己感受の回路をさらに「開発」しようとする試みであると見なしうる。

（5）このような意味での「感受性」に対応して、ハイデガーは、「情態性」のうちに微《かす》かにひそんでいる受動的可能性のことを、「襲われやすさ（Angänglichkeit）」（SZ, 137）というふうに呼んでいる。注意すべきは、このような意味での「感じやすさ・敏感さ」は、主体の弱みであると同時に強みでもある、という点である。

（6）おのずと了解されることであろうが、われわれが、ハイデガーからカントへ通ずる迂路を経由しつつ、「服従する主体」を析出させようと試みたのは、「主体化」をめぐるもう一つの道——ニーチェからフーコーへ——に向けての足固めを狙ってのことであった。現代における政治哲学の一つの可能性は、おそらくここに存するだろう。

第五章　哲学的言説のパフォーマティヴな性格について

一　現象学の方法的アポリア？

現象学の方法には、次のような「原理的」困難があるとされてきた。ただしこれは、現象学に批判的な立場からの指摘というよりは、むしろ現象学の内部からの内在的批判というべき「好意的」なそれである。

1．現象学は「反省」を方法の主軸に据えるが、反省とは結局、「後からの」反省でしかありえず、生き生きした原的体験には決して追いつくことができない。（→「反省の限界」という問題）

2．現象学は「直観」を真なる認識としてめざすが、たとえ直観が達成されたとしても、それは「言語」の媒介を受けざるをえず、「非本来的」間接知に逆戻りしてしまう。（→オイゲン・フィンクの言う「現象学的命題のパラドックス」）

3. 現象学者が「現象学的還元」を遂行し「超越論的主観性」を本質洞察したとしても、それを他者に「伝達」する段になると、自然的立場からの誤解を免れえない。（→フィンクの言う「表明の状況のパラドックス」）

これらはいずれも、現象学が「直観真理」——空虚な志向が直観によって充実されること——を認識目標とするかぎり、不可避的に出来してしまう体の困難であるように見える。「事象そのものへ」という格率を厳格に奉ずれば奉ずるほど、それに逆行するような方法的困難が否応なしに目についてきて、そのギャップに身動きがとれなくなるというわけである。だとすれば現象学は、みずから直観真理を要求することで、いわば自分で自分の首を絞めていることになろう。（ここで一つの打開策として、直接知と間接知の「弁証法的運動」を導入することが考えられる。だがそれでは、直接性をあくまで追求しようとする現象学のラディカリズムは薄められてしまうだろう。）だったらいっそのこと、直観真理などという厄介なお荷物は、はじめからこれを投げ捨ててしまえばよいのか。もちろんそれは現象学の理念そのものの放棄を意味する。

その前にもう少し吟味すべき事柄が残っている。すなわち、なぜ直観真理は方法的に維持しがたいとされるのか。ひょっとすると、何か別の先入見が紛れ込んで見かけ上のパラドックスを成立させているだけではないのか。

じっさい、今挙げた三つの方法上の困難は、ある共通した前提の上に立論されている。それは、次のようにまとめられよう。

a．一方に本源的な「オリジナル」が、他方にその模写・再現としての「コピー」が、対立的に配され、「直観〈と〉言語」あるいは「事実〈と〉記述」という二項対立が出来上がってしまっていること。

b．この二項対立の後者（言語、記述）が前者（直観、事実）に遺漏なく適合し、完璧に一致していること（十全性）が、「真理」だとされていること。

aからして、「オリジナル」の「コピー」による模写・再現には、「純粋無垢」なものを「汚染歪曲」してしまう危惧がつねに付きまとうから、bの真理基準は、いわば自縄自縛的に不可能となる。つまり、上の前提に立つかぎり、真理をめざすいかなる認識努力も、回避不可能な困難を抱え込むことになる。じつを言えば、上述の1、2、3の方法的アポリアとは、何のことはない、あの「知性と事物との合致」という伝統的真理概念にまつわる周知の袋小路のヴァリエーションにすぎないのである。

ここで、一つの素朴な疑問が浮かぶ。そもそも現象学的真理論とは、認識と対象という異種のものを定立したうえでその「合致」を図る、といった認識論的図式を、根本から係争に付すことによって構想されたものではなかったか。それなのに結局、件《くだん》のアポリアにはまり込んで元の木阿弥というのは、あまりに不可解である。現象学的な真理概念が、従来の「合致としての真理」観を乗り越える何かを探り当てているとすれば、それは、aとbの前提と必ずしも命運を共にするものではないはずなのである。

現象学の掲げる「直観真理」とは、往々にしてそう考えられがちであるように、一方に「前述定的な無言の私秘的体験」があり、他方に「言語という外皮を被せる述定判断」があり、後者が前者にどこまで適合するかに応じて真理性が決定される、というものでは断じてない。もしその程度のものなら、「陳述真理」を一歩も出ていないと言うべきである。むしろ、現象学的直観概念の特長は、その徹底した形式性・脱領域性にある。つまり、現象学的に概念拡張された「直観」とは、何であれ「事象との端的な出会い」以上の何ごとも意味しない。（フッサールの「カテゴリー的直観の発見」をハイデガーが高く評価したのは、実在的対象についての感性的知覚以外にも、多様な事象領域に応じてそれぞれ直接的な出会いの様式がありうることを示した点にあった。）

知覚体験から抽出された直観モデルを特権化することなく、各々の対象にふさわしい「直知」のあり方を積極的に探査することこそ、直観真理に基づく現象学の「原理」であった。それは、言語＝記述による間接的知得が直観＝知覚による直接的所与をどこまでなぞることができるか、といった後ろ向きの発想とは、はじめから無縁だったのである。

それゆえ、言語によってもともと成り立っているような事象に関しては、それについての直観から言語を締め出してしまうことは、根本的背理であり、非現象学的だということになる。さらに、言語が直知の構成契機をなし、記述が現実に埋め込まれていることが立証されるとすれば、aの二項対立は脆くも崩れ去るであろう。ここでもう一つ重要な問題が絡んでくる。そもそも言語とは、事実についての真または偽なる記述でしかないのか、という問題である。「言語〈と〉現実」という区分は自明なのだろうか。直観のみならず、言語に関しても、思い切った概念拡張が今や必要とされているのではないだろうか。

二　「ふるまい」としての語り

以上の点に関して、一つの透徹した視点を提供してくれるのが、ジョン・L・オースティンに由来する「言語行為論」だと思われる。そもそもオースティンが言語行為論に取り込んだモティーフは、aとbに見られる「言語とは事実についての真または偽なる記述である」という先入見を「記述主義的誤謬」として却下することにあった。「言うことが行なうことでもある」という意味での「遂行的発言」の発見は、言語がそれ自体れっきとした現実でもあるということを紛れもなく示している。「適切性」という拡大された基準によって真理概念が相対化されるに至った点も、現象学的な再解釈が可能であろう。

とはいえ、ここで言語行為論を本格的に論じる用意はない。ただ、急ぎ一瞥したいのは、そこで導入されている「遂行的（performative）」という用語、もしくは「遂行（performance）」という言葉が孕んでいる両義性である。というのも、そのニュアンスが示唆する次元こそ、一見平明なこの理論に深い陰翳と奥行をもたらしていると考えられるからである。

「パフォーマンス」という言葉は、一般に「表現活動」という意味でしばしば使われる。その場合の「表現」とは、それによって表現されるべき何か別の「本来的意味」（たとえば「現実そのもの」とか「内的感情」とか）を「写し取る」ことを旨とするものではなく、それゆえ、原本の模写・再現の精確さを競うものでもない。ここでは「表現すること」と「表現されるもの」がそもそも一体化しているのであって、同じ一つの表現活動が「為すこと・遂行・能作」であると同時に「為されるもの・成果・所作」

表現すること ＝ 表現されるもの
（ ──模写・再現──＞ 表現されるべきもの ……意味① ）
パフォーマンス・出来事 ……意味②

《図1》

でもある。つまりそれは、表現の遂行がそれ自体、一つの「出来事」として、そのつど「オリジナル」な意味をもつような事態なのである（《図1》参照）。

このような「パフォーマンス」の概念は、広く音楽や演劇、造形芸術など現代アートの分野での共通了解となっており、のみならず、「政治的パフォーマンス」という言い方に見られるように、世事の文脈でも用いられる。私見によれば、この汎用性の高い概念は、そのまま言語行為論に看取されうるのであり、まさにこの点に、この言語理論の妙味がひそんでいるように思われる。ただしそのさい、言語行為論そのものに含まれている或る種の偏りが是正される必要があろう。つまりそれは、「行為」という概念が本質的に抱えている「意図中心性」にほかならない。

一般に、或る活動が「行為」と呼ばれるのは、それが「所期の目的の達成をめざす意図」を内蔵しているからである。とくに「表現行為」の場合には、その「意図」は、「表現されるべきもの」を「模写・再現」することに求められるのが普通であろう。これに対して、或る活動が「パフォーマンス」と呼ばれるゆえんは、まさにその意図のレヴェル（＝意味①）を括弧に入れることによって浮かび上がってくるところの、もう一つの意味（＝②）にある。つまり、表現活動というふるまい自体が一つの有意味な出来事として理解されるのであり、その独特な意味は、表現者がそれを意図したかどうか、とは無関係に生じる。言いかえれば、表現するというふるまいにおいてそのつど勝手に生起してしまう抹消不可能な出来事性、その実定性が、ここでは問題となる。それは、「意図の達成」といった目的論的構図には回収不可能な、いわば本質的に偶然的なものなのである。

このことと関連して注意すべきは、「行為」が行為主体からの能動的働きかけを中心とした概念であるのに対し、「パフォーマー」の場合には、自分が置かれているそのつどの状況から、じかに作用・影響を受けるという点である。つまり、パフォーマンスとは「能動かつ受動（＝自発）的」なのであり、それゆえその成果は、行為者に帰されるのではなく、まさしく「状況の産物」である。状況の構成要素としてとりわけ重要なのは、表現を受け止める聞き手や観客のふるまいであり、その場その場の反応なくしてパフォーマンスはそもそも意味をなさない。しかもその反応たるや、「意図の精確な理解」といった枠組みを大きくはみ出すような多様な可能性を秘めている。その現場に居合わせることそのことが、当の出来事への関与・参加を意味する。つまり、立ち会う人びとは共にパフォーマンスの担い手となる。総じて、表現がふるまいとしてパフォーマティヴな意味をもつ場合、遂行と成果との合一化と並んで、発信者と受信者との一体化という事態が特記されるべきである。

このように見てくれば、「言語〈行為〉」という言い方が狭隘さを免れないことは明らかであろう。思うに、言語を論ずるのに行為という観点を打ち出した点に、言語行為論の新機軸があったのではない。むしろその核心は、言語を、一定の存在様式をもったふるまいとして捉え、かつ発話状況という存在連関のうちに引き入れた点にある。言語とは、存在する事実を伝える、それ自身は存在しないに等しい透明な媒体ではなく、一定のふるまい方を示して現われる、れっきとして存在する事実なのである。このような意味での言語の存在を浮かび上がらせた点にこそ、言語行為論の無視しえぬ功績がある。

ところで、言語行為論と言えば、ハイデガーの『存在と時間』に、それとよく似た分析が出てくることが、つとに指摘されてきた。じっさい、第三三節「解釈の派生的様態としての陳述」における「解釈学的として《アルス》」と「命題的として《アルス》」の対比は、オースティンの「行為遂行的発言」と「事実確認的発言」の区別に、ゆるやかに対応している。しかしながら、両者の類似性を論《あげつら》うだけでは、決して十分ではない。むしろ問題は、ハイデガーが言語行為論を先取りするような議論を展開できたのはなぜか、という点にある。そこには、隠された共通の根が見てとれるのではないか。

この問いに対するヒントは、ハイデガーが言語を、「語る」というふるまい、もしくは存在する仕方として捉えている点にあるように思われる。だからまた、「聞く」という受動的な在り方も、「沈黙」という無為も、ふるまいとしての語りに等しく含まれることになる。語りの現象学は、「ふるまい」という概念を仲立ちにしてこそ、言語行為論と実り豊かに交流し合えるはずである。

ハイデガーの現象学においては、このように、「ふるまい」が出発点に置かれる。じつのところ、この「ふるまい（Verhalten）」という用語は、フッサールの「志向性」概念の徹底化なのである。「志向性」が、あくまで意識の規定であって、不可避的に「意図（Intention）」へ回帰していくのに対して、「ふるまい」とは、身体を具えたわれわれの存在する仕方を包括的に表示する術語であり、いわば「意図中心性を払拭された志向性」である。行為だけでなく、認識も、また実践のみならず、理論や科学、さらには真理も、すべて等しく「ふるまい」と見なされ、現象学的分析にかけられる。そして、これら多様な「ふるまい」のなかに「言語」もまた同格のものとして位置づけられたとき、ふるまいとしての語りの存在様式に光が当てられることになったのである。（もっとも、「語り《ロゴス》」を、「見えるようにさせる」

という広義にとる場合には、あらゆる「ふるまい」が「語り」と見なされるが。）

さて、ここで、もう一つの「ふるまい」が、しかも際立って表現活動と言えるようなそれが、問題となってくる。ここまでの議論は、この問題に取り組むための準備にすぎなかった。そのふるまいとは、「哲学すること」それ自身である。

三　パフォーマンスとしての哲学

哲学を一個の「ふるまい」と見なし「哲学すること」の遂行性格をラディカルに突き止めようとした試みを、われわれは今日、初期ハイデガーの哲学構想に見てとることができる。しかもそれは、意識の志向性からふるまいの存在へ、という現象学の存在論的転回と、軌を一にしている。どちらにおいても、ふるまいが梃子《てこ》の役割を果たしているのである。ではいったい、「ふるまい」とはいかなるものなのだろうか。

当時のハイデガーは、「ふるまい（Sichverhalten zu...）」を次の三つの意味構造において捉えようとしている（vgl. GA61, 52f.; GA58, 260f. u.s.w.）。

(1)「関係意味（Bezugssinn）」…ふるまいが何かに関係づけられていること（-zu-）

(2)「内実意味（Gehaltssinn）」…その「何か」の内実、規定性（Wozu）

(3)「遂行意味（Vollzugssinn）」…ふるまいのあり方の「いかに」（Wie）

このうち、⑴は志向性の関係構造そのものであり、⑵は志向的相関者のノエマ的意味に相当する、とひとまず言えるだろう。要するに、関係と内実において志向的意味が成立する、ということである。むしろ問題は、⑶にある。なぜ「意味の遂行」ではなくて、その反転である「遂行の意味」なのか。ふるまいの遂行自体が「意味」をもつ、とはどういうことか。そして、その奇妙な「意味」の正体とはいかなるものか。

まず確認すべきは、「ふるまい」とは、何らかの存在者に志向的に関わるだけではなく、それ自身、実質的に存在する出来事（生起＝歴史）だという点である。この「事実」に何かしら意味があるとすれば、それは、そのつどのふるまいの「いかに」においておのずと示されるほかないものなのである。

ここでもう一度、《図1》を思い起こすことにしよう。そこでは、表現されるべきものに備わっている意図的な意味①とは別個に、「表現すること＝表現されるもの」が何らかの出来事的な意味②を帯びている、とされた。とすれば、ハイデガーが「ふるまい」そのものにも「遂行意味」といったようなものがある、と言うとき、それは結局のところ、意味②のレヴェル、すなわち「パフォーマンスの意味」のことだったのではないか。

この解釈は大胆であろうか。そうとも言えないだろう。じっさい“Vollzugssinn”を英語にそのまま訳すと、まさに“the meaning of performance”となるのだから。

「遂行意味」は「時熟意味（Zeitigungssinn）」とも言い換えられるが、これは、ふるまいの「いかに」が、状況に応じて「そのつど」形成され更新されていく、という意味での「各時性（Jeweiligkeit）」のことを指していると考えられる。パフォーマティヴな意味とは、はじめから与えられ理念的に存立するものではなく、いわば即興的な臨場感においてのみ、つまりその再現不可能な一回性においてこそ、感受されるものなのである。ここで「時熟」ということが言えるとすれば、それは、ふるまいの刹那、瞬間に突発的に輝き現われるパフォーマンスの「瞬機《カイロス》」的な時間性格を表わすものであろう。

「遂行意味」の含意は、さらなる広がりをもつ。ふるまいの遂行とは、最広義にとれば、この私が現に生きて存在していることに等しい。ハイデガーが三つの意味のうち、遂行意味に優位を認めているのも当然であろう。遂行意味とは、私が存在するという丸ごとの事実が孕んでいる意味なのだから。それは、若きハイデガーの根本テーマであった事実的生の存在意味以外の何物でもない。

私は存在するという事実が、そのもろさ、はかなさと隣り合わせにもっているかけがえのなさ——これは、そのつどの生の遂行において、身を以て証しされるほかない。「かえがえのなさ」を、どうして再現できようか。そのかぎりでは、事実的生の遂行意味は、各自的なものにとどまる。だが逆に言えば、これほど至るところでおのずと生起し、公然と示される意味もほかにない。というのも、各自がおのれの生を生きるその分だけ、遂行意味は無尽蔵に湧出するのであり、おまけに、そのすべてが「オリジナル」なのだから。

さて、当時のハイデガーによれば、哲学（あるいは現象学）は、「根元学」として、諸学の根源たる「事実的生の経験」を解明するという課題をもつ。では、哲学が「生それ自体」に肉迫するには、どうすればよいか。いかにして現象学は、事実性の遂行意味を「表現」することができるか。答えは当然こうなる。——生の遂行の意味は、生の遂行においておのずと示されるほかなく、したがって、哲学自体が生の遂行とならなくてはならない。つまり、哲学するというふるまいは、対象としての事実的生を忠実になぞって再‐生するのではなく、みずから生を遂行し意味を孕む一個の「パフォーマンス」なのだ、と。

ハイデガーはこの頃、「形式的暗示」という哲学的言語の可能性を模索していた。それはまさしく、実存の遂行がそのまま解釈の遂行に等しいパフォーマティヴな言語表現を摑みとろうとする努力であった。そうした遂行言語にあっては、「解釈すること」と「解釈されるもの」とが一体となった「解釈学的直観」が達成されると考えられたのである。

ここには、「直観〈と〉言語」という対立図式は、もはや存しない。発端に置かれた空虚な概念が解釈の運動において了解され充実されていくこと、それがすなわち直観でもあるのだ。つまり、この場合の「解釈」とは、現象学のめざす直観真理の夢が見果てられたことを意味するのではなく、事実性という事象にふさわしい直接的アプローチの可能性を、「了解的解釈」という優れて表現的なふるまいのうちに見てとろうとするものだった。その意味では、解釈学的現象学とは、「直観の原理」のポジティヴな続行なのである。

だとすれば、形式的暗示が「解釈されつつ‐解釈するもの」とは、以上見てきたような、生のふるまいが醸し出すパフォーマティヴな意味にほかならないのである。

四　気分とレトリック

以上、初期ハイデガーの所説に即して――逸脱を交えつつ――哲学するというふるまいの遂行性格を浮き彫りにしようと努めてきた。しかし、まだ問題は残っている。なにしろ、次のような冷ややかな反論が十分予想されるからである。「なるほど、ハイデガーは哲学することを自分の生と同一視し、哲学の遂行において生の意味を証ししたつもりかもしれないが、それは彼の生き方であって、自分には関係がない。ましてや、そんな私事を哲学と認めるわけにはいかない」。こうした頑強な抵抗に対して、説得や訴えかけによって聞き届けさせようとするのは、的外れである。いくら説き伏せようとしても、もともと相手が聞きたくないと言っているのだから、どう見ても余計なお世話でしかない。

もう一度、「パフォーマンス」の概念を振り返ってみよう。それは、出来合いの意味を他者へ忠実に伝達することを意図するものではなかった。だから当然ながら、誤解とか無理解とかいったことは問題となりえない。「意図の精確な理解」を聞き手に求めることが、もとより背理なのである。遂行意味とは、発信者の独占物などではなく、受信者たちの一筋縄では行かない反応をうちに含んだ開かれた発話の状況において生起するものであり、そこで働く「偶因的」な力の所産なのである。それゆえ、拒絶反応もれっきとした成果の一つと認めざるをえないことになる。

とはいえ、哲学がたんなる見せ物《ショー》に終わる末路を前にして、ただ手をこまねいているわけにもいかない。そこで、幾重もの仕掛けが、明に暗に張りめぐらされることになる。つまり、「他人事ではなく、あなた自分のことが問題になっているのだ」と知らず識らずのうちに了解させ、解釈を共に遂行することへと、聞き手ないしは読者をおのずと引きずり込むようなパフォーマティヴな言説の力量が試されるのである。こうした作法がすでに「レトリック（弁論術・修辞学）」の圏域に属していることは、誰の眼にも明らかであろう。

ハイデガーは、この問題に自覚的であったと思われる。『存在と時間』の気分論（第二九節）において、アリストテレスの『弁論術』第二巻に言及しているのは、その明らかな証左であろう。その直後に、気分が「実存論的分析論にとって原則的な方法的意義を有する」（SZ, 139）と大胆に明言されているのは、何ら偶然ではない。

「了解的解釈」が、分析される主題概念（Auslegung）であると共に、分析が拠って立つ方法概念（Interpretation）でもある、という入れ子構造なら、まだ話は分かる。これは、「現存在」が、解釈される側であると同時に解釈する側でもある、という反照的な遂行構造の現われだからである。しかるに、さらにそのうえ、「気分」を方法として明示的に位置づけるというのだから、これはもう、ひとの気分を煽り、挑発するような、文字通り「センセーショナル」な言説を表立って採用することに等しい。そして、じっさいこの方法が駆使される。つまり、後続の「不安」分析（第四〇節）は、不安をことさら誘発するような「煽情的」な語りを駆使して読者を不安に陥れ、この気分の開示能力に依拠して学的解釈を遂行していこうとする、はなはだ「レトリカル」な性格をもっている。ここでは、哲学的言説がもつ或る種の暴力性が、剝き出しの形で露呈している。とはいえ、こうしたラディカルな方法態度についての突っ込んだ検討は、いまだなされていないのが現状である。

一九二九／三〇年冬学期講義においてハイデガーは、「退屈」という気分を取り上げている。その退屈論の「課題」は、退屈という「根本気分を目覚めさせること」だ、と明言される。じっさいその分析は、退屈の三つの形式を表面的なものから根源的なものへと逐次解釈していくことによって、われわれに深い退屈の気分を感受させ、以てそれが開示するものへ目を見開かせようとするのである。それは、ハイデガーによる現象学的解釈の精華の一つと言えるが、注意すべきは、その長大な「退屈についての記述」は、退屈の気分を読者にかき立てこそすれ、それ自身は少しも退屈な記述ではなく、むしろ非常に刺激的なテクストとなっているという点である。ひとくちに、ひとを退屈に「させる」といっても、事態はそれほど単純ではない。ここに、形式的に暗示する遂行的言説の妙味がある。

このように見てくれば、ハイデガーが提起した「解釈学」が、いかに奇抜なものであったかはもはや明らかであろう。そこでは、直接知たるべき直観が不可能なるがゆえに、それを間接知でしかない解釈によって媒介しようとして、解釈学的現象学が提唱されたのでは毛頭なかった。むしろ、ハイデガーの解釈学とは、「事実→記述」という硬直した方法モデルに代えて、語るというふるまいが秘めている可能性をギリギリまで開拓しようとする壮大な「表現実験」であった。その試みたるや、前衛的と言っても言い過ぎではないほど野心的なものである。今日なお色褪せていないその革新性が、平板な訓詁注釈学によって窒息させられているとすれば、まずもって企てられるべきは、いまだ汲み尽くされていないその可能性を、ラディカルなままその通りに解き放ってやることではないだろうか。(1)

注

(1) 本章のオリジナルは、ですます調の発表原稿であり、注も付いていなかった。本章の内容からすれば——第二章「死の明証」が意図的に注を排しているのと違って——、一定の参考文献を注記してしかるべきであったろう。じつを言うと、かつて私はその哲学会発表原稿を、『理想』誌の「哲学の広場」コーナーに投稿したことがあり、その雑誌掲載の機会に、遅まきながら研究論文として整えるつもりであった。それがお蔵入りとなったのは、掲載号の『理想』が「フェミニズムと哲学」の特集となることを、理想社の宮本純男氏から知らされ、まったく別の原稿て急遽差し替えたからである。一九九七年六月刊のその第六五九号に載った拙論が、「女性の社会進出について——或る反時代的考察の試み」である。（これまた余談ながら、同号の『理想』の「哲学の広場」に載ったもう一本の論文は、仲正昌樹氏のベンヤミン＝アドルノ論だった。）

なお、本章冒頭に出てくる現象学の方法的困難に関しては、フィンクの古典的論文「エトムント・フッサールの現象学的哲学と現代の批判」を参照。„Die phänomenologische Philosophie Edmund Husserls in der gegenwärtigen Kritik" (1933), in: Eugen Fink, *Studien zur Phänomenologie 1930-1939*, Nijhoff, 1966, S. 79-156, bes. S. 153ff.（オイゲン・フィンク『フッサールの哲学』新田義弘・小池稔訳、以文社、一九八二年、所収、三一—九〇頁、とくに八五頁以下。）

第Ⅱ部　時間とその有意義性

第六章　配慮される時間

ハイデガーの世界時間論

一　世界と時間

哲学は古来、「時間とは何であるか」を不断に問い続けてきた。これほど関心の寄せられるテーマもまれであろう。ひとはこの名高い論題に競って取り組んでみせる。だが、それにも増して目を引くのは、この問いが、必ずや深刻な「アポリア」に逢着し、決まって迷宮入りとなる、というはかばかしくない顚末のほうである。時間の「パラドックス」は、巧みに論じられれば論じられるほど、それだけもつれ、紛糾し、泥沼化してゆく。まるで、袋小路に陥ることが当初からの目標であったかのごとく。

どうしてこのようなことになるのだろうか。われわれはむしろ、これまで繰り返されてきた時間への問いの立て方を、まずは疑ってみるべきではないか。「時間は実在するか」、「主観的時間と客観的時間のどちらが先か」、「時間はそもそも認識可能か」といった、時間をめぐる有力な問いのパターンは、その前提となる議論枠組み――「実在性」の概念、「主観／客観」の区別、「認識可能性」の限界確定――

に関して、事象に即して汲みとられていると言えるのか。時間論のスタンダードな問題設定そのものが、問いの進捗をみずから妨げているだけの、見込みなき企てに過ぎないとしたらどうであろうか。

では、時間という変幻自在の現象にふさわしい問いのスタイルとは、いかなるものでありうるか。それともわれわれは、時間といったようなものに関する無知を告白するほかないのか。断じて否。かのアウグスティヌスの言葉を引き合いに出すまでもなく、われわれは、なるほど概念化はできていないにせよ、何といっても、時間といったようなものを知悉しており、それどころか、それなしには生きていくことさえできないありさまなのだから。

だとすれば、時間といったようなものに関して誰もが漠然と抱いている暗黙の自然的了解を表立って解釈し、概念にもたらすこと、このことがまずもって着手されるべきであろう。そうした平均的日常性における時間了解は、一見どれほど地味であり自明ではあっても、まさしく一つの実定的な「事実(Faktum)」なのだ。アポリアやパラドックスにうつつを抜かす議論が、ともすればなおざりにしているもの、それは、時間といったようなものを絶えず気にかけ、口にし、やり繰りしている自分自身の日頃の立ち居振舞いなのである。

そして、そうした時間といったようなものへとかかわるわれわれの日常的あり方に定位して、時間とは何かを問うているのが、ハイデガーの『存在と時間』最終章の時間論なのである。そこでの「世界時間」という現象の提起は、平均的日常性からの出発を賭け金とする世界内存在の現象学の精華の一つだと言ってよい。

本章では、『存在と時間』における「世界時間(Weltzeit)」――日常的に配慮される時間――の主題化のもつ意味と射程を明らかにしたい。このテーマはこれまで、リクールなど若干の例外を除けば、その重要性に見合う扱いを受けてこなかった。[1] だが、世界の問題と深くかかわる時間の次元を掘り起こす現象学的解釈学的な時間論の作法は、決して過小評価されてはならない。ハイデガーの時間論と言えば、「先駆的決意性」から汲みとられた「本来的根源的時間性」が唱導されているのみだとする偏見や、とにかく一足飛びに「存在時性（Temporalität）」の問題群に突き進まねば止まじといった性急さは、差し控えたほうがよい。ハイデガー自身にとっても、「世界時間」の問題が通りすがりの話題ではなかったことは、他の諸テクストによっても、ただちに知られるのである。[2]

二　世界時間という蝶番

それでもなお、ハイデガーの時間論を世界時間の問題に絞って検討することに対しては、或る種の異論が提出されるかもしれない。つまり、現存在の存在意味として際立たせられている根源的時間性を脇に置いて、そのような、通俗的時間概念の問題系に属する副次的現象を取り上げるのはいかがなものか、と。こうした疑念に対しては、次のように言っておこう。すなわち、世界時間論は、末梢的であるどころか、現象学的時間論一般が有意味でありうるか否かを決する、真正の中枢的テーマにほかならない、と。

それはつまり、こういうことである。

一般に、「時間性」といったようなものが現象学的に分析されるさいには、時間についての通例のイメージはことごとくカッコに入れられる。かくして、現象学者の「転倒した世界」において「最根源的」な時間概念が探究されるのだが、そうはいっても「時間」という語は――「今」「現在」「未来」といった語も――、それがいかに通例の使用法とは異なっているにせよ、なお使用せざるをえない。しかし、いったん自分で梯子を蹴飛ばした以上、そうした言い回しによって意味されている現象が、時間という語でひとが普段考えている当のものと、果たしてつながりがあるかは、さしあたり不明である。現象学において「時間性」としてあらわにされる事象は、それほど特異で隔絶した何かなのだ。だから、たとえば「ハイデガーの時間概念は未来中心である」とか、「時間の有限性は無限な時間系列を否定する」とかいった素朴な説明は、厳密には的外れなのである。

だが、もしそうだとすれば、逆に、「時間性は有限である」とする基本テーゼそのものが、時間の無限性に何ら抵触しない無害かつ無益な主張として宙に浮いてしまうのではないか。そもそも、ハイデガーが「時間性」と名づけている現象は「根源的」であると、どうして主張できるのか。ひょっとすると、時間とは縁もゆかりもないものに、ただ誤って「時間」というレッテルが貼られているだけではないのか。今や問われているのは、現象学的時間論は本当に時間論たりうるか、というじつに由々しき問題なのである。(3)

ハイデガーは、この問題を明確に意識していたように思われる。だからこそ、時間性および歴史性の解明をいったん終えたのち、それらを振り返って「時間性のこれまでの性格づけは、総じて不完全」であったばかりでなく「原則的にすき間だらけ（lückenhaft）」であった、と言い切り（SZ, 405）、その「空隙」を埋めるべく、有限な現存在の存在意味たる「根源的時間性」と、無限で均質な今の連続としての「通俗的時間概念」を橋渡しするものとして、日常的に出会われる時間である「世界時間」を浮き彫りにしようとするのである。

そうはいっても、異質なものの中間に媒項を挟み込むだけでは、たんなる接ぎ木あるいは辻褄合わせにすぎない、と言われてしまうだろう。それゆえ、次に、「世界時間」の位格を同定することが肝要となる。

なるほど、世界時間という現象は、死すべきわれわれの有限性をそのものとして際立たせないかぎりでは、「非本来的」と言うべきかもしれない。しかし、時間性は、それがいかに「根源的かつ本来的」であっても、みずからのうちに世界時間という特有な時熟の可能性をもたなければ、通俗的時間概念の「派生性」を基礎づけることがそもそもできない。その意味からすれば、世界時間はむしろ「根源的」なのだ。つまりそれは、現存在の有限な根源的時間性そのものに属しているのである(4)。

他方で、世界時間の時熟は、本来的時間性との対比における「非本来的」時間性と同一視されてもならない。なるほど、ハイデガー自身、両者の時熟の仕方を等しく「予期しつつ保有する現在化(gewärtigend-behaltendes Gegenwärtigen)」というふうに表現している。双方において「現在化」が何らかの優位を占めていることも確かである。にもかかわらず、配慮された時間としての世界時間は、或る注目すべき時熟の様態を示すのであり、世界内部的存在者を配慮する場合にはたらく時間性自身とは、やはり区別されねばならない。なぜなら、世界時間の時熟は、実存論的には、現存在の時間性そのものの「自己解釈」を意味するのであって、「時間内部性(Innerzeitigkeit)」――現存在とされるにふさわしくない存在者の時間規定――とは異なるからである。

この一見些細に見える差異を見逃すべきでない。ちょうど、「世界」という現象が、世界内部的に出会われる存在者――括弧に入れられる「〈世界〉」――とは異なって、現存在の存在体制そのものをなし、それゆえ現存在分析論において抹消不可能であるのと同様に、[5] 世界時間の時熟とは、世界内部的存在者が「時間の内に生ずる」地平として時間内部性を基礎づけつつも、それとは区別されるところの、自己解釈という様態をとった根源的時間性なのである。世界時間に即して看取されるのは、白日の下に晒された現存在の存在意味、とでも言うべきものである。

ここでわれわれは、世界内部的存在者の配慮という意味での「解釈」と、時間性の「自己解釈」としての時間の配慮との関係に関して、両者の区別と共に、それらが示す特有の相似性にも留意しなければならない。道具との日常的交渉においては、了解の「予‐構造」（＝A）が解釈の「として‐構造」（＝B）と結びつくことで、「解釈学的として（hermeneutisches Als）」が作動する一方で、そうした生きられた解釈が事実確認的陳述において平板化されると、「命題的として（apophantisches Als）」（＝C）が派生する（SZ, §32‐§33）。これに対して、現存在の時間性そのもののレヴェルでは、根源的時間性（＝a）が配慮的に自己を解釈するとき世界時間（＝b）が時熟し、その世界時間のまったき構造が水平化されると、事物的に存在する今系列としての通俗的時間概念（＝c）が出来上がるのである。

このような二通りの「根源‐派生」関係の類比性は、おそらくハイデガーが、前者（A‐B‐C）においてはアリストテレスの命題的ロゴスの分析を、後者（a‐b‐c）においては同じくアリストテレスの時間概念を、それぞれ換骨奪胎した、ということに基づくと思われる。ハイデガーによれば、アリストテレスが置いた真正の「現象学的発端」（SZ, 159）は、どちらの場合にも、初項と中項との緊密な根源的連関を隠蔽し、その派生態である末項の自立化の歴史を招くという危険をも孕んでいた、ということになるのだが[6]。

以上の考察から、ハイデガーにおいて世界時間の主題化がいかにして可能になったか、も明らかとなる。時間内部的存在者と区別される世界時間という現象の発見は、世界内部的存在者と世界そのものとの明確な差異の遂行に基づく。現存在の存在体制を形づくる「世界」とは、括弧付きの「〈世界〉」とは異なって、一つの実存カテゴリーであるが、このような存在論的に彫琢された世界概念を俟ってはじめて、括弧に入れられるべき「客観的時間」でも素朴な「自然時間」でもない、まさしく実存論的な意味での世界に属する「世界時間」が見出されたのである。

この連関において、なぜフッサールにおいて世界時間という概念が欠落しているか、も判然となる。フッサールは、超越論的主観性という究極的源泉へと遡るに急なあまり、還元不可能な世界という問題そのものを仕上げるに至らず、それゆえ、そもそも世界時間といったような現象を見てとることができなかったのである[7]。フッサールが、彼の言う「客観的時間」を基礎づけ直すことに最終的に成功しなかった理由も、ここにある[8]。

他方で、ハイデガーの世界時間論は、フッサール現象学と再び接近する一面を兼ね備えている。というのも、媒項もしくは「蝶番《ちょうつがい》」とも言うべき位置を占める世界時間の二面性、すなわち通俗的時間概念の忘れられた基底という面、および根源的時間性への遡行を動機づける指標という面は、『危機』書における「生活世界」という概念のもつ二つの機能――「地盤機能（Boden-Funktion）」、および「手引き機能（Leitfaden-Funktion）[9]」――にまさしく対応するからである。したがって、世界時間はいわば「生活世界時間」とでも呼びうる性格をもっている。この現象が「生活世界の現象学」の主題系に属することは、以下の具体的分析において、次第に判然となることであろう。[10]

三　世界時間のまったき構造

日頃われわれは「時間《ひま》がない」とか「時間を無駄にするな」とか言い合って暮らしている。あるいは、何かにつけ「時間をかけたり」「失ったり」もする。ここには、時間といったようなものについての漠然とした了解がひそんでいる。ハイデガーの世界時間論は、このような、時間といったようなものへとかかわる日常的で「初歩的（elementar）」（SZ, 404）なふるまいの明々白々な自明性を、徐ろに転倒することから始まる。すなわち、日常的に配慮される時間の分析は、「現存在が、あらゆる主題的研究に先立ってすでに〈時間を勘定に入れ〉、時間に準拠しているという事実」（SZ, 404）に立脚しつつ、次のように問うことから出発する。「なぜ現存在は〈時間〉をかけるのであろうか、また、なぜ時間を〈失う〉ことができるのか。現存在はどこから時間をとってくるのか」（SZ, 404）。

何はともあれ、普段の「時間を気にしながら」生活しているわれわれ自身のあり方を振り返ってみよう。その場合、われわれは、純然たる「今」という点を観察し数えつつ整然と測定しているわけではない。そうではなく、何らかの物事に携わり、それに気を配るかぎりにおいて、さしずめ「ながら」の様態において、時間といったようなものに出会っているのである。それどころか、時間ばかり気にしていたのでは、そもそも何事も達成できない。日常的には時間は、さしあたりこのように、目立たない慎ましさにおいてこそ本来的に機能する（その欠損的様態としては、たとえば「退屈（Langeweile）」という気分における時間の我がもの顔の自己主張といったありさまが、まず考えられよう[11]）。

今時間の主題的注視とは異なる、このような時間の配慮のことを、ハイデガーは「時間を勘定に入れる（mit der Zeit rechnen）」、「時間を斟酌する（der Zeit Rechnung tragen）」、「時間を当てにする（auf die Zeit rechnen）」、「時間に準拠する」などといった日常的言い回しで表わしている（SZ, 404, 411f.）。かつこのレヴェルに、特有の「勘定・斟酌（Rechnen, Rechnung）」のはたらきを見てとることにより、計測可能な通俗的時間概念の派生性をのちに証示するための伏線ともしている。とくにここでは、「時間の配慮」が、「時間に準拠すること」とも言い換えられている点に注意しておきたいと思う。

日常的に時間を配慮し計算に入れつつ「時間に準拠すること（sich nach der Zeit richten）」は、「時間のほうを向いていること（auf die Zeit gerichtet sein）」（SZ, 417）とは、現象学的に区別されなければならない。そのつど或る特定の物事に関心が向かっている日常的ふるまいにおいて出会われている生きられた時間は、顕在的な対象志向性の主題的相関者（Worauf）ではなく、そのような態度ないし行為の背景をなすような、状況志向性の準拠枠（Wonach）なのである（古来、時を慮《おもんぱか》り、時宜を心得、機に乗ずる者こそが、賢慮ある人だとされるゆえんである）。つまり、時間へとかかわる配慮的ふるまいは、作用志向性が内蔵している地平志向性の含蓄に属する、と言ってよい。

われわれはここで、「配慮すること（Besorgen）」を導く「視（Sicht）」としての「配視・目配り（Umsicht）」が、「斟酌すること（Rechnung tragen）」と性格づけられていたことを思い起こす（SZ, 69, 83, 103）。しかも、そのような斟酌・勘案は、勝手気ままに案出することではなく、適所性の指示連関に「順応（sich fügen）」し、その「管轄下に入る（sich unterstellen）」という独特の作動様式をもつ、とされていた（SZ, 69）。時間におのれを合わせ、また時間に従い、左右されつつ、その指示に則って行為する配慮の受動的かつ自発的なあり方を際立たせることは、それゆえ、志向性の隠された奥行きをさぐる作業の続行でもある[12]。

さて以上で、日常的に配慮される時間が、配視的配慮の、それゆえ実践知一般の、指示全体性を共に構成することが示された。次に、そのように先行的に了解された時間が、どのようなもの「として（als）」日々出会われているかを、やや詳しく見てゆこう。

平均的日常性からの出発は、日常的な語りの分析でもって始めることでもある。常日頃、われわれは何気なしに、「〈そのときには〉（»dann«）」、「〈今は〉（»jetzt«）」、「〈あのときには〉（»damals«）」等々と、時間に関係のあるさまざまな語句を、口外するしないにかかわらず、絶え間なく語り出している。ハイデガーによれば、時間に関するこのような状況拘束的な、いわゆる「本質的に偶因的（okkasionell）な表現[13]」が、われわれの口を衝いて出てくるのは、「予期しつつ保有する現在化」としての配慮の時間性が、おのれのありようを表立って解釈しつつさり気なく問わず語りしている、ということなのである。折りにふれて口の端にのぼる時間指示語とは、時間性の根源的時熟の「痕跡」にほかならない[14]。

その場合、特徴的なのは、「〈そのときには〉」は「今はまだない」を、「〈あのときには〉」は「今はもはやない」を、それぞれ含意している点である。つまり、「解釈された時間」（SZ, 408, 411, 414）または「発話された時間」（SZ, 408, 411）においては、「現在化が或る特有の重みをもつ」（SZ, 407）。それゆえ肝要となるのは、「今」のはらむ被解釈性の含蓄を、遡って解釈することである[15]。もちろんこの場合、「今」を、内容を一切欠いた抽象的な点として発端に置くことは、斥けられねばならない。日常的に出会われる「今」は、とらわれのない眼で見るなら、具体的な意味に満ちた豊饒な現象なのだ[16]。この第一次的な生活世界的意味連関が水平化され、隠蔽されるとき、事後的に、アリストテレスにまで起源を辿りうるような、純然たる無差別な今の連続としての通俗的時間概念が派生してくるのである。

さて、ハイデガーによれば、解釈され発話される時間は、そのまったき姿において、以下のような、相互に非独立的な四つの構造契機をもつとされる。

(1) まず、配慮される時間の「日付可能性（Datierbarkeit）」。

これは、「今」がその本質上、「何々である今（jetzt da...）」だということである。この場合、「今」は、世界内部的に出会われる存在者または出来事という「与件（datum）」のほうから一定の「日付（datum）」を打たれるのであって、さしあっては、カレンダー上に同定されたり、時計で計測されたりする必要はない。たとえば、現に今は、この私にとって「締切期限を経過している今」である。このことは、陳腐このうえない確認であるように見えるし、また実際、この点に改めて着目するほどのヒマ人はそう多くない[17]。

しかしながら、「いったいわれわれはどこからこの〈何々である今〉を取ってくるのか」（SZ, 407）と問うてみれば、今のこの独特の「指示（Weisung）の性格」（GA21, 399）が、じつは自明でも何でもないことに、ただちに気づく。そして、ハイデガーはこの事態を現存在自身の存在構造へ遡って解釈する。すなわち、日付可能性という配慮された時間の謎めいた指示性格は、「気遣い（Sorge）」のレヴェルでは、世界内部的存在者の「何々のもとでの存在（Sein bei...）」の、また「時間性」の次元では、「何々を現在化すること（Gegenwärtigen von...）」という脱自的性格の、「反映（Widerschein）」（SZ, 408）にほかならない。

世界時間の分析の発端に、今の日付可能性という「指示（Weisung）」が置かれていることは、世界性の分析が、道具的存在者の「何々するため（Um-zu）」という指示性格から始まったことに、正確に対応している。どちらの場合でも、指示という現象を「その存在論的発生において」（SZ, 68）遡行的に解釈することが試みられるのである。その反対に、道具的存在者の指示連関が見落とされて、事物的存在中心の存在論が成立するのと類比的に、日付可能性という指示契機が捨象され、「今」がいわば脱世界化されてはじめて、一切の内容を欠いた絶対的な今連続という伝統的時間表象が出来上がるのである。

(2) 次に、「今」の第二の基本性格としての「伸張性（Gespanntheit）」。

これは、「今」がそれ自身として一定の「持続」ないし「間」を備えていることである。しかもこの「間隔」は、これはこれで、さらに分節化されたり逆に統合されたりして、一種の入れ子式の重層構造を形づくる。今が今として存立するためには、何らかの「幅」ないしは「地平」が必要だということは、フッサールによって、いやそれどころか、アリストテレスやアウグスティヌスにおいてすら、つとに認知されてきたところである。[18] ハイデガーは、「今」のこうした種別的な拡がり性格を、歴史的時間性の根源的「伸び拡がり（Erstrecktheit）」に由来する、と独自に解釈する（SZ, 409）。だがここではひとまず、一定の拡がりを持った具体的「今」が、「理念化（idealisieren）」[19]されると、瞬間としての純然たる点的現在が成立する、という派生関係を確認するにとどめたい。

(3) さらに、解釈される時間の「公共性（Öffentlichkeit）」。

これは、「今」が、程度の差こそあれ、他者と共に共有され、公共化されていること、つまり「私の時間」が「われわれの時間」でもあることである。相互に共存するわれわれが世界を共有するその程度に応じて、時間もまた「あらゆる人にとって（für Jedermann）」の時間なのである。[20] 時間が共に分たれていなければ、社会的分業はおろか、それこそ「デート」の約束すらできないであろう。時間が共有されるあり方は、そのつどの共同社会の存立構造の「指標」と見なされうる。[22] 匿名の「ひと（das Man）」が支配する世界にあっては、時間もまた「あらゆる人に属し、かつ誰にも属さない」ところの、均質な「ひとの時間」（vgl. SZ, 411）となる。今日では、セシウム原子の電磁波の振動周期に基づく原子時計が、万国共通の標準時を冷やかに刻んでいる。

（4）最後に、配慮される時間の別名の由来たる「有意義性（Bedeutsamkeit）」。

これは、日付可能な「かくかくの今」が、同時に「しかじかすべき時（Zeit zu...）」――ないしは「しかじかするにふさわしくない時（Unzeit für...）」――だということである。配慮される時間はそのつど、このように日付可能で有意義的な二通りの指示を、ワンセットの形で孕んでいる。たとえば、「締切が過ぎている今」は「一刻も早く原稿を仕上げるべき時」である。日付を打たれた「今」がこのように「何々すべき時」として了解・解釈されるからこそ、配慮される時間は、「世界時間（Weltzeit）」と呼ばれるのである。すなわちそれは、世界の実存論的性格である「有意義性」を共に構成し、「世界と同一の超越をもつ」（SZ, 419. 強調は原文）。

ここで、「適所性（Bewandtnis）」ではなく、「有意義性」と言われている点に注意しよう。世界時間は、事物に帰せられる時間規定ではなく、世界内存在に内属する実存カテゴリー的時間地平にほかならない。けだし、われわれはいついかなる場合でも、時間のほうから動機づけられて、そのつどの行為連関を意義づけている。こうした生きられる時間の有意義連関が隠蔽され、「今」の持つ豊かな意味が剥奪されてはじめて、事物的に存在するかのようにイメージされた等質な「今時間」が派生するに至るのである。

時間の有意義性の発見は、「今」への問いにおける自明性の転倒の頂点をなすものである。では、時間の有意義性は、いかなる起源を時間性の次元において遡って示唆しているのか。なぜ、時間はそもそも有意義性といったようなものを秘めているのか。ハイデガーはとくに明言していないが、われわれは、気遣われる時間のもつ有意義化の指示性格こそは、根源的時間性の有限性そのものの「痕跡」にほかならない、と解釈する。世界の有意義性が不安という根本気分において無意義性へと転化するや否や、われわれ自身の「死への存在」が露呈するように、「時間」が、総じて意味といったようなものの源泉であり、かつ誰にとっても何にも増して大切なものであるそのゆえんを、[23] 自明性の衣を剝ぎとって問い進めるとき、その日常的時間了解の奥底には、限りある〈いのち〉へのわれわれの限りなき思いがこめられていることに、思い至らざるをえないのではないだろうか。

そして、時間を気遣う日々の目立たない配慮のうちに、そのつどの〈いのち〉にこめられた死すべき者どもの思いが、ほんの幽かにではあれ映し出されているとすれば、かの「時間への問い」は、たんなる知的パズルなどではなく、われわれ自身のあり方に直接ふれてくる、のっぴきならない問いとして改めて浮かび上がってくるのではあるまいか[24]。

注

（1）リクールは『時間と物語』において、ハイデガーの『存在と時間』における時間論の射程を見積もるさいに、われわれの言う「世界時間の問題」——「配慮される時間」という現象が時間論一般に対してもつ意味——を明らかにしてみせた。cf. P. Ricœur, *Temps et récit*, tome I, Seuil, 1983, p. 96 sq. ; t. III, 1985, p. 119 sq. だが、リクールは、世界内存在する現存在に帰せられる実存カテゴリー的な「世界時間」と、世界内部的存在者（括弧付きの〈世界〉）が「時間のうちで出会われる」という意味でのカテゴリー的時間規定たる「時間内部性」を、明確に区別してはいない。それゆえリクールの議論は、いわば〈世界〉時間のレヴェルにとどまっているように思われる。

なお、本章の関心とはやや異なるが、「世界時間（Weltzeit）」という問題現象を、「宇宙論的」方向に展開した試みとして、以下を参照。E. Fink, *Nachdenkliches zur ontologischen Frühgeschichte von Raum-Zeit-Bewegung*, Nijhoff, 1957 ; F.-W. v. Herrmann, *Bewußtsein, Zeit und Weltverständnis*, Klostermann, 1971.

（2）『存在と時間』公刊直後の一九二七年夏学期講義『現象学の根本問題』で採用された叙述の順序からして、すでに「世界時間」の並々ならぬ位置価を証し立てている。すなわち、「『存在と時間』第一部第三篇の新たな仕上げ」（GA24, 1, Anm. 1）として企図されたこの講義の後半（GA24, 321ff.）では、「根源的時間性」への眼差しを開くための助走として、まず、アリストテレス『自然学』の時間論が解釈され、次いで、その根源的な理解のために『存在と時間』とほぼ同様の「世界時間」論が展開され、しかもそれに接続する形で、「予期し保有する現在化」という様態をとった「時間性の脱自的地平的統一」が提示され、これがとどのつまりは「存在時性の問題性」に連なる、とされるのである。リクールも示唆するように（*Temps et récit*, I, p. 127）、『存在と時間』でなされた「先駆的決意性から根源的時間性へ」という行程に代わって、ここでは「世界時間から根源的時間性へ」という、もう一つ別の遡行的還帰が試みられるのである。この注目すべき方途は、世界時間が、根源的時間性への現象学的遡源を動機づける「指標（Index）」（GA24, 381）として役立つ、ということを告げていよう。Vgl. auch GA21, 348ff. ; GA26, 257ff.

後年の『ツォリコン・ゼミナール』は、世界時間の諸性格（有意義性、日付可能性、拡がり、公共性）を、ハイデガーが依然「時間への問い」の真正な発端として堅持していたことを証言している。M. Heidegger, *Zollikoner Seminare*, Hrsg. v. M. Boss, Klostermann, 1987, S. 54ff.

(3) 主観にもっぱら定位した時間論に、そもそも「時間論」たる資格があるのだろうか、という根本的な疑念は、さまざまな論者によって提起されている。Vgl. G. Böhme, *Zeit und Zahl*, Klostermann, 1974 ; K. Düsing, „Objektive und subjektive Zeit", in: *Kant-Studien*, Jg. 71, H. 1, 1980, S. 1ff. ; 中島義道「時間構成と自我構成」(『思想』七五六号、岩波書店、一九八七年六月、所収)。

(4) ただし、ここでの「根源的」という規定は、遡行的解釈一般の段階序列に付きまとう「暫定性」の意において解されねばならない。

(5) 実存カテゴリーとしての「世界」と、世界内部的存在者の総体としての「〈世界〉」とを区別することが、『存在と時間』における世界内存在の現象学にとって、いかに決定的であったかについては、拙稿「世界と〝世界〟との区別」(東京大学文学部哲学研究室編『論集Ⅷ』一九八九年、所収)を参照。

(6) ハイデガーのアリストテレスに対する態度は「両価的」であって、彼がアリストテレスの時間論を通俗的時間概念の源泉として位置づけていることから判断して、「ハイデガーはアリストテレスを批判している」とのみ受け取るのは、早計である。あるいは、それではハイデガーの思うツボである。——肝に銘じておこう。現象学的「解体(Destruktion)」の流儀とは、いつもこんなふうなのである。

(7) 周知の通り、フッサールは、その時間論の出発点において「客観的時間の遮断」を呼びかける。「現実の事物、現実の世界が、なんら現象学的与件ではないのと同様に、世界時間、実在的時間、自然科学および心的なものの自然科学としての心理学の意味での自然の時間もまた、現象学的与件ではない」(E. Husserl, *Zur Phänomenologie des inneren Zeitbewusstseins (1893–1917)*, Husserliana X, Nijhoff, 1966, S. 4)。これに対して、われわれは次のように応ずるべきであろう。すなわち、事物の総体とは区別された世界が超越論的現象学の真正のテーマであるのと同様に、物体の運動とは区別された世界時間は、まさしく現象学的時間論の真正のテーマである、と。同じ事情は、次のように言いかえることもできよう。すなわち、世界と世界内部的存在者の区別と並んで、世界時間と時間内部的存在者の差異は、世界内存在の現象学における「素朴性の克服」の所在を告げるメルクマールである、と。

(8) ベルネットは、フッサールの時間論とハイデガーのそれとの広範に及ぶ類似性を指摘しつつも、フッサールに見当らないハイデガー独自の概念として「世界時間」を挙げている。「おそらく、この概念を活用することによってこそ、ハイデガーは、フッサールの時間の現象学に対して、最もラディカルに距離を置いたのである」(R. Bernet, "Origine du temps et temps originaire chez Husserl et Heidegger", in: *Revue philosophique de Louvain*, t. 85, 1987, p. 521)。

(9) クレスゲスの標準的な定式化を参照。Vgl. U. Claesges, „Zweideutigkeiten in Husserls Lebenswelt-Begriff", in: *Perspektiven transzendentalphänomenologischer Forschung* (Phaenomenologica 49), Alber, 1972, S. 85ff.

(10) 『存在と時間』(とりわけ第六九節b)におけるハイデガーの「科学論」は、『危機』書においてフッサールが模範を示した「生活世界からの科学の基礎づけ」に著しく接近している。これは、両者の間の事実的な影響関係云々の問題ではなく、現象学的探究がそれ自身のうちに蔵している主題化可能性に関わる本質的問題であろう。

(11) 「退屈」という根本気分に関しては、一九二九/三〇年冬学期講義『形而上学の根本概念』がまとまった記述を与えている。これは、配慮される時間の言わば欠損的な様態(「のろのろとした時間」「立ち止まった時間」「金縛りにする時間」)から逆照されて動機づけられた、根源的時間性への現象学的遡行の一つの可能的方途と解される。「われわれは〔…〕、退屈の本質を解釈することによって時間の本質へと突き進もうとする」(GA29/30, 201. 強調は原文)。

(12) あえて単純化して言えば、ここで問題となっているのは、「時系列的(chronologisch)」な認識の時間というより、むしろ「時機論的(kairologisch)」(GA61, 137, vgl. auch GA24, 409)な行為の時間である。

たとえば、原稿の締切期日は、認識の観点からすれば、未来の一時点に蓋然的に同定される不完全な様相を示すにすぎないが、行為の観点からすれば、まさに今、私がこの原稿を書くという行為を動機づけつつ私の前に立ちはだかっている「現実」である。そのような「時宜」「頃合」にどう対処するか、という意味での「時間の配慮」は、意識流といった内在的領野にとどまるものではない。焦っているこの私にとっては、「客観的」にいかんともしがたく差し迫っている時間のままならなさこそが、問題なのだ。それどころか、期限直前になるまで仕事がはかどらない「締切依存症」が蔓延する場合すらある。こうしたことが起こるのも、時間が、認識の道具立てとしてではなく、行為を拘束する実効性においてそのつど生きられているからこそである。また、各人が時間を配慮するその仕方は、当人のありようを弁明の余地なく露見させるがゆえに、時間にルーズな人はその人格を疑われるほどである。待ち合わせする、時間を割く、共に時間を過ごす、といった相互共存の形態も、交際の度合を能弁すぎるほど露呈させる。対人関係においてわれわれは、相手の時間を「顧慮」することに敏感であらざるをえない。

総じて、主観的意識が時間のあり方を構成するのではなく、逆に、現存在の時間的存在こそが意識を決定するという認識も、はじめて意味をもつ。また、そうした実存論的な「土台」からしてのみ、「あとどれだけの猶予があるか」(「質料的時間論」の可能性)。時間計算とは、時間の配慮の非独立的契機にすぎなかったものが、行為連関の全体から抽象されて自立化したものなのである。このことは、いわゆる物理学的時間概念にも当てはまる。物理学において時間は、自然現象を観測するさいインプリシットに参照されるパラメーターとしてもっぱら機能するのであって、観測行為から切り離された「時間そのもの」が、純然たる自立的対象として物理学的に認識されるわけではない。

(13) Vgl. E. Husserl. *Logische Untersuchungen Bd. 2*, Teil 1, Husserliana XIX/1, Nijhoff, 1984, S. 85. 周知の通り、フッサールは後に、「偶因的な判断のとてつもない領圏」が「地平志向性」の次元を指し示しているとし、『論理学研究』でのその副次的な取り扱いを自己批判することになる。Vgl. E. Husserl. *Formale und transzendentale Logik*, Husserliana XVII, Nijhoff, 1974, S. 207.

(14) これは、日常的な言語表現が遡行的解釈の「手引き」として役立つという、世界内存在の現象学に特有な方法理念の簡明な実践例である。こうした一種の日常言語分析は、しかし、ゲームの規則や社会的慣習に一切を帰着させて能事畢れりとするものではなく、存在論的探究という遂行(パフォーマンス)の一環なのである。

(15) ここでは、「あのときには」や「そのときには」などを含む、偶因的な「時間告知(Zeitangabe)」を、ひとまず「今」でもって代表させることにするが、言うまでもなく、それらの表現は等しい身分を有する。つまり、構造全体の等根源性は、或る契機の「統率的(archontisch)」優位を排除しない。——解釈され言表された時間を手引きとして、世界時間と時間内部性の問題を展開する、というハイデガーの試みは、あくまで、先行了解の徹底化としての現象学的解釈学的な記述であって、「現在」から「過去」と「未来」を整合的に構築する、などといったことが目論まれているわけではない。

(16) 「今の構造は、ひとがこれまで一般に考えていたよりも、そしてカント自身が表立って見て取っていたよりも、もっと豊かなものなのである」(GA21, 390)。この何気ない洞察が、ハイデガー独自のカント図式論の解釈をはじめて可能にしたのである。

(17) 「今」の日付可能性を、独自に、だがやはり日常語法を糸口にして、かかり結び的な「今…最中」という形で定式化した試みとして、大森荘蔵「過去の制作」(『新・岩波講座哲学1 いま哲学とは』岩波書店、一九八五年、所収)を参照。

(18) アリストテレス時間論の再検討という枠内で「今」の日付可能性と伸張性を際立たせている論考として、土屋賢二「アリストテレスの時間論Ⅰ」(哲学会編『真理について』哲学雑誌第八七巻第七五九号、有斐閣、一九七二年、所収)、「アリストテレスの時間論Ⅱ」(『自然について』哲学雑誌第八九巻第七六一号、一九七四年、所収)を参照。

(19) 「理念化」という言い方は、もちろんフッサールの生活世界論に由来するが、当面の科学批判的な問題連関からして、この語をここで採用することは許されるであろう。

(20) 時間の公共化は、事実的には、時計の共有つまり時間を斟酌するうえでの準拠枠の相互共存在的な設立と軌を一にしている。一個人の生死が時を劃する公的制度として利用される場合は、その極端な、しかし統合化の論理としては常套的な一つの事例であろう。

(21) 「分業」という歴史的に制約されたシステムは、実存論的に見れば、「実存・生計(Existenz)」の一定の代理可能性に基づく。ひとは、公共的に代替可能なふるまいの一部を、「労働時間」という通約可能なものに見立てて標準化し、社会的に流通させ交換し合うのである。だが、そうした共存在可能性の自己増殖過程は、それ自体端的に代理不可能な現存在の有限性へと遡って、はじめて理解可能となるように思われる。

(22) 時間に固有な「公共性」という性格は、主観的アプローチと客観的なそれとを問わず、哲学的時間論においてこれまでなおざりにされてきた。内的時間意識なるものは社会的には無垢であるとする観念論も、自然時間の自体存在を（それを鳥瞰する超越的眼差しと共に）前提して疑わない実在論も、時間の公共化という問題次元への通路を塞いでしまうという意味では大同小異である。時間がもともと共有されている、という一見陳腐ですらある事実を、その歴史性に鑑みて実存論的に辿り直す作業は、共同世界一般の根底にひそむ時間分配システムの批判をはじめて可能とするだろう。

(23)「時は金なり」という「ことわざ」(vgl. *Zollikoner Seminare*, S. 77) は、歴史的に規定された現存在の自己解釈の一つの凝縮されたかたちであろう。「時間がいよいよもって〈いっそう貴重なもの (kostbarer)〉となってゆく」(SZ, 418) ゆえんを問い明らめることは、広大な「時間のエコノミー（節約＝経済）」の問題群に連接するはずである。

(24) 配慮される時間から測定される時間へ、という通俗的時間概念の派生の問題は、「時間測定の存在論的基礎」という形で、別途取り組むことにしたい。その場合、時を測る「尺度 (Maß)」としての時計の種別的な道具存在性を、他の種類の尺度（度量衡、貨幣など）との類比において確定することが、さしあたっての課題となろう〔次の第七章を参照〕。

ハイデガーも、自然科学的時間測定の生活世界的起源を、「〈原始的〉現存在」(SZ, 415) に見られる「〈最も自然的〉な時間尺度」(SZ, 413) の斟酌・準拠のあり方にまで遡って辿り直そうとする試みにおいて、「日付化 (Datierung)」のさいに参照される存在者の尺度機能に、若干ふれている。「時計使用において遂行される日付化は、或る事物的存在者の際立った現在化 (Gegenwärtigen) として立証される。この日付化は、たんに或る事物的存在者を引き合いに出すことではなく、その引き合いに出すということ自体が、測定する (Messen) という性格をもつ」(SZ, 416f.)。「尺度 (Maßstab) の理念のうちにひそんでいる不変ということ (Unveränderung) は、それが、いかなるときにも、あらゆる人にとって、その恒常性 (Beständigkeit) において事物的に存在していなければならない、ということを意味する」(SZ, 417)。「配慮された時間を測定しつつ日付化することは、事物的存在者を現在化しつつ見やることにおいて、配慮された時間を解釈するのだが、その事物的存在者は、尺度として、かつ測定されたものとして、或る際立った現在化においてのみ、近づきうるものとなる」(SZ, 417)。「時間測定で実存論的—

存在論的に本質的なことは、日付化された〈時間〉が、空間距離および空間的存在者の場所変移から数に応じて規定される、ということのうちに求められてはならない。むしろ、存在論的に決定的なことは、測定を可能化する種別的な現在化のうちにひそんでいる。〈空間的〉な事物的存在者に基づく日付化は、時間の何らかの空間化であるどころか、このように空間化だと思い誤られているものは、あらゆる今においてあらゆる人にとって事物的に存在しているものを、その現存性（Anwesenheit）において現在化すること以外の何物も意味しない。時間測定は本質必然的に今を言うのだが、そうした時間測定においては、尺度を獲得することに没頭して、測定されたものそのものは、いわば忘却され、その結果、距離と数以外には何物も見出されえないことになるのである」(SZ, 418)。

　ハイデガーがアリストテレスの時間論を起点として浮き彫りにしてみせた、尺度のこうした機能連関を、さらに追跡してゆく必要があろう。ありうべき現象学的尺度論へのさらなる寄与としては、フッサールの『危機』書第九節を参照。当面の課題にとって、ヘーゲル以来の弁証法的尺度論との対決は、避けて通れない。

第七章　時計と時間

一　時間が「客観的」に与えられる現場

時間とは、まことに摑みどころのない代物である。その融通無碍《むげ》ぶりや、有るのやら無いのやら、いつまで経っても判然としないほどである。そしてまさにその捉え難さが、人びとを「時間への問い」へと駆り立て、名立たる難問を産み出してきた。

そうしたアポリアの一つに、「主観的時間と客観的時間のどちらが先か」という議論がある。一見もっともらしいこの問題設定にしても、すでに紛糾を招く体のものである。たとえば、主観的アプローチの代表選手のような「内的時間意識の現象学」は、その発端において、超越的な「世界時間」を一切遮断すべきだと宣言するが、その果てに見出される内在的な「意識の流れ」なるものが、それによって基礎づけられるはずの時間秩序をそもそも前提していないか、という疑いはあくまで残る。他方で、そのような当てにならない「心理的時間」ではなく、物体の運動に即して観測される「客観的時間」こそが、時間なるものの本来形だと言われる場合でも、そういう「客観性」とは一体どういう意味なのか、が取り沙汰されることは稀である。物理学で扱われる「自然的時間」にしても、内的時間意識に負けず劣らず、その存在様式に関して不明な点が多いこと、肝に銘じておくべきであろう。

「客観的時間」と言われるものが、分かりきったように見えて、はなはだ茫漠とした現象であることは、その場合の「客観性」なるものが突き止められていない点に集中的に現われている。時間が運動に即して計測されるといっても、時間それ自身は、運動する物体では決してない。かりに運動体の存在様式は「客観的」だと言えるとしても、そこから読みとられる時間そのものも「客観的」だと決めつけるいわれはない。ここには、時間と時間内部的なものとの時間論的差異とでも言うべき事態がひそんでいる。時間の「客観性」は、それが事物の対象性とは異なっているかぎり、あくまで別途に論じられねばならない。

以下では、客観的時間の「客観性」なるものを、あらためて問うてみたい。そのさい導きの糸となるのは、「いかにして時間測定は可能か」という問いである。なぜなら、時間が「客観的」に与えられるとされる現場は、まずもって、「時計」と呼ばれる存在者に即してそれが読みとられる「測定行為」に求められるからである。時計で時間をはかるとき、われわれはいったい何をしているのか、拍子抜けなほど初歩的なこの問いは、しかし、一度は真正面から取り組んでみる値打ちがあるように思われる。(1)

二　尺度としての時計

「時間とは何か」といきなり尋ねられれば茫漠として頭を抱えたくなるが、時計一つあれば立派に時間が分かるのも事実である。時計と時間とは切っても切れない深い間柄にあり、時計によって接近可能な時間を概念化できないどんな時間論も、時間論として失格であると言わざるをえないほどである。ところが、意外なことに、「時計と時間」の連関は、従来の哲学的時間論において必ずしも主題化されてこなかった(2)。時間について執拗に論じてきたはずなのに、その主題への具体的通路である時計という存在者を飛び越えてきたことは、時間への問いにとって優にスキャンダルと言うべきであろう。

では、時計という存在者は、いかなる仕方で時間と「連関」しているのか。

時計と時間は、えてして同一視されるほど密接な関係にあるが、両者が同じものだとは、やはり考えられない。時計が時間を知るための道具だということは、われわれの共通了解に属する。時間が「存在」するか否かは、容易に決着がつけられないかもしれないが、時計が道具という存在様式をもつ存在者だということに異議を唱える者は、まずいない。では、時計はどのような意味で「道具」なのか。

時計使用は、時間が「与えられる」現場と言えようが、このことは、時計が時間を「作り出す」道具だということを何ら意味しない。時計は人工的に製造されるが、時間はそういうわけにはいかないからである。逆に、時間が何らかの影響を及ぼして時計を作動させる、とも考えられない。つまり時計と時間は、因果関係で結ばれているのではなく、むしろ独特の「志向的」関係のうちにある。時計に即して時間を読みとるという仕方で時間を知ることがわれわれに可能なのは、時計という存在者が、読みとられるべき時間を「指し示す」からである。時計は時間指示器とでも言うべき道具性格を有している。問題は、この場合の「指示」とはいかなるものなのか、である。

「指示」という現象は、さまざまな方面に現われる。一般に、或るものの現存を示したり或る行ないを指定したりする「記号」においては、〈指示するもの〉と〈指示されるもの〉が区別される。しかもその場合、指示に従う注意は〈指示されるもの〉へもっぱら向かうのであり、〈指示するもの〉としての記号体のもとに留《とど》まるのではない。つまり、指示という現象には、〈指示するもの〉から〈指示されるもの〉へ、という方向性が基本的に存している。だがもちろん、「時間を指示する記号」という性格づけは、時計の種別的な道具性格を解明するには到底十分ではない。なお、指示するはたらきを備えた「記号」としては、絵、図、表、模型、画像、基準、徴候、代表、象徴、身振り、音声、文字などがあるが、時計の指示形態はそれらのいずれとも異なる。

　時計は、たんに或るものの現存を指し示すのではない。そうではなく、時計の指示作用には「どれだけか」という数量の挙示が本質的に属する。時計とは、それが示す「度数」を読み取ることによって或るものの「どれだけか」が告知される、という意味において、「尺度する」という指示機能をもった道具の一種なのである。時間測定は、時計という道具が「尺度」として種別的に機能してはじめて成り立つ。それゆえ、「測定される時間」の成立事情は、時計が尺度として用いられる、まさにその現場に照らして明らかにされる。今や、時計の「尺度するはたらき」を確定することが肝要となる。

　ところで、ひとくちに尺度といっても、これはこれで、じつに多様な種類がある。まず、代表的な尺度と言えば、度量衡に用いられる種々の尺度器具（物差し、升、秤など）が思い浮かぶ。誰でも容易に使いこなすことのできる「初歩的」な尺度であっても、そこに見られる尺度一般の構造は、必ずしも自明なものではない。[3] いわんや、時計という時間尺度に至ってはなおさらである。他の指示現象と同様に、尺度することのうちにひそむ志向的構造もまた、相応の現象学的分析を要求するのである。

今日、尺度として通用している測定器具の多くは、極めて巧みに工夫され、ますます洗練されたものとなっているが、それらが、生活世界的起源とでも言うべきものを有しているということは、あらためて確認されてよい。既存の尺度が内に秘めている「歴史」を顧みれば、それが、身体的な尺度から記号的な尺度へという、よく言えば普遍化、わるく言えば空虚化の歴史であることが分かる。

では、最も原始的な尺度とは何であろうか。極限的には、われわれの感覚こそ、尺度の用をなすかに見える。なるほど、五官は、それが受け持つ固有の開示領域に応じて、目分量や体感を与える。熟練によって培われた微妙な按配が、最も信頼のおける判別手段となる場合もある。理論的、道徳的、美的な判断でも、勘や直感がしばしば威力を発揮する。しかし、そうした感覚を、厳密な意味における尺度と見なすことには躊躇せざるをえない。そこには、尺度たりうる要件が決定的に欠けているのである。では、その要件とは何か。

まず、尺度は、たとえ限られた範囲であるにせよ、感覚的私秘性に逆らって一定の公共性を有するものでなければならない。痛みの感覚が言語の流通市場に乗せられないように、個人にのみ妥当する一回限りの尺度、というのは文字通りナンセンスなのである。尺度には、「誰にとっても」という公共性と、「いつでも」という反復性が備わっており、それが尺度ならではの「実体性」を構成する。それなりの不変化的恒存性、つまり頼りがいがなければ、尺度としては失格なのである。

この要件を満たす最も初歩的な尺度は、われわれの身体、つまり四肢である。指のサイズ、手や腕を広げたときの長さ、背の丈、歩幅などは、長さをはかる「ハンディー」な尺度として昔から広く利用されてきた。身体の一部が、その「実体性」ゆえに、つまり、誰にとっても似たり寄ったりのサイズを示し、また不断に携え、いつでも引き合いに出せるという点で、便利な道具として見出されるのである。身体のほかに、身近に見出される馴染みの物体も、しばしば尺度に見立てられる。たとえば、スプーンを計量に使う場合がそうだし、また、「ノート大のパソコン」という触れ込みは、広く普及した文房具を尺度として採用していることになる。（そのうち逆に「パソコン大の何々」という言い方がされるかもしれない。それどころか、「パソコン大のノート」という尺度関係の反転すら可能である。後述参照。）

尺度には、さらに、「それ自身では数えられないもの」（いわゆる連続量）に、「いくつ」という数的規定を与えるという指示機能が、本質的に属している。規定すべき対象が「もともと数えられるもの」（いわゆる分離量）であれば、その「いくつ」は、実際に数えることによって規定することができ、わざわざ尺度を用いる必要はない。「尺度で測ること」[4]は、確かに、「数で数えること」に基づけられてはいるが、やはりそれとは異なった手続きなのである。それなりの実体性を備えたものが尺度として採用されるという、今見た事情も、結局この点から理解されうるであろう。

もちろん、感覚的所与を数量規定へ「翻訳」するために、より込み入った手続きを必要とする場合もある。いわゆる「内包量」がそれである。感覚的な「強度」は、すでに測られた二つの「外延量」をまず選び出して、その割合・比を算出することで数的表現を与えられ、「度」（密度、温度、速度など）や「率」（利率、確率、効率など）として表わされる。このように、ひとくちに連続量といっても種々様々なのだが、それに応じて尺度のほうもまた複雑なしくみをとる。

ところで、時間について言えば、これが「外延量」であるか「内包量」であるかは、容易に決定できない問題であるかに見える。だが、少なくとも「測定される時間」は、やはり外延量と考えるべきであろう。つまり、外延量のメルクマールを「加法性」（足し算してよいこと）に見出すとすれば、「測定される時間」は、たとえば一時間と三〇分を合わせて一時間半（九〇分）という意味において、この性格を備えていると言ってよい(5)。

尺度には高度の精密計測装置も含まれるが、ここではそれらを網羅的に解説する必要はないであろう。いずれにしろ尺度という問題は、指示論としての、そしてまた科学論としての現象学が一度は取り組んでみる必要のあるテーマであろう。近代自然科学の根本動向が、フッサールの言う「自然の数学化(6)」ないしはハイデガーの言う「自然そのものの数学的企投(7)」にあったとすれば、自然現象を「数学という言語」に翻訳し定量的に規定する計測装置の開発が、科学の「発展」にとって決定的に重要であり続けてきたことは、おのずと明らかである。尺度とは、観察や実験のための補助手段にとどまるものではなく、むしろ科学が精密性という理念を追求するうえでの不可欠の先行的基盤なのである(8)。

以下では、時計という尺度を主題化するための準備として、度量衡に用いられるごく簡単な尺度のうちにひそむ、錯綜した構造連関を解きほぐすべく努めることにしよう。

三　〈尺度するモノ〉と〈尺度されるモノ〉

まず、尺度の構造契機を区別することから始めたいと思う。

尺度すること、つまり測定行為においては、〈尺度するモノ〉つまり測定器具と〈尺度されるモノ〉つまり測定対象とが共属しており、その結果、「尺度されて得られた値」つまり測定値が引き出される(9)。尺度のこの最後の契機こそ、測定行為がそのためになされるところの獲得目標であり、測定者の関心はもっぱらそこに向けられる。しかも、この測定値は、ひとたび獲得されるや、これはこれで、さまざまな操作＝演算により数的処理を施され、データとして記号化され、無差別な情報として流通するに至る。とはいえこのことは、もとはといえば、「尺度されて得られた値」が〈尺度するモノ〉を介して〈尺度されるモノ〉から直接に読みとられることによってはじめて可能なのである。

つまり、測定データの「実証性」なるものは、〈尺度するモノ〉と〈尺度されるモノ〉との第一次的存在関係を遡って指示している。数値化された「明証性（Evidenz）」を誇る実証科学が、測定という手続きをことのほか重視するのも、そうした直接的存在関係にじかに裏付けられることを目指しているからにほかならない[10]。

それゆえ、尺度することの意味を捉えるためには、まずもって、〈尺度するモノ〉と〈尺度されるモノ〉との存在関係を立ち入って解明する必要がある。では、この両者はいかなる間柄にあるのか。

さしあたり明らかなのは、この両者が互いに「比較」されていることである。たとえば、尺度する物差しと尺度される物体とは、じかに並べ置かれ、互いにその長さを見比べられる。このように、〈尺度するモノ〉と〈尺度されるモノ〉とは、比較という間柄にある。問題は、それがどのような意味での「比較」なのか、である。

ところで、「尺度すること」の目標・結果としての「尺度されて得られた値」にのみ注目すれば、「比較」は表立って見えてこない。測定値は、たとえば「A君の身長は一八〇センチメートルである」というふうに書き表わされる。この命題は、その構成を形式的に考察するかぎり、「Sはpである」というただ一つの自立的基体に関する端的な規定判断である[11]。つまり、測定結果としての測定値は、A君の身長を唯一の基体と見定めてこれを主語として定立した上でその性状（一八〇センチメートルの丈）を規定しつつ述定したものであって、それだけを額面通りに受けとれば、ここには他の基体との関係づけは見出されない。もし、そのような関係が成立するとすれば、それは、もう一つの同形の判断、たとえば「B君の身長は一七〇センチメートルである」が引き合いに出され、より高次の比較判断「A君はB君より一〇センチ背が高い」が形成されたあかつきである、ということになろう。

だが、出来合いの判断に定位したこうした見方は、なるほど情報処理という見地からは有効だが、その反面、測定の現場で行なわれている手続きを遮蔽してしまう。むしろ注目すべきは、当該の判断がそこに由来する起源とも言うべき第一次的存在関係のほうである。

だから、「尺度されて得られた値」が単純な形式をとっているように見えても、そのことは「尺度すること」の構造の複雑さと、何ら抵触しない。測定結果からは見えにくくなってしまっている当の測定行為へと遡れば、それが二つの基体を比較する「関係規定」を基礎としていることは容易に見てとれる。だが、この点を正確に捉えるためには、そもそも「比較」とはいかなることなのか、を瞥見しておく必要がある。というのも、尺度における比較それ自体、より単純な比較の様態に基《もとい》づけられているからである。

(1) 比較する「関係規定（Beziehungsbestimmungen）」の最も単純な形態は、「直接比較」である。たとえば、A君とB君の身長がじかに比べられる「背比べ」の場合である。その「比較されて得られた値」は、「A君はB君より背が高い」という二つの自立的基体に関する判断として表わされる。ここでは、比較されるものどうしを数的に規定する必要はなく、肉眼による暴露だけで事足りる。なお、この種の比較には「直接同等比較」、たとえば「A君はB君と同じ背の高さである」も含まれる。

「直接比較」において決定的なことは、比較結果としての判断における主語が、つねに「反転可能（umkehrbar）」だという点である。目下の例で言えば、「B君はA君より背が低い」といった言い換えがいつでも可能なのである。このことは、比較がつねに「相互的な関係づけ（Aufeinanderbeziehen）」であることから当然出てくることだが、以下の議論に鑑みて、あえて強調しておきたい。だがそれでいて、反転される前と後では、判断がそれについてなされる事態は同じでも、下される判断そのものは同じではない。A君が主語に立てられるときには、A君にもっぱら関心が寄せられているのであって、主語の位置にB君が取って代わった場合、もはやそちらに焦点は移っている。一つの規定判断における「規定されるもの」と、「それによって規定がなされるもの」とは、あくまで別物であって、一見対称的であるかに見える比較関係のうちにも、微妙な非対称性が存しているのである。

(2) 直接比較は、二つのものをじかに並べて比べることであるが、このことが困難である場合もある。たとえば、一昨年のA君の背の高さと今年のそれとを、直接比較することはできない。そこで、以前、背の高さと同じ位置にキズをつけておいた柱に、A君が今また並んで背比べをしたりするのである。この「間接比較」の場合、柱のキズが媒介項となって、背を直接比べられないもの同士、つまり、成長期にあるA君の過去と現在の身長が比較されるのである。その関係は一般に、「L≧M　かつ M≧N ゆえにL≧N」と表わされる。

ここで注意すべきは、間接比較があくまで直接比較に基づけられている点である。つまり、間接的なのはLとNとの比較なのであって、LとM、MとNはどちらも直接比較されている。間接比較とは、直接比較を複数回行なうことに他ならない。第一次的にはLが、また副次的にはNが、関心の的となっているがゆえに、比較結果としての「L≧N」には、媒介項としてのMそのものは現われない。だが、この推論が成立するためには、二度の直接比較においてMが繰り返し引き合いに出されなければならない。この場合、間接比較における媒介項はそのつど基準体として据え置かれている。この中間項は何でもよいのではなく、基準の役目を果たすためには、比較に供される性状に関して一定の不変性を示すものでなければならない。たとえば、夏と冬の地下水の状態を（直接比較できないからといって）手の温感で比較したとすれば、夏は冷たく冬は温かいということになるが、この間接比較はもとより正しくない。温感は、基準たりうる要件としての不変性を満たさないからである。

(3) このように、基準となる媒介項は、比較のプロセスにおいて背景にとどまり、不変なものとして固定されていなければならないが、それが、「基準体」と言えるような一物体であることを超え出る場合には、比較という関係規定そのものが、別な様相を呈するに至る。基準は、漠然とした一般的、平均的な「標準」として背景に退く。これが、間接比較とは異なる意味での基準に則った「対照規定（Kontrastbestimmungen）」である。この独特な規定様式によって、たとえば「A君は背が高い」といった判断が成立する。この判断は、その形式だけ見れば、「A君はB君より背が高い」という直接比較よりも単純であるように思われるが、じっさいは必ずしもそうではない。というのも、対照規定における「背が高い」という述語は、「比較的背が高い」ということを言外に含んでいるからである。「背の高さ」とは、他から完全に独立に決定可能な性状ではなく、明示的ではないにしろ、あくまで他を引き合いに出して、それとの比較においてはじめて規定されうるものなのである。

「対照規定」において決定的なことは、引き合いに出される基準が、比較項として顕在化していないがゆえに、基準体という形では特定されず、直接比較におけるような、二つの基体の間の「相互的な関係づけ」もしくは「反転可能性」が見られないという点である。もちろん、対照がそれに則ってなされる基準にしても、決して無ではないし、また絶対的なものでもないから、基準自体その妥当性を疑われたり、修正されたりすることも当然ありうる。たとえば、日本人の身長水準は世代につれて上昇傾向を示し、かつて「高い」と判断された背の高さが今日では通用しなくなっている。このような基準の変遷は、参照基準自身が、それなりの仕方で他の事例と比較されるという実情を示している。とはいえこのことは、対照規定の原則的な非反転性に反するものではない。

以上で、比較による関係規定、およびその変様としての一般的基準に基づく対照規定を瞥見したが、ここには、尺度そのものはまだ現われていない。それでもって規定がなされる基準は、尺度の「萌芽」と言うべきものではあるが、まだそこには、尺度たるべき決定的な性格が欠けている。第三者を仲立ちとした間接比較を繰り返すことによって比較可能な範囲は拡大されるが、それはけっきょく直接比較の無際限の連鎖に過ぎず、「どちら」「どんな」という性状の挙示以上の結果をもたらさない。尺度に特有な「どれだけ」という数的規定を得るためには、たんなる「比較」を超え出る必要がある。

そして、そのために導入されるのが「尺度単位（Maßeinheit）」なのであり、その担い手こそ、「尺度体（Maßstab）」にほかならない。そのとき基準は、数的規定を可能にする尺度へと「発展」する。つまり、尺度による「測定（Messen）」とは、或るものの定量を一まとめに括って単位とし、それが測定対象に「どれだけ」現存しているかを「度数（Maßzahl）」として無差別に数え上げること、を基本とする。このようにして、それ自身では数えることのできない連続量が、はじめて「測定可能（meßbar）」となるのである。

尺度の基準となる「尺度単位」は、原理的には任意に定められうる。たとえば、引っ越しするさい、新しい部屋に手持ちの家具が入るかどうかを知るために、たまたま持ち合わせていたヒモをその部屋に何度かあてがって、その「どれだけ」をはかった後、元の部屋に戻り、搬入すべき家具にそのヒモを再びあてがい、その回数を比べ合う、といった場合には、そのヒモがれっきとした尺度単位の用を果たしている。このやり方は、間接比較と似ているが、「どれだけ」が挙示されるという点で、あくまで別種の操作である。

このように、尺度単位は、間接比較における基準と同じく、不変（ヒモの場合、伸び縮みしない）であれば、ある意味何でもよい。ただし、このような「個別単位」にはおのずと限界があり、より一般的な単位が「創設」されるのが普通である。その場しのぎのヒモよりは、手のひらの方が、誰もが携えかつ誰の手でも大体同じサイズを示すので、限界はあるにしても、より「一般的に妥当」するであろうし、さらにその平均値をより精密に定めることで「指尺（Spanne）」という「標準単位」が成立する。土地の大きさをはかるのに、歩幅から「歩（Schritt）」という単位が生じるのも同様である。さらに、精密性を追求することにより、個別性を脱した無差別な「普遍単位」としてのメートル法といった人為的「尺度体系」が整備されることになる。とはいえ、「人為的ならざる単位創設」がありえないのは、実体性を基礎としない尺度体がありえないのと同様である。

単位による数的規定としての尺度することは、比較することではないが、やはり比較することに基づけられている。なぜなら、単位を何度かあてがって「踏査（durchmessen）」し終えるまでの回数を数えることは、直接同等比較を積み重ねることによって成り立つからである。ただし、一たび単位が定められると、いちいちそれを何度もあてがって回数を数えるのでは手間がかかるので、不変な性状を示す物体に単位ごとの刻み目を入れて目盛りとし、物差し、升といった尺度体が作られる。その場合、直接同等比較は一度で済むが、それは、尺度体そのものが別の尺度することによってあらかじめ規定されていることを前提している。あらゆる数えることが一対一対応であるかぎり、複数の直接同等比較の省略形であるいかなる測定行為も、直接比較の潜在的連鎖を孕んでいる。比較することの発展形態としての尺度することにおいて、なお比較することが根底にひそんでいることは、「尺度されて得られた値」である「度数」の挙示にとって、〈尺度するモノ〉と〈尺度されるモノ〉との相互的な関係づけが依然として本質的であることを示していよう。

われわれの考察は、ようやく「尺度すること」という規定様式に到達した。今や、その規定性をさらに立ち入って明らかにすることが肝要である。

四　尺度における反照規定

尺度することにおいても、〈尺度するモノ〉と〈尺度されるモノ〉との比較が根底にひそんでいるということは、一見逆説的に見える。だが、ごく簡単な尺度を考えてみれば、このことは容易に理解されうるはずである。

たとえば、身長計でA君の背の丈をはかる場合、身長計にA君が並んで立ったときの頭のてっぺんの目盛りが読みとられるわけだが、その際、A君の背の丈と身長計の目盛りまでの高さとが直接同等比較されていることは明らかである。直接同等比較という性格がさらに顕著な測定器具としては、天秤ばかりがある。右の天秤皿に砂糖を載せ、左に分銅錘《おもり》を載せて、ちょうど釣り合うようにすることは、左右の物体の重さの同等性を挙示することにほかならない。もちろん、直接比較が目立たない場合もある。バネばかりがすでにそうであるし、内包量を測定するために開発された計測器具は、その多くが比較という契機を見えにくくする構造をとっている（デジタル表示機能ともなればなおさらである）。とはいえ、尺度体が純然たる計算装置でないかぎり、尺度体そのものも何らかの形で比較されていることは疑いない。たとえば、「温度」という抽象的な内包量を挙示するために工夫された温度計は、ガラス管のなかの液体が膨張する度合でもって大気の寒暖を数的に規定するが、その場合、尺度体たる液体と外気の大気とが同じ温度状態にあるということが前提されている。もちろん、温度という数値は単純な同等比較から出てくるものではないが、温度計の内と外における物質の性状が平衡関係を示すことによって温度が読みとられる以上、この場合にも一種の同等比較が根底に存していると考えてよい(12)。

尺度においても二つの物体の比較が成り立っているということは、先に比較において見た基本性格、つまり「反転可能性」が、尺度による規定にも何らかの仕方で看取されるということを意味するはずである。ところが、尺度されて得られた値においては、その性格は微塵も見られない。たとえば、「A君の身長は一八〇センチメートルである」という判断は、「一八〇センチメートルはA君の身長である」とは、どう見ても書き換えられない（少なくとも意味が異なってしまう）。〈尺度するモノ〉と〈尺度されるモノ〉とは、決して「同格」とは言えない。まさにここに、尺度の独特な規定様式がある。

なるほど、尺度体または尺度単位そのものが主題化され、判断の主語となる場合もある。尺度体の「精度」が疑われるときには、「この物差しは合っていない」と言われるし、尺度単位の創設や改訂のさいは、「メートルは、地球の子午線の北極から南極までの長さの10^{13}である（あった）」、「メートルは、光が真空中で1/(299792458)sの間に進む距離である」と言われる。それどころか、尺度とは一般に、尺度単位の定義命題を起点とし、それを反転することによってはじめて成り立つ、と言ってよい。だが、そこから連鎖的に生ずる「正常」な尺度することにおいては、〈尺度されるモノ〉がつねに主語の位置に置かれ、〈尺度するモノ〉のほうは述語の背後にかろうじて垣間見られるにすぎないから、あたかも両者の反転可能性はかき消されたかのようである。

〈尺度するモノ〉と〈尺度されるモノ〉とが対等ではないという、尺度による規定のこの性格は、むしろ、先に触れた「対照規定」に近い。つまり、引き合いに出される基準が背景に沈んでそれ自身主題的とならず、反転可能性が見られないという対照規定の特性は、そのまま尺度による規定に通じているかに見える。だが、対照規定の基準が「経験の標準」という曖昧模糊としたものであるのに対し、〈尺度するモノ〉はあくまで〈尺度されるモノ〉と現に比較できるような確固とした物体性を備えたものでなければならない。だいいち、漠然とした基準では、一義的な測定値は望むべくもない。つまり、測定が精密な「実測値」を与えるのは、二つの存在者の存在連関を挙示することに基づくのであり、そのためには、何といっても直接比較が根底に置かれていなければならない。

われわれは、尺度による規定のこうした二義的な、つまり「関係規定」と「対照規定」の両面を備えた複合的な性格を、あえて「反照規定（Reflexionsbestimmungen）」と名づける。言うまでもなく、この語は、その含みが比類なく生かされた形で、弁証法の根本概念として活用されてきたという経緯をもつが、(13)尺度一般の特性をこの語ほどよく表わすものはほかにないと思われる。というのも、「反照規定」とは、もともと対他的関係において意味をもつ規定性が一人歩きをし始め、それだけ独立して或る対象の属性とされる事態を謂うが、このことは、今問題となっている尺度の規定傾向にまさしく当てはまるからである。

「反照規定」の顕著な例としては、がんらい同種的であった「代表」が、次第にのし上がり「権威」として君臨するような「社会的」諸関係（臣下に対する王君、商品に対する貨幣など）が挙げられる（マルクス）。それとよく似た意味において、〈尺度するモノ〉もまた、〈尺度されるモノ〉に対して、いわば成り上がり的特権性を示すのである。つまり、〈尺度するもの〉がいつしか「長さなるもの」「重さなるもの」「温度なるもの」等々を体現したものと化し、〈尺度されるモノ〉に天下り的に権威を授けるかのように見なされるのである。（尺度におけるフェティシズム）。しかも重要なのは、かくして信用を獲得した尺度体そのものは、むしろ身を退いて表立たなくなり、ついにはその存在を忘却され、それによって読みとられた測定結果としての度数のほうにひたすら注目が集まる、という点である。「尺度体（Maßstab）」と「度数（Maßzahl）」という、もともとその在り方を異にしている二つのものが、渾然一体となって「度量（Maß）」という無差別な語のもとに一緒くたにされる。〈尺度するモノ〉の物体性そのものは顧みられなくなり、「尺度されて得られた値」とは、〈尺度されるモノ〉そのものから一挙に引き出される独立した性状だと見なされる。——かくして、尺度することにおける反照規定の隠匿傾向は完成に近づくのである。

だが、こうした反照規定を吟味すれば、尺度の「権威」つまり信憑性なるものが絶対的ではありえないことは、すぐさま見てとれる。そもそも尺度体の精密性は、単独には決定不可能であり、別のより精密な尺度体との直接比較に依拠している。尺度体は、尺度製作の一連の数珠つなぎ的帰趨連関を遡示することによってのみ、受け売り的権威を身にまとうことができる。この連鎖にあっては、あらゆる〈尺度するモノ〉が、その一つ手前に引き戻されるや否や、それ自身〈尺度されるモノ〉に成り下がる。そしてこの連鎖は、やがて「原器」に辿りつき、最終的には、尺度単位の「定義」に帰着するが、このことは、尺度の全系列が、特定の物体を基準として採用する人為的規約に支えられていることを意味する。しかもそうした定義自体、不易ではなく歴史的に変遷する。たとえば、メートル法が撤廃されれば、旧来の尺度単位に基づく測定値はたちまち通用しなくなり、空文化するであろう。

このように、尺度の信憑性というのは必然的に相対的であり、底が抜けている。それゆえ、もはや言うまでもなかろうが、「絶対尺度」なるものは原理的に存在しない。[14]「メートル原器」と称され理想化された尺度体にしても、その物体性を拭い去ることはできないから、その誤差を疑うことはいくらでもできる。尺度に対する疑いは、無限に可能である。つまり、どんな尺度することにも、反転可能性は依然として備わっている。それどころか、先に指摘しておいたように、尺度とは、〈尺度されるモノ〉が〈尺度するモノ〉へ反転することを、その発起＝帰着点として成り立つのである。ところが、反照規定の隠匿傾向は、往々にしてこの点を見誤らせる。絶対的な〈尺度するモノ〉が想定され、それによって尺度されて得られた値が、〈尺度されるモノ〉の自立的規定性として「絶対視」つまり「物象化」されるに至るのである。この点を押さえることが決定的に重要である。

以上で、尺度一般に関する分析はひとまず終えることにしよう。今や、これまでの成果に基づきつつ、本来のテーマである時計という尺度の問題に移ることにしたい。

五　時計と時間

ここでわれわれは、これまで先送りにしておいた問題を表立って取り上げることにしよう。時計が、時間をはかる尺度であるとすれば、時間とは、時計という〈尺度するモノ〉に対する〈尺度されるモノ〉なのであろうか。

この問いには否定的に答えねばならない。時間とは、〈尺度するモノ〉と対をなすような〈尺度されるモノ〉ではない。上述のように、二つの物体が相互に比較対照されることによってはじめて尺度することが成り立つ以上、ここでの〈尺度されるモノ〉とは、時間そのものではなく、主題的な測定対象、つまり広義の「運動」[15]体なのである。これに対し、「測定される時間」とは、むしろ「尺度されて得られた値」のほうだと言うべきである。

かくして「時計と時間」という問題は、まず「時計と運動」の存在連関へと差し戻される。しかも、時計体と運動体が〈尺度するモノ〉と〈尺度されるモノ〉という相互的関係づけの対をなすかぎり、前者は後者と「同種的」でなければならない。つまり、運動がつねに運動体の運動であるように、時計もまた、何らかの運動を示すそれ自身一つの運動体でなければならない。そういうわけで、「時計と運動」という問題は、これはこれで、「時計の運動」を再確認することへと送り返される。[16]

「時計の運動」を改めて確認すること、つまり時計を運動体として捉え直すことは、それだけとってみれば、さして難しいことではない。人類は、じつに多くの運動体を時計として採用してきた。じっさい、尺度とされるに耐える実体性をもち、かつ周期的な反復運動を示すものなら、何であれ、大なり小なり時計の用をなすことができる。

だが、ここで一つの由々しき疑問が頭をもたげてくる。もともと課題とされていたのは、測定された時間の成立根拠を問うことであったはずなのに、たった今なされた「周期的な反復運動」という言い方自体、何らかの時間によって運動が測定されることを、すでに前提しているのではないか、という論点先取の嫌疑である。

われわれはここで、或る種の態度決定を迫られていることに気づく。そしてそれは、これまでの「深遠」な時間論によっては、奇妙にも回避されてきた回答なのである。すなわち、測定される時間の成立とは、事実上は、或る特権的な大文字の「運動」の発見と、同時的なのであり、その運動とは、太陽と月をはじめとする天体の運行にほかならない。最も原始的な「測定される時間」とは、「一日」以外の何物でもない。この時間単位は、太陽の恵む光と、その仕切りとしての夜の闇という変化の周期性が、それとして発見されたのと同時に成立し、数えられるに至ったのである。この生活世界的な存在連関は、一切の時間測定の「存在者的（ontisch）」基礎とでも言うべき先所与性を有しており、それゆえ、いかなる「存在論的基礎づけ」をも拒むものなのである。

だからまた、なにゆえに均一かつ周期的な運動が見出されるのかという問いは、答えようのない問いである。それは、なぜ昼夜の交替に基づく一日という尺度単位は等しいのか、と問うことと等しいからである。天体の運行という原初的な時計が存在することは、われわれにとって事実として与えられているとしか言いようのないものであり、つまり、われわれの「生活形式」そのものの一部をなすのである。

なるほど、測定技術が高度化された今日では、昼夜の交替に基づく「一日」さえもがその正確さを疑われ、今や時間単位は、「秒は、^{133}Cs の基底状態にある二つの超微細準位の間の遷移に対応する放射の9192631770周期の継続時間である」(17) というふうに、われわれの生活実感からひどく乖離した定義から成り立っている。一見すると、〈尺度するモノ〉の存在者的事実性は根こそぎ排除されたかに見える。だが、原子時計にしても、たんに理論によって構築されたのではなく、あくまで〈尺度するモノ〉の物体性に依拠して成り立っており、セシウム原子の「運動」なしにはありえない。この尺度体に基づいて狂いなく測定される一秒にしても、その測定原理から言えば、昼夜の周期的交替によって仕切られた一日と隔たったものではない。しかも、原子時計が刻む時間単位が、やがて「自然的」時間単位とずれてしまうとき、その「誤差」を修正されるのは前者であって（いわゆる閏《うるう》秒の挿入）、その意味では、後者は依然として基準を与える側にある。けっきょく、すべての人工時計は天体の運行という自然時計の「似姿《にすがた》」なのである。

しかしながら、それでは、そもそも時間測定の「存在論的基礎づけ」自体、無駄な試みとなってしまうのではないか。断じてそうではない。時間測定の事実性はあくまで存在者的レヴェルのものであって、存在論的基礎づけはそれとは別に依然として可能である。その可能性が、そしてまた、われわれがここで立てた「存在者的／存在論的」という区別の正当性が、以下において示されなければならない(18)。

もう一度、時計で時間をはかる場合の、尺度することの諸契機を確認しよう。ここでの〈尺度するモノ〉とは、それ自身運動を示す時計という尺度体である。これに対し、〈尺度されるモノ〉とは、第一次的な測定対象たる運動体である。これら両者の運動が、反照的に規定されることによって、時間が、測定結果すなわち〈尺度されて得られた値〉として与えられることになる。

だが、事はそれほど単純ではない。というのも、「時計で運動をはかること」と「時計で時間をはかること」とは、何といっても異なっているように思われるからである。だいいち、ひとは、時計で時間をはかるのであって、時計の運動を見出すのではない。ここには、慎重な場合分けを必要とする、こみ入った実状がひそんでいる。いったい、「運動‐時計‐時間」の間の存在連関とはいかなるものなのであろうか。

ここで、〈尺度されるモノ〉としての運動体の運動と〈尺度するモノ〉としての時計の運動との関係を、いくつかの場合に分けて考えてみよう。

I．まず、或る物体Aの運動を、もう一つの時計物体Bの運動を参照して規定する場合。

I‐1．この最も単純な形としては、たとえば、卵の茹で具合を砂時計ではかるといった「尺度すること」が考えられる。ここでは明らかに二つの運動が直接に同等比較されている。つまり、卵が茹で上がったかどうかは殻の外側からは窺うことができないので、それと砂時計の砂が落ちきるのとが「同時」であることが利用されるのである。卵と砂とが〈尺度されるモノ〉と〈尺度するモノ〉として相互に比べられることで、卵の茹で「時間」が、砂が落ちきる一回分という形で数えられ、「尺度されて得られた値」として与えられるのである（砂時計を何度かひっくり返して使う場合も、基本的には同じ操作である）。このような「尺度すること」が成立するためには、それ以前にもう一つ別の「尺度すること」が行なわれていなければならない。つまり、砂時計という〈尺度するモノ〉も、そのゆえんを辿れば、それ自体〈尺度されるモノ〉であったのである。

I－2. このような意味での比較は、時計が洗練されればされるほど目立たなくなるが、そのような時計使用の例として、一〇〇メートル走をストップウォッチではかる場合が挙げられる。もっとも、二人の走者を一緒に走らせれば、どちらが速いかは時計なしでも決しうる（かつて「競－走」はすべてこのような直接比較であったし、今日でもマラソンなどではすべての走者が一斉に見比べられて勝敗が決められている）。その場合、各走者が互いにとって、いわば時計の役割を果たしているわけである。だがそこではまだ、いかんせん数的規定が見られないから、厳密な意味で「尺度すること」が成立しているとは言えない。これに対して、尺度としてストップウォッチを用いれば、たった一人で走ってもその走者が速いかどうか決定できるようになる。この場合〈尺度されるモノ〉は、言うまでもなく走者自身であり、〈尺度するモノ〉は、ストップウォッチという時計物体である。だから、単独走者の「相手方」とはストップウォッチそのものなのであり、彼は、自分自身と内的に格闘しているというより、懸命に時計の針の動きと競争しているわけである。しかるに、このれっきとした速さ比べはそれとして意識されず、その結果としての「尺度されて得られた値」が、走者自身の「タイム」として通用し、またそれによって、一緒に走ったわけでもない他の走者との――あるいは、以前はかった自分自身の「タイム」との――間接的な「競－走」が成立する。ここに、直接比較に基づく間接比較の無際限の連鎖が生ずる。かくして、時計の運動はいつしか顧みられなくなり、純然たる数値としての「レコード」が一人歩きをし始める。（そうはいっても、記録会の影の主役が時計であることには変わりがない。）

I－3. 時計もまたそれ自体れっきとした運動を示し、しかももう一つの運動によって逆に規定されていることを、いっそうはっきり示しているのは、「時計で運動をはかること」の特別なあり方としての、「時計で時計をはかる」という「尺度すること」である。たとえば、テレビの時計映像を見て自分の腕時計が「狂っている」ことを知る、といった場合がこれにあたる（運動体としての時計の補正には、時刻合わせと進み具合の修正の二通りがあることに注意）。この場合には、〈尺度するモノ〉としての時計の一方が〈尺度されるモノ〉に、いわば転落するわけだが、こうした「反転」が表面化するのは、尺度関係そのものが反照性を秘めており、その片方をなす〈尺度するモノ〉自身が暗々裡には〈尺度されるモノ〉でもあるからこそである。それどころか、〈尺度するモノ〉としてのいかなる時計も、かつてそれ自身〈尺度されるモノ〉の側に回って実地検分されたことによってのみ、その精度の保証を獲得するのである。

　以上見てきたいくつかの事例から明らかなように、「時計で運動をはかる」ということは、二通りの運動を相互に関係づけ、反照的に規定することにほかならない。この点では、いかに精密に工夫された物理学的測定においても、原則的には何も変わらない。つまり、時計もまた、もう一つの運動によってその運動を規定されているという意味では、つねにそのつど測られているといってよい。アリストテレスが、「われわれは、ただたんに運動を時間によって測るだけでなく、逆にまた運動によって時間を測る、そのわけは、運動と時間とは互いに他によって限定されているものだからである[19]」と言うとき、この一見謎めいた言明は、以上見てきたような時計と運動との原理的に反転可能な相互関係のことを言っていると見てよい。「数えられた数」としての時間とは、〈尺度するモノ〉と〈尺度されるモノ〉相互の反照規定によって得られた「二つの運動の比」以外の何物でもない。

しかしながら、以上の考察では、「時間測定」の意味を明らかとするには決して十分とは言えない。なぜなら、われわれにとっての本来の問題は、「時計で時間をはかる」という、文字通りの「時計‐時間」連関にあるが、これまで引き合いに出された事例は、もっぱら「時計で運動をはかる」という「時計‐運動」から取られていたに過ぎないからである。測定される時間とは、その場合、第一次的な測定対象というよりも、測定結果としての「尺度されて得られた値」と見なされた。しかるに、「時計で運動をはかる」のではなく、それとは別に、まさに「時計で時間をはかる」としか言えない場合があるのではなかろうか。ひょっとすると、これまで考慮されていなかったそのような「尺度すること」においてこそ、運動ならざる「時間そのもの」が主題的に測定されているのかもしれないのである。

Ⅱ. 以下では、「運動の観測」ではなく、まさしく「時間の測定」と言いうるような場面を考えてみよう。これまでの考察の成否は、すべてここに懸かっている。

Ⅱ‐1. われわれに最も身近な「時間測定」は、時計を純然と眺めて「今は五時三〇分です」と発語する場合であろう。或いは「もう二時間が過ぎた」とか「あと三〇分しかない」といった言明を挙げてもよい。このような「時計使用」こそ、「時計で時間をはかること」の最も基本的な在り方であるはずである。実のところ、Ⅰで見てきたような諸々の「運動の観測」にしても、そうした「時間の測定」なしには決してありえないものなのである。というのも、時計の針やデジタル表示画面を目で追いつつ読み上げることなしには、「時計で運動をはかる」ことは覚束ないからである。時計を注視する時間測定は、時計を参照する運動観測にとっての基盤をなしている。

ところが、われわれはここで、はたと当惑せざるをえない。この場合、時計の運動のほかに、運動している物体は見当たらないのである。〈尺度するモノ〉としての時計は、現に目の前にあるのに、〈尺度されるモノ〉を捕まえようとしても、その手はあたら宙を切るのみである。ここには「時計」のほかには、漠然とした「時間」しかないように思われる。だとすれば、われわれはここで、モノならざる純粋な「時間そのもの」に出会っているのだろうか。もしそうだとすれば、二つの運動が一対をなして反照的に規定し合うことに、測定された時間の可能性の条件を見出そうとしてきたわれわれの主張は、もはや支持しえないものとなってしまうのだろうか。

Ⅱ－2. それどころか、いっそう原始的な「時間測定」にとっては、特別に誂えられた時計すら必要ではない。たとえば、漫然と外を眺め、「もう夕暮だ」とか「そろそろ桜が咲く頃だ」と言う場合がこれである。しかも、このような端的な「時間の認知」は、それが一定の周期的回帰性といったようなものをあくまで斟酌している以上、もはや、単なる「変化の知覚」ではありえない。さらに、時間を勘定に入れるための「道具」は、その気になりさえすれば、そこいらじゅうに転がっているものである（蚊取り線香の燃え具合、動物の動作、規則正しい人の挙動、テレビ番組の進行など）。ひとが時間を認知し、数え上げるのに取り立てて時計を必要としないということは、「尺度としての時計」を議論の根底に据えたわれわれの問題設定そのものに抵触するのではなかろうか。

これらの疑問に対する、われわれなりの回答が今や示されるべきである。

Ⅰの「時計で運動をはかること」の基礎に、Ⅱで「時計で時間をはかること」と表現されたものが存することは疑いえない。時計を使用することそれ自体、時計による「時間告知」を前提しているからである。だが、後者にあっても〈尺度されるモノ〉は、正確に言えば、やはり「時間そのもの」ではないのである。

そうではなく、それは第一次的には、やはり或る種の運動体なのである。その運動体と、時計（と見立てられるもの）とが、〈尺度されるモノ〉と〈尺度するモノ〉との反照的関係をなすかぎりで、はじめて「尺度されて得られた値」としての時間規定（述語として発話された「何時何分」や「何々頃」）が成立する。この点では、Ⅰと本質的には変わらない。Ⅱで違うのは、尺度される当の運動体のあり方だけであり、その特異さゆえに、普段ひとはそれを、時計によって規定される〈尺度されるモノ〉だとは、まず考えないほどである。では、それはいったい何者なのか。それは、ほかでもなく、尺度としての時計と向き合いながらまさに尺度しつつあるところの当人なのである。

このことを問わず語りしてくれているのが、何気なく言い添えられている「今」という語である。「今」によって言い掛けられている当のものこそ、Ⅱの判断の基体たる〈尺度されるモノ〉なのである。この存在者と時計とが反照的に関係づけられていることは、この種の判断が、よく見れば反転可能性を秘めていることからも分かる。すなわち、「今は五時三〇分です」とは、逆に言えば「五時三〇分は今です」ということである。「今は何々です」は、たとえそのことが省みられるのは稀にせよ、つねに「何々は今です」という可能的な反転関係を必然的に孕んでいる。だから、まず時計にのみ注意が注がれ、その結果、純然たる時間が独立に読みとられる、というのではない。だいいち、時計を純然と観察するだけでは「時計の針はかくかくの位置にある」としか言えないだろうし、「桜が咲きそうだ」という対象知覚と「はや桜が咲く頃になった」という時間認知とは、やはり異なるのである。

「今」という語によって暗示されている存在者は、あまりに自明であるがゆえにその存在が等閑視されがちであるが、しかしそれこそが、時計の運動と見比べられて相互に規定され合っているもう一つの運動体なのである。そしてそれは、「今」の発話者たるそのつどの〈私〉以外の何物でもない。「今」という表現によって示唆されているのは、その表現を行なっている当人自身なのであり、それは、時計の針の動きを目で追っている私であったり、つぼみのふくらんだ桜を眺めている私であったりする、そうした存在者なのである。

ここで言う〈私〉とは、内面的な自己意識といったものではもちろんなく、自分を取り囲み共に居合わせている「環境」と込みになって、一個の丸ごとの「状況」を形づくるような「今を言う者」であり、自己の置かれている状況を確認することに関心を寄せている生身の運動体のことである。「今は…」と発話することは、身の周りの存在者や出来事に準拠し、それらを参照することによって自己自身のあり方を規定し、確認することなのである。それゆえ、この事実確認的発語は、その反照的性格に鑑みて、「反省的言明[20]」ないしは「自己解釈[21]」と呼ばれるにふさわしい。

「今を言うこと」は、それゆえ、一切の規定性を欠いた点的現在を無から紡ぎ出すことではなく、そのつど出会われる一定の物事――「与件（Data）」――を参照しつつ〈私〉が自己のあり方をそれとワンセットの形で規定し語り出す自己言及的な状況内発語なのである。そのように規定された〈私〉の状況内存在こそは、「時計で時間をはかること」における〈尺度されるモノ〉にほかならない。「今」が、「何々である今」というふうにそのつど出会われる物事の方から規定されるという意味での「日付可能性（Datierbarkeit）」は、その意味で、あらゆる時間測定の根底にひそんでいる尺度基盤だと言ってよかろう。測定された時間とは、日付を打たれ、数えられた諸々の「今」のことなのだから。

では、そうした「日付可能性」そのものは、いかにして可能であるのか。なぜひとは、口外するしないにかかわらず、不断に「何々である今」を語り出すのであろうか。この問いは、「今」がそれについて語り出されている当の存在者の存在する仕方を、遡って指示する。「今を言うこと」の根底には、〈私〉がつねに自己の状況を気遣いつつ存在していることがひそんでいる。ここにおいて、われわれはようやく、「時間測定の存在論的基礎」と言うべき事態に行き当たるのである。そしてそれは、この〈私〉という存在者の存在様式を主題的に分析することによってのみ十全に開陳されうるはずである。

ただし、なぜ〈私〉は、自己の周りに見出される存在者を自己の状況内存在の尺度として採用し、「今」と言いつつ配慮を怠らないのかは、もはやそれ以上遡りえない、底の抜けた事実なのである。周期的な反復運動を示すものを〈尺度するモノ〉と見なし、それを拠り所として日‐常を営んでいるということは、むしろわれわれの自然誌に属する。われわれは、生きているかぎり、生活を律する準拠枠としての尺度を、どうしても必要とする。このことは、われわれが不夜城の住人となって昼夜の逆転した生活を送ることになったとしても、いっこうに変わりがない。「テンポの狂い」もまた「テンポ」のうちなのだ。われわれはこうして再び、時間測定の「存在者的基礎」の問題へと差し戻される。ただしそれは、ここでその端緒が辿られたような「存在論的基礎づけ」への遡行的還帰という方途においてのみ、その意味を理解されうるものなのである。

注

（1）本章は、前章「配慮される時間」を承けたものであり、「配慮される時間から測定される時間へ」という未決の問題群――ハイデガーの言う「時間測定の存在論的諸基礎」（SZ, 417, Anm.1）――に取り組むための予備的作業という性格をもつ。

（2）たとえば、小川弘『時間と運動』（御茶の水書房、一九八六年）は、時間と運動の連関に分け入った労作だが、「時間は運動計量の物差しである」（一四三頁）とするにとどまり、時間の物差しとしての時計という運動体を主題化するには至っていない。

なお、アリストテレス時間論の核心に位置する「運動‐時間」の連関も、時計という存在者に媒介された「運動‐時計‐時間」の連関として解釈し直される必要があろう。たとえば、後出注19の『自然学』の箇所を参照。

（3）カッシーラーも言うように、「われわれは単なる感覚を測定するのでもなければ、単なる感覚で測定するのでもない」（『アインシュタインの相対性理論』山本義隆訳、河出書房新社、一九八一年、一三五頁）。しかしだからといって、「本来的で窮極の測定装置は、時計や物体的ものさしではなくて、原理と公準なのである」（同書、三二頁）と、すぐさま割り切ってしまうことが得策だとは思えない。

（4）「量の体系」については、遠山啓『数学の学び方・教え方』岩波書店、一九七二年、を参照。

（5）時間を、「量」に還元できない「質」として捉えようとする立場は、しばしば、その論拠として、時間が長く感じられたり、短く思えたりする「感覚」を引き合いに出す。だがこれは、時間の「度」または「率」（速度？　濃度？　効率？）というべきものであって、加法的な外延量としての「測定される時間」に対する有効な反論とはなりえない。というのも、その場合には、まず所与の既定量として外延的な時間が前提され、次いで、その時間の経過に対して別の一定量（出来事の寡多、仕事の進捗具合など）が比べられることによってはじめて、「瞬く間に過ぎ去る充実した時間」とか「なかなか進まない退屈な時間」とかいうふうに感じられるのだからである。そのような「体験時間」はもちろん加法的ではないが、そのことは、「測定される時間」の加法性の反証とはならない。そのような意味での「質的時間」とは、量的に規定可能な時間よりも「根源的」であるどころか、むしろ時間の外延性を前提し、それによって後から派生したものだと言うべきである。だいいち、時間に「速度」などありえようか。もし「量としての時間」の派生性を示したいのであれば、それとはまったく異なる「質としての時間」を対立させるのではなく、時間が外延量として捉えられるその手続きを、まずもって限界づけなければならない。そしてまさにその手続きこそ、目下の問題である「尺度すること」にほかならない。

また、別な角度から「相対論における時間の遅れ」という事態を持ち出しても、ことは変わらない。そこで言われている「二つの時計が示す時間の進み具合のズレ」とは、もはや、たんなる外延量というより「伸縮率」とでも言うべき高次のこみいった値なのである。そもそも「光速度不変」を原理として立てること自体、その「度」の基礎に、純然たる外延量としての時間をひそかに定立していることを示しているのではなかろうか。

（6） フッサールは、『危機』書の有名な第九節「ガリレオによる自然の数学化」において、純粋幾何学の生活世界的起源を論じるさいに、尺度の役割に正当にも言及している。「測定術が実践的に発見するのは、次のような可能性である。すなわち、一定の経験的な基本形態を、事実上一般的に利用可能な、経験的‐固定的な物体に具体的に固定させて、尺度（Maße）として選び出し、それらと他の物体形態との間に存立する（ないしは発見されうる）関係を介して、これら他の形態を、相互主観的かつ実践的に一義的に規定する、という可能性である。——このことは、はじめは比較的狭い領域（たとえば土地測定術）において行なわれるが、次いでただちにさまざまな新しい形態領域へ適用される」（E. Husserl, *Die Krisis der europäischen Wissenschaften und die transzendentale Phänomenologie*, Husserliana VI, Nijhoff, 1954, S. 25）。

（7） SZ, 362.

（8） 「〈精密性〉をなすのは何であろうか。明らかにそれは、〔…〕正確さを高めつつ経験的に測定することにほかならない。しかもそうした測定は、理念的なものからなる世界、ないしは、そのつどの尺度目盛りに組み込まれた一定の特殊な理念的形成物からなる世界、によってすでに前もって導かれており、そうした世界は、理念化と構築によって客観化されているのである」（Husserliana VI, S. 32f.）。

（9） われわれが「測定」よりも「尺度」を術語として優先させるのは、〈尺度するモノ〉と〈尺度されるモノ〉という関係対を重視したいからである。のみならず、「尺度」には、準拠すべきもの・規則を与えるものという「測定」にはない含蓄がある。

(10)　ただしこの点は、それほど単純ではない。たとえばトーマス・クーンは、「近代物理科学における測定の機能」という論文において、測定の機能を、普通考えられているような「確認」と「探究」にではなく、むしろ「理論的刷新に先行する深刻な危機を作り出すこと」および「二つの理論の勝敗を決する有効な武器であること」のうちに見出している。「測定との連関においては、理論は検証されないというよりも、むしろ検証できないのである」（『本質的緊張Ⅱ』安孫子信・佐野正博訳、みすず書房、一九九二年、二三三頁）。

(11)　以下の議論は、フッサールの『経験と判断』におけるいくつかの道具立てを下敷きにしているので、主な点をあらかじめ紹介しておく。フッサールは、「AはBに似ている」とか「AはCより大きい」とかいった判断を「本来的な意味における」「関係規定（Beziehungsbestimmungen）」とし、その「本質的な点」を「考察する眼差しが二つの基体の間で行ったり来たりする」ということのうちに見ている。このような「関係規定」は、引き合いに出される「見本（Maßstab）」として「環境世界の構造からただちに、かつまったく自明に生じ」ながらも「背景にとどまり」、「明示的な比較へともたらされない」ような「対照規定（Kontrastbestimmungen）」とは区別される（E. Husserl, *Erfahrung und Urteil*, Ph. B. 280, Meiner, 1972, §46）。つまり、「比較（Vergleichen）」とは、「二つの自立的な（ないしは自立化された）対象が関係項として現に存在する」ような狭義の「関係づけ（Beziehen）」の一種であるとされ、この点で、「Sはpである」のような一つの自立的基体だけに関わる「端的な規定づける判断」とは異なる（a. a. O. §54）。

　以上からも明らかなように、フッサールは、「関係づけ」のメルクマールを、二つの自立的基体どうしの「相互的な関係づけ（Aufeinanderbeziehung）」ないしは「反転可能性（Umkehrbarkeit）」に見てとっている。「どちら側にも自立性が見られるということが、いかなるときにも反転が可能であることを基礎づけている。どちらの対象が主語として、またどちらが関係づけられる客観として機能するかは、本質上、あらかじめ下図を描かれてはいない。つまりその判断は、まったく同様かつ等根源的に、〈AはBより大きい〉とも〈BはAより小さい〉とも表わされる。どちらになるかは、そのつどの関心方向にのみ依存している」（a. a. O. §54, S. 268. Vgl. §34b）。

(12)　測定には必ず「誤差」が付きまとう。この問題は、原理的に言えば、「精密性」という自然科学の理念そのものに関わる。測定行為が、純然たる観察でもたんなる数的処理でもなく、測定対象との間に測定器具、すなわち尺度体という一存在者を介入させることであり、しかもそうした存在連関によって測定対象に一定の影響を及ぼさずにおかないとすれば、それによってはじめて得られる測定値は、もはや測定行為に対して完全に独立であるとは言えない。たとえば、温度計は、極限的に言えば、それ自身の持つ温度状態によって測定対象の温度状態を変えてしまう。この「誤差」は、たとえ無視しうる範囲であったとしても、温度測定が温度計という尺度体を用いてなされるかぎり、決してゼロにはならない。この問題は、量子力学における観測問題を連想させるものがある。

(13) マルクスが、ヘーゲルの「反照」概念を受け継ぎつつ、その「価値形態論」において提示してみせた「尺度の弁証法」は、「尺度の現象学」というわれわれの問題関心に著しく接近しているように思われる。この両者の接点については別稿に譲りたい。

(14) この点はすでにカントによって指摘されている。Vgl. I. Kant, *Kritik der Urteilskraft*, Ph. B. 39a, Meiner, 1974, §25–§26.

(15) 言うまでもなく、ここでの「運動」とは、アリストテレスの言うような広い意味での、場所的移動、量的増減、質的変化、生成消滅という「変化」のこと。

(16) 「運動」はいかにして知覚されうるか、そしてまた「運動」とはそもそも何か、という問いは、時間測定を存在論的に基礎づけるために欠くことのできない一大問題であるが、ここでは残念ながらそれを主題的に扱うことはできない。——現象学的「運動論」の可能性は、「運動感覚」というもう一つの「反転」問題に懸かっている。つまり、運動知覚それ自身のうちにひそむ運動性格を明らかにすることが要諦となる。

(17) 国立天文台編『理科年表』(一九九二年版)による。

(18) 時間測定の「存在者的」基礎の問題は、ハイデガーに倣って言えば、「メタ存在論(Metontologie)」としての「形而上学的存在者論(metaphysische Ontik)」の課題に属する(vgl. GA26, 199ff.)。よりポピュラーな語を使えば「宇宙論(Kosmologie)」ということになろう。

(19) *Physica*, 220b 14ff.(*Aristoteles' Physik. Bücher I (A) – IV (Δ)*, Griechisch-Deutsch, Übers. v. H. G. Zekl, Ph. B.

380, Meiner, 1987, S. 218.『アリストテレス全集3　自然学』出隆・岩崎允胤訳、岩波書店、一九六八年、一七五頁)。

(20) 大森荘蔵「自我と時間の双生」(『時間と自我』、青土社、一九九二年、所収)によれば、「今…最中」とは、「自分のしている行為や状態を述べる」「自覚の言葉であり反省的言明である」とされる。

(21) 言表された「今は…」が、そのつどの〈私〉つまり現存在の「自己解釈」であること、および、それが「…の今」という日付可能性を備えていることに関して、本章の考察は、ハイデガーの「世界時間」論を下敷きにしている。前章参照。

第八章　時間の有意義性について

時間とはいのちなのです（Zeit ist Leben）。
（ミヒャエル・エンデ『モモ』）

一　陳腐な教訓か、時間論の根本問題か

「時間の有意義性について」――こんなテーマを掲げると、なにやら、「時間の有意義な過ごし方」の説教じみた話のごとくである。つまり、「時間をムダにしないで有効に使おう」式の、時は金なりといううきわめつけの金言で一括される訓話のたぐいである。

もちろんここでそんな説教をするつもりはない。ただ、「時間の有意義性」なる言い方がそういったニュアンスを醸し出すことは看過できない事実である。「時間は大事なものだ」とは、われわれ誰しも子どものとき以来、耳にタコができるくらい聞かされて――そして今度は子どもにくどくど教え込んで

——いる考え方だが、それがあまりに自明であるがゆえに、その理由をわざわざ問い尋ねるヒマ人は、まずいない。逆に、「時間を有意義に過ごすには…」としたり顔で諭されると、もう沢山だとうんざりしてくる。

では、「時間の有意義性」など、取り上げるに値しない陳腐な俗事なのだろうか。たしかに、人を鼻白ませるに十分な瑣末さがそこにはある。また、哲学史を賑わせてきた数多くの時間論を思い起こしても、「時間の有意義性」を真正面から論じたものにはめったにお目にかからない。そんな瑣事より、「時間は存在するか否か、主観的か客観的か」といった問いのほうがよほど先決問題だ、とでも言わんばかりに。

しかしながら、日頃われわれが時間を気遣うとき、その「時間」はまずもって大切なものとして出会われているように思われる。「時間とは何か」を問ううえで、こうした実感の厚みを削ぎ落としてよいものだろうか。「時間はいかにして認識されうるか」といった議論をし始める前に、「時間ほど大事なものはない」とか「時は金なり」とかいった言い方に凝縮している、漠然とした共通了解を問いただしてみるのも一策であろう。そのような時間了解が、日常性を逃れようもないほど強固に支配しているのだとすれば。

そしてじつを言うと、スタンダードな哲学的時間論とは言えないにしろ、「時間の有意義性」にふれているテクストは、古来少なくない（たとえば、セネカの「人生の短さについて」）。時間のありがたみを身に沁みて感じるのが人の世の習いだとすれば、哲学者たちがそれに表現を与えてこなかったはずがない。ただ、これまでそれは、いわゆる人生観に類するものとして片付けられてきた。なるほど、人生観とは時間に対する見方のことだ、と言える面がある。だが、他方でわれわれは、人生観や世界観を優に超えたレヴェルで「時間の有意義性」という卑近な現象を存在論の問題として論じている稀有なテクストを有している。ハイデガーの『存在と時間』における「世界時間」論がそれである。

このテクストの現象学的時間論としての意義および記述内容については、第六章ですでに述べたので、詳細はここでは繰り返さない。以下ではむしろ、ハイデガーの世界時間論を踏まえることでいったい何が見えてくるか、を大胆に展望してみたい。本章のめざすところは、「時間の有意義性」というテーマが、平凡な訓戒であるどころか、現代世界が直面している問題群の核心に位置するものであることを示すこと、ここにある。

二　時間の有意義性の意味するもの

まず銘記すべきは、フッサールの「生き生きした現在」論が「まともな」時間論ではないのと同じように、『存在と時間』においても「まともな」時間論と呼べるものは、最終章の「世界時間」論だけだ、という点である。だから、もしそれさえ「まともでない」とすると、『存在と時間』という題名そのものが詐称つまり看板に偽りありということになりかねない（もちろん「まとも」でありさえすればよいかは依然として問題だが）。ここで言う「まとも」とは、ふつう「時間」という名で呼ばれている現象との接点が見出されるという意味である。ハイデガーが、本篇たるべき第三篇「時間と存在」を欠いた『存在と時間』「前半」を、曲がりなりにも世界時間論で締めくくらねばならなかったゆえんである。

ところで、「世界時間（Weltzeit）」と呼ばれるのは、「認識される時間」ではなく、「配慮される時間

(die besorgte Zeit)」のことである。つまり、対象として理論的に知覚される時間（そんな時間など本当にあるのだろうか？）ではなく、規則として実践的に準拠される時間、を指している。まずもって問われるべきは、われわれは過去や未来（の出来事）をいかにして認識するか、ではなく、日々の生活で「今」――および「そのとき」や「あのとき」――をどのようにやりくりしているか、のほうである。

もちろん、ひとくちに「時間の配慮」といっても、さまざまな形がある。ハイデガーが注目するのは、とりわけ次のような、時間にまつわる「初歩的」な日常表現である。つまり、「時間を勘定・考慮に入れる」、「時間に従う」、さらには「時間がある」、「時間がない」、「時間をかける、費やす、使う」、「時間を失う」――こういった何気ない言い回しである（メタファーとしてではなく、ひとまず文字通りに受けとったうえで発生的解釈を施してゆくという態度に注意）。ハイデガーはこれらの元手を分析のうえでの「指標」として用い、それらが指し示している「根源」への遡行を試みる。これが、語りの分析から事象そのものへ、という現象学本来の方法理念に則っていることは言うまでもない。

「世界時間」の位置づけに関しては、『存在と時間』第二篇「現存在と時間性」の冒頭に、簡にして要を得た説明があるので、それを手がかりとしよう（SZ, 235. 丸囲み数字は引用者による。強調は原文）。

> ①時間性が現存在の根源的な存在意味をなし、他方で、②現存在という存在者にとってその存在においてこの存在それ自身が関心の的だとすれば、③気遣いは〈時間〉を必要とし（»Zeit« brauchen）、したがって、④〈その時間〉を勘定に入れている（mit »der Zeit« rechnen）に違いない。⑤現存在の時間性は〈時間計算〉を形づくるのである。⑥この計算において経験される〈時間〉が、時間性の最も身近な現象的位相な

のである。⑦この時間から日常的‐通俗的な時間了解が生ずる。そして、⑧この時間了解がおのずと展開されたものこそ、伝統的な時間概念にほかならない。

①は「時間性＝現存在の存在意味」という第二篇の中心テーゼである。これに対して②は、「現存在の存在＝自己への気遣い」という第一篇「現存在の予備的な基礎的分析」の中心テーゼである。この『存在と時間』の二大テーゼにもとづいて、③と④つまり「自己への気遣い→時間性への〈気遣い〉→〈時間〉の配慮」という理路が導き出されてくる。そのようにして、⑤の「時間性から〈時間〉の配慮へ」という問題系が浮き彫りとなる。ここに浮上する「日常的に配慮される時間」こそ、「世界時間」と呼ばれる現象にほかならない（＝⑥）。ここからさらに、「世界時間から日常的‐通俗的な時間了解へ」および「通俗的な時間了解から伝統的‐科学的な時間概念へ」という一連の発展問題が出てくる（＝⑦と⑧）。

この説明には重要な論点がいくつも盛り込まれているが、[1]世界時間の位置づけという当面の課題にしぼって言えば、さしあたり次の二点に留意すべきであろう。

第一に、「時間の配慮」という問題現象は、「現存在→気遣い→時間性」という『存在と時間』の論述の歩みが辿りつくべき帰結であること。現存在が時間性へ「還元」されるに至り、しかもこの存在者が自己を気遣うという意味での「反省」を事とする以上、この反省の構造が「時間の配慮」という形をとって現われるのは、当然の成り行きなのである（「時間」とは、わが身を振り返ってみるときに見出されるものだ、という論点に注意）。逆に言えば、この書の論旨からして、「時間の配慮」という現象は、われわれの平均的日常性を徹底的に支配するものだ、ということになる。

第二に、そうはいっても、このような推論は現象学的には決して十分ではなく、実地検分されねばならないこと。そして、時間性の自己解釈という反省の構造を現場で取り押さえるための、紛うかたなき証拠として挙げられるものこそ、「今は…」という自己言及的な語りなのである。自分で自分の状況を自分に指示するこの特異な言明の反照性たるや、「今」の指示対象がさしあたりたいてい天空や時計の動きと同一視され、物象化されかねないほど、それほどはなはだしい。（身の回りの頼りがいのある存在者によって自分のあり方を規定しようとするこうした頼りない傾向のことが、「頽落」と呼ばれる。）

以上を念頭に置きながら、「配慮される時間」の構造を見てゆくことにしよう。「今は…」という表現をとって言い表わされる「配慮される時間」は、次の四つの構造契機をもつ。(2)

（a）いかなる「今は…」も、「…の今」であり、
（＝日付可能性、つまり「今」がそのつどの状況によって同定されること）
（b）そうした「…の今」は、「〜の間」であり、
（＝伸張性、つまり「今」が持続の幅をおびて分節化‐統合化されること）
（c）私にとっての「今」は、われわれにとっての「今」であり、
（＝公共性、つまり「今」が多くの人びとによって語られ共有されること）
（d）そうした「…の今」は、「〜すべき（すべきでない）時」である
（＝有意義性）

このうち、少なくとも前三者に関しては、その特異な自己言及性にかんがみて、次のように遡行的解釈を施される。

（a）は、「…のもとでの存在」の、ひいては「…を現在化すること」つまり「現在の脱自的性格」の、指標であり（SZ, 408）、

（b）は、「歴史性」の「地平的延び拡がり」の痕跡であり（SZ, 409, 423）、

（c）は、「共存性」あるいは「世界内相互共存在」の反映である（SZ, 410f.）

気遣われた時間の性格は、このように、気遣いもしくは時間性の構造のうちにそれなりの対応物をもつ、とされる。それぞれ立ち入って究明すべきところだが、ここまではひとまずハイデガーの整理に従うことにする（こうした遡行的解釈が、「脱自的」や「歴史性」といった術語をどう解したらよいかのヒントを与えてくれる点に注意）。

さて問題は、（d）の「有意義性」にある。なるほどこの語は、『存在と時間』の読者にとって、「世界の世界性」としてすでに馴染みの根本概念であり、何も問題はないように見える。「世界時間の有意義性」は「世界の有意義性」の現われだと定式化すれば、これはもうトートロジーのようである。しかしながら、これにて一件落着というふうにはいかない。というのも――「世界の有意義性」という概念自体、容易に理解しがたいという点は措くとして、あるいは、この二つの「有意義性」がいかなる連関

のうちにあるか、[3] が分かりにくいという点は問わないにしても――、この二通りの「有意義性」を確認すれば、それでもう時間の有意義性の謎が解けるとは、とうてい思えないからである。

先に見たように、世界時間の「有意義性」とは、日付を打たれ（＝そのつどの出来事によって規定され）、伸張度に富み（＝その出来事が続く拡がりをおび）、公共化され（＝人びとに共有され）たところの諸々の「…の今」が、それ自体、「〜にふさわしい時」ないしは「〜にふさわしくない時」として解釈される、ということであった[4]（このように（a）（b）（c）は、（d）において締めくくられる）。要するに、「…の今」という状況確認はつねに「〜すべし」という状況判断を含意する、ということである。状況は行為を動機づける（＝存在論的日和見主義）。逆に、われわれは何かを成し遂げるのに適した状況を選びとるためにこそ、日頃から注意を怠らず機を窺っているのだから、状況確認の根底には状況判断への傾向が存する、と言ってもよい（＝存在論的主意主義）。いずれにしろ、われわれの毎日のいかなる「立ち居ふるまい（Tun und Lassen, Sichverhalten）」においても、この種の「時間要因」は欠かすことができない[5]。「時間を気にしない」態度にしても、「時間の配慮」の典型的なあり方の一つなのだから。

世界の有意義性は、自分で自分に自分の存在可能を「有意義化する（be-deuten）」つまり「了解するようほのめかす・悟らせる・促してさせる（zu verstehen geben）」という仕方ではたらき、その結果、「おのずと分かる・自然にその気になる・われ知らずやってしまう」という、特異な「自発性」をもたらす。それと同じく、時間の有意義性も、少なくともそれが正常に機能するときには――もちろんこれには、上述の「時間を気にしない」という様態も含まれる――、「…の今」という自分の置かれた状況からの促しに自然と呼応して、「〜すべき時」の時宜的バランスを、淀みなくつかさどるのである。

問題は、なぜかくも淀みなく、われわれは時間の有意義性の「指示」に従っているのか、である。「配慮される時間」が「有意義性」といったようなものを秘めているのはなぜか。ここで、規則への服従は習慣的事実にすぎず、底が抜けているから、盲目的に従っているとしか言えない、とするのは拙速にすぎる。なぜなら、言うところの「底」がまだ少しも吟味されていないからである。それゆえ、問題はこうなる。時間の有意義性とは、気遣いまたは時間性のレヴェルにおいて、いかなる事態を指し示すものなのか。ハイデガー自身によっても究明されていないこの問い(6)を追跡することを通じて、世界の有意義性というもう一方の相似的現象にも光が当てられることになるだろう。ひいては、『存在と時間』の世界概念の理解のためのカギとなる、なぜ有意義性は不安において手のひらを返したように無意義性へと転化するのか、という手品じみた現象の謎も、詳らかとなることだろう。

三　有限性と〈死への存在〉

ところで、たった今問題として際立たせられた「時間の有意義性の指示におのずと従う」ことは、日付可能性、伸張性、公共性を備えた今を「自分に振り向ける」ことであり、つまりは、時間の配慮という現象のことである。言いかえれば、時間の有意義化のはたらきとは、自分の時間を斟酌しながら生きているわれわれ自身のそのつどのふるまいの根底に存する、作動する志向性のことなのである。それゆえ、時間の有意義性とは何を意味するか、と問うことは、そのまま、なぜわれわれは時間を配慮して生きているのか、と問うことに等しい。いったいなぜひとは四六時中、時間を気遣うのか。そもそもどうして時間がそれほど問題なのか。

こうしてわれわれは再び、時間の配慮という結論を導き出したハイデガーの推論的説明に送り返されるかに見える。それによれば、自分の存在を気遣う現存在の存在意味たる「時間性」が時間の配慮の大前提であった。だがこれが説明になっていないのは明らかである。なぜなら、問題は、「なぜ時間の配慮という仕方でひとは自分の存在を気遣うのか」という点にあるのに、「時間性」という現象とは、「自分の存在が問題である」という気遣いのテーゼ（または現存在分析論の形式的暗示）のヴァリエーションでしかないのだから（さらに言えば、「テンポラリテート」の次元に解決を期待するのも無駄である）。むしろ、先の引用の③に見られた「時間性への気遣い」という現象自身の論拠が問題なのだ。

以上やや回りくどく論じてきたが、この「なぜ時間が問題なのか?」という問いに対する答えは、じつを言うと簡単なのである。「時間性が〈有限〉だから」。これがその答えである（この単純な答えを与えるためにこそ『存在と時間』は書かれた、と言ってみたくなる）。ただし、この「時間性の有限性」のテーゼそれ自体が、「時間の無限性」のたんなる否定ではない以上、さらに解明されねばならないと言われるなら、端的にこう言えばよい。「つまりそれは、死への存在（Sein zum Tode）のことだ」と。このきわめて単純な事象を見ようとしない一切の解釈は、どれもこれもおしゃべりにすぎない。しかしながら真の問題は、この単純な事象がじつは見かけほど単純でない、という点に存するのである。

〈死への存在〉——以下こう表記する——、これが『存在と時間』の最大の賭金であることは疑いえない。しかし、それだけで日常性すべてが、また時間の配慮のすべてが動いているというのは、いかにも理解に苦しむ。「死の一元論」とでも言うべきこうした説明様式は、あり余る過激さと引き換えに、何ら説得力を持ちえないように見える。とりわけ、この〈死への存在〉という概念が、ごくごく狭く解されて「死についての意識」というふうに矮小化される場合には、その単純化の弊害は、まさに致命的となる。たしかに、平生いつどこで何をするにも、死という終わりを意識しているなんて、いくら胸に手を当てて考えても誰にも身に覚えのないことであろう。かくして〈死への存在〉の主張は論破された、などと判定する解釈すら横行する始末である。

　ここでは、『存在と時間』における死の概念をゆっくり論ずるいとまはないが、たとえ〈死への存在〉という考え方を忠実に解釈してみせたとしても、今見た危惧はいっこうに解消されないだろう。なぜか。その理由は、「時間性の有限性」は〈死への存在〉に尽きるものでは決してない、という点にある。有限性＝〈終わりへの存在〉という『存在と時間』の核心部分を堅持しようとするのなら、むしろ、その〈終わりへの存在〉を大胆に拡大解釈しなければならない。つまり、実存の「終わり」を、より柔軟に考えなければならないのだ。

　〈死への存在〉が、自分の存在が問題である存在という「気遣い」のテーゼの結論というべきものであることは、たしかである。「どうして自分の存在が問題なのか。——死につつ在るから。」というわけである（ただしそれは演繹的推論の帰結ではなく、空虚な仕方で発端に置かれた「形式的暗示」が、自己解釈のそのつどの遂行において機が熟していき、ついにわがものとして摑みとられる、というパフォーマンスの所産なのだが）。〈死への存在〉という意味での〈終わりへの存在〉が、「限りある存在」とされて「有限性」と術語化されるプロセスには、しかし、手続きのうえで重大な難点がある。なぜなら、「限り」は死だけに限らないのだから。もとより、一切の不可能の可能性である死が、際立った「限界」をなすことは認めざるをえないが、それだけで「有限性」という事象が説明し尽くされたとは考えられないし、時間の有意義性の問題がすべて片付くこともないだろう。

そして、議論の余地のあるこうした手続きによって導出された「死の一元論」の空虚さが、『存在と時間』の本篇「時間と存在」の構想の実現を頓挫させた重大な要因の一つであったとすればどうだろうか。

とはいえ、ここで『存在と時間』の「挫折」の理由やハイデガーの「転回」の必然性を説明するつもりは毛頭ない。その仕事は、不備を叩いては得意がる人たちに任せておこう。むしろ、以下で挑みたいのは、「死の一元論」に終始しない形で「有限性の分析論」をとことん徹底化させ、そのことを通じて、時間の有意義性の「起源」を大胆に見届けるという、はなはだ積極的な課題なのである。

それにしても、なぜかくも「時間性の有限性」にこだわらねばならないのか。ハイデガーの説に拘泥すべきどんな義理がわれわれにあるというのか。もとより義理などあるはずもないが、そうはいっても、有限性の存在論的分析にはわれわれはいくらか「借り」があるように思われる。というのも、一見ひどく強引に見えるその存在論的説明が、われわれの日常的実感をみごとに言い当てているからである。つまりそれは、「時間は大事なものだ。なぜなら時間には限りがあるから。」という根強い信念である。ハイデガーの説明が、「配慮される時間は有意義性をもつ。なぜなら時間性は有限だから。」という理由づけを示唆するとき、そうした切実な実感がまさしく存在論的に代弁されているように思われてならない。この「借り」を返すこと、それが問題である。

ここで、以下の議論のための一つの提案をしたい。これから問題となる現象とは、先に引用した説明に即して言えば、④の「時間の配慮」として現われる、③の「時間性への気遣い」である。つまり、時間性が大切にされるのはいったいなぜか、が明らかにされるべきである。しかしながら、「時間性を大切にする」という言い方はいかにも生硬であって、イメージが少しも湧いてこない。この弊を避けるため、以下では「時間性」の代わりに、あえて〈いのち〉という言葉を用いることにする。この言い換えにはもちろん不備な点もあるが、それを補って余りある利点を有する。まず何より、この〈いのち〉という日本語が、生と死の両義を併せ持ち、したがって、時間性の根本義である〈死への存在〉を含蓄する得がたい言葉であること。また、それでいて〈死への存在〉という意味以外の「有限性」をも言い当てうる拡がりを備えていること。さらに、「時間性を大切にする」が、少なくとも日常言語では意味不明瞭な表現であるのに対して、「〈いのち〉を大切にする」は、十分に理解が可能であること（それどころか、〈いのち〉という日本語には、「〜さまいのち」という言い方に典型的に見られるように、「大切なもの」という含意がある）。なるほど、〈いのち〉という言葉に「時間的なもの」という意味はさしあたり認められない。だがそれを言うなら、「時間性」という術語にしても、じつはそうなのである。つまりこの術語は、厳密には「時間的なもの」という粗雑な表象が入り込んでくるのを遮断したうえで用いられねばならないはずなのである。そういうわけで、以下では、「時間性」を〈いのち〉と読み換えて、〈いのち〉が大切にされるのはいったいなぜか、を問うていくことにする。(7)

　この読み換えが逸脱的解釈であることは明白だが、その当否は以下の議論をまって判断願えればと思う。ハイデガーの用語法がそうであるように、私も一種の「表現実験」を試みることにしたい。ハイデガーからの「離反」であると言われれば、なるほどその通りである。しかし、テクストに密着していくら「時間性とは云々」とやったところで、かえってテクストは窒息死してしまうのではないか、との疑念を私はつねづね抱いている。

四　限りある〈いのち〉の限りなさ

ところで、上掲の問いが、ある微妙な問題を孕んでいることにお気づきだろうか。第一、通常このような問いは立てられない。その代わりに、「いのちを大切にしよう！」との甲高いスローガンの大合唱が聞かれるばかりである。そういう情勢にあって「なぜ〈いのち〉は大切なのか」と声を上げることは、非常に奇異に映る。それどころか、この問いは明らかに「反人道的」な響きをもつ。なぜならそれは、「生命の尊重」を説いてやまない近代ヒューマニズム——正しくは「ヒューマニタリアニズム」だが——に対して、冷や水を浴びせるような挑戦的問いだからである。つまり、〈いのち〉が大切にされるのはなぜか、と改めて問うことは、人命第一主義を拝する近代ヒューマニズムの基礎そのものを問い直す作業でもある。言いかえれば、「〈いのち〉の大切さのゆえん」は、「近代ヒューマニズムの起源」でもある。ここで問題になっているものが、「ヒューマニズムの系譜学」とでも呼ぶべき課題に属するということを、肝に銘じておこう。

では、そうした課題に取り組む場合、どこから着手したらよいのだろうか。私はここで、いったん次のような回り道をとることを提案したい。

われわれは、「〈いのち〉が大切にされるのはなぜか」を問うている。だが、「大切にされる対象」は、もちろん〈いのち〉だけではない。じつにさまざまな有形無形のものが大切にされている。では、そのように大切にされる諸々の「大切なモノ」は、そもそもなぜ大切なのか。一般に「大切なもの」とはいいかなる性質をもつがゆえに大切にされるのか。そのための要件とは何か。要するに、「大切にするだけの価値のあるもの」とはどのようなものか。この点について、ひとまず一般的に考察してみたい。

　第一に、ハイデガーの「道具的存在性（Zuhandenheit）」の議論をまつまでもなく、「何かのために役立つもの・ないと困るもの」は大切にされる。これを「必要性」と名づけよう。

　第二に、「有り難い」という言葉に示されているように、「珍しいもの・手に入れにくいもの」は大切にされる。これを「稀少性」と呼ぼう。

　第三に、他の似たものをもっては「代え難いもの・取り替えにくいもの」は大切にされる。これを「代替困難性」と名づけよう。

　第四に、内的性質として「壊れやすいもの・脆いもの」は、「取り扱い注意」というわけで、大切にされる。これを「損傷可能性」と呼ぶことにしよう。

　第五に、外的要因によって「奪われやすいもの・失われるおそれのあるもの」も、「保護」され大切にされる。これを「剝奪可能性」と名づけることにする。

「必要性」、「稀少性」、「代替困難性」、「損傷可能性」、「剝奪可能性」――これらの性質を備えていればいるほど、その当のものは、それだけ大切にされる。このことは、大切にされる日常的事例をいくつか考えてみれば（たとえば愛車、毛髪、友情、名誉、自然環境など）ただちに分かることだが、詳しい例解はここでは省略する。また、以上の五点でもって網羅しえているかに関して自信があるわけではないが、とりあえず先に進もう。

　もしこの「大切さのゆえん」の枚挙に一定の妥当性があるとすれば、それらの性質は、肝腎の〈いのち〉に関してどうなっているのか。「〈いのち〉の大切さのゆえん」とはいかなるものか。これを見てみよう。すると、驚くべきことがあぶり出されてくる。

第一の「必要性」について。〈いのち〉は、さまざまな「手段－目的」の意味連関の最終項に位置する（ハイデガーの言う Worumwillen）という意味で「終極目的」である。逆に言うと、それを意味づける高次の目的はもはや存在しないから（死によって意味づけることは背理だから）、それ自体「なぜ必要か？」を遡って問うことが原理的にできない、という意味で、「無理由」なものである。この「終極目的性・無理由性」という性格のことを、「〈いのち〉のいわれなさ」と呼びたいと思う。

ところで、これは由々しい問題ではなかろうか。「大切さのいわれ」がまずもって「いわれなさ」にある、というのだから。そのかぎりで「なぜ〈いのち〉は大切なのか？」という問いは、疑問符「？」で打ち切られてしまいかねない、ひどく危なっかしい問いなのである。〈いのち〉には、それを超える高次の目的のために、という意味での「ないと困る理由」など別にないのである。この事情は、こうも言い換えられよう。大切なモノ一般の大切さのゆえんが、どこまでも相対的な程度問題であり続けるのに対して、〈いのち〉の大切さのゆえんは、文字通り「絶対的（absolut）」、「無条件的（unbedingt）」なのだ、と。

第二の「稀少性」に関して。〈いのち〉は、稀で少ないどころか、それぞれがまったくの「オリジナル」なのだから、これはまさに「唯一無比」である。その孤絶した単独性たるや、おのおの何をもってその特性と見なすか（同定化の基準、アイデンティティ）がそもそも定義不可能なほど、それほど比較を絶して一人ぼっちのユニークさなのである。こうした「唯一性・単独性」の性格のことを、「〈いのち〉

の比類なさ」と名づけよう。

第三の「代替困難性」はどうか。〈いのち〉は、各自がみずからの生をそのつど丸ごと生きているという意味で、完璧な「全体」をなすから、それを他の類似物によって埋め合わせることは、端的に不可能である。これは、たとえ何らかの欠如・不足分を抱え込んでいるにせよ、だからといってそれを、より完全・充足的なものによって補塡・調整することは意味をなさず、「代理がきかない」。この「全体性・代理不可能性」の性格のことを、「〈いのち〉のかけがえのなさ」と表わそう。

第四の「損傷可能性」を考えてみると、〈いのち〉は、そのつど取っておくこと・残しておくことが意味をなさず、どんなに輝いても、その輝きは脆くも消え去っていく。その反面、一回限りの事実としていったん生起するや、二度と繰り返すことの叶わない「歴史」をたゆまず刻み続ける。このような「一回性・反復不可能性」という性格のことを、「〈いのち〉の取り返しのつかなさ」と名づけることにしよう。

二番目からこの四番目までの「比類なさ」、「かけがえのなさ」、「取り返しのつかなさ」という「〈いのち〉の大切さのゆえん」は、おのおのそれぞれの角度から、〈いのち〉の「一にして全体」であるという性格を言い当てるものだと考えられる。それらは、『存在と時間』における「最も固有で没交渉的な可能性」という死の性格づけに対応すると見てよいだろう。要するに、実存の「各自性（Jemeinigkeit）」のことである。

では、第五の「剝奪可能性」はどうか。〈いのち〉は、死すべき定めの裏返し・反転において、つまり「死にやすい」からこそ、事実として「生きるべく」定められている（生は死を「追い越しえない」）。

死の現実化としての「落命（Ab-leben）」の必然的可能性、という意味での「可死存在（Sterblich-sein）」とは、それ以上もはや考えられない至高の「危うさ・落ち度」なのであり、この「弱点」を突かれたら、それこそひとたまりもない（内憂＝外患としての死）。この「死にやすさ・可死性」という性格こそ、ハイデガーが〈死への存在〉と呼ぶ当のものであり、さらに言えば「時間性の有限性」と呼ばれるものの本体なのである。〈死への存在〉が、〈いのち〉の大切さのゆえん、つまり有限性の構造全体性において、「統率的（archontisch）」優位を占めるという点に関しては、私も異存はない。

そして、この「可死性」という最後の「〈いのち〉の大切さのゆえん」こそ、最初に挙げた「いわれなさ」の「いわれ」ではないだろうか。つまり、「なぜ大切なのか」という問いを打ち返す「終極」とは、「死のいわれなさ」であったのである。この「いわれなさのいわれなきいわれ・無根拠の根拠」という反転的事態は、『存在と時間』の用語で表わせば、「非力さ（Nichtigkeit）」ということになる。

以上をまとめると、こうなる。〈いのち〉が大切にされるのは、それが、比類なく、かけがえなく、取り返しのつかない、いわれのない〈死への存在〉であるがゆえにこそである、と。これが、私なりの「有限性の分析論」、つまり〈死への存在〉の拡大解釈のあらましである。時間性の時熟をなす三契機である「将来－既在－現在」にしても、それがたんなる「過去・現在・未来」の純然たる今系列でないとするならば、この方向において改めて解釈し直されなければならないだろう。

さて、以上挙げた有限性の等根源的な五つの契機が、一つの全体として、〈いのち〉の大切さのまったきゆえんを構成するとすれば、「〈いのち〉はなぜ大切にされるのか」という懸案の問いは、すでに半ば以上答えられたことになる。〈いのち〉は、たしかに大切さのゆえんを満たしている。それも、「必要性」云々といった根拠づけの仕方を転覆し、反故にしかねないほど破格の仕方で。

一見すると、これらの性格は、〈いのち〉の「否定的・消極的」な規定であるように見える。なにしろ、どれも「〜ない」という否定を含んでおり、無理、不可能、限界のオンパレードなのだから。（注意すべきは、それらが「存在の限界」であって、「認識の限界」にとどまるものではない、という点である。）しかしその点では、大切なモノ一般における大切さのゆえんの場合も、じつは同じではなかったか。つまり、そもそも何かを大切にするのは、大切にせざるをえないほど、差し障りがあるからこそなのだ。逆に言えば、差し障りがあればあるほど大切にされる（なければ大切になどされない）ということである。そうした差し障りゆえの大切さを、その極限まで究めた無い無い尽くしの功名、それが〈いのち〉の有限性なのではないだろうか。〈いのち〉は限りがあるからこそ限りなく大切なのである。ここでは、有限性は欠如を意味するどころか無限性の根拠なのであり、それ自体はなはだ「積極的・肯定的」なものなのである。

この「ネガがポジになる」という反転が、世界の「無意義性」ゆえの「有意義化」のはたらき（意味の自然な湧出、すなわち自発性の回路）をなすものであったとしたら、どうだろうか。そして、かの時間の有意義性の「起源」もまた、この褶曲《しゅうきょく》地点に見出されるとすればどうか。

五　有限性への抵抗と、時間のエコノミー

不十分ながら、以上で「有限性の分析論」をひとまず終える。では、これをもって当面の懸案は決着を見た、と言ってよいだろうか。断じて否。

〈いのち〉を大切にするとは、右で際立たせた有限性の諸性格に対して「抵抗」を試みるということである。そして、今日におけるその最も強力な抵抗勢力が、生命の尊重を事とする近代ヒューマニズムであると言ってよい。それゆえ、人道主義の究極目標とは、ほかならぬ「死の撲滅」なのである。ところが、〈死への存在〉という意味において、死は生と別物ではありえず、死を根絶するとは、生そのものを根絶やしにすることになりかねない。ニーチェ的に言えば、死を憎むとは、死を孕んでいる生を内攻的に憎むこと、つまり〈いのち〉自身の自家中毒症状（ルサンチマン）なのである。それは、ネガがネガのまま放置され一切を無に塗りたくってやまない状態（ニヒリズム）に陥ったということである。

——このあたりに、〈いのち〉をめぐる現代の諸問題の根があるように思われる。

「有限性への抵抗」は、多種多様な形態をとる。先に挙げた五つの「無‐理」に対して理屈を言い募って紛らすだけのやり口もあれば（生き甲斐とか名声とか霊魂の不死とか）、実用的な理論や技術を開発して対抗するという、より現実的な手法もある。人命尊重の立場を支える最重要の実践知が、臨床医学であることは言うまでもない。その後衛に、保険産業や健康産業が位置する。老舗である宗教も、もちろん無視できない。いずれにせよ重要なのは、有限性とは、〈いのち〉の存在性格である以上、〈いのち〉あるかぎりは、制圧することも湮滅することも決してできない、という点である。せいぜい隠匿されるのが関の山であって、もしくは、おのれを開いて耐え抜くことができるだけである。本来的な〈死への存在〉だとされた〈死への先駆〉も、この点から解釈し直される必要があろう。

それにしても、当初問題とされた「時間の有意義性」という現象は、今や見失われたかに見える。少なくとも、「時間」を、日常的に配慮されるものとして理解し続けるかぎりは。ところが、ちょっと注意して考えれば、じつはもう一度、「時間の配慮」という問題次元が浮上していることに気づく。というのも、近代産業社会の生産性を創出したとされる「分業」つまり「労働分割」とは、〈いのち〉の代理不可能性を埋め合わせようとする工夫として開発され、発展してきた代理可能な時間——すなわち「労働時間」——の配分制度にほかならないからである。時間の配慮にもとづくこの労働形態は、地球規模で拡大しているが、そこには、私の時間が——われわれの時間ではなく——〈ひと〉の時間となる、という「時間のはなはだしい公共化」(SZ, 419)という方向が一枚かんでいるように思われる。

そして、このあたりには、「資本主義」という近代世界の巨大な運動を理解するうえでのカギがひそんでいると見ることもできる。近代化の本質としての資本主義的生産様式——その合言葉が例の「時は金なり」である——の根底には、「時間のエコノミー(節約・経済)」という様態をとった「時間の配慮」のはたらきが存している[8]——マルクスの独創的な洞察でもあったこうした問題群を、「時間と存在」の根本問題として展開すること、これが、「時間の有意義性について」という論題に後続すべき、今後の中心課題となろう[9]。

注

(1)「時間性」にようやく辿りついた時点で、以後の課題について予告している次の箇所にも注目すべきである。「現存在は、自分の存在が関心の的である存在者であるから、表立っているにせよそうでないにせよ、第一次的に自分自身のために自分を利用する。さしあたりたいてい、気遣いとは、配視的に配慮〔=調達、心配〕することである。自分自身のために自分を利用しながら、現存在は自分を〈消費する〉〔=おのずと消耗する、力を使い果たす〕。自分を消費しながら、現存在は、自分自身を必要とする、すなわち自分の時間を必要とする。時間を必要としながら、現存在は、その時間を勘定〔＝考慮、計算〕に入れる。配視的に勘定しながら配慮することによって、時間がさしあたり暴露され、その結果、時間計算といったようなものが形づくられる。時間を勘定に入れることは、世界内存在にとって構成的〔＝つねにつきまとう、不可欠のもの〕なのである。配慮しつつ暴露する配視のはたらきは、自分の時間を勘定に入れつつ、暴露された道具的存在者および事物的存在者を時間のうちへと出会わせる。世界内部的存在者は、こうして〈時間のうちで存在するもの〉として近づきうるようになる。われわれは、世界内部的存在者のこの時間規定性を時間内部性と名づける」（SZ, 333. 強調は原文）。

（2）「今」のこの四つの契機、たとえば「日付可能性」を論ずることが、あきれるほど「初歩的」であることは、ハイデガー自身十分自覚している。「日付可能性がそれに属している当のものとは何か、また日付可能性は何にもとづくか。だが、これ以上に余計な問いが立てられうるだろうか」（SZ, 407）。だが、この「初歩的」きわまりないがゆえに謎に満ちた現象に、あえてこだわることで見えてくることには、計り知れないものがある。「〈今は〉〈そのときには〉〈あのときには〉でもって解釈されるものに日付可能性という構造が本質上属しているということは、そのように解釈されるものが時間性の自己解釈に由来するということの最も初歩的〔＝基本的、原基的〕な証明になる」（SZ, 408）。

（3）『存在と時間』の構想全体における世界時間の問題の重要性について示唆している箇所として、以下を参照。「予期し保有しつつ現在化する配慮のはたらきは、何らかの目的（Wozu）に関連づけて時間を了解するのだが、この目的は、これはこれで、最終的には、現存在の存在可能というそもそもの本義（Worumwillen）のうちに固定されている。公共化された時間は、こうした目的手段連関（Um-zu-Bezug）でもって、われわれが以前に有意義性として学び知ったところの、まさにその構造をあらわにする。公共化された時間は、世界の世界性を構成するのである。公共化された時間は、何々のための時間として、本質上、世界性格をもっている。したがってわれわれは、時間性の時熟において公共化される時間を、世界時間と名づける。しかもそう名づけるのは、たとえば、そのような時間が世界内部的な存在者として事物的に存在するからではない。この時間が事物的に存在するということは決してありえない。そうではなく、この時間が、実存論的‐存在論的に解釈された意味における時間に属するからこそである。世界構造の本質的な諸連関、たとえば、〈何々のために〉〔＝現在の地平的図式〕が、時間性の脱自的‐地平的な体制にもとづいて、公共的な時間、たとえば〈何々であろうとそのときには〉と、どのように連関するかは、以下において示されるにちがいない」（SZ, 414）。

引用箇所の最後にある「以下において」とは、未刊の第三篇「時間と存在」を指示していると見てよい。ということは、第一八節で世界の有意義性を構成するものとして説明された「何々のために（Um-zu）」という指示が、第六九節cで唐突に「現在の地平的図式」（SZ, 365）とされるに至ったいきさつは、「何々であろうとそのときには」といった世界時間の有意義性の指示との「連関」において、「時間と存在」という本来の結論部で改めて根拠づけられる予定であった、ということである。したがって、第六九節のそっけなく「空虚」ですらある説明は、世界時間の議論を踏まえたうえではじめて本格的に「充実」されるはずだった、ということになる。

（4）解釈され言い表わされた「配慮される時間」には、正確には、「今」、「そのとき」、「あのとき」の三通りがある。それぞれの「有意義化作用」のパターン、つまり「適切性ないしは不適切性という構造」（SZ, 414）を考えてみると、次の三通りの判断形式が得られる。

（d‐1）「～である今は、…すべき（すべきでない）時である」

（d‐2）「～であろうそのときは、…すべき（すべきでない）時である」

（d‐3）「～であったあのときは、…すべきであった（すべきでなかった）時である」

この三つを見て、すぐ気づくことがある。（d‐1）の「現在化」と、（d‐2）の「予期」はどちらも、行為者を導く指示を与える（それどころか両者は「今後」を規整するという意味で結びつく以上、截然とは区別できない）のに対して、（d‐3）の「保有」は、あくまで「事後」的判断であり「後の祭り」である点で、前二者と決定的に異なるのである。それに応じて、有意義化のはたらきそのものも、（d‐1）と（d‐2）では「これから」のふるまいを促すのに対して、（d‐3）では「これまで」の行状を評価する、という相当違った形をとる。もちろん、起こったことを引きずる（という仕方で既在のものが「保有」される）ことが、後悔、弁解、正当化などの評価形態をとる場合、「これから」に向かっての判断材料となり、一定の波及効果を生むということならあろう。これは、「保有しない」つまり「忘却する」という消極的態度が、「予期しない」つまり「呑気でいる」ことと同様、今後の失敗を招くおそれがある、ということからも明らかである。あるいはその反対に、「忘却する」ことが、「昨日」を悔やんで煩わされる「後ろ向きすぎる」態度を免れる功名があるのは、「呑気でいる」ことが、「明日」に怯えてがんじがらめになる「前向きすぎる」態度を避けることができるメリットがあるのと、よく似ている。

(5) それは、たとえば「時宜に適った行為へと導く知」という(ハイデガーによって解釈された)アリストテレスの「賢慮(フロネーシス)」の概念に見られるごとく、洋の東西を問わず人類が太古から痛感してきたことである。もちろん、時間に対していかに身を処すかは、広い意味での価値判断に関わっており、人生観や世界観に応じて異なるが、有意義性をもつ時間に対する配慮という形式的構造自体は、どんな事例にも看取しうる。

さらに言えば、「〜の今は、…すべき時である」という構造は、瞬間における決意という本来的実存にも、お決まりの日課に埋もれた惰性的暮らしという非本来的実存にも、等しく見出せる。このことは、『存在と時間』を解釈するうえで非常に重要である。なぜなら、この書の叙述全体を貫く「本来性」と「非本来性」という実存の二大様態とは、「自分の時間」に対する態度の相違として記述しうるからである。「現存在が時間を自分に与えたり残したりする、さまざまに可能なあり方は、現存在がそのつどの実存に応じて自分の時間をどのように〈持つ〉かにもとづいて、第一次的に規定されうる〔…〕。仕事で多忙をきわめ、配慮の対象に自分を失いながら、非決意の人は、そのせいで自分の時間を失っている。だから、非決意の人に特徴的な言い回しは、〈私には時間がない〉なのである。非本来的に実存する人が、不断に時間を失い、決して時間を〈持つ〉ことがないのと対照的に、本来的実存の時間性をあくまでも特色づけるのは、この実存が決意性のうちにあって決して時間を失わず、〈つねに時間を持っている〉点なのである」(SZ, 410. 強調は原文)。こうした説明を、通りすがりの議論と受けとってはならない。「本来性」とは具体的にはどんなあり方を意味するか、という問いに対するハイデガーなりの暫定的結論がここに如実に示されているからである。つまり、本来的/非本来的の区別は、「時間の過ごし方」に現われるものなのである。ハイデガーは「自由」の問題を「時間・ゆとり・ひま」の問題として扱っている。もっと踏み込んで言おう。

『存在と時間』は「自由時間論」として読まれる可能性を秘めているのである。

（6）じつを言うと、『存在と時間』において「有限性の反映」として解釈されているのは、「無限」、「過ぎ去る」、「不可逆」という通俗的時間表象の性格のほうである。たとえば、「時間は過ぎ去るという強調された語り方のうちには、現存在の時間性の有限的将来性の公共的反映がひそんでいる」（SZ, 426）。こうした主張は、ディルタイ流（フロイトばり）の「抵抗経験の分析」を駆使するハイデガーの事実性の解釈学にもとづいているのだが、それはともかく、通俗的時間了解のうちにも有限性が透けて見えるとするならば、配慮された時間の有意義性においては何をかいわんや、という感を深くする。

（7）フーコーは『言葉と物』のなかで、近代の哲学史がもっぱら「有限性の分析論」の圏内を動いてきた、と指摘しているが、私が以下で行なう「限りある〈いのち〉」の再検討も、ご多分に漏れず、そうした近代哲学の「人間学的まどろみ」をいつまでもむさぼっている――ニーチェが「神の死」を告げたと同時に「人間の消滅」をとっくに予告したにもかかわらず――、ということになるのだろうか。そうは思わない。なぜなら、「〈いのち〉の大切さ」が繰り返し唱えられるとしても、その「なぜ？」そのものは不問の前提であり続けているからであり、「〈いのち〉の大切さのゆえん」を考えることは、近代の趨勢からすれば、むしろ明白な逸脱だからである。ある意味では近代精神の申し子である『存在と時間』が、近代そのものを内側から突き破る地点に歩を進めているゆえんも、またここにある。この書は、明らかに「ニーチェ以後」の産物なのである。

（8）私の言う意味での「時間のエコノミー」の問題群に明らかにふれていると思われるハイデガーの叙述として、以下を参照（強調は原文）。「日常的な配慮が、配慮された〈世界〉のほうから自分を了解するかぎり、この配慮は、自分で使う〈時間〉を自分の時間として識別しないで、〈与えられて存在する〉時間、つまりひとが勘定に入れる時間、を配慮しながら徹底的に利用する〔＝食い物にする、搾取する〕。他方で、事実的な現存在が、時間をことさら斟酌することにおいて、時間を表立って配慮する度合がはなはだしくなればなるほど、〈時間〉の公共性は、それだけいっそうしつこく迫ってくる」（SZ, 411）。「時間を配慮する現存在が時間を失うわけにはいかなくなればなるほど、時間はそれだけ〈いっそう貴重なもの〉となり、時計もまたそれだけ手軽なものとならざるをえない」

(SZ, 418)。「ひとが知っているのは、水平化された結果、誰のものでもあり、かつ誰のものでもなくなった公共的な時間だけである」(SZ, 425)。

(9) 本章の原稿を一九九七年九月に東京女子大学紀要『論集』に載せたとき、末尾に次の断り書きを付した。

「付記――本稿は、一九九四年一一月二六日、八王子の大学セミナーハウスで開催された第一九回現象学解釈学研究会の席上で読み上げられた発表原稿を、ほぼそのままの形で再現したものである。最後に言及されている「後続すべき今後の中心課題」については、引き続き「ハイデガーからマルクスへ」という基本線で論じられる予定であったが、その後の研究の進展を経て、当初の計画は変更を余儀なくされ、続稿は断念されるに至った。これは主として、ハイデガーとマルクスをともに根源的に批判する視点を提供しえているアーレントの諸論考から筆者が多くを学ぶようになったことに起因する。とりわけ、彼女の主著『人間の条件』は、ハイデガーの時間論(本稿でいう「有限性の分析論」)の独創的な換骨奪胎であるとともに、マルクスの労働価値説(もしくは「時間のエコノミー」)を根底からゆさぶる問題提起の書として、本格的検討を必要とすることが明らかとなった。アーレントの批判は、当然、本稿での試みに対しても重大な反省を迫るものであり、それを踏まえずに「時間の有意義性」を論ずることは、もはや素朴というほかないように思われる。その意味では「旧稿」にすぎないが、今後の研究にとって、歩むべき道を照らし出す一つの岐路としてなおそれなりに意義を有していると考え、このたび遅まきながら印刷に付すこととした。新たな「続稿」は、ひとまず「ハイデガーとアーレント」論という体裁をとって近いうちに日の目を見ることになるだろう。」

第九章　技術と生産　ハイデガーからマルクスへ

一　ハイデガーとマルクス？

近頃の「西洋思想仲買業者」（以下「業者」と略）の流行の一つに、「何とか的転回」というネーミングがある。もちろん、この命名法のはしりは、カントのいわゆる「コペルニクス的転回」にあり、これは「対象ではなく認識が問題」という意味で、近代哲学における「認識論的転回」と呼ばれたりもする。二十世紀の哲学はさらに「意識ではなく言語が問題」という意味で「言語論的転回」を果たしたと言われることが多い。これに加えて最近では、「解釈学的転回」とか「神学的転回」とかいったキャッチフレーズが業者の間では売れ線として有難がられているようである。こうなると、とにかく「転回」と付ければ、何かこれまでにない新しい発想が台頭しつつあるかのように見えてくるから不思議である。だが、見かけはしょせん見かけであって、業者が営業セールスを維持するために性懲りもなく持ち出してくる流行商法など、賢明な消費者にはすぐ飽きられることだろう。

ところで、「転回」という言葉には一部の業者の間で長らくもう一つの用法があり、つまり「ハイデガーにおける思索の転回」がしきりに話題とされた時期があった。だが今日では、「思索の転回」という言い方は転用に過ぎず「転回の思索」こそ正式な用法だとするのが業者の一般的見解となっている。そういう営業上の議論はさておき、ハイデガー哲学の出現は、哲学史的に見て、やはり何らかの「転回」を意味していたと考えることができる。それは、「言語論的転回」とは異なる「意識からの離反」、つまり「意識ではなく存在が問題」という方向性である。「意識の志向性から世界内存在へ」という現象学のこうした方向転換を、「ハイデガーの存在論的転回」と呼ぶことも、あながちできない話ではない。

とはいえ私はべつに、ハイデガー関連業者の一人として「存在論的転回」を言祝《ことほ》ぐつもりはない。そうではなく、この「転回」はもしかすると、ずっと以前に敢行されたより大規模な「転回」の変奏にすぎないのではないか、と思うのである。再演された大逆転劇が、諷刺コントじみて見えるのは避けられない。少なくとも、つられて踊らされるほどのことはないだろう。では、ハイデガーがその軌道の上を動いてきた哲学史上の「転回」とは何か。私たちは、「意識ではなく存在が」という言葉に見覚えはないか。

この物言いを知らない業者はもぐりであろう。史的唯物論を定式化した有名な『経済学批判』序文で、「人間の意識が人間の存在を決定するのではなく、逆に、人間の社会的な存在が人間の意識を決定する」[1]と述べたのは、一八五九年のマルクスその人であった。彼の直接の踏み台は、頭で立って（転倒して）いるヘーゲルであったが、この「ヘーゲルからマルクスへ」または「観念論から唯物論へ」という「逆転」によって、二十世紀の「存在論的転回」はとっくに準備されていた、と言うべきかもしれない。ハイデガーの形而上学批判とは、マルクスのイデオロギー批判の焼き直しだったのではないか。

しかしこんなことを言い出すと、業者からたちまち営業違反を咎められることだろう。「ハイデガーがマルクスに似ているだって？ そんなナイーヴきわまりない重ね合わせこそ恥ずべき似非《えせ》比較研究ではないのか」——たしかに、ハイデガーの「存在への問い」は、マルクスの「経済学批判」と何ら共有するものを持たないかに見える。あるいは、次のように窘《たしな》められるかもしれない。「かりに百歩譲ってマルクスとハイデガーに共通点があるとして、そもそもマルクス主義と実存主義という二十世紀の二大思潮が仲良く没落した現在、この両者の接点を求めるかのごとき古色蒼然とした作業を今さら掲げることに何の意味があるのか」——こうした疑義は、けだし当然と言うべきであろう。

それゆえ、私が以下で行なう「比較研究」は、まずもって次の二つの要求を満たすものでなければならない。第一に、ハイデガーとマルクスとを接近させ、そこに同一の思索の事柄を見届けることにより、両哲学者に関する研究の停滞状況に一石を投ずること。第二に、マルクス主義と実存主義がすっかり色褪せた今日、なお哲学のアクチュアリティがあるとすればどのようなものか、を今ここつまり「現代のロードス」において示すこと。この二つの課題に沿うべく、思索の事柄かつ現代のロードスとして以下において選ばれるのが、本章のタイトルに掲げた「技術と生産」というテーマにほかならない。

二　技術への問い

ハイデガーという人は、あくまで存在への問いに、そして古代ギリシアにこだわるその態度からして、ゴリゴリの旧守派であるかに見えて、じっさいは決してそうではない。それどころか、時代におそろしく敏感な人であった。彼の初期の仕事は、歴史的に位置づけるなら、第一次世界大戦のもたらした混迷状況の中から生じた「実存」という同時代的な問題意識を敏感に受け止め、哲学的に洗練させたことにあったと言ってよい。だからこそ、年長のヤスパースを凌いで実存主義の理論的支柱ともなったのである。この目利きのよさが逆に災いしてナチ関与という苦い経験を味わうことになるが、その後の沈潜期を経て第二次世界大戦後に再登場したとき、彼が最も積極的に打ち出したテーマの一つは「技術」という問題であった。つまりハイデガーは、「テクノロジー論」としてますます脚光を浴びつつある現代思想の領域の有力な先駆者の一人なのである。

もちろん、哲学者が時代に敏感なのは、それが時代への迎合でないかぎり、少しも責められるべきことではない。とはいえ、「実存」を語っていたかと思うと、今度は一転して「技術」を論じるようになったことに対しては、いささか無節操ではないかとの印象をもつ向きがあるかもしれない。しかしそれは誤解というものである。前期において、実存問題が存在問題一般への具体的準備として提起されたのと同じく、後期における技術の問いとは、存在への問いの根幹にかかわる一貫した問題意識が――紆余曲折を経て――開花したものなのである。どうしてそう言えるのか、まずはこの点を明らかにしておく必要がある。

ハイデガーにとって「技術」という問題が、前期以来の重要なテーマであったことを瞥見するには、『存在と時間』において、古代ギリシア以来の存在概念がどのように見てとられていたかを思い起こしてみるだけで、さしあたり十分であろう。トルソーとなったこの書は、存在一般の意味を開陳するはずの中心部を欠くが、著者がある特定の存在概念を決定的に重視していることは、すでに序論の第六節において暗示されている。「何かが作り出されているという最も広い意味での被造性は、古代の存在概念の本質的な構造契機の一つである」（SZ, 24）。この「作り出されていること（Hergestelltheit）」こそ、ギリシア人の原初的経験のうえに成立し、その後も、中世においては神による世界の「被造性」として定着し、近代哲学の幕開けとされるデカルトの実体論の隠された先入見ともなり、今日に至るまで不断に西洋形而上学を徹底して支配し続けてきた、最も核心的な存在了解である——これが、「存在論の歴史の解体という課題」（第六節表題）に関する当時のハイデガーの根本確信であった。「存在者の存在の古代的な解釈は、〈世界〉または最も広い意味での〈自然〉に定位しており、この解釈はじっさい存在了解を〈時間〉から獲得している」とされ、結局それは、「現在という特定の時間様態を顧慮して了解されている」ところの「現前性（Anwesenheit）」という「存在論的 - 存在時的」な規定にほかならない、と言われるのである（SZ, 25）。「存在は時間にもとづいて了解される」というこの見通しが、『存在と時間』という書物の骨格そのものをなしていることは明らかであろう。「存在 = 恒常的現存性」（SZ, 96）という伝統的存在概念を、古代ギリシアにおいてそれが成立したところの「根源的な経験」（SZ, 22）に遡って「解体する」こと、これが『存在と時間』の最大の野心であった、とさえ言ってよい。そして、そのさい導きの糸となるべきは、「作り出されていること」と相関的な活動様式、つまり「作り出すこと・生産（Herstellen, *poiēsis*）」であった。

しかも、こうした着眼は決して奇異なものではなく、伝統に深く根ざした見方であった。じっさい、初期ハイデガーの存在論構想に多大な示唆を与えた『ニコマコス倫理学』におけるアリストテレスの模範的定式化に従えば、人間の生ないし活動には、次の三つの基本形態があり、しかもそれらは、知ないし真理の三通りの実存可能性に、それぞれ対応している。つまり、(1)「知恵（*sophia*）」の実現たる「観照（*theōria*）」、(2)「賢慮（*phronēsis*）」の発揮である「行為（*praxis*）」、(3)「技術（*technē*）」に導かれる「生産（*poiēsis*）」[2]。ハイデガーは、この三番目の「生産」という活動の次元こそが、古代ギリシア人が「存在（*ousia*）」を捉えるうえでの基礎経験の役割を果たしたのだ、と言っているわけである。書き継がれなかった『存在と時間』後半部では、おそらく、「生産」活動と一体となった知のあり方、つまり「技術」が、その真理性格にかんして十全に限界づけられるはずであっただろう。この本論はついに書かれなかったし、『存在と時間』の問題設定そのものも放棄されるに至った。だが、「技術と生産」にまつわる初期の問題意識を、ハイデガーは後期において、別な形で実現することになる。それが、戦後の代表的論文「技術への問い[3]」にほかならない。（一九三〇年代の代表作「芸術作品の根源」もこの流れに位置づけられる。）

　このようにハイデガーは一貫して「技術」に際立った問題関心を保持していた。以下では、当面の課題に必要なかぎりにおいてのみ、「技術への問い」の論述を追うことにしよう。

　ハイデガーはまず、「技術とは何か」に関する一般的見解を叩き台として取り上げる（VA, 9ff.）。それは、①「技術とは目的のための手段である」、②「技術とは人間の行為である」という二点にまとめられる。これらは互いに連関しており、「道具的かつ人間学的な技術規定」と呼ぶことができるが、ハイデガーは、穏当で「正当（richtig）」でもあるこうした観念を、徐々に転倒していく。そのために、まず、「目的‐手段」のうちにひそむ「原因」の観念が、伝統的な四原因説の解釈を通じて、ギリシア語の

aition に遡って再考される（VA, 11ff.）。この語をハイデガーは、何かが別の何かの「せいである（Verschulden）」と訳し、かつそれを、「現前することへと出来《しゅったい》させる」という意味での「きっかけとなる（veranlassen）」とも言い換える。ところが、「きっかけとなる」とは、広い意味での「産み出すこと（*poiēsis*, Hervorbringen）」に属するが、この「ポイエーシス」の概念には、自然すら、いや自然こそ、「みずからを産み出す・おのずと生ずる」という意味で最高度に含まれるという。結局のところ、ポイエーシスとは、「隠されているさまから隠れなきさまへと産み出すこと」であり、「顕現させること（Entbergen）」としての「隠れなさ・真理（*alētheia*, Unverborgenheit）」の様式の一つである、とされることになる。つまり「生産」とは、古代においては「真理」のあり方にほかならなかった、というのである。

以上の語義説明は、要するに「生産」のギリシア的意味の確認であるが、引き続きハイデガーは、「技術」のギリシア的理解を瞥見している（VA, 16f.）。「技術（Technik）」の語源である *technē* というギリシア語に関して注意すべきは、それが、1．手仕事的な行為や能力だけでなく、高度の技芸や芸術をも表わしていたこと、つまり上述の広義の「ポイエーシス」つまり「産み出すこと」に属するということ、2．プラトンまでは、「エピステーメー」と同様、最広義の「認識」を表す語であったこと、そしてアリストテレスがそれを「真ならしめるはたらき（*alētheuein*）」の観点からエピステーメーから区別したということ、である。まさにこれは、先にふれた『ニコマコス倫理学』での区別だが、この「技術への問い」では、テクネーが認識や真理という観点から位置づけられたことが積極的に受け止められており、テクネーにもとづく存在了解を「解体」しようとした前期とは強調点が相当異なっている点を見逃すべきではない。ともかく、「技術」とは、その根源においては、たんなる人間の道具手段ではなく、「顕現させる」という意味での「真理」の様式の一つであった、とハイデガーは見る。「テクネーとはアレーテウエインのあり方の一つである」(VA, 17)。——これが、後期ハイデガー技術論の出発点となる基本テーゼなのである。

だが、そのような好事家的語源穿鑿が、高度に発展を遂げた「現代技術」を考えるうえで何の役に立つのか、というもっともな疑問が湧いてこよう。現代技術は、近代の精密自然科学に依拠することで、まったく変質してしまったし、逆に、近代科学も、実験科学として、技術的器具や器具製造業に依存するようになっている。当然のことながら、ハイデガーも、技術と科学のこうした相互反照関係にもとづく、いわゆるテクノロジーの成立を重視するこのような異論が出ることを認めている(VA, 17f)。だが問題は、そのような性格をおびるに至った「現代技術の本質とはいかなるものか」である。「現代技術とは何か。それもまた顕現させることなのである」。このようにハイデガーは、あくまで「真理」という現象に定位して「現代技術に特有の新しい性格」を明らかにしようとする(VA, 18)。つまり、現代技術を、新種の、だがやはり「顕現させること」の一様式として一貫して解釈してみせる。そして、この議論が「技術への問い」の核心部分をなすのである。

先回りして言っておけば、この分析は三つの観点からなされることになる。それらは現象学の基本的語彙を用いれば、㈠「志向するはたらき・作用」、㈡「志向されるもの・対象」、㈢「志向するもの・主体」というふうに整理できる。もちろん、「志向性」といった用語は用いられないが、分析のスタイルは模範的と言えるほど「現象学的」である。

まず、現代技術を支配している「顕現させること」とは、ポイエーシスという意味での「産み出すこと」ではなく、「挑発すること（Herausfordern）」——この語は「そそのかす・けしかける」とも訳せる——である（VA. 18f）。この〈作用〉によって、自然はエネルギーを供給するよう無理強いされ、その結果、エネルギーはどんどん採掘され貯蔵されうるようになる。石炭採掘、食品製造、原子力、水力発電、みな然りである。「現代技術をつかさどる顕現させることは、挑発という意味での立てること（Stellen）という性格をもつ」（VA. 20）。しかも、これによって自然の隠されたエネルギーは、開発、変形、貯蔵、配分、変換される。挑発のこの一連の過程の根本動向は「操縦化」と「確実化」である。——これが、「挑発すること」という一語でしめくくられる、現代技術の「顕現させること」の〈作用〉性格、つまり〈どうするか?〉の面である。

「挑発」という語でもって言い当てられようとしているのは、一体いかなる事態であるか、はあとで考えることにして、ひとまずハイデガーの説明をさらに追うことにしよう。

「挑発」によって駆り立てられたものは「用立てること（Bestellen）」に供される。用立てられるものは、もはや「対象（Gegenstand）」でさえない。ハイデガーはこれをとくに「用象（Bestand）」と呼ぶ（VA. 20f.）。「ベシュタント」という語は、辞書的には「手持ち分・現在高・在庫品・備蓄資源」という意である。(4) これは、「顕現させること」としての現代技術の〈対象〉性格、つまり〈何を?〉の面である。

ところで、〈何を?〉〈どうするか?〉とともに問われるべきは〈誰が?〉、すなわち現代技術の〈主体〉である。「用象」を「挑発」しているのは、一体何者なのか。これに対する答えは自明であるかに見える。「人間」が、と答えればよさそうである。だが、この答えは決して十分ではない。なぜなら、人間自身もまた、自然エネルギーを採掘するよう「挑発」されているからである。それどころか人間は、自然よりもいっそう根源的に「用象」に服属しているとすら言える。たとえば森番は、木材加工業の「人的資源」になってしまっている。総じて人間は、技術を駆使することによって用象の挑発に関与してはいるが、この用象の挑発そのものは、人間が作ったもの（Gemächtes）では決してなく、人間の意のままにはならない（VA, 21f）。ここに至って、先の「道具的人間学的な技術規定」の限界があらわとなる。しかし、だとすると、挑発という仕方で用象を顕現させている現代技術の〈主体〉は誰なのか。現代技術の本質を問うハイデガーの試みはここにきわまると言ってよい。

「かの挑発することとは、人間を用立てることへと集める（versammeln）。そのように集めることは、人間を、現実的なものを用象として用立てることへと集中させる（konzentrieren）」（VA, 23）。現代技術を際立たせているのは、ヒトとモノの一切を駆り集めるこうした「集中体制」ないし「総動員態勢」とも言うべき事態にほかならない。かくしてハイデガーは、「山々（Berge）」の連なりが「山並み・山脈（Gebirg）」と呼ばれる造語法にならって、ありとあらゆるものを用象として用立てることへと人間を集める、かの挑発的要求のことを、「集立（Ge-stell）」――このドイツ語は「台架・骨組」といったほどの意味である――と名づけるのである（VA, 23）。現代技術の〈主体〉とは、人間と自然を呑み込んでは膨れ上がる巨大な「集中体制」だ、というわけである。

「技術への問い」の論述は、これでようやく前半というところなのだが、当面の問題関心からすれば、ここまで議論を辿るだけで十分であろう。それよりも、ハイデガーが何を言わんとしているかを考えてみなければならない。もしそれがたんなる言葉遊びでないとするなら、「挑発」、「用象」、そして「集立」とは、一体何を意味するのか。個々人を超えて社会全体に圧倒的な支配をふるう非人称の何ものか、人間と自然を駆り出し巻き込み組み入れては肥大化してゆく世界規模の巨大な運動、人類と地球の全体から収奪され集積され自己増殖を遂げてゆく脅威的な力、それは果たして何であろうか。

三　集立と資本

もう一度確認しよう。ハイデガーによれば、現代技術は、かつてのポイエーシスのように「ひとが－ものを－つくる」ではなく、「集立が－用象を－挑発する」というふうに変質してしまった、という。この事態は何を意味しているだろうか。

ここで、一見迂遠のようだが、ハイデガー全集七九巻として一九九四年に公刊された一九四九年のブレーメン連続講演「有るといえるものへの観入」を参照してみよう。その第二講演「集立（Das Ge-Stell）」[5]では、一九五三年の講演「技術への問い」とよく似た論旨が展開され、しかもいっそう詳しく「集立」について論じられているからである。

「集立（Ge-Stell）」とは、要するに「立てること」の集合体であるが、この「立てること」の含意は、次のように説明されている。「立てる（Stellen）」とは、挑発する、徴発する（anfordern）、出頭を強いる（zum Sichstellen zwingen）という意味である。こうした立てることは、召集（Gestellung）として生ずる。召集命令において召集が人間に向けて発せられるのである」（GA79, 27）。この説明から、「集立」という着想が、戦時体制における有無を言わさぬ強制徴用、ヒトとモノの総動員態勢とのアナロジーに由来していることが分かる。未曾有の殺戮の衝撃がいまださめやらぬ第二次世界大戦直後、「召集《ゲシュテルング》」のニュアンスを伴う「集立《ゲーシュテル》」という語がいかにまがまがしい響きを伝えていたかは想像に難くない（それどころか、ナチ支配の時代には「集中（Konzentration）」とは「強制収容」のことを意味した）。しかし注意すべきは、戦争が終わろうとも「集立」体制は不断に続いている、とハイデガーが診断している点である。では、「平時」における現代技術に、非常事態の常態化ないしは日常化した臨戦体制がひそんでいる、とはどういうことか。

　用象の用立て・挑発に関しては、次のコメントが示唆的である。「ひとは次のように言うだろう。大地が、そのうちに埋蔵している物資と動力に関して搾取されるのだ、しかるに、搾取（Ausbeutung）とは、人間の行為と営為なのだ、と」。「だとすれば、用立てることは、搾取という仕方で遂行された、人間の作為（Machenschaft）ということになろう。〔…〕しかしながら、この外見は、たんなる仮象にとどまる」（GA79, 29）。これは、「搾取・開発（Ausbeutung, Exploitation）」といった常套語のうちにひそむ人間中心的発想の限界を指摘したものと見ることができる。挑発する〈主体〉は、もはや人間ではなく、人間を超えた「集立」なのだ、というわけである。この批判的発言をそのまま受けとるかぎり、ハイデガーは「搾取」という考え方に重きを置いていないように見える。だが本当にそうだろうか。わざわざ断わっているということは、内容的にそれだけ近いということではないか。そもそも「搾取」とはどういう意味であっただろうか。

　言うまでもなく、「搾取」とは、マルクスの基本用語であった。ここで、マルクスにおける「搾取」の概念を主題的に論ずる用意はないが、ごく大雑把にこの言葉の意味を想起しておくことは無駄ではなかろう。[6] というのも、ハイデガーが理解したつもりでいた「人間の作為」といった程度の意味を大幅に超えた含蓄が、そこにはひそんでいるからである。それどころか、「集立」とは何を意味するか、という難問への糸口がそこに見出されないともかぎらないからである。

Ausbeuten という語は、「収穫（物）・産出（高）」を意味する名詞 Ausbeute の動詞形であり、自然から「獲物（Beute）」をなるべく多く採集・略奪する、というのが原義である。そこから、「（野を）耕す」「（鉱山を）採掘する」という意味に用いられ、さらには「開発する」とか「徹底的に利用し尽くす・食い物にする」とかいった含みを持つようになった。したがって、搾取される対象とは、さしあたり自然であり、つまり天然資源である。だが周知の通り、マルクスが「搾取」という言葉を用いる場合（たとえば「搾取度」）、第一次的に搾取されるものは、自然というよりはむしろ人間自身であり、人的資源としての労働者である。つまり、マルクスの問題にしている「搾取」とは、自然を利用し尽くすように人間を駆り立て、その労働力を搾り取るという際立った意味での「人材開発」なのである。

この「搾取」の概念が、ハイデガーの言う「挑発」に酷似しているのは、今や明らかであろう。人間が自然を用立てることへと駆り立てられるという事態こそ、ハイデガーが「挑発」という語で最も強調しようとした点なのだから。もちろん自然全般（いわゆる地球環境）が収奪されるのだが、とりわけ自然の一部としての人間が、まさに資源として挑発・搾取されること、この点が決定的なのである。

だが――と疑問に思われるかもしれない――、ハイデガーは、「搾取」が人間の作為であるのに対して、「挑発」とはもはや人間を超えたものである、と明言しているではないか。なるほど、先に見た通り、挑発の〈主体〉とは「集立」であって人間ではない、とするのが、ハイデガー技術論の基本的主張であった。では、マルクスの場合はどうであろうか。

たしかに、マルクスには「資本家による労働者の搾取」という言い方も見られ、「搾取」の〈主体〉が、利潤追求を事とする「資本家」つまり人間だということは、疑いえないかに見える。「資本家vs労働者」という理解されやすい階級闘争図式が広く受け入れられてきたことも事実である。しかしながら、じつのところ「搾取」の〈主体〉は、マルクスにあっても人間ではない。そうではなく、やはり人間を超えた何かなのである。自然と人間とを搾取しつつ自己増殖を遂げるこの〈主体〉、まさにそれをマルクスは、「資本（das Kapital）」と呼んだ。そして、近代にはびこるこの怪物の正体を解明しようとした書こそ、彼の主著『資本論（Das Kapital）』にほかならない。

それゆえ、この書物の趣旨からして、「資本」こそ〈主体〉もっと言えば〈主人〉なのであって、それに比べれば、人間は、労働者であろうと資本家であろうと、「資本」という名の主人の〈奴隷〉にすぎない。自然の搾取へと駆り立てるという仕方で労働者を搾取しているのは、さしあたり資本家だとしても、労働者のそうした搾取へと駆り立てるという仕方で資本家をも搾取している真の〈主体〉は、「資本」自体なのだ。「資本家」なる人間が問題になるのも、彼が「人格化された資本」「資本の魂」であるかぎりにおいてである。

私の言わんとするところは、もはや明らかであろう。ハイデガーの「技術」論における「集立」は、マルクスの「生産」論における「資本」と等価なのである。「挑発」が「搾取」と意味的に重複するように、「集立」は「資本」の代替概念である。――この単純このうえない事実が孕んでいる複雑きわまりない意味を解きほぐすことが肝要である。

ここで、マルクスが『資本論』で取り組んだ課題は何であったか、を想起すべきだろう。「私がこの本のなかで研究しなければならないのは、資本主義的生産様式であり、それに対応する生産関係および交渉関係である」(K. 12)。初版序文のこの有名な一文から窺える通り、マルクスが立てたのは「資本主義的生産の本質とは何か」という問いであった。これを敷衍すれば、「資本主義的でない生産諸様式があるなかで、近代市民社会に固有な資本主義的生産を特色づけているものは何か」と言い換えられるだろう。ここでマルクスがあくまで話題にしているのは、「生産(Produktion)」である。しかも人類に普遍的な生産一般つまりポイエーシスではなくて、近代に特有な生産のあり方が問題なのである。[7] これは、ハイデガーが、古代以来の技術一般つまりテクネーではなくて、現代に特有な技術のあり方を問おうとしたのとパラレルである。両者の議論が似通ってくるのも偶然ではない。

ところで、ハイデガーは、集立によって挑発されるのは「用象」となる、としていた。この「用象」とは何のことか、をマルクスに即して考えてみると、答えはまことに簡単なものとなる。「商品(Ware)」と答えればよさそうだからである。「資本主義的生産様式が支配している社会の富は、〈商品の巨大な集まり〉として現われ、個々の商品は、その富の要素形態として現われる。それゆえ、われわれの探究は、商品の分析から始まる」(K. 49)。言うまでもなく、『資本論』全巻は、商品という存在者へのこうした着眼から開始される。だが、「商品」が「用象」に対応しているのは間違いないとしても、この等置にさほどメリットはないようにも見える。マルクスの商品分析が実り豊かであればあるほど、それをハイデガーの「用立て」の議論と対比させるのは安直だとのそしりを免れないだろう。

しかし、先に確認したことだが、「搾取」にしろ「挑発」にしろ、その対象はありとあらゆる「資源としての自然」であるにせよ、わけても重要なのは、自然の一部としての人間自身が搾取・挑発の対象となっている点であった。それにしても、人間が「用象」となって「集立」に組み込まれてゆくというのは、それほど分かりやすい主張とは言えない。だが、人間自身がれっきとした「商品」となって「資本」に組み込まれてゆくということなら、これは大いにありうる。しかも、マルクスはこの「人間の商品化」すなわち「労働力商品の売買」こそ、資本主義的生産様式を特色づける現象であると見なす。「資本の生産過程」を主題とする『資本論』第一巻の核心はここに存する。マルクスによれば、「資本が人間を労働力として搾取する」という事態こそ、資本主義的生産の本質なのである。「集立が人間を用象として挑発する」というハイデガーの主張は、実質的にはこれを超えるものではない。

じっさい、ハイデガーはお得意の言葉遊びを弄して、「人間も、それなりの仕方で Bestand と Stück という言葉の厳密な意味〔つまり細分化でき同形画一的であるがゆえに代替可能な構成要素・用象断片の一つであること〕において Bestand-Stück である」と述べており（GA79, 37）、人間が、孤立したアトムとして寄せ集められるに過ぎない「人間の用象化」について語っている。だが、いかんせんこうした記述だけでは、次のような疑問の生ずることは避けられない。つまり、自然としての人間が人的資源として「集中」させられるのは、一体何のためか。人間は「人材」として、何を供出させられているのか。――この問いはハイデガーからマルクスへと差し戻したうえで再吟味されるべき体のものである。

しかも、「用象としての人間」を「労働力商品」と読み換えることは、平行性を図式的に確認することにとどまらず、「集立」という不可解な現象についての、言いかえれば「現代技術の本質」についての、いっそう判然とした理解が得られるというメリットがあるように思われる。今や問題とすべきは、マルクスの「資本」概念そのものである。

四　時間のテクノロジー

ハイデガーの「集立」をマルクスの「資本」に形式的に重ね合わせるだけでは、問題が後ろに一歩ずらされたにすぎないことは、言うまでもない。そういう「資本」とは一体何か、という問いを改めて誘発するだけだからである。だが幸いなことに、マルクスはもう少し先を行っているように思われる。というのも、ハイデガーの「現代技術」論を理解するには、散見される該当箇所から推察して「集立とは何か」と問わざるをえないのに対して、「資本とは何か」という問いは、マルクスの「近代生産」論を貫く中心テーマであり、彼の主著はあげてその解明に当てられているからである。では、マルクスは「資本」をどのように捉え、近代に特有な生産の本質をどこに見てとるのだろうか。

マルクスの答えは至って明快である。資本主義的生産様式の本質は、たんなる生産一般ではなく「資本の生産」にある、と。これは要するに、マルクスの「剰余価値説」と呼ばれる有名な議論であるが、当面の連関に置いてみると、そこには豊かな鉱脈がいまなお開発されずに眠っていることに気づく。そこで、以下では、マルクスが「資本の生産」という形で浮き彫りにした、近代に特有な生産のあり方を再考してみることにしたい。

一般に、現代の経済システムの特質は、商品の大量生産にある、としばしば言われるが、これは資本主義の特徴の一つではあっても、決してその本質ではない。資本主義的生産の目的は、「ものをつくること」（ポイエーシス）にも、「より多くのものをつくること」（ポイエーシスの増大）にもない。そうではなく、その至上目的は、「ものをつくること」を手段として「もうけ（Ausbeute）をふやすこと」、つまり「利潤の増大」にある。その証拠に、いくら商品を製造しても利潤が上がらなければ一切はムダになる。同じことの繰り返しにすぎない「単純再生産」は、端的に無意味なのだ（永遠回帰の悪夢）。マルクスの用語を使って説明すれば、ここで問題なのは、「使用価値」としての商品を製造することではなく、商品にやどる「価値」をより多く産み出すこと、つまり「剰余価値の生産」なのである。前回より今回の方がプラスアルファとなり、それが次回の一層のプラスアルファをもたらす、という累積的発展、そのプラスアルファ分こそ、「剰余価値」と呼ばれ「資本」の実体をなす当のものにほかならない。こうして次第に生ずる「余分・余剰」が、繰り返し資本に合算され生産に再投入されることによって集積・倍加され、どんどん資本が自己増殖してゆく（はずだ）というプロセス――それが、「拡大再生産」による無意味さの救済（歴史的進歩の神話）なのである。ただしそのためには、救いはつねに先送りされ、余裕の享受は不断に先伸ばしされねばならない。「いま我慢すれば、あとできっと報いが……」と信じて。

逆に言えば、「単純再生産」にしろ「拡大再生産」にしろ、「再生産」自体には意味はない、という点では同じなのである。そしてこのことは、どんなに生産力が「発展」しようと変わらない。純然たるポイエーシスという意味では、人類は昔から同じことをえんえんと繰り返してきた。そして、これからも当然そうである。ならば、「再生産」以上のものを、人類は果たして産み出しうるのだろうか[8]。ここには、人をニヒリズムに駆り立てる何かがある。だが、資本主義においてこの問いは免除されるしくみになっている。なぜなら、先に見た通り、資本主義の〈主体〉は人間ではなく、資本それ自体なのだから。

このように、剰余価値の付加による「資本の自己増殖」こそ、この奇妙な主人を戴く「集中体制」の究極目的なのである。総じて、マルクスの近代生産論によれば、資本主義的生産様式に本質的なのは、たんなるポイエーシスではなく、拡大再生産による剰余価値の生産である。

さて、問題はこの「剰余価値の生産」がいかに行なわれるか、である。手品めいたこの特異な「生産」について、マルクスは入念な議論を展開しているが（『資本論』第一巻はこの「資本の創世紀」に費やされる）、ここではその大筋を押さえるだけにとどめよう。

等価交換を原則とする商品流通の内部では、剰余価値はもとより生じようがない。むしろ、その生成の謎は、ほかならぬ資本主義的生産の内的構成要素のうちにひそんでいる。つまり、商品生産過程においてその使用価値の消費が「価値」を産み出す唯一の商品である「労働力商品」によって、はじめて剰余価値は「生産」される。人間のいわば自然エネルギーの支出たる「労働時間」のうち、当人の生存のための必要労働時間を超えて、「剰余労働（Mehrarbeit）」が行なわれるとき、その労働時間内に生産される商品の価値が「剰余価値」を形成する。これこそ、「資本による労働力の搾取」と呼ばれる事態にほかならない。

このように、資本主義に本質的なことは、価値の玉手箱たる生産過程へできるかぎり多くのものを送り込み「集中」させること、とりわけ人間を労働力商品として「召集」して駆り立てることであり、かつ、この過程を何度も「反復」して肥え太らせ、それが「循環」するたびにどんどん増殖させることである。この点を押さえたうえで、ハイデガーの「集立」の次のような説明を改めて読んでみると、それが「資本の自己増殖」という現象の形容としてあまりにピッタリなのに驚くほどである。

「集立は、用立て可能なものを、用立てることとの循環過程（Kreisgang）のうちへと不断に引きずり込む。〔…〕用象のうちへ留め置くこと（Abstellen）は、用立て的なもの（das Beständige）を、立てることの循環過程の外に出して立てるのではない。つまり、留め置くとは言っても、それはもっぱら、後続の用立て可能性に向けて次々と（weg und hin）、であり、言いかえれば、用立てることのうちへと戻して（hinein und zurück）なのである」（GA79, 32）。「集立は一切を用立て可能性へと一斉にむしりとる。それは、現前するものすべてを用立て可能性へとひったくり、それゆえ、そうしたひったくること（Raffen）の集まりなのである。集立とはつまりGeraff なのである」（GA79, 32）。「集立がそれ自身において集められつつ立てることは、それ自身において循環しつつ駆り立てること（in sich kreisendes Treiben）の集まりである。集立とはGetriebe なのである」（GA79, 33）。要するに、「集立とは、それ自身において、用立てることから用立てることへと用立て可能なものをひったくりつつ駆り立てる円環運動（die raffend treibende Zirkulation）なのである」（GA79, 33）。

言葉遊びが過ぎるように見えなくもないが（一九四九年の講演「集立」でのこうした表現実験は、一九五三年の「技術への問い」にはもはや見出されない）、ハイデガーがなんとか説明したがっている事態は、『資本論』で主題化された資本の運動様式、なかんずく「蓄積・集中（Akkumulation）」と「流通・循環（Zirkulation）」に相当するだろう。少なくとも、ハイデガーの難解な「集立」概念を、マルクスが解明した「資本」の現象に透かして読み直すのは、無駄なことではないと思われる。今引用した箇所に引き続いて、機械の「回転（Rotation）」が問題にされ、しかも十八世紀末のイギリスにおける「動力機械」の発明――いわゆる第一次産業革命――に言及されるのも（GA79, 34）、偶然ではないだろう。

それはともかく、「人間を労働力商品として搾取する資本」というマルクスの概念は、何を意味しているのだろうか。私なりの解釈を示せば、おおよそ次のようになる。

人間から搾取され資本に組み込まれるのが「剰余価値（Mehrwert）」であるが、それは要するに、生産活動における「余った時間・ゆとり」の所産である。この「剰余分（Mehr）」が使われることなく、まさしく「留め置かれ（abstellen）」、再び生産活動に振り向けられることによって拡大再生産が繰り返され、かくして資本は自己増殖を遂げてゆく。これが「資本の生産過程」であるとすれば、けっきょく資本とは「余った時間・ゆとり」によって産み出されるのだと言ってよい。余った時間が「消耗（verbrauchen）」されずに「節約（ersparen）」され、いっそうの剰余分を産み出すべく再び生産活動に供出されること、ここに「資本の生産」の核心は存する。つまり資本主義的生産様式は、「時間の節約・経済（Ökonomie der Zeit）」[9]から成り立つのである。

資本にとっては、「余った時間」が増えれば増えるほどよい。その剰余分をおのれのうちに取り込んでますます膨れ上がることができるからである。では、どのようにすればこの「余裕・隙間」は拡大しうるであろうか。それが、「剰余価値の生産」の二つの様式としてマルクスによって主題化された「資本の狡智」とも言うべき方式にほかならない。つまり、「絶対的剰余価値の生産」と「相対的剰余価値の生産」がそれである。

「絶対的剰余価値の生産」とは、直接的（つまり露骨）な搾取の仕方であって、「労働日」の延長によって剰余労働時間の「絶対量」を拡大するという方法である。これは、労働者にとっては、その分だけ自由時間が剝奪され「ゆとり」が痩せ細ることを意味するから、ここに、労働時間をめぐる熾烈な「労資闘争」が展開されることになる。

　これに対して、「相対的剰余価値の生産」とは、「生産力」の向上によって必要労働時間に対する剰余労働時間の比率を高めるという、より巧妙な「資源開発」である。そして、ここに投入されるのが、まさしく「生産技術」であり「テヒノロギー」なのである。よく知られているように、マルクスは、資本主義にとって構成的な合理化・集約化の「技術‐生産」形態として、「協業」、「分業とマニュファクチュア」、「機械制と大工業」の三つを挙げている。ここに、「時間のエコノミー」の中枢部をなす「時間のテクノロジー」[10]が全面的に展開されることになる。しかも、「労働時間の短縮＝余暇の増大」という予定調和を約束された円満な「労資協調」のもとに。そしてまた、労働力の価値そのものの低下という、奇妙な「代償作用」を内に蔵しながら。

五　テクネーはスコレーのために

　さて、以上の考察から何が見えてきたであろうか。「テクネー問題」に関して、現時点で得られた暫定的な結論を、備忘としてテーゼふうに掲げておこう。

　唯物史観において「土台」をなすのは「生産力」であるが、それは実質的には、「生産技術」という形で「力となった知」のことである。それはかつて、ポイエーシスと結びついたテクネーと呼ばれ、原則的に「生活必要物の再生産」に繋縛された「奴隷的」な手段知にすぎなかった。ところが、古代的な「徳は知なり」は、近世になると「知は力なり」へと逆転され、資本主義下では、効率化・省力化によって生産力を高める日進月歩の科学技術、つまり「時間のテクノロジー」が、人類と地球を支配する最高の知恵となった。ハイデガーが、「集立」を西洋形而上学の完成形態と見なすとき、それは、以上のような「テクネーの成り上がりとしてのテクノロジーの支配」のことを示唆しているように思われる。だが、テクノロジー論としては、「生産‐技術‐力」の問題に真正面から取り組んだマルクスの方が、一歩先を行っていると考えられる（現代のテクノロジー論者たちがハイデガーの技術論にはふれてもマルクスの生産論には考慮を払わないのは不思議である）。ただし、マルクスにはテクノロジー楽観論が濃厚であり、それをただちに受け入れることはできない。

とはいえ、彼の「技術の目的」理解には、アリストテレス以来の健やかな伝統がなお生きているように思われる。つまり、「技術は自由のために」という価値序列がそれである。技術によって余裕が産み出されるのは市民の自由をはぐくむかぎりで望ましい、と考えた古代人のまっとうな閑暇（スコレー）礼賛の姿勢が、マルクスの抱懐した「テクノロジーによるユートピア」論にも垣間見られるとすれば、芸術的創造というポイエーシスのもう一つの面に「救い」の可能性を見出すハイデガーのヴィジョンとはまた異なった再読可能性を、やはりマルクスは秘めているように思われてならない。

注

（1）K. Marx, *Zur Kritik der politischen Ökonomie*, in: *Marx Engels Werke* Bd. 13, 11. Aufl., Dietz, 1990, S. 9.

（2）アリストテレス『ニコマコス倫理学』の真理論のハイデガー独自の読み筋と、その問題点に関しては、本書第十章「哲学の実存」を参照。

（3）M. Heidegger, „Die Frage nach der Technik“, in: *Vorträge und Aufsätze*, 5. Aufl., Neske, 1985. ――以下 VA と

略記。

（4）このBestandという語は、ハイデガーも認めているように（VA, 20）、ドイツ語としてはVorratという語とほぼ同義であり、英語で言えば「ストック（stock）」に当たる。議論を先取りにすることになるが、ここで、マルクスの指摘していること、つまり「英語のストックが資本と同義語である」という事実、を確認しておくことは無駄ではないだろう（vgl. K. Marx, *Das Kapital*, Bd. 1, 32. Aufl., Dietz, 1988, S. 199, Anm. 9 ——以下本書をKと略記）。ちなみに、そのさいマルクスは、ドイツ語のStockつまり「棒」の含意を仄めかしている。ハイデガーに負けず劣らず言葉遊びがお好き、というべきか。

（5）„Das Ge-Stell", 2. Vortrag von *Einblick in das was ist. Bremer Vorträge 1949*, in: GA79, 1994.（= GA79）

（6）「搾取」の語義に関しては、内田義彦『資本論の世界』岩波書店、一九六六年、一六頁以下の啓蒙的解説を参照。

（7）マルクスの区別立てを用いるなら、ポイエーシスに相当するのは、「人間生活の永遠の自然的条件であり、どのような生活形態にも独立しており、むしろすべての社会形態に等しく共通である」（K, 198）とされる「労働過程」であり、これに対して、資本主義的生産を際立たせる特徴とは「価値増殖過程」である、ということになる。

（8）この問いにニーチェは当面せざるをえなかったし、それはまた古代の哲学者たちの問題でもあった。そして言うまでもなく、これらの人びとの答えは、すべて「否」であった。本文中に示唆しておいたように、ニーチェの永遠回帰思想とは、歴史的進歩という近代的観念に対して、最終的に「否」を言う試みだったと理解することができる。

（9）Vgl. K. Marx, *Grundrisse der Kritik der politischen Ökonomie 1857-1858*, 2. Aufl., Dietz, 1974, S. 89.

（10）「時間のテクノロジー」という用語は、前注で示した出典箇所を持つ「時間のエコノミー」という言葉とは異なり、マルクスに由来しない私の造語である。たんなる比較研究を大幅に超える巨大な問題群を表示すべきこの概念についての本格的な論究は、稿を改めて試みなければならない。関連する拙論として、以下を参照。「奴隷制問題の消息——〈テクノロジーの系譜学〉によせて（上）」／同「（下）」（東京女子大学紀要『論集』第四七巻2号、一九九七年／同第四八巻2号、一九九八年、所収）。

第Ⅲ部　哲学と政治

第十章　哲学の実存

ハイデガーとアリストテレス

だが結局のところ——、何はともあれ地上における哲学の死活（die Existenz der Philosophie）こそが問題なのだとすれば、国家の死活や大学の振興がわれわれに何だというのか。
（ニーチェ）[1]

かつて「実存の哲学」という思潮が一世を風靡した時代があった。学問よりは生を、精神よりは肉体を、平穏よりは不安を、傍観よりは参加を、とその哲学は訴えた。

ところが、今日ではどうやら「実存の哲学」どころか「哲学の実存」のほうが議論の俎上に載せられているようなのである。「そもそも学問は社会の現実に背を向けたものであってはならぬ。ところが今や哲学は実生活から遊離した虚学に成り果てている。ではそんな無用の長物など早くお払い箱にしようではないか」といった声が、至る所から聞こえてくるのである。それも、かの「実存の哲学」もかたなしの切迫感みなぎる口調で。こうなると、いかに呑気な哲学関係者といえど、自分たちの「死活・存亡・生計（Existenz）」がかかってくるから、本気にならざるをえない。もっとも彼らは、それが正真正銘の「実存問題」であることに思い至ることもないのだが。(2)

だが、「哲学の死活」という、このもう一つの実存問題は、知を愛する者たちにとって、「愛知」の歴史とともに古くから焦眉の急であり続けてきた。それも当然であろう。「愛知」とは、「汝自身を知れ」の一言を肝に銘ずることから始まったのだから。神をも畏れず真理を探求する者に、「身の程を弁えよ」との反問が突きつけられるのは必至であり、そうした自己省察をわが身に引き受けようとする者が、みずからの現実存在を問い直すのは必定なのである。それればかりではない。哲学者として生きることは、ソクラテスの昔から、狂気の沙汰といってよいほど危なっかしい実存様式であった。われわれは、この愛知の祖が世の人からそのあり方を糾弾され非業の死を遂げたことを、幾度となく想起すべきである。だがそれはいったい何ゆえであったのか。空とぼけ程度で憎しみを買って殺される、などということがどうしてありえたのか。「哲学の実存」の中心問題がここにある。

とはいえ、ここでは、このきわめつけの実存問題を論ずることはできない。その代わりに、以下では、現代において「哲学の実存」――「実存の哲学」ではなく――を執拗に問い続けたハイデガーを、一つのモデルケースとして取り上げることにしよう。このテーマ選定の外見上の恣意性は、論述の進行につれ次第に払拭されてゆくことだろう。

一　実存の哲学と哲学の実存

ハイデガーは『存在と時間』で「実存の哲学」を企てているかに見えるが、その一方で、実存哲学者と呼ばれることを一貫して拒否している。これは、彼にとって、「存在《ある》とは何を意味するか」という問い、つまり「存在の哲学」がもっぱら関心事であったからだが、ではなぜ、「存在への問い」を準備するうえで「実存への問い」が先行しなければならないのか。やはりそれは人間中心的な存在観の表われではないのか。

じつはすでにここに、「哲学の実存」という問題が見え隠れしている。つまり、「存在の哲学」は「実存の哲学」として着手されるが、それは「哲学の実存」が問題だからこそなのである。これは、存在への問いの手がかりとなる「現存在」という存在者がどのように導入されているかを見れば、分かってくることである。

「存在こそ問われている事柄であるが、存在とは存在者が存在するということだから、そのかぎりにおいて、存在とは何かを問うにあたってまずもって問いかけられるべきは、存在者そのものである。存在者がおのれの存在にかんがみていわば審問されるのである」(SZ, 6)。かくして、問いの手がかりとなる存在者が探し求められ、結局それは「現存在」という存在者である、ということに落ち着く。この選択は何を意味するのだろうか。そもそも「現存在」とはいったい何者なのか。

この場合、「人間」である、というのではもちろん答えにならない。「各々のわれわれ自身」と答えてもまだ足りない。真の答えは至って単純である。現存在とは、存在を問おうとしている者、つまり「哲学者」のことなのである。もちろんその場合の「哲学者」とは、ハイデガーその人を指す固有名ではない。そうではなく、「存在」の不可思議さ、「ある」という言葉が指し示している森羅万象の謎、を解き明かそうとする「知を愛する者」すべてが、今や「現存在」という名のもとに召喚されようとしているのだ。

ハイデガーの説明は次のようになっている。存在への問いとは、存在者が存在するということとそのことへまなざしを向け、その意味を了解し把握する営みである。したがって、この問いが「おのれ自身のまったき透徹性（Durchsichtigkeit）において遂行されるべきであるなら」、問うという営みがそれ自身があらかじめ解明されているのでなければならない。何といっても、存在を問うという営みがそれ自体すでに一つの存在様態なのだから。ところで、この存在様態をとっているのは、存在への問いを立てている存在者、つまり目下のわれわれ自身である。「この存在者、つまりわれわれ自身が各々それであり、とりわけ問うという可能性をもっている存在者のことを、われわれは術語的に現存在と表わす」（SZ, 7）。

この定義において、「現存在」とは「とりわけ問うという可能性をもっている」存在者のことだ、と明瞭に述べられている。「問う」という落ち着きの悪い日本語の代わりに、「考える」「知ろうとする」といった言葉を用いてもよい。「ある」とはどういうことかを考えようとする思索者、存在の意味を知ろうと欲する愛知の人、それが「現存在」なのである。だから、存在への問いを担うことが問題にならない場面で「現存在」という言葉を使うと、空疎に響いてしまうのも当然なのである。愛知者でも何でもない連中を「哲学者」と呼ぶ気になれないのが、まっとうな感覚であるのと同様に。

「存在への問い」において現存在という存在者が「問うているもの」であると同時に「問いかけられるもの」でもある、ということの事情こそは、「汝自身を知れ」という哲学の根源的パトスの健在を紛うかたなく示すものである。問いが自分自身に跳ね返ってくるという自己省察の運動、それがまさにここで発動しようとしているのだ。

ここで、プラトン『ソフィスト』の一節が巻頭言として引かれていることを想起しよう。――われわれの一切の知の根幹をなしているとおぼしき、「ある」という根本語について、われわれはじつは何も分かっていない。それゆえもしわれわれが知を究めようと欲するなら、「〈ある〉とは何か」と改めて問わなければならない。たとえそれが既成の人知の枠組みの解体を招来しようとも。――まさにこれは「愛知」の出発点の確認以外の何ものでもない。ここでは、「存在とは何か」と問うことがそのまま「知を愛する」営みなのである。だから当然、この問いの発問者は、強い意味における「哲学者」だということになる。

そして、今やこの哲学者が、自分の立てた問いによって「逆襲」される。「存在とは何か」と問う者に対して、「そういうおまえはどうなのか。問うている以上、おまえも存在しているに違いないのだから」という反問、つまりイロニーが突き返されるのである。存在を問うにあたって現存在が優先的に問いかけられるのは、「あれやこれやの存在を問う前に、問うている自分自身の存在をまず弁えるほうが先決だ」という反省の産物であり、人間中心主義というよりは、哲学者の自戒の表明なのである。それが尊大な手続きに見えてしまうのは、ソクラテスの無知の告白がひとを苛立たせる猫かぶりに映るのと似ている。

このように、存在を問う哲学者の自己審問こそ、『存在と時間』で企てられた「現存在の実存論的分析論」の趣旨である。哲学者が、存在への問いを展開するにふさわしい資格を自問しつつ摑みとってゆく過程、それがこの書に見られる「実存の哲学」の内実なのである。したがって、その分析が、現存在の「日常性」から一転して「本来性」へと移ってゆくとき、そこで起こっているのは、哲学者がおのれ自身へと立ち返り、決定的な実存変様を遂げるという出来事――転回・回心――以外の何ものでもない。そこに「哲学の実存」へのたゆみない関心がひそんでいることは、今や明らかであろう。現存在の「本来性」とは、ほかでもない、哲学者の「本来的実存」のことなのだから。

しかし、なぜそこまで哲学にこだわらなければならないのか。『存在と時間』が哲学者のあり方をえんえんと論じているのだとすれば、そんな書物に何の意味があるのか。独り善がりの哲学者気取りの独白に誰が付き合っていられようか。そもそも存在問題が哲学の中心テーマだなどと誰が決めたのか。だいいち哲学者のあり方がどうして「本来的」なのか。

このように、すでにここで多くの疑問が生じるのだが、このうちとくに避けて通れないのは、「なぜ哲学の実存が問題なのか」という問いである。それは「哲学に何の意味があるのか」と問うことに等しく、他のたとえば「ハイデガーだけに哲学者顔されたのではたまらない」といった疑念より、いっそう由々しい問題だと思われるからである。

ところで、「哲学の意味への問い」は、ハイデガーの思索を深い所で決定していた実存的関心事でもあった。この問いに答えるべく全力を尽くそうとしたのが、哲学者ハイデガーの企図のすべてだったと言えるほどである。この点を振り返ってみることにしよう。

二　理論と実践の対立の起源へ

『存在と時間』に至るハイデガーの思索の歩みが「哲学の意味への問い」によって方向づけられていたことは、当時の講義録が出揃うにつれ次第に明らかとなってきた。じっさい、初期フライブルク講義において提起された「根元学（Urwissenschaft, Ursprungswissenschaft）」の理念とは、生から遊離して意味を喪失している学問の現況に抗し、哲学を理論と実践の分裂以前の「事実的な生の経験」へと引き戻すことによって、際立った学問的生としての哲学の根源的意味を蘇生させようとする企てであった。ここでは「理論」とは、生の連関を遮蔽する事後的構築物と見なされ、もっぱらその「解体・破壊」が課題となる。これに対して、「先理論的」な根源学の可能性を指し示していると目されたのが、ハイデガーにとっての「現象学」であった。しかも彼は、フッサール現象学における反省という方法を超え出て、無媒介的な「生の感応」をめがける「解釈学的直観」というアプローチを掲げた。ここには、世界観的な欲求と実証科学への対抗を両立させつつ、閉塞した講壇哲学に代わる哲学の新たな可能性を模索しようとする若き哲学者の姿がある。[3]

こうした哲学再活性化への志向をよく示しているのが、一九二一／二二年冬学期講義『アリストテレスの現象学的解釈――現象学研究入門』[4]である。この講義はその前半で哲学の「定義」を試みているが、そのさい導きの糸となるのは、志向性の再定式化である「ふるまい（Verhalten）」という概念である。「哲学とは原理的に認識しつつ存在者へとかかわるふるまいである」（GA61, 58）。哲学を一個の「ふるまい」として捉えるこの定義において強調されているのは、「哲学が（際立った）実存現象である」（GA61, 56）という点である。一般にふるまいは、それがいかにして遂行されるかという「遂行意味」

において問題になるが（GA61, 53）、それを哲学に即して言えば、各人がそのつどの状況のなかで自己自身のあり方を認識しつつ摑みとってゆく自己省察の運動こそ哲学である、ということになろう。したがってこの場合、哲学という実存はそのまま、各人にとっての実存そのものである。哲学と実存との合一、学問と生との融合がここにある。よく生きること、それが哲学という学問的生なのだ。かくして理論と実践との対立は、「根元学」において消失する。

このように哲学は、「ふるまい」の概念に包摂されることによって実存そのものと区別されなくなる。この講義は哲学をそのように規定したのち、「事実的生」の分析へ向かうが、それは生が生を解釈する「哲学という実存」の遂行そのものであり、哲学というパフォーマンスの実演なのである。そこで試みられる「事実性の解釈学」――初期フライブルク講義の統一テーマ――は、『存在と時間』の現存在分析論の雛形となった。ハイデガーは一貫して理論と実践の対立が消尽する地点に哲学の再生可能性を賭していたのである。

ところで、この講義は元来、アリストテレス解釈の「序論」としてなされたものであった。この「序論」がこののち紆余曲折を経て『存在と時間』という大著として姿を現わしたことは周知の通りだが、問題は、以上のような「哲学の意味への問い」がなぜアリストテレス解釈と結びつくのか、という点である。このにわかに理解しがたい事情に関して、ある程度の光を投ずる一つのまとまった資料が私たちに今日与えられることになった。それが、一九二四／二五年冬学期のマールブルク大学講義『プラトン『ソフィスト』』[5]である。この講義録は、プラトンの対話篇『ソフィスト』の逐語的解釈を主たる内容とする浩瀚なものであるが、その本論たるプラトン読解に先立って、アリストテレス解釈をこれまた「序論」として入念に展開している。これを以下でやや立ち入って見てゆくことにしたい。

まず、あらかじめ確認しておきたいことは、『ソフィスト』篇そのものが一つの「哲学論」だという点である。つまり、プラトンは、知の所有を自任した当時の「ソフィスト」のあり方を規定することで、知を愛する「哲学者」のあり方を対比的に描き出そうとした。この点をハイデガーは次のように述べている。「『ソフィスト』においてプラトンは、人間的現存在をその最も極端な可能性の一つ、つまり哲学的実存という姿において考察している。しかもプラトンは、哲学者とは何かを、ソフィストとは何かを解釈し分けることにおいて間接的に示すのである」（GA19, 12）。「哲学的実存」という問題関心がここでも表明されていることに留意すべきであろう。

さて、プラトン解釈に先行する「準備部」でのアリストテレス解釈は、主に『ニコマコス倫理学』第六巻を題材とするものだが、このテクストは、『形而上学』第九巻第一〇章と並んで、ハイデガーがアリストテレス「真理論」の核心として最も重視する箇所である（vgl. SZ, 225 Anm.）。ハイデガーによれば、古代ギリシア人の言う「真理（*alētheia*）」とは、元来、隠れていたものがその覆いを奪われて明らかとなること、「隠れなさ（Unverborgenheit）」という意味であり、この場合の「覆いを奪うこと・真相をあばくはたらき」のことを、ギリシア語では「アレーテウエイン（*alētheuein*）」と呼ぶという（GA19, 17）。この「真相をあばくはたらき」こそ「人間的現存在の存在様式」にほかならない（GA19, 17）。この際立った存在様式の種々の相を主題的に論じているのが、『ニコマコス倫理学』第六巻であり、それをじっくり解釈すべきだ、というのである。

ここにはすでに、私たちの目下の問題関心にとって重要な論点が提起されている。つまりそれは、

「真理」という現象が「真相をあばくはたらき」という認識の「存在様式」として捉えられている点である。初期以来のハイデガーの言葉遣いを用いれば、真理はここで「ふるまい」として解明されようとしている。このことは、哲学にとって決して他人事ではない。「知への愛」とは「真理の探求」なのだから。哲学がめざす真理もまた、他の諸々の可能性と並ぶ一つの、ただし際立った「実存可能性」として理解されうるのである。

このようにハイデガーは、アリストテレスのうちに「実存としての真理」という発想を見届けようとする。「真理」を認識作用の存在性格とするのは、一見すると主観主義的であるように見えるが、むしろその見方のほうこそ、近代の主観−客観−図式に囚われた速断と言うべきだろう。なぜなら、アリストテレスは「アレーテウエイン」をもともと「徳」として論じているのだから。「倫理学」の枠内で真理を論ずること自体、近代人の眼からすれば非常にすわりの悪い手続きであろう。だが、アリストテレスはごく自然に「人柄としての徳」と並べて「知性的徳」を論ずるのである。真相をあばく知的能力が、望ましい「性向（*hexis*）」であり、各人に備わった「器量・卓越性」である以上、ギリシア人にとってそれは当然「徳（*aretē*）」と呼ばれるべきなのである。彼らはこの徳の獲得を目指して自分を鍛え上げ、互いに競い合った。そして、そうした力量を発揮すること――際立った実存可能性の実現――は、「活動・実現態（*energeia*）」としての生そのものだった。この意味で古代において真理の探求とはたしかに実存の一環、それも最も卓越した実存様式であった。

ハイデガーがギリシア人の真理観へ遡ることによって捕まえようとした知の原型とは、そのようなものだった。そこでは、もはや判断や命題の性質としてしか「真理」を理解できなくなっている近代の認識論とは違って、「真なる認識を営むこと」がそのまま「よく生きること」でありえたのである。ハイデガーはそこに「哲学の実存」の根源的可能性を見出そうとする。だが、その一方で彼は、こうした西洋的知の起源が同時に伝統的硬直化の引き金となる側面を秘めていた点をえぐり出そうとする。「発見するはたらきとしての真理というこうした真理概念においては、本来的な発見するはたらきが必然的に理論的認識でなければならないとか、あるいはたとえば科学やそれどころか数学といった理論的認識のある特定の可能性でなければならないとかいったことは、まだ先決されていない。〔…〕他方で、まさにこうしたギリシア的真理解釈に導かれることによって、理論的認識に認識の本来的理想が見てとられ、一切の認識が理論的認識へと方向づけられてしまうことになったのである」(GA19, 24)。

明らかにここでハイデガーは、以下で見るようなアリストテレスにおける理論的認識の優位の傾向を念頭に置いており、かつこれを、それ以降の哲学史における「実践からの理論の乖離」という傾向の決定的源泉として断じている。そしてじっさい、この講義でのアリストテレス論は、もっぱらこの問題に焦点を当ててゆくことになるのである。

三　ソフィアかフロネーシスか

さて、ハイデガーが議論の出発点とするのは、『ニコマコス倫理学』第六巻第三章における五つの「真理をあばくはたらき」の枚挙である。その五つの「知的な徳」とは、「技術・熟練(*technē*)」、「学問・論証能力(*epistēmē*)」、「賢慮・思慮(*phronēsis*)」、「知恵・全的知性(*sophia*)」、「直観・思考能力(*nous*)」である(1139b16sq.)。ひとまずこれらを次のように解しておこう。まず、「他でありうる事柄」

の真相をあばくはたらきとしては、道具の制作や使用に関するテクネーと、状況を窺いつつ実践的行為の瞬機を摑むフロネーシスがある。これに対し「他ではありえない事柄」に関わるアレーテウエインとしては、理論的認識の理想知としてのソフィアがあり、これは、妥当な推論を導き出すエピステーメーと、原理根拠の直接的把握をつかさどるヌースの両者から構成される。

ハイデガーの解釈の焦点は、このうち、実践的行為と理論的認識という二つの領域の「根拠（*archē*）」を端的にあらわならしめる知性的徳――実存としての真理の二大可能性――としてのフロネーシスとソフィアとを対置させるアリストテレスの論述のゆくえへと絞られてゆく。「〔アリストテレスの〕考察は、フロネーシスとソフィアという二つの根本現象の内部をもっぱら動いている。そこでの問題は、どちらが他方に対して端的に優位を持つか、ということなのである」。「そのさい留意すべきは、ここで〔…〕フロネーシスとソフィアという名称のもとに議論されている事柄は、のちに理論理性と実践理性という名称のもとに哲学において議論の的となる事柄と同一だという点である」（GA19, 60）。

ここには、「理論と実践」という対立の起源を求めて遠く古代ギリシアへと遡っていったハイデガーの意図がはっきりと表明されている。つまり、「理論か実践か」という有力な対立図式は、「ソフィアかフロネーシスか」というアリストテレスの議論にその下図を描かれていたのだ、というのである。まさにこの点に、理論と実践の分離に基づく理論の優位および実践からの乖離という伝統を解体しようとするハイデガーにとって、アリストテレスの真理論が決定的重みをもつゆえんもまた存する。何といっても、アリストテレスは終始一貫してフロネーシスに対するソフィアの絶対優位を確認しようとするのだから。

とはいえハイデガーは、アリストテレスを理論偏重主義の元祖として告発しているのではない。この点は慎重な注意を要する。白か黒かといった単純素朴な判決を下すには、この問題はあまりに巨大なのである。なぜか。ここでアリストテレスが最優先しているソフィアつまり知恵とは、知恵の愛好つまりフィロソフィアが理想とする実存可能性にほかならないからである。つまり、ソフィアとは、フィロソフォスつまり哲学者が目指すべき最高の徳なのだ。ソフィアに軍配を挙げるアリストテレスの態度決定は、哲学者がおのれのあり方を心得ているかぎり、当然出てこざるをえない結論なのである。じっさいアリストテレスは、この価値判断にいささかも逡巡する様子がない。彼にとって愛好すべき知恵を持ち上げることに何の迷いがありえようか。真理の探求を唯一無比の関心事とする者が、真理の実存可能性であるソフィアを何よりも優先させるのはもっともなことには違いない。

ハイデガーの思索のもともとの出発点が、哲学を実存の際立った遂行様態として意味づけ直すことにあったことは、すでに見た通りである。彼は、哲学を実存そのものに同化させることによって、哲学の根源的な意味回復を企てようとする。ところが、まさにそのこと、つまり愛知を最高の実存様式として位置づけたところに、そもそも古代ギリシアにおける哲学の発祥があったのだ。死すべき者どもの望みうる至上の「徳」として哲学的思考能力を位置づけようとする『ニコマコス倫理学』の根本構図は、そのことを雄弁に物語っている。ハイデガーがこの偉大な先例に反駁できようはずがない。いや、ハイデガーだけではない。誰であれ哲学をこころざす者は、アリストテレスを批判し去ることが本質上できないのである――自分自身を裏切ろうとしないかぎりは。

その意味で、ハイデガーがソフィアの優位を否定していないのは当然である。だが、彼はアリストテレスの主張をそのまま再確認するだけに満足してもいない。むしろ、フロネーシスがもう一つの卓越した実存可能性であることを重ねて強調している。何よりも注意すべきは、ハイデガーにとってフロネーシスのほうがいっそう重要であるかに見える点である。少なくとも、彼はソフィアの絶対優位というアリストテレスの論定を、「意外」であるかのように扱っている。このことは何を意味するだろうか。

　この問題を考えるには、ソフィアと対比される「フロネーシス」とはいかなるものであるのかを見極める必要がある。もとよりここでアリストテレス解釈を展開することはできないが、理論と実践の両領域の理想像をさしあたり次のように形式的に理解しておくことは許されるだろう。つまり、ソフィアが「そもそもどういうことか」を考え抜くラディカルな哲学的思索の最高の力量を意味するのに対して、フロネーシスとは、「今ここで何をなすべきか」を把握する明敏な実践的思慮の最良の器量を意味する、と。もっとはっきり言おう。ソフィアが哲学者の徳なら、フロネーシスは為政者の徳なのである。

「政治術（*politikē*）とフロネーシスとは同一の性向である」（1141b23sq.）。「ポリティケー」とは、ポリスを統率するポリティコスつまり政治家にふさわしい力量のことである。したがって、ペリクレスのような卓越した政治家に備わる徳こそフロネーシスと呼ばれる。これに対して、「ソフィアとポリティケーとが同一でありえないのは明白である」（1141a28sq.）。政治家の徳は哲学者の徳と同一平面にはない。たしかにそうであろう。しかるにハイデガーはこの「明白」な区別をあえて曖昧にしようと努力しているかのごとくなのである。

　ハイデガーはフロネーシスを解釈するにあたって、この真相をあばくはたらきが自己のあり方に関する「思案・熟慮（*bouleuesthai*）」であることを重く見る。「フロネーシスのなすブーレウエスタイつまり熟慮は、現存在自身の存在に、よく生きること（*eu zēn*）に、すなわち現存在がまっとうな現存在であることに、関わる」（GA19, 49）。「現存在こそフロネーシスのなす熟慮が関わる根拠（*archē*）なのである」（GA19, 51）。このアルケーないしは端的な「目的（*telos*）」のことをハイデガーは、ギリシア語の「そのためにのそれ（*hou heneka*）」という言い方に準じて、Worumwillen と術語化している（GA19, 50; 147）。さらに、「フロネーシスには忘却ということがありえない」というアリストテレスの発言（1140b28sqq.）に関して、ハイデガーは重要なコメントを差し挟んでいる。「アリストテレスはここで良心（Gewissen）という現象に当面している。フロネーシスとは発動された良心以外の何ものでもないのであって、それが何らかの行為を透徹したものにするのである。良心をひとは忘却することができない」（GA19, 56）。

もう少しだけハイデガーの解釈を追おう。フロネーシスの機能である「思案・熟慮」が内蔵している「まっとうな」思慮分別の側面は「思案のよさ・深慮（*euboulia*）」と呼ばれるが、ハイデガーはこれらブーレウエスタイおよびエウブーリアーという語に含まれている「慮り・決定（*boulē*）」に着目して、こう述べる。「ブーレーとは、決意（Entschloß）、決意していること（Entschlossensein）である。〔…〕この決意性がじっさいにわがものとされ遂行されているかぎり、したがって私が決意しているかぎり、行為はその最も極端な可能性において現にそこにある。まったき状況を正しくあばくことは、…への本来的決意性において、つまり摑みかかること自体において、終了する」（GA19, 150）。さらにハイデガーはフロネーシスにも、ソフィアのそれとは異なる一種の「直観」が備わっているとし、結論的にこう述べる。「フロネーシスとは、このとき的な事柄を、つまり瞬間的状況の具体的なこのとき性を、看取することである。それは、感覚として、視の瞬き（der Blick des Augens）であり、そのつど具体的であるがゆえにつねに別様でありうる事柄をめがける一瞬の視線・瞬視（Augen-blick）である」（GA19, 163f.）。

ハイデガーにとってフロネーシスが何を意味していたかは、もはや明らかであろう。最初期から「事実性の解釈学」という形で練り上げられ、『存在と時間』において結実した「現存在の実存論的分析論」とは、アリストテレスの実践的認識の分析をモデルとして導入し、かつそれを「実存の哲学」ふうにアレンジしたものなのである。「そのためにのそれ」、「良心」、「決意性」、「状況」、「瞬視」――これらはすべて『存在と時間』に登場する主要概念であり、しかも現存在の「本来性」に関わる実存カテゴリーである。ハイデガーが「本来性」の名のもとに彫琢した現存在の様態とは、フロネーシス・モデルにもとづいて理想化された実践的行為者の実存可能性のことだったのである。

だが、もしそうだとすれば、ここに、あるきわめて厄介な問題が浮上することは避けられない。あまりに重大であるがゆえにこれまでほとんどそれとして気づかれずにきた問題が。一言で言おう。ハイデガーはここで哲学と政治を合体させているのだ。

もちろん私は、ハイデガーが「哲学の政治化」をもくろんでいたなどと言うつもりはない。彼の関心はあくまで「哲学の意味への問い」にあった。だが、彼の自覚した哲学の意味空洞化の危機は、古代の愛知者然と純粋観照に安住するにはあまりに深刻であった。ギリシア人によって切り拓かれたフィロソフィアという最高の実存可能性は、いつしか古色蒼然とした「認識論」と化し、現実との繋がりを失った無力な虚学に成り果てている。この意味枯渇状況を救うには、従来の哲学のあり方そのものの抜本的変革が新たに企てられねばならない。その試みこそ、理論と実践との分裂以前の「根元学」という理念であり、哲学することがそのまま実存の遂行となる「パフォーマンスとしての哲学」というプロジェクトであった。そして、こうした一連の哲学起死回生プログラムを完成させる決定打的な再活性剤を、ハイデガーは、アリストテレスの真理論、それもとくにフロネーシス論のうちに見たのである。この提案のはらむ意味はひどく重い。(6)

四　観照的生と近代

なるほど、思索者と行為者の理想を融合させるこうした試みは、哲学をこころざす者にとってこのうえない「自己主張」であるように見える。ハイデガーは、「本来性」において「決意」した現存在のありようを「良心を持とうと欲すること」として性格づけるが（SZ, 288）、その場合の「良心」という語には、「全的に知ること（Ge-wissen）」という意味が鳴り響いている。だとすれば、「決意性」とは「全的に知ろうと欲すること」にほかならず、つまりそれは、透徹した自己認識という状況内行為をめがける真理への意志なのである。「決意性でもって現存在の本来的であるがゆえに最も根源的な真理が獲得された」（SZ, 297）とまで言われるゆえんである。存在を問いたずねる学問的生の発生論たる現存在分析論は、ここに最深の基底に達する。そこでは、フロネーシスはソフィアと合体する。行為者が思慮の果てに選びとった最高の実存、それが存在論の企てという哲学的実存なのだから。

だが、この仲睦まじい和合は、円満に成就されるものなのだろうか。もし思索と行為の両立が可能であり、また必要であるのだとしたら、そもそもなぜアリストテレスは哲学的実存を行為的実存からあっさり切り離したのであろうか。この問いに明確な答えを与えているのが、『ニコマコス倫理学』第一〇巻の「テオーリア」論なのである。

翻ってみれば、第六巻におけるソフィアとフロネーシスの議論は、それだけで完結しているのではなかった。なぜなら、「徳」はあくまで可能的な「性向」であって、その「実現態」たる「生」こそ「幸福」と呼ばれるにふさわしい、というのがアリストテレスの基本的考え方だからである。ソフィアとフロネーシスという知性的徳に対応する実現態とは、それぞれ「観照（*theōria*）」と「行為（*praxis*）」である。最高善としての幸福な生を問い求める『ニコマコス倫理学』全巻は、このうちの前者、つまりソフィアという徳を発揮して生きる「観照的生（*bios theōrētikos*）」こそ至高の幸福だとする第一〇巻において、一応の結論に達することになる。じっさいハイデガーも、この巻を見届けることで『ソフィスト』講義におけるアリストテレス論を締めくくっている。

テオーリアの優位というこの結論は、第六巻でソフィアの優位が説かれたときにすでに予定されていたと言えなくもない。だが、アリストテレスは第一〇巻第七章で、プラクシスに対するテオーリアの優位を改めて確認し、その優越性の事象的根拠をたたみかけるように列挙している（1177a19sqq.）。そこには、この古代の哲学者にとって観照的生という理想がいかなるものであったか、が比類のない明晰さにおいて語り出されている。

アリストテレスの挙げている論拠は、おおよそ次の六点にまとめられるだろう。[7] ⑴観照において発揮されるヌース、つまり万有の原理根拠を直観する思考能力は、人間の最高の可能性である。⑵観照は最も持続可能な、つまり時間的制約を超越しうる活動である。⑶愛好される知恵の現実態である観照は「万人の認める通り」最高の快楽をもたらす。⑷観照は自分だけで行なうことができるという自足性を持つ。⑸観照はそれ自体のゆえに愛好されるという自己目的性を持つ。⑹政治的生が多忙を免れないのに対して、観照的生は閑暇のうちにある。——以上の徹底した観照礼賛論から何が読みとれるであろうか。

ハイデガーはこのうち、⑴と⑵の理由づけを重く見ていると言ってよい。観照が、「永遠にあり続けるもの」をひたすら直観する純粋理性の活動とされているのは、「恒常的現前性」こそ本来的存在だとするギリシア人の存在観を背景としており、そこから、世界の存在のほうから人間の存在を読みとってしまう伝統的な頽落傾向も生じてきたのだ、というわけである（vgl. GA19, 174ff.）。だが、私はそれとは異なった読み方を提案したいと思う。

⑴から⑹までのテオーリアの説明に接するさい、何よりも注意すべきは、それらがどこからどこまでも「非近代的」——つまり「反時代的」——だという点である。しかもその傾向は、ハイデガーが副次的な興味しか示していない⑶以降にとくに著しい。そこには、今日の常識からすれば一種異様と言っていいほど奇妙な論拠が並んでいる。だがそれでいて、少し考えてみればそれらはどれも見事な正論であることが判明する。

まず、⑶の「最高の快楽」。観照的生つまり哲学の本来的実存が、人間にとって最高の道楽であるなどと今日誰が思い至るであろうか。一般に学問研究は、欲望充足とは反対の禁欲的営みだと考えられており、苦しくても人がそれに従事するのは「我慢すればいつかきっと報われる」と信じているからである。ところがアリストテレスは、観照的生が最高の快楽を意味するとは「万人の認めるところ」だと言い切っている。知恵の成就はこのうえなく愉しい自己実現であり、それを反駁できる者は誰もいないというのである。少なくとも、知を愛することを自任する人にとって、それが「愛欲の充足」であることは間違いない。

次に、⑷の「自足性」。幸福な人生とは大勢の人びとと豊かな物資に囲まれて暮らすことだと信じられている今日では、誰もいない何もないというのは「孤独と貧困」以外の何ものでもなく、最低の困窮状態として軽侮や同情の対象となる。一者の自己中心性を克服し他者との共生を問い求めることが現代哲学の急務だと評されるありさまである。ところがアリストテレスは、もちろん思索仲間がいるのは好ましいがそれほど本質的ではなく、自分の身一つで存分に活動できるからこそ観照は素晴らしいのだと言ってのける。哲学者が他者への従属を恥じるかぎり、「独居と清貧」は独立自尊を証しする勝利なのである。

さらに、⑸の「自己目的」。われわれは今日、活動の価値はその成果によって測られるとする功利主義的価値観にどっぷり浸かっており、あらゆる活動に「生産労働」という意味基準を適用して怪しまない。それゆえ、「観照は観照自体の他には何も生まないが、行為は行為以外に多かれ少なかれ何か得るところがある」と説明されれば、これは行為の優位の理由づけだと誰もが思う。ところが、アリストテレスにとってこの説明は、れっきとした観照礼讃なのである。彼は、「やることがそれ自体で喜ばしい」という真の意味でのボランティア活動こそ最も贅沢な自己享受であり、哲学とはその極致なのだと言いたいのである。

最後に、⑹の「閑暇」。近代人にとって最善の美徳は、「勤勉」つまり時間の有効利用にある。労働時間を無駄に浪費しないのはもちろん、余った時間もできるかぎり効率的に活用するのが成功の秘訣とされる。せわしない時間の過ごし方をせわしなく調教する機関が「スクール」と呼ばれ、休日スケジュールを埋める騒々しい消費活動が「レジャー」と名づけられる。果ては、万有や自己をゆったりと観照するにふさわしい時間を吸いとってしまう「テレヴィジョン」という名の世間観賞装置がありがたがられる始末である。私たちは「ひま人」であることに良心の疼きすら感じてしまうほどなのだ。こうした時間意識の対極にあるのが、アリストテレスの言う観照的生の幸福である。そこでは、価値序列において「閑暇・余裕（*scholē*, leisure）」は「非閑暇・多忙（*ascholia*, business）」を圧倒する。じっさい、「われわれが忙しく仕事するのは、ゆとりを手に入れるためにこそである」というアリストテレスの理屈を覆すことは、誰にもできないのではなかろうか。

ところで、ハイデガーはこの(6)を独立の論拠として数えずに、(5)に含めているが（vgl. GA19, 177）、この明らかに疎略な扱いはじつに象徴的である。ここにこそアリストテレスにとって観照的生を行為的生から分離する必要性が存しているからである。行為的生がその本質からして「非閑暇・多忙」であらざるをえない以上、それと観照的生の「閑暇・余裕」とはどう見ても相容れないのである。テオーリアの時間はプラクシスの時間と決定的に異なる。だから、思索にいそしむことは活動的人間から見れば「何もしていない」に等しい。とはいえ無為・無聊《ぶりょう》を恥じていては、哲学はできない。自由時間こそ哲学の真のエレメントであり、哲学者とはひま人たることを喜んで自認する自由人なのだ。

それゆえ、社会全体が勤労道徳に煽られ閑暇の根絶に駆り立てられるとき、「哲学の実存」が危機に瀕するのは当然の成り行きなのである。しかしだからといって、哲学の名誉挽回を図るあまり、この営為の意義を現実の状況のただなかに見出そうとするのは、かえって逆効果ではなかろうか。むしろそれは哲学そのもののニヒリズム化を加速するだけではないか。じっさいアリストテレスにおいて、観照的生を行為的生と両立させることはそもそも問題になっていない。彼はテオーリアとプラクシスの融合の可能性を認めないであろうし、またその必要性も感じていないのである。理想的観照が最高の快楽であり究極の自立であり無上の贅沢であり至高の自由であるかぎり、かくも完璧な幸福を補完すべき理由など、どこにあろうか。補完すべきはむしろ愛知を欠いた人生の方であろう。

そして、(3)から(6)までの徹底したテオーリア至上主義を見てくるとき、(1)の「直観」と(2)の「持続性」という残された論拠もまた、ハイデガーの理解とは別の意味合いをおびて立ち現われてくることが分かる。アリストテレスはこう言っているのだ。物事の根本を深く考える力、つまり「理性」こそは、「思考する存在」たる人間の望みうる最高の卓越性であり、しかも、人間の人間たるゆえんであるこの思考能力を発揮すればするほど、それだけ人間はその有限性を突き抜け「超人間的」存在に近づいてゆく、と。

なるほど今日では、「理性」も「永遠」もひどく評判が悪い。その代わりに、「感性」や「時間」が哲学の主要トピックとして喧伝されているほどである。だがそれによって、アリストテレスのテオーリア論は乗り越えられたことになるのだろうか。とてもそうは思えないのである。むしろそれは近代人の思い上がりではないか。

ここで私は、古代ギリシアの哲学者が人類に突きつけた観照的生の理想を、近代において妥協なく引き受けた一人の孤高の哲学者のことを想起せずにはおれない。彼は、「愉しい学問」を高らかに謳歌し、独居と自適をことのほか好み、「知恵」という恐るべき自愛の徳をたたえ、「最も静かな時」を思索にはげんで過ごした。彼が理想としたのは、真理への意志をまっすぐに貫き、ついに永遠と合体する究極の哲学者であった。「超人」、それがこの理想像に与えられた呼び名であった。そのような「哲学の実存」こそ大地の意味だと彼は力強く言い放ったのである。だから、「哲学に意味はあるか」という問いに、彼ニーチェならきっとこう答えるに違いない――「ある、もし人間に生きる意味があるとするならば」と。

注

(1) Friedrich Nietzsche, „Schopenhauer als Erzieler“, in: *Sämtliche Werke. Kritische Studienausgabe* Bd. 1, dtv/Gruyter, 1980, S. 425.

(2) かつてマルクスは、プルードンの「貧困の哲学」という問題設定に対して、すかさず「哲学の貧困」という批判の矢を放った。哲学的イロニーの模範と言うべきであろう。

(3) 初期フライブルク時代のハイデガーの哲学理念に関しては、本書第一章「ハイデガーにおける形式的暗示について」、および第五章「哲学的言説のパフォーマティヴな性格について」を参照。

(4) *Phänomenologische Interpretationen zu Aristoteles. Einführung in die phänomenologische Forschung*, GA61, 1985.

(5) *Platon : Sophistes*, GA19, 1992.

(6) この問題を最も鋭敏に感知したのは、若き日にハイデガーの『ソフィスト』講義を聴講したハンナ・アーレントであった。彼女の後年の主著『人間の条件』、なかんずく遺著『精神の生活』は、「哲学の実存」をめぐるハイデガーとの原理的対決以外の何ものでもない。このイロニーに満ちた子弟関係に関しては、以下を参照。J. Taminiaux,

La fille de Thrace et le penseur professionnel. Arendt et Heidegger, Payot, 1992.

（7）加藤信朗訳の区分（『アリストテレス全集13　ニコマコス倫理学』岩波書店、一九七三年、三四一頁以下）に従う。本文後述の理由により、ハイデガーの整理（GA19, 174ff.）には従わない。

第十一章　ハイデガーにおける学問と政治

『ドイツの大学の自己主張』再読

一　「ハイデガー問題」とは何であったか

ヒトラーに率いられた国民社会主義ドイツ労働者党が政権を掌握するに至った一九三三年、ハイデガーはフライブルク大学の学長に就任した。正規の党員ともなった彼は、ナチの政治運動に積極的に関与する言動を公私にわたって繰り広げた。――いわゆる「ハイデガー問題」である。彼の哲学に関心を寄せるわれわれは、これをどう考えるべきか。

だが、拙速はよくない。まず、そもそも「ハイデガー問題」とは何であったかについて、さしあたりの見通しを得ておく必要があろう。言うまでもなくこの問題は、「ナチズムとは何であったか」というもう一つの――より巨大な、と誰しも考えざるをえない――問題と深く関連している。そこで、後者の問題を大規模かつ徹底的に考察している一人の優秀なハイデガーの愛弟子から、当座の示唆を得ることにしたい。ハンナ・アーレントは、その大著『全体主義の起源』（英語版初版一九五一年）のある注目すべき箇所（第三部第一章第二節「モッブとエリートの一時的同盟」の最終段落）において、彼女らしいクールな語り口で、次のように述べている。[1]

> 知的、芸術的エリートのうちの全体主義運動の心酔者たち――さまざまな機会にこの運動に惑わされたエリートの数はわれわれを暗然とさせるほど多かったし、また彼らは卓越した才能ゆえに全体主義の怪物にいのちを吹き込んだ張本人だという非難を往々にして受けているが――について言えば、二十世紀のこれらの絶望した人びとがいかなる罪あるいは怠惰を犯したにせよ、全体主義体制に対しては彼らがおよそいかなる影響力も持たなかった、ということを認めなければ公正を欠くだろう。せいぜいのところ彼らが果たした役割というのは、非全体主義的な外部世界に自分たちのイデオロギーをまともに相手にしてもらおうと骨を折っていた初期の全体主義運動に手を貸してその試みを成功させたという、それほど本質的でない役割にすぎなかった。この運動が権力を握ったところではどこでも、このシンパサイザーのグループは真っ先に振り捨てられ、この清掃作業は全体主義政権がその真に典型的な犯罪への歩みを大がかりに始める前につねに終わっていた。

ナチに見捨てられたこうしたエリートの「よい例」としてアーレントは、「カール・シュミット」の名を挙げている。そのさい同時に「マルティン・ハイデガー」という名前をひそかに思い浮かべていなかったとは、想像しにくい。この場合アーレントは恩師の減刑をもくろむあまり「科学者の社会的責任」を過小評価している、と言うべきであろうか。そうではあるまい。全体主義運動の魔力は、選りぬきの知識人をあっけなく魅了し、内部に引きずり込むが、その役目が済むや、容赦なくお払い箱にしてしまうのであり、その前では、国家体制に食い込んで現実政治に関与しようとするエリートの思惑などたちまち吹っ飛んでしまう、という冷厳な事実をアーレントは指摘しているのである。そしてもう一つ、ここに示唆されているのは、ナチズムに加担した学者の「戦争責任」を執拗に追及してやまない戦後の「良心的知識人」の姿勢――ハイデガーにもアウシュヴィッツの責任はあるはずだ、式の短絡的発想――そのものが、政治への参与をみずからの使命と見たがるエリートの自己幻想から今なお抜け出ていない証拠ではないか、という醒めきった問い返しなのである。

現実の政治力学の前では、哲学者の「色気」など無に等しい。こういう当たり前のことをまずもって確認することこそ、われわれにとって「ハイデガー問題」の出発点である。これは、免罪の口実でも何でもなく、「社会の良心」などとのぼせ上がらないための最低限の弁えであろう。「戦時下の知識人の作為ないしは不作為の罪」を裁こうとする熱き使命感とは、ひょっとすると、選良が大衆を正しく導くべきだ、とする勝手な思い込みの裏返しではあるまいか。だとすれば、その種の思い込みこそ、アーレントが抉り出した、エリートの空虚な自負にほかならないのである。

とはいえ、これで話が片づいたわけではもちろんない。ハイデガーのナチズムへの関与がいかにぱっとしないものであったとしても、だからといって笑って済ますわけには到底行かないのである。彼は結局、ナチのイデオローグという地位を幸か不幸か獲得できなかったが、それでも、多少なりとも影響力のある指導的地位を、一時的とはいえ獲得したのである。「学長ハイデガー」――この問題をどう考えるべきか。

ここでわれわれは、これまでの「ハイデガー論争」においてなおざりにされてきた問いにぶつかる。「学長職とはいかなるものか」という単純素朴な問いがそれである。たしかに脚光を浴びる身分ではある。とりわけ、当時の思想界のトップスターとなった哲学者が引き受けるというのであってみれば。しかしそれにしても、一大学の学長に収まったからといって何ができるというのだろうか。国家体制を左右するなどといった華々しいことができるはずもなく、せいぜいできそうなことと言えば、行き詰まった大学の現状を内部から刷新することくらいであろう。もちろん人事権など生臭い問題もこれに絡んでくるが、学者ハイデガーにとって最大の権限にして責務であったのは、「哲学者の学長」として大学全般の基本理念を再提起することであったこと、これはほぼ間違いない。

かくしてわれわれは、意外なことに、昨今議論のかまびすしい「大学改革」の偉大な先例に出会う。この場合「偉大な」という形容は不適切であろうか。そうは思えない。近年至るところで「大学改革」の嵐が吹き荒れているが、そこには確固とした「理念」などないし、それこそ「哲学」のかけらも見られない。あるのは、妥協と粉飾と怨嗟と諦念、延命策と保身術、つまり自己欺瞞の無定見ばかりである。「ハイデガーとナチズム」を論評するときには「学問と政治」の問題をさも誠実そうに説く同じ人物が、ひとたび大学行政に携わるや、理念なき改革にこともなげに加担し、泥縄的方針に追随して怪しまない。そのコソコソとした姿に比べれば、自説に基づいて「大学の理念」を断固として打ち出す学長ハイデガーのほうが、よほど潔いと言うべきではないか。ひょっとすると、今日の「穏健」にして「柔軟」な大学改革とは、かつてあからさまにかつ大々的に行なわれようとしたことを、いよいよ陳腐かつ矮小な仕方でやみくもに繰り返しているだけではなかろうか。

ひとは言うかもしれない、「ナチに加担する方が良いとでも言うつもりか」と。これに対しては、次のように問い返すことにしよう、「ナチに加担するのは悪、という判断ないしは判決は、そもそもどこから来るのか」と。そして、もしその答えが「人道的に断じて許されないから」というのであれば、その種の道義的評価はさしあたり括弧に入れておくことにしたい。以下での考察は、この判断保留の態度から出発する。

なるほど、ハイデガーは「政治的判断を見誤った」としばしば非難されてきた。だが、「哲学者は的確な政治的判断をすべきである」とする予断それ自体、非哲学的であるように思われる。少なくとも、態度決定の非を裁くというのは、彼を哲学者としてではなく政治家として扱うことを意味するだろう。また、種々の素行調査によれば、ハイデガーはかなり陰険で邪悪な人物であったらしい。しかしながら、「哲学者は善人でなければならない」というお人好しな信念は——告発する側にも弁護する側にも等しく見受けられるが——、幼稚と言うべきだろう。総じて、哲学者を道義的に断罪するという発想そのものが、問題を紛糾させるおそれなしとしないのである。

以上から、ハイデガー問題の核心部分へ肉迫するための最良の道が示されたと言えるだろう。それは、この哲学者が確信をもって行なった学長就任演説『ドイツの大学の自己主張』に見られる「大学改革案」を徹底的に読み解くこと、これである。

二　『ドイツの大学の自己主張』は何を主張しているか

最初に、このテクストの重要性を再確認しておこう。ハイデガーは、一九六六年に取材され死後に公表された、いわゆる「シュピーゲル対談[2]」において、一九三三年当時を回顧して次のように語っていた。

直接的には、大学の教員としての私にとってはもろもろの学問の意味への問いということ、さらには大学の使命を規定するということが視野の中にありました。この努力は私の学長就任講演の表題という形で表現されています。すなわち『ドイツの大学の自己主張』です。〔…〕この私の講演を論難する人のうちの誰がこれを根本的に読み、よくよく考え抜き、これを当時の状況からして解釈したことでしょうか。

(GA16, 656)

他の人はどうか知らないが、私には、ハイデガーの「学問の意味への問い」という問題意識は痛いほどよく分かる。しかもこの切実な意識は、最初期以来のハイデガーの思索を貫くひとすじの太い糸であった[3]。「大学の教員」の一人として「大学の使命を規定する」こと、これこそ学長ハイデガーの原点なのである。そして、その積年の思いが凝縮された『ドイツの大学の自己主張』を、彼はついに撤回しようとはしなかった。当然であろう。むしろ彼は、ひとがそれを「根本的に読み、よくよく考え抜」くことを願っていた。その願いをわれわれは全力で聞き届けようではないか。

ひとは言うだろう、「ハイデガーお得意の言い逃れ的自己改釈に騙されるな」と。もちろん、そこに寸毫も政治的ジェスチャーは忍び込んでいない、とまでは言い切れないだろう。だが、それはそれ、これはこれ、である。哲学者はあくまで哲学者として遇するのがスジというものである。そして、彼がもはや哲学者ではなくなっている、ということが判明したあかつきにこそ、はじめて別の角度からの評価が下されるべきなのである。

ところで、ハイデガー自身の弁明によれば、彼は当時、学問を政治と結びつけることによって意味づけようとする同時代の新興勢力に対して、抵抗を試みていた、という。

> 「大学の自己主張」というのは、当時すでにナチ党とナチ学生団とが要求していたいわゆる「政治的学問」というのに対抗しているのです。「政治的学問」というこの標題は〔…〕、学問の価値とは民族のための事実上の効用によって評価されるということを言っているのです。とくにこの学問の政治化に対抗する立場が、私の学長就任講演の中で語り出されているのです。
>
> (GA16, 656)

ハイデガーの回顧によれば、『ドイツの大学の自己主張』とは「学問の政治化に対抗する立場」を鮮明に表わす大学人のマニフェストであった。これに対し、「学問の価値とは民族のための事実上の効用によって評価される」とする親ナチ的な「政治的学問」こそ、暗黙の、しかし紛れもなき標的にほかならなかった、という。ハイデガーの自己弁明は、このように、自分は「政治への学問の従属」という情勢に抵抗すべく奮闘した、というまさにこの一点に集約される。私が以下で吟味にかけたいと思うのは、ハイデガーのこの自己理解はどこまで正しいか、ということなのである。

ここであらかじめ注意しておきたいことがある。それは、ハイデガーが憂えていた「学問の政治化」とは、学問の価値尺度を「民族のための事実上の効用（der faktische Nutzen）」に置く立場であった、と述懐されている点である。では、それに対抗して戦う「哲学者の学長」の立場とはいかなるものであったのか。学園の指導者を以て任ずる彼は、いったいどこに学問の意味基準を求めたのか。――これが問題である。

それでは、いよいよ「学長就任演説」をはじめから読んでいくことにしよう。[4] 講堂を埋め尽くした聴衆の期待を一身に背負いつつ、新学長は開口一番、みずからの抱負を明らかにしている。じつにこの「所信表明」のうちにハイデガーの基本姿勢はすでに示されている。

> 学長の職を引き受けるとは、この大学の精神的指導を行なう義務を負うことである。教師と学生がその指導に従うということが覚醒し強固となるのは、もっぱら、ドイツの大学の本質に真実かつ共通に根を下ろすことに基づいてのみである。だが、この本質が明晰となり、高位を占め、力をおびるに至るのは、まず何より、そしていかなるときにも、指導者みずからが指導される者となる――つまりドイツ民族の運命をその歴史に避けがたく刻印しているあの精神的任務の仮借なさによって導かれる――ときにはじめてなのである。（GA16, 107）

何がここで言われているのだろうか。まず「精神的（geistig）」という言葉が目に付くが、この語にこめられているニュアンスについては、ひとまずデリダ氏に任せておこう。ともかく、新学長が自分の「指導」の正統性を「ドイツの大学の本質」のうちに求めている、ということは一目瞭然である。しかも、その「本質」とは、それを担う「指導者みずから」が「ドイツ民族の運命」とその歴史的位境によって「指導される者となる」こと、これを拠り所としてこそ真に顕現してくるものなのだ、と明言されている。大学全体を指導する学長は、その指導力の源泉を、みずからが指導されることのうちに見出すが、その彼が指導されて従う当の主体とは、民族の歴史的運命にほかならない、というのである。

だが、だとすると話が違うのではなかろうか。「民族の運命に従う大学の本質」、要するに「民族のための大学」。これが、あの「学問の政治化」でなくて何であろうか。早くもここで回顧的自己弁明への疑念が頭をもたげてくる。しかし速断は慎もう。ハイデガーは、「民族のための事実上の効用」に大学の存立意義を帰着させようとする当時の親ナチ派を、「学問の政治化」をねらう勢力として警戒していた、と述べているにすぎないのだから。今や「シュピーゲル対談」での発言の真意が明らかとなる。

つまりこういうことである。「事実上の効用」——たとえば、産官学連携の推進とか、社会問題への提言とかいった、今日ますます盛んな知的奉仕——に学問の真価を期待しようとするのは、哲学者として許すべからざる軽佻浮薄な風潮であるには違いない。しかるに、だからといって、「民族のため」という意義づけまで完全に放棄してしまう気は、ハイデガーにはもともとなかったのである。そして、「民族（Volk）」が近代ドイツ国民にとって「ポリス」つまり「政治」の本体を意味するかぎりにおいて、学長就任演説の冒頭部分は、いっそう高次の意味における「政治への学問の従属」を表明している、とやはり見なさざるをえない。この意味での「学問の政治化」なら、つまり「民族のための崇高な使命を拝する学問」という看板を掲げる大学政策ということであれば、この新学長は何ら拒絶する理由をもたない。むしろその推進派の急先鋒とすら言ってよい。

なぜそういうことになるのか。もちろんこれは、哲学音痴丸出しの大学管理職のやっつけ作文ではない。堂々たる稀代の哲学者が論陣を張って打ち出している議論なのである。そしてそれが可能なのは、ここでは「大学の本質」なるものがそもそも問題となっているからである。「事実上の効用」を超え出た、いわば「本質的な使命」。「事実」ならざる「本質」を問う哲学の本領発揮とはこのことである。何と明晰な論理であることか。

しかしながら、「学問の民族主義化」という意図をこの演説の中に読みとるだけでは、じつはまったく片手落ちなのである。もう一つの驚くべき位相がここにはひそんでいる。それが「民族の学問主義化」とでも呼ぶべき逆向きの相即的側面にほかならない。すなわち、「その歴史から見て、われわれドイツ民族はもっぱら学問によって意義づけられるべきであり、それがこの民族の運命なのだ」とする主張――これこそ、『ドイツの大学の自己主張』の不問の、しかし一貫した根本テーゼなのである。「精神的任務」云々は、このテーゼを前提として語られているのであり、そのあまりの天下り性ゆえに、この前提そのものがよそよそしくなっている感すらあるほどである。

ハイデガーは、自分が「政治への学問の従属」に手を染めたとは自己了解していなかったに違いない。なぜなら、彼には「学問への政治の従属」という隠された野心があったからである。この両項は誰がどう見ても「両立不可能」に映るし、それはハイデガー本人にとってさえそうだったはずである。だが、この明白きわまりない矛盾は、「民族‐大学‐共同体」という単一の実体が立てられるや、たちまち雲散霧消してしまう。つまり、政治と学問の本質的レヴェルでの相互共属、それが「ドイツの大学の自己主張」の内実だったのである。だからこそハイデガーは次のように主張することができたわけである。

ドイツの大学の自己主張とは、ドイツの大学の本質への根源的かつ共通の意志である。ドイツの大学とは、われわれにとって、学問に基づきまた学問を通してドイツ民族の運命の指導者および守護者を教育し訓育する大学だと見なされる。ドイツの大学の本質の意志とは、おのれの国家においておのれ自身を知っているかぎりでのドイツ民族の歴史的精神的な任務への意志としての、学問への意志なのである。学問とドイツの運命とは、ともに本質への意志において力をおびるに至らねばならない。（GA16, 108）

三　「学問の原初的本質」はどこまで原初的か

このように、「学問の政治化」をめぐる学長ハイデガーの戦いは、「政治からの学問の自立」を何らめざしていなかった。民族共同体の中に懐深く食い込んでその本質的部分をそっくりおのれの養分とすること、それが彼の大学改革プログラムの核心だった。

なるほど、学者や知識人が「実社会」の中にみずからを位置づけ、その「社会参加」の姿勢を売り物にするといった程度のことなら――その勢いは大学の内外で今日いよいよ猖獗《しょうけつ》を極めているが――、「識者の迎合」の一語で斬って捨てることがひょっとしたらできるかもしれない。だが、もちろん哲学者の学長には、そんな生温い妥協策に甘んずることができようはずもなかった。彼はもっともっとラディカルな「学園闘争」を望んだ。その思いが、民族の死活そのものを学問の本義に巻き込んで一体化させることをめざすに及び、ついに「民族-大学-運命共同体」という一種異様な主張となってほとばしったのである。この血気盛んな意気込みを、われわれは一笑に付すことができるだろうか。それは、獅子の雄叫びをあざ笑うハイエナどもの慢心ではないのか。

とはいえ私は、ハイデガーの無鉄砲な戦術を援護したいわけでは毛頭ない。しかし少なくとも、この偉大な「大学改革」の先例には――「社会貢献」という名の「事実上の効用」にすがろうとする近時の卑小この上ない凡百の事例とはおよそ異なって――なお学ぶべき点があるように思われるのである。たとえそれが反面教師という意味であったとしても。もちろん「政治的判断」ではなく「哲学的洞察」という点において。

では、この古典的な事例からわれわれは何を学ぶべきなのか。それは、ハイデガー自身が「古典」に学ぼうとしているその学び方のうちにひそんでいるように思われる。その極めつきの「古典」とは――言うまでもなく、古代ギリシア哲学である。

じっさい『ドイツの大学の自己主張』は、冒頭の所信表明の中で学問の本質が問われることを介して、古代ギリシアにおける「哲学の原初」解釈へと急旋回する。このことは決して偶然ではない。しかもそれは、ハイデガーが力説するように、「すべての学問は哲学のあの原初につなぎとめられている。学問は哲学の原初からその本質の力を汲みとるのである」(GA16, 109)というお決まりの意味においてばかりではない。古代ギリシアにおいてほど「哲学と政治」の関係がのっぴきならぬ形で浮上したためしはなかったからである。もちろん古代は、知の意味を「事実上の効用」に帰する「ソフィスト」には事欠かなかったが、それなら現代でもそうであって、決定的なのは、哲学が政治に対して真にラディカルになるとどうなるかである。古代哲学史を繙けば、その実験の宝庫がそこにある。

この問題には最後に帰ることにして、ともかくハイデガーなりの「古典の学び方」を瞥見することにしよう。彼によると「学問の根源的なギリシア的本質」には「二つの際立った特質」があるという(GA16, 109)。その手がかりとして、まず、アイスキュロスが悲劇の中でプロメテウスに語らせている

「ある箴言」が引き合いに出されるが、これは「知の本質を語り出している」。曰く、「だが、知は、必然よりも、はるかに無力である」。

これが言おうとしているのは、およそ物事についてのいかなる知も運命の圧倒的な力にまずもって委ねられており、その力の前ではなすすべがない、ということである。

まさにそれゆえに、知は至高の反抗を繰り広げなければならないのであり、この反抗に対して、初めて存在者の秘匿性が全力を挙げて立ち現われるのである。じっさいには言うことを聞かないとはいえ。かくして、まさしく存在者がその測り知れない不変性においておのれを開き、知に真理を貸し与えるのである。

(GA16, 109)

ハイデガーが古代ギリシアに遡って突き止めようとした「知の本質」の二面性とは、プロメテウスに体現されるこのような「知の創造的無力」のことであり、これをニーチェふうに言えば「悲劇的認識」ということになろう。おのれの無力さを弁えても、にもかかわらず全的に知ろうと欲する哲学的英雄主義。運命の闇に翻弄されながら、それを持ちこたえつつ、存在者全体を真理＝開示性の場へと奪還しようとする堅忍不抜の抵抗の精神。それこそが「ギリシア哲学の幕開け」にやどる原初の「本質の力」だと、そう「哲学者の学者」は言い切り、居並ぶ教師や学生の向学心を鼓舞するのである。

おこがましいと言われるかもしれないが、私もまたこの「哲学の原初」のパトスには心打たれると告白せざるをえない。少なくとも、賢しらな功利主義的知識観やプラグマティックな真理解釈などより、あるいは、おめでたい反戦平和主義者やヒューマニズム万歳の知識人などよりも、素朴な分だけよほど知の本質を言い当てている、と思うのである。この「闘争」中心の知識観ないしは真理論を「理性の暴力」の一語で斥けようとする博愛家の声に唱和する気にはなれないし、ここに「ハイデガー問題」の核心を見届けようとする評論家に耳を傾けるなど金輪際できそうにない。この主張に限ってはハイデガーが「正論」を述べているのは明らかで、それに反論する方こそ「曲論」と言ってさしつかえない。彼らはまさしく「無力な力」という知の本質を地で行っているのだから。

むしろ問題はその先にある。ギリシア人は「知」の純粋なかたちを「テオーリア（*theōria*）」という言葉で表わした。「観る」という原義を持つこの語は、近代になると、「実践」に対する「理論（theory）」という意味で流通するようになり、ここに「理論と実践」という硬直した宿命的構図が出来するに至った。それ以降、「学問の意味への問い」に関心を寄せる者はすべて、この「理論か実践か」という岐路の前に立たされてきたのである。こうした歴史的経緯を踏まえながら、ハイデガーはおもむろに問う、「ギリシア人にとってテオーリアとは何であろうか」と。そして通例の範解を与える、「ひとは言う、まったき姿で主張してくるがままの事象にもっぱら拘束されたままにとどまる純粋な観察のことである、と。この観察的態度は、ギリシア人を参照するに、それ自身のために生起すべきものなのだ、と」（GA16, 109）。そのうえでこう述べられる。

だがこの参照は正しくない。なぜなら、まず一方で「テオーリア」とは、それ自身のために生起するものではなく、ただただ、存在者そのものの近くにとどまりあくまでその攻め立てのもとにいるという情熱においてのみ生起するものだからである。他方また、ギリシア人は、こうした観察しつつ問ういとなみを、人間のエネルゲイアつまり「はたらいて存在していること」の一つの様式として、いやそれどころか最高の様式として、把握しかつ遂行しようとまさしく戦ったからである。ギリシア人の思いは、実践を理論に適応させることに向かっていたのではなく、その反対に、理論それ自体を、真正の実践の最高の現実化として理解することに向かっていた。 (GA16, 109–110)

この修正された解答は正しいと言えるだろうか。これは哲学者の「正論」だろうか。私見を述べることにしよう。これは正解でも正論でもない。「珍答」であり「曲論」である。しかもこんなことは、古代ギリシアを模範として尊重し古典として理解するつもりのある者なら誰でも弁えていることだと思うのだが、今日なぜか少数意見なのである。この点でハイデガーを論駁する者にはめったにお目にかかれない。

まず、「エネルゲイア」という言葉からただちに知られるように、ハイデガーがここで「哲学の原初」におけるテオーリア論として念頭に置いているのは、アリストテレスの『ニコマコス倫理学』である。そこで、学長先生に倣ってその第一〇巻第七章を参照してみる。なるほどそこには、「最高の活動（エネルゲイア）」とは「観照（テオーリア）的」な活動である、とある。[5] だが、すぐさま分かることだが、それに続けて、「観照すること（テオーレイン）」とは「最も自足的」であり、「それ自身のゆえに愛される」とはっきり書かれている。[6] それなのに、どうして「理論とはそれ自身のために生起するものではない」などと言えようか。ハイデガーの一見もっともらしい注釈は、古典のゆゆしき歪曲と見なさざるをえない。自分は呑気な古代人とは袂を分かつ、というのならまだ話は分かる。だが、隠密裡に「哲学の原初」などと正統性を偽造するのはいかがなものか。

　さて次は、「理論と実践」の関係をどう解釈するか、である。ハイデガーによれば、ギリシア人は「実践を理論に適応させることに向かっていたのではなく、その反対に、理論それ自体を、真正の実践の最高の現実化として理解することに向かっていた」という。これは、一見アリストテレス的な「テオーリア第一主義」の好意的解釈であるように見えて、じつは決してそうではない。そもそも「その反対に（umgekehrt）」と来ればふつう「理論を実践に適応させる」と続くはずだが、「政治への学問の従属」を正面きって認めたくない哲学者の学長に、そうは言えない。しかしながら彼は、実質的には同じことを言ってしまっているのである。「理論は真正の実践の最高の現実化である」とは「学問は最高の政治である」と言うに等しい。だが、いつから哲学者は最高の政治家になったのか。もしそこまで言い切る必要もなしに、かつ「政治からの学問の自立」をゆるがせにして、ひたすらプラクシスの側からテオーリアの本質を意義づける策動に腐心するなら、それは「政治への学問の屈従」と言うほかないし、その汚名をアリストテレスになすりつけてよいはずもない。

　こんなことを言い出すと、「フロネーシス」を合言葉に「実践哲学の復権」を唱える現代のアリストテレス研究者たちの渋面が浮かんできそうだが、そもそもこの偉大な観照至上主義者に「プラクシスによるテオーリアの意義づけ」を求めるのは、お門違いというものである。[7] なぜなら、この古代人にとって、テオーリアとは「それ自体のため」という原理的性格をもつものであって、その徹底した理解なくして「アリストテレス哲学を研究しています」などとはとても言えた義理ではないからである。ところが、現代の解釈者たちの多くと同様、ハイデガーはいとも簡単にこの「それ自体のため」を飛び越えてしまう。この「敷居」――学問の古典的意味――は現代人にとってよほど高いはずなのに。その先にニヒリズムの泥沼が待ち構えていることも弁えずに。

以上の考察から、学長ハイデガーの説く「学問の原初的本質」(GA16, 110) は、その正統性に問題あり、と結論せざるをえない。つまり、彼が「学問の本質」を求めて遠く古代ギリシアまで遡り、ついに発見したと思った「哲学の原初」は、じつは原初と呼べる代物ではなかったのである。したがって、そこから学んだ彼自身の「学問の根源的概念」(GA16, 114) もまた「根源的」とは言い難い、ということになる。ちなみにこれは、「労働奉仕‐国防奉仕‐知的奉仕」の三位一体に「ドイツの大学の本質」を見定めるものであり、「民族‐大学‐運命共同体」をめざす『ドイツの大学の自己主張』の最終結論にほかならない。

四　ハイデガー問題からソクラテス問題へ

本章では、『ドイツの大学の自己主張』のごく一部しか扱うことができなかったが[8]、最後に、当時のハイデガーが抱懐していたらしい「ギリシアにおける哲学と政治」の観念に関して、若干の批判的検討を急ぎ加えておきたい。

私はハイデガーの「古典の学び方」に異を唱えたわけだが、「ろくにギリシア哲学を知らないくせに偉そうなことを言うな」と諸賢からごもっともなお叱りを受けるかもしれない。だが私としては、この言葉をそのままハイデガーにぶつけたい気がするのである。

先に引用したアリストテレス解釈のくだりの続きはこうなっている。「ギリシア人にとって、学問とは、〈文化財〉などではなく、民族的国家的な現存在全体を最も内的に規定する中心である」(GA16, 110)。なるほど、現代ギリシアならいざ知らず、古代ギリシアという「人類の至宝」には、たぶん「文化財」などなかったろう。では、いにしえのギリシア人は、学問が「民族的国家的な現存在全体を内的に規定する中心」である、と本気で考えていただろうか。かりに、ここでの「ギリシア人」(もちろん複数形)とは、じつはアリストテレス一人だけだった、と「好意的」に読み直してみても、かなりのブラックユーモアを醸し出すことは明らかである。押しも押されもせぬこの大学者こそ、老境にさしかかってからアテナイという文化都市国家を追い出され、政治的受難にさらされた哲学者だったのだから。ではその師プラトンはどうか。「哲人王国家」論を説き、「哲学者による大政治」のプログラムを大々的にぶち上げ、「ポリス－アカデメイア－共同体」を夢見た彼こそは、学長ハイデガーの大先輩格ではないか。じっさい、『ドイツの大学の自己主張』は『国家』篇からの印象的な引用で締め括られているし、先にふれた「労働－国防－知」の三位一体構想にしても、『国家』における魂と国家のアナロジー的三区分説を髣髴させるものがある。

だが、そのプラトンですら、「ギリシア人にとって学問とはポリス全体を最も内的に規定する中心である」などとは口が裂けても言えない事情があった。だから彼は、哲学者が同時に最高の政治家であるようなポリスを、不在の理想郷として描かざるをえなかったのである。プラトンは、現実のギリシア人をまったく信用していない。なぜなら、信用できなかったから。この「政治への哲学の不信感」は、どう見積もっても「ハイデガー問題」よりはるかに根源的な、哲学史上最大の「実存問題」に由来する。

というわけで、哲学がギリシア的‐原初的であろうとすればするほど、哲学は政治と決裂せざるをえない。

もはや言うまでもないだろうし、西洋哲学史の初歩に属するので恐縮なのだが、ダメ押しとして申し添える。プラトンは、「ソクラテス問題」のうちに彼の哲学の「本質の力」を汲みとっている。「ソクラテス問題」とは、アテナイ市民に愛知の精神を期待してやまなかった一人の正真正銘の哲学者が、死刑という歓待を受けた、ということである。

どうやらハイデガーには、この明々白々な史実に対する「哲学的洞察」が欠けていたらしい。「ギリシア人」はおろか「ドイツ民族」まで彼は信用していたようなのだから。

注

（1） Hannah Arendt, *Elemente und Ursprünge totaler Herrschaft*, Piper, 1973, S. 723 ; *The Origins of Totalitarianism*, Harcourt Brace & Company, 1986, p. 339. 大久保和郎・大島かおり訳『全体主義の起原 3』みすず書房、一九九〇年、六〇頁。強調は引用者。

（2） „Spiegel-Gespräch mit Martin Heidegger“（23. September 1966）, in: *Reden und andere Zeugnisse einer Lebensweges*, GA16, 2000. 川原栄峰訳「シュピーゲル対談」（マルティン・ハイデッガー『形而上学入門』平凡社ライブラリー、一九九四年、所収）。強調は引用者に由来。以下同様。

（3） 本書第十章「哲学の実存」を参照。

（4） „Die Selbstbehauptung der deutschen Universität“（27. Mai 1933）, in: *Reden und andere Zeugnisse einer Lebensweges*, GA16, 2000. 邦訳は、矢代梓訳「ドイツ的大学の自己主張」（M・ハイデッガーほか『30年代の危機

と哲学』清水多吉・手川誠士郎編、平凡社ライブラリー、一九九九年、所収）。強調は原文。以下同様。

（5）Aristoteles, *Ethica Nicomachea*, 1177a12-18. 高田三郎訳『ニコマコス倫理学』下巻、岩波文庫、一九七三年、一七三頁。「エネルゲイアとしての幸福」論が総括される箇所。

（6）ibid., 1177a27-b4. 邦訳一七四―一七五頁。第十章「哲学の実存」を参照。

（7）なるほど、『政治学』においてアリストテレスは、「テオーリア」は「一種のプラクシス」であり「はるかにいっそうプラクシス的」である、と述べている（*Politica*, 1325b 16-21. 山本光雄訳『政治学』岩波文庫、一九六一年、三二七頁）。ハイデガーがこの箇所を重視していることは、たとえば、一九二八／二九年フライブルク大学冬学期講義『哲学入門』で「理論と実践の根源的共属性」を論ずるさい、自説の補強のためにそのまま引用していることからも窺える（GA27, 174f.）。だが、アリストテレスの主たる論点は、そこでもやはり、「それ自体のためになされ」、「自分だけで完結している」というテオーリアの原理的自立性なのである。

（8）「労働奉仕－国防奉仕－知的奉仕」という「学問の根源的概念」が導出される、『ドイツの大学の自己主張』後半のいっそう問題的な部分については、本書第十二章「労働のゆくえ」を参照。

第十二章　労働のゆくえ

「ハイデガーからアーレントへ」の途上

哲学といえばドイツ哲学、ドイツ哲学といえばカントとドイツ観念論――といった通念が、わが国で崩れ去って久しい。一時《いっとき》これに代わるかに見えた、フッサールとハイデガーを表看板とする現象学・実存哲学の潮流も、今や衰退の一途をたどっている。思えば、今日の講壇哲学の凋落ぶりは、その表向きの隆盛を影で支えてきた――と言いたいところだが、じっさいはよほど派手な役回りを演じてきた、戦前からのマルクス主義が、絶滅の危機に追い込まれているのと軌を一にしている。大正教養主義以来のバブルがはじけただけ、とニーチェよろしくこの「哲学の黄昏」を冷ややかに見下ろすのも一興であろう。だが、ひとがものを考える営みが、そうたやすく消滅するはずはない。講壇哲学やマルクス主義の盛衰のうちにも、われわれを思索へと誘う事柄はひそんでいる。

今さら指摘するまでもないが、ヘーゲル研究が日本で盛んだったのは、マルクス主義との因縁によるところが大きい。「ヘーゲルからマルクスへ」の転回を理解することが、隠された動機、いや公然たる関心の的だったのである。ところが、マルクス研究が講壇哲学において異端視を余儀なくされたこともあり、結局かの転回の意味は少しも明らかとならなかった。ミイラとりが軒並みミイラとなっただけであった。今にしてわれわれは再度こう問わねばならない。ドイツ観念論から弁証法的唯物論へというドイツ古典哲学の終着点において、そもそも何が問題であったのか、と。

この比較的大きな問いに、今回われわれは正面から取り組むことはできない。その代わり、一つの迂路に沿って問題の所在へ近づいてゆくことにしたい。「ハイデガーからアーレントへ」と表わされる、まだそれほど踏み固められていない道を通ってである。その途上に立つ道しるべに記されている鍵語こそ、「労働」にほかならない。

本章では、まず戦後のハイデガーのマルクス論が労働概念に定位していることを確認したあと、一九三三年の『ドイツの大学の自己主張』とその周辺で「労働」が急騰した事情を瞥見し、さらに当時の講義でも「労働の存在論」が疑問の残る仕方で目論まれていたことを見届ける。結局、ナチズムと対決するうえで不可避であったはずの労働批判を、ハイデガーは後年の技術論において部分的には果たしたことが明らかとなる。しかるに、入念な全体主義研究ののち、マルクス研究に着手し、それらを踏まえて労働についての抜本的反省を『人間の条件』で試みたのが、アーレントであった。そのさい「労働」が「仕事」と明確に区別されたことが、決定的に重要だった。この点に、ハイデガーと連関づけて最後に一瞥を投げかけよう。(1)

一　ハイデガーのマルクス論と労働概念

後期ハイデガーの代表的論文の一つ「同一性の命題」[2]が、本来その中央にはめ込まれていた一九五七年フライブルク連続講演『思考の根本命題』[3]の第一講演は、いわば前置きとして、「西洋思想史においてかつて突発した事件」（GA79, 82）を取り上げている。これは、カントを承けてフィヒテ、シェリング、なかんずくヘーゲルにより「弁証法的」思考様式が確立したという、ドイツ哲学史上の出来事を指す（GA79, 82）。この「歴史的事件」（GA79, 84）は「世界史的事件」（GA79, 85）とも称される。講演当時つまり二十世紀中葉に一大勢力を誇っていた「弁証法的唯物論」（GA79, 88）にしても、思弁的弁証法に従属するものでしかなく、それどころか、「原子エネルギー」の挑発という人類史上未曽有の出来事すら、ヘーゲルを頂点とする「西洋的思考」の恐るべき勝利を示すものだ、と意義づけられるのである（GA79, 88）。

こうしたドイツ哲学中心史観に挟み込まれる形で、「歴史」の概念が、「過ぎ去ったもの（das Vergangene）」としてではなく、「対峙する現在（Gegen-wart）」を支配する「将‐来（Zu-kunft）」のほうから原初に「既に在ったもの（das Gewesene）」が来着することとして輪郭づけられる（GA79, 83-84）。将来に優位を置きながら原初を反復する瞬機に臨もうとするこうした議論は、『存在と時間』における時間性や歴史性のそれを髣髴させるが、ハイデガーのここでの論調は、より現実的であり、「時事的（aktuell）」ですらある。

この現実志向が何を意味するかはひとまず措き[4]、注目に値するのは、第一講演の終わり近くで、『経済学・哲学草稿』の一文、それも「唯物史観の根本命題」とでもいうべき次のテーゼがおもむろに掲げられている点である。「いわゆる世界史の全体とは、人間の労働による人間の産出、人間のための自然の生成、以外の何ものでもない」(GA79, 94)。

世界史とは「人間を自己生産する労働」にほかならない、とするマルクスのこのテーゼを、ハイデガーは、たんなるイデオロギーと決めつけるべきではないと説く。「技術、工業、経済が今日、人間を自己生産する労働(Arbeit der Selbstproduktion des Menschen)として決定的影響を及ぼし、現実的なものの現実性の一切を規定していること、この事実は誰も否定できない」(GA79, 94-95)。こういった現状認識に加えて、ハイデガーは、「〈労働〉という語はこの場合、たんなる活動や仕事を意味するのではない」(GA79, 95)とし、以下のような注釈を施している。やや長いが興味深いので引用しておこう。

この語はヘーゲルの労働概念の意味で語られている。そのヘーゲルの考えによれば、労働とは、弁証法的過程の根本動向であり、これにより現実的なものが生成しその現実性を展開し完成させることになる。ヘーゲルと反対にマルクスは、現実性の本質を、自己自身を概念把握する絶対精神のうちにではなく、自己自身および自己の生活手段を生産する人間のうちに見てとった。そのため、なるほどマルクスは、ヘーゲルとまるで正反対の立場に身を置くことになった。だが、この対立によってマルクスは、あくまでヘーゲルの形而上学の内部にとどまるのである。というのも、生とか現実の支配とかがあまねく労働過程であるのは、弁証法として、すなわち思考として、なのだから。どんな生産であろうと、その本来的に生産的な部分は思考であるほかないかぎりは。〔…〕あらゆる生産は、それ自身においてすでに反-省であり、思考なのである。(GA79, 95)

ハイデガーは「ヘーゲルからマルクスへ」を断絶と考えず、むしろ連続的に捉えていることが分かる。そのさい蝶番の役目を果たすのが「労働」なのである。この注釈において目立つのは、「労働は思考である」とする解釈であり、それを支えている「思考は生産的である」との大前提である。問題はここでの「生産」の意味だが、そのヒントとなるのは「反－省（Re-flexion）」の概念である。ハイデガーがマルクスの上掲のテーゼに着目したのも、労働の再帰的性格が打ち出されていると思われたからであろう。労働と思考が半ば等置されるのは、両者に自己還帰性という公分母が見出せるからなのである。それゆえここでの「生産」とは、マルクスの言う「自己生産（Selbstproduktion）」のことであり、別の表現を使えば「再－生産（Re-produktion）」ということになる。

思考の反省性格は、のちの第四講演でも、「光」との関連で出てくる。それによると、反省とはまず、「自分自身に折れ曲がって帰ってくること」（GA79, 138）であり、さらに言うと、「思考において思考されたものが思考へと照り返すこと、また逆に、思考されたものへ思考が照り返すこと」（GA79, 139）である。「反照」という訳語で言い当てられる、この「思考特有の再帰的自己関係性」は、カント以降、ドイツ観念論の展開によって「体系化」された（GA79, 140）。ここでは「体系（System）」という言葉が重視される。コペルニクス体系つまり太陽系において、地球を含む惑星が自転しつつ太陽の周りの公転軌道を循環するように、反省構造をもつ思考も、同一の軌跡を動くことで壮大な「光の輪」（GA79, 140）を形成する。天体の円環運動にも比すべき哲学体系が地上に引き降ろされ、思弁的観念論が弁証法的唯物論となったことを、ひとは大事件と考えがちだが、じつはそれは、ヘーゲルを生んだドイツ哲学史において準備され尽くしていたのだと、そうハイデガーは言っているのである。
「マルクスの形而上学」――という言葉が用いられる――が、「ヘーゲル形而上学の思弁的観念論」に、真っ向から対立しつつ「最も決定的に依存している」ことが、ここでも力説される（GA79, 140）。それどころか、ヘーゲルの「体系」によって、「技術的世界の本質として今日出現している当のものの先行形態」はすでに輪郭を描かれており、だからこそ、「カール・マルクスの刻印をおびた世界」――旧「東側」――が、「現代の技術的世界の全体を受け入れる受容地域の一つ」となりえたのだ、という（GA79, 140）。言うまでもなく当時は、ソ連の宇宙進出が合衆国をリードしていた「冷戦」たけなわの時代であった。

なるほど今日、この世界情勢は過去のものとなり、「弁証法的唯物論の是非に関する世界観上のこうした対決の背後で、地球支配をめぐる闘争が荒れ狂っている」（GA79, 88）とはもはや言いがたくなっている。しかしだからといって、ハイデガーの目に「技術的世界の本質として今日出現している当のもの」と映った事柄が、その後雲散霧消してしまったなどということはありえない。逆である。「もともとはヨーロッパ的なものでありながら、さまざまな形をとっていつしか全地球上に拡大しつつある」（GA79, 141）と報告されていた何かが、「地球規模（planetarisch）」の度を加速させているのが、現代なのである。それが「反省的 - 弁証法的思考の威力」（GA79, 141）であるかは、問題として残るにしても。ものを考える営みが流行としてとっかえひっかえできるものなら、「ヘーゲルからマルクスへ」といった旧聞など打ち捨てておけばよかろう。だが、最先端がたちまち最末端と化す光景を日々目撃する一方、「グローバル化」の猛威にますます翻弄されるのを実感しているわれわれとしては、半世紀も前のハイデガーの診断が少なからず今日に妥当することに呆然とせざるをえない。問題の核心は、ハイデガーの言う「技術的世界の本質」、つまり第三講演「同一性の命題」で Ge-Stell と呼ばれている事態はいかなるものか、にある。

先に進む前に、マルクスに言及した戦後のハイデガーの発言を、もう一つだけ瞥見しておこう。フライブルク講演から十年ほど時代を遡る一九四七年に公刊された『「ヒューマニズム」についての書簡』がそれである。この歴史的文書は、マルクス主義に対する積極的評価を表明していることでつとに有名だが、その場合にもやはりヘーゲルとの関連が重視される。ここでは、「労働」が明示的に取り上げられている箇所のみ引いておく。

唯物論の本質は、一切は物質にすぎぬとする主張のうちに存するのではない。むしろ、その規定にしたがうならすべての存在者が労働の素材として現われる、そういった形而上学的規定のうちに存するのである。労働の近代的‐形而上学的な本質は、ヘーゲルの『精神の現象学』のうちに先駆的に思索されている。すなわち、無制約的となった制作が、言いかえれば、主観性として経験される人間によって現実的なものが対象に仕立てられる、その対象化が、おのれ自身を配備してゆく過程、と考えられたのである。唯物論の本質は、技術の本質のうちに隠されている。(5)

やはり目につくのは、「すべての存在者が労働の素材（Material der Arbeit）として現われる」ところにこそ「唯物論の本質」は存する、とされている点であろう。マルクス主義は「労働の近代的本質」を介して「技術の本質」にふれている、というのである。歯止めなき「制作（Herstellung）」とか、万物の「対象化（Vergegenständlichung）」の貫徹、と言われているのは、のちのより洗練された技術論で「ゲシュテル」と呼ばれるに至るものだが、ここでの議論は、荒削りな分だけ逆に問題の所在をくっきり照らし出している。すべてを労働の相のもとに根こそぎ徴発してゆく近代の根本動向を、マルクスがヘーゲルの用語を踏まえて「人間の疎外」(6)として経験していたのだとすれば、その問題意識そのものは、ハイデガーとの接点を少なからず有していることになる。だからこそハイデガーは、講壇哲学としては異例なほどマルクス主義の歴史観を評価したのだろう。

さて、ハイデガーの技術論の根底に「労働」の問題が伏在していたことは、以上でおおよそ明らかになったと思われる。だがこのテーマは、じつは一九三三年以来ハイデガーが抱えてきた「宿題」であった。ここでわれわれは、学長ハイデガーとナチ党との浅からぬ因縁に行き当たる。後者は「国民社会主義ドイツ労働者党」と名乗っていたのである。

二　勤労奉仕を奨励する学長

ハイデガーの「政治参加」をめぐっては、これまで多くの議論が費やされてきた。哲学と政治、大学と国家の間柄についてわれわれに再考を促す、現代の古典的事例ともいうべきこのハイデガー問題に、一つの新しい局面が訪れた。二〇〇〇年にハイデガー全集第一六巻として、『演説と、ある生涯のその他の証言』(7)が出版され、この哲学者が一九三三／三四年の政治活動期に行なった各種の発言がまとまった形で読めるようになったのである。とはいえ、以下では当面の文脈にかかわるごく限られた論点を提起するにとどめたい。

ほかでもない、「労働」に関するハイデガーの論調がわれわれの関心を惹くのである。そこに見出されるのは、「勤労奉仕」を奨励する学長の訓辞の数々である。古代ギリシアに範をとって形而上学の再興を企てた哲学者の姿は、もはやない。「労働者党」の指導のもと総動員態勢を敷きつつある国家に、何とか地歩を占めようとする政略家、いや大学管理職の奮闘ぶりがあるのみである。その彼が、現実の社会情勢に合致したキャッチフレーズとしてしきりに持ち出しているのが、「労働」であり「勤労奉仕」なのである。

たとえばこうである。「ドイツ民族のために新しい精神的世界を築くことが、ドイツの大学の最も本質的な来たるべき課題となる。これこそ、最高の意味と序列をそなえた国民の労働にほかならない[8]」。一九三三年四月二一日にフライブルク大学学長に選出された直後の五月一日、ハイデガーはナチ党に入党しているが、この日はあたかも、ナチ党によって「国民の労働の日」と定められた日に当たる。労働者連帯の日メーデーを法定祝日に制定したのは、いかに労働者を尊重しているかを示すナチの巧妙な政治宣伝であった。そのさいの標語は、「労働に誉れを！　労働者に敬意を！」というものだった[9]。今挙げたハイデガーの文章は、その記念すべき「国民の労働の日」を迎えるに当たって、新学長が学内の教員に通達した訓示の一節なのである。労働党政権のジェスチャーに沿った形で、大学人が自分たちの学問研究を「労働」と規定し、それに邁進すべしと説いている。

学生向けの訓示としては、ずばり「勤労奉仕への呼びかけ[10]」と題された、一九三四年一月二三日付フライブルク学生新聞への寄稿文が印象的である。「わがドイツの青年教育の新しい道は、勤労奉仕へと分け入ってゆく」。そう切り出す学長は、「国民社会主義ドイツ労働者党の運動においてあらかじめ形成された特性を刻み込まれた労働状態」のみが、存在する「ドイツ人の唯一の〈生態〉」だと断じたうえで、「強壮剛健な者たち」を労働の喜びと誇りへと鼓舞する一方、こう警告する。「無気力、怠惰、半人前の者たちも、勤労奉仕へと〈行進する〉ことだろう。なぜなら、これをさぼると試験や就職の見込みがおそらく危うくなるからだ」。かくて「奉仕活動」は学生の義務となる。

　ところで、「勤労奉仕」の重視という考え方そのものは、かの『ドイツの大学の自己主張』[11]にも明示的に述べられていた。一九三三年五月二七日に行なわれたこの学長就任演説は、その「核心部分[12]」において、まず、プロメテウスふうの知的英雄主義から「知の創造的無力」という「学問の原初的（anfänglich）概念[13]」を抽出し（GA16, 109–110）、次いで、ニーチェの言葉「神は死んだ」に集約される「問い＝疑い」の優位という近代の状況を確認し（GA16, 111）、最終的にドイツの大学の指導原理たるべき「学問の根源的（ursprünglich）概念」を提出する（GA16, 113–114）、という筋立てになっている。「勤労奉仕」が語られるのは、この最後の「学問の根源的概念」の構成契機の一つとしてである。つまり、「学問の根源的なまったき本質」を「等根源的」に構成するのは、「勤労奉仕（Arbeitsdienst）」、「国防奉仕（Wehrdienst）」、「知的奉仕（Wissensdienst）」の三つ巴だとされるのである（GA16, 113–114）。

　この三種類の奉仕活動を「学問の本質」として掲げた点に関して、ハイデガーはのちに「弁明」を行なっている。一九六六年に行なわれた「シュピーゲル対談」で、取材記者から、この演説で「勤労奉仕」や「国防奉仕」と並んで「知的奉仕」を挙げたのは、「知的奉仕」が他の二つと「同等の地位へ高められる」ことを狙ってのことではなかったか、と水を向けられたハイデガーは、わが意を得たりとこう語っている。

注意深く読んでくだされば分かるように、知的奉仕は、なるほど第三番目に数え挙げられていますが、意味からすれば、第一番目に置かれているのです。労働と防衛は、人間のどんな行為でもそうであるように、何らかの知に基づいており、その知によって光を得ているということ、このことをつくづく考えてみなければなりません。(14)

同種の弁明は、一九四五年に書かれた手記「学長職一九三三／三四年——事実と思想」にも述べられている。(15) 学務が、労務や軍務と同等どころか、それらを指導する地位に就くべし、と自分は当時、大学全体の指導者として「主張」したのだ、というのがハイデガーの自己了解なのである。彼のこの言い分は正しいだろうか。

なるほど、哲学者の学長にとって、学園から知的要素を一掃しかねない勢いで台頭しつつあった「政治的学問」一派の主張——国民に役立つドイツの大学構想、つまり民族共同体への大学吸収論——は脅威であったことだろう。その防波堤となるべく学長職をそもそも引き受けた以上、ハイデガーには、大学の本義のうちに知的営為を正当に位置づけるという使命があった。彼はその務めを、学問の本質に「知」の要素を盛り込むことによって果たした。彼の言い分を聞き届けるなら、そういうことになろう。

だがじっさいには、知は「知的奉仕」という形で認可されたにすぎない。言いかえれば、学問研究の総体が、今や「知のサービス」と表示されるに至ったのである。大学が民族共同体に食い込むには、みずからの営為を「奉公」と自称するという代償を払わなければならなかった。それによって知的探究そのものが変質をきたすのは必至である。

こうした解釈に対しては、「礼拝」と訳されるGottesdienstが「神に仕えること」であるようにWissensdienstも「知に仕えること」を意味する、との反論があるかもしれない。だが、Arbeitsdienstが「労働に従事することによって民族に奉仕すること」であり、Wehrdienstが「国防に従事することによって民族に奉仕すること」である以上、それらと並べられた「知的奉仕」も、ひたすら学問に捧げられる営みではなく、「学問に従事することによって民族に奉仕すること」を意味せざるをえない。労役や兵役と一括された知という奉仕活動が、知それ自体を目的とすることはありえない。第一、「テオーリア」を「それ自身のため」の知と見なす古典的解釈は、「学問の原初的概念」が論じられた箇所で、いちはやく斥けられていた(16)（GA16, 109–110）。奉仕と解されることによって、知の自立性は見失われてしまう。学生は「労働者＝兵士」と見分けがつかなくなる。

民族のために労役と兵役と並んで知的奉仕を担うのがドイツの大学だとすれば、その奉仕施設は、民族共同体から「独立」ではありえない。だからこそハイデガーは、「学問の根源的概念」を導き出すに当たって、「大いに謳歌されてきた〈学問の自由〉なるものは、ドイツの大学から排除される」（GA16, 113）と宣言して憚らないのである。だとすれば、大学の「自治（Selbstverwaltung）」という伝統的理念を「自己省察」（GA16, 107）――今日ふうに言えば「自己点検」――に基づく「自己主張」によって係争に付し、ついには解体することが、この演説のそもそもの狙いであった、と言わざるをえない(17)。

「労働者＝兵士＝学徒」からなる「民族－大学－共同体」構想は、プラトンの理想国家論の再来と評されたりもする。だが、両者を同列に論ずるのは的外れである。プラトンにおいて、農工商を営む大多数の人民と、少数の守護者つまり戦士階級とは峻別され、さらに後者から統治者＝哲学者が選別されることになっていた。ところが、ハイデガーの大学改革案においては、国民総「労働者＝兵士」化をとる国策に呼応する形で、学生に「勤労－国防－知的－奉仕」が分け隔てなく課される。つまり、国民社会主義を標榜する労働者党の本領であった「画一的同質化（Gleichschaltung）」[18]を、大学の内部にまで推し進めようとするのが、ハイデガーの改革大綱だった。全国民が労働と防衛をともに担わねばならない以上、学生や学者もまた例外ではありえない、というわけである。

プラトンをナチの元祖イデオローグに見立てようがないのは、全人民皆労・皆兵制という意味での平等主義が、古代ギリシアにはそもそも存在しなかったからである。平等化という点では、ナチズムは近代に固有な傾向を、少なくとも表向きは徹底させた。空前の人種差別が吹き荒れたからといって、ナチ国家が近代平等主義を拝していなかったと見るのは早計である。民族共同体にあまねく平等化が推進された結果、大学もその独自性を剝奪され、その成員はもれなく労務者＝兵卒として国家に組み込まれていった。奉仕活動へのかり立てによる画一化の貫徹こそ、全体主義国家の真骨頂にほかならない。

画一的同質化を推進するスローガンとして、「労働」は「国防」以上に重要な意味をもつ。なぜなら、人間が生活の必要を満たして生きているかぎり、どんな人間も自分で労働するか、もしくは他人の労働から恩恵を受けざるをえないからである。労働は自然的存在であるかぎりの全人類の公約数なのである。労働する存在としては人間はたしかにみな平等である。ユートピア社会主義であろうと科学的社会主義であろうと国民社会主義であろうと、労働の相のもとに人間を捉える点においては、何の違いもない。

絶滅収容所の囚人にしても、処理される直前まで、まさに「労働する動物」として扱われた。

ナチのプロパガンダが説いたように「労働によってこそ人は高貴になる」かは定かではないが、少なくとも、労働する存在への画一的同質化によって「社会的平等の感情が国民の間に広がった」ことは確かだった。[19] ハイデガー全集第一六巻に収録された学長語録が、この国民一体化路線に逆らうどころか、それを助勢する労働讃美を連呼していることは否定できない。[20] このことは、ヒトラーが政権固めのため一九三三年一一月一二日に実施した国民投票・国会選挙に加勢すべく、総統支持の「投票への呼びかけ」を学長声明として行なったことと同じく、[21] 政治的現実への盲従と評されても仕方ない。当時のフライブルク大学学長はもはや哲学者ではなかった、と言いたくなる。

だが、ハイデガーには彼なりの「労働の哲学」がまったくなかったわけではない。だからこそ彼は、哲学者の立場から総統を指導することさえできると信じたのだった。

三　労働の擬似存在論

では、ハイデガーの「労働の哲学」のポイントはどこにあるのだろうか。

それは、労働を大幅に概念拡張することにより人間的活動全般と同一視した点にある。物を作ること（制作）も、世界変革へ乗り出すこと（行為）も、存在への問いを立てること（思索）も、ことごとく「労働」と総称されるのである。あたかも、人間の存在様式を表示するさまざまな語が、「労働」という文字に一括変換されたかのようである。この操作によって、「労働とは何か」という問題そのものは、むしろ雲散霧消してしまう。

学長時の訓話で目立つのは、「肉体労働」と「精神労働」の区別の撤廃である(22)。この無差別化から「労働者としての学生」という意味づけが引き出されてくるのだから、勤労奉仕を奨励する学長がこの心身合一説を乱発したのも当然である。そればかりではない。哲学的思索そのものが今や「労働」と命名され、思索家自身が「労働者」を自認するのである――それをユニフォームに採用した民族共同体のなかに身をうずめるべく。

ハイデガーは、ベルリン大学招聘を辞退したおりに、ラジオ講話「創造的な風土――なぜわれわれは田舎にとどまるのか」を発表したが、そこで説かれているのも、肉体労働と精神活動の区別の廃棄にほかならない。当代随一の哲学者が携わっている「労働」は、シュヴァルツヴァルトの農夫のそれと「同じ種類」(23)だというのである。「哲学上の労働は、変人の遊離した営みのごとく行なわれるのではない。それは、農夫の労働のまっただ中に属する」(24)。思索と農耕とを同列に置くこの随想は、首都ベルリンへの出動要請を拒否した地方在住知識人が「土着性（Bodenständigkeit）(25)」の姿勢を表明した点でも、一定の政治的含意を有する。だがそれ以上に、学者みずからが「労働者」を名乗ったことの時局的宣伝効果の面を見逃すべきではない。そこにひそむ農民礼讃をたんなるロマン主義的郷愁と見てはならないし、ましてや、根源的自然の回復といった思想的意味を引き出すなど論外である。それは、労働のもとでの平等化という近代的動向を如実に示す文書なのだ。

活動一般を「労働」にひっくるめて均一化するこうした概念上の操作を、最も露骨に示しているのは、一九三三年一一月二五日の新入生向け挨拶「労働者としてのドイツの学生」であろう。戦没者追悼式典に続く入学式で述べられ、ラジオ放送もされたこの演説は、シュヴァルツヴァルトに散った地元の英雄シュラーゲターの名を呼び出し、かつ「ハイル・ヒトラー!」で結ばれるのが少しも異様に響かないほど、それほど政治色の濃いものである。そのなかでハイデガー学長は、「労働」の新しい概念を、自分の哲学上の用語である「気遣い(Sorge)」と等置している。重要な箇所なので抜き書きしておこう。

人間は労働する者として、全体としての存在者との対決のうちへ身を置く。〔…〕そのように解された労働の本質が、今や人間の現存在を根本から規定する。われわれの現存在は、別の存在様式へと身を移し始めているのであり、この存在性格を、私は数年前、気遣いとして際立たせた〔…〕。近ごろエルンスト・ユンガーは、創造的なニーチェ理解から発して、また世界大戦における物量戦の経験を基礎として、次の時代の来たるべき存在様式を、労働者という形態によって端的に解釈した。〔…〕労働において、かつ労働として形態づけられる民族的現存在の仕組みこそ、国家にほかならない。国民社会主義国家とは、労働国家である。〔…〕新しいドイツの学生は、労働者なのだ。[26]

ユンガーへの言及も気になるところだが、ここでは、労働という存在様式が、存在者との関わり全般にまで拡大解釈されている点に留意したい。およそ人間の行ないをひとしなみに「労働」へと包摂する、こうした概念拡張が、ナチ国家の民族同和政策に合致していたのは言うまでもない。ハイデガーの「労働者大学」論は、「労働者社会」という全体主義国家の統合理念を存在論的に基礎づけようとする野心から発せられていたのである。

その本質が「労働」にあると宣言されるに至った存在者のあり方のことを、ハイデガーはかつて「気

「気遣い」という術語で言い表わしていた。『存在と時間』の著者は、そこでこう結論づける——「気遣い」とは、じつは「労働」のことだったのだ、と。後年も繰り返すことになる自己改釈の作法が、ここにお目見えしている。人間という存在者がその本質において「気遣い＝労働」であるのなら、万人を労働者として徴用して何の問題もない。ナチの労働国家は、かくて「哲学的労働論」によって恭《うやうや》しく裁可されたのである。

労働に民族一体化の原理を見出す国家体制は、哲学者の学長によれば、「労働の本質」論に基礎を求められるべきものであった。ハイデガーはこれを、演説や挨拶とは別に、当時の講義のなかで公表している。すでに一九三三／三四年冬学期講義にも「労働の本質」なる言い方が散見されるが、(27)「気遣い」という自分の従来の根本概念を「労働」に転轍させたものとしては、一九三四年夏学期講義『言葉の本質への問いとしての論理学』が見落とせない。『存在と時間』の著者による「労働の存在論」がそこにある。かつての基礎的存在論を反復するかのように歴史性や時間性が論じられるなかで、「労働」という以前には出てこなかった概念が、さしずめ実存カテゴリーとして採用される。

学長職を退いたハイデガーが最初に行なったこの講義は、ギリシア以来の「論理学」を根底から変革すべく「言葉の本質への問い」を立て、そこから「人間の本質への問い」へ、さらには「歴史の本質への問い」へと歩を進める。(28)そして、それらの問いの基盤をなす「根源的時間」にふれる経験として、「われわれ自身」——明示的にドイツ民族を指す——の「使命（Bestimmung）」——強く訳せば「天命」——の諸相が解明されてゆく。「労働」の概念が登場するのは、その「使命」の一契機としてである。民族規模で課せられた「使命」として、ハイデガーはまず、「任務（Auftrag）」と「召命（Sendung）」

の二つを挙げる（GA38, 127）。これらは、それぞれ「将来」と「既在」に対応する、一対の「使命」である、こうした「時間規定」に基づいて、「現在」もしくは「瞬間」において経験される「使命」こそ、「労働（Arbeit）」にほかならない。

〔…〕われわれの規定を実行し（erwirken）、創造の領圏に応じてそれぞれ作品のうちへ置き（ins Werk setzen）、作品のうちへ運ぶこと——これを、労働することと呼ぶ。

労働は、打算、必要性、時間潰し、退屈からわれわれが片付ける何らかの業務、などではなく、労働とはここでは、われわれの本質の断固たる規定性となった使命のことであり、そのつどの歴史的瞬間においてわれわれの召命を遂行しわれわれの任務を実行することが有している刻印と仕組みのことなのである。

労働は歴史的人間の現在であり、それは、労働において、また労働によって、作品がわれわれにとって現前性と現実性に至る、というふうにしてなのである。（GA38, 128）(29)

ここでは「労働」が「創造（Schaffen）」と等置されている。何かを実現し「作品（Werk）」に定着させるという意味でのポイエーシスのほうから、労働は理解されているのである。あたかも、労働こそが「作品化（ins Werk setzen）」——エネルゲイア（現実態）にまで高められた制作——として、最高のプラクシス（活動・行為）であるかのごとく。

したがって、「労働」と「創作」が区別されないのと同様、「労働」と「活動」の区別も無視される。ここでの「労働」とは、「制作」のみならず「行為」をも包括する融通無碍の概念なのである。『存在と時間』において、本来的現存在は決意の瞬間にそのつどの状況のただなかで「行為」へと赴く、とされていたことを想起しよう[30]。一九三四年の改訂版現存在分析論では、そのかつての「行為」の位置に、「労働」が体よく据えられたわけである。――労働者こそ本来の行為者なのだ、とでも言わんばかりに。なるほど、ドイツ語のArbeitは非常に広い意味を含んでいる。詩人の仕事だって学者の研究だって、どれも「労作《アルバイト》」には違いない。だとすれば、ハイデガーがその語を、詩作も政治も思索もひっくるめた人間のふるまい全般を表わす総称としたって、べつに構わないのではないか。そう疑問を呈する人もいることだろう。

しかし、日常言語の曖昧さと、「人間の本質」が問われたすえに労働概念が持ち出される言説とを、同列に論じることはできない。ハイデガーがここで労働を人間の本質規定としていることは、次の断定からも明らかである。「動物や植物は労働しないが、それは動植物が憂いなし（sorglos）だからではなく、そもそも労働することができないからである」（GA38, 133）。この文章は、「動物は生を終えはするが死ぬことはない。なぜなら死を能くするのは人間だけだから」という、ハイデガーが幾度となく繰り返した人間観を髣髴させる。「死すべき者たち」という古式ゆかしい呼称に代わって、近代式の「労働する動物」が、人類の定義としてにわかに採用されたかのようである。

今引用した文中にも「憂いなし」という語が使われていたが、『存在と時間』において「現存在の存在」を表わすのに採用された「気遣い・憂慮（Sorge）」の概念は、この講義において、その含みを存分に活かされつつ「人間存在」を表わす術語としてなお堅持されている[31]。なぜなら、ふつう「現存在への気遣い（Sorge um das Dasein）」と言えば、「生存への配慮」つまり、生きるためにあくせくすることを意味し、その現実態は、まさしく日々の労働なのだから。もしそうなら、『存在と時間』の実存論的分析論に秘められていた「憂慮の哲学」が、それにふさわしい「労働」という概念を得て、大々的にその含蓄を披露したのが、この一九三四年講義だったということになろう。

他方でハイデガーは、金儲けや退屈しのぎのみならず、「必要性（Bedürftigkeit）」に迫られて働くことも、自分の労働概念に含めたくなさそうである。だが、そういう選り好みは、労働者の実態を少しでも正視すれば、まずできない相談なのである。詩人の創作や革命的偉業は「労働」と表示しておきながら、「生計（Existenz）」を保つための必死の労苦を「労働」から排除する実存論的分析論など、机上の空論もいいところだろう。

その一方でハイデガーは、「失業（Arbeitslosigkeit）」という時局的問題を取り上げ、その哲学的基礎づけすら試みている。労働を奪われた人びとが精神的に傷つくのは、失業がそもそも、存在者との関係を空虚にされ、存在論的に「見捨てられていること（Verlassenheit）」を意味するからだ、というのである[32]（GA38, 154）。失業問題をいわば存在問題として重視するこうした論調は、現実社会への即応として一見好ましく映りもしよう。ハイデガーからすれば、擬似科学的な人種主義などよりずっとましな哲学的主張を自分は身を挺して行なったのだ、という理屈になるのかもしれない。だがじっさいは、それによって理論的に正当化されたのは、「勤労奉仕こそ人の道」と説く近代精神[33]であり、その路線に従って手厚い失業対策を売り物としたナチ国家なのである。これと裏腹に、掘り下げられずにとどまったのは、労働という特定の存在様式がいかなるものであり、現代かくも尊重され政治における最大の争点となりえているのはなぜか、というもう一つの労働問題のほうだった。そこにこそ、哲学的労働論の真の可能性がひそんでいたにもかかわらず。

「現在化という意味での現在としての労働のうちで生起するのは、存在者を現前的にさせることにほかならない」(GA38, 154)。——時間性の理論をこのように変形することで、ハイデガーは労働問題の存在論化を企てた。だが、労働国家を指導するはずのこの哲学上の新機軸は、怒濤のような政治的現実に、無力にも呑み込まれるほかなかった。以後、ハイデガーは「労働」という言葉を、積極的意味では一切口にしなくなる[34]。その意味では、中途で放棄された労働論は「労働の擬似存在論」にとどまったと、やはり言わざるをえない。そこでの「労働」という語は、ついにスローガンの域を出なかったのである。

四　労働批判としての「総かり立て体制」論

以上のような評定に対しては、今さらナチ時代の言辞を蒸し返して哲学者を裁いても仕方ない、と鼻白む向きもあろう。たしかに、ハイデガーはナチだったと鬼の首でもとったように騒ぎ立てるのは軽率にすぎよう。だがわれわれが際会している問題は、過去のものではない。目下同じ事態が進行中の、ごくごく現代的な問題なのである。

たとえば、われわれは「ボランティア活動」という名目のもと、国内外での無償「勤労奉仕」を若者たちに奨励していないだろうか。学生が学業そっちのけで「アルバイト」に精を出し就職活動を最優先しているのを、見て見ぬふりをし、あまつさえ応援さえしているではないか。社会貢献を謳う産官学連携プロジェクトに、大量の若手研究者を動員しているではないか。要するに、大学が社会の必要性に応じた低廉労働力供給施設となることを、どしどし推進しているではないか。

学生に対してばかりではない。大学の教員自身が研究業績の増産にあくせくし、雑務に追われる忙しさを嘆きながらも内心では誇りとし、自由にものを考えるゆとりをせっせと追い払っているではないか。自分たちの学問研究が「社会のための勤労奉仕[35]」となることを望んでいるではないか。世の「大学改革」がこぞって目標としている学園とは、「学問の府改め社会人ビジネス学校」ではないのか。——こういう現状に何ら痛痒を感じない者が、学長ハイデガーの勤労訓話をあたかも自分とは無関係であるかのごとく嗤うのは、身のほど知らずと言うべきである。

ボランティア活動の推奨と学徒動員の鼓吹とを同列に論じるな、と叱られるかもしれない。むろん違いは大きい。長い目で見ればナチズムが局地的、一過的な現象であり、おそらくコミュニズムも同様であるのに対し、顕在化してから二百年以上の歴史をもつ近代ヒューマニズムのほうは、その鬼っ子たちが斃れてもますます健在である。

哲学者の学長にも抗うことのできなかった労働讃美の近代精神は、その後も衰えを知らず、地球規模で着実に拡大を続けている。この点に限っては一九三〇年代と今日とで何の変わりもない。その労働時代の一斑が、無償勤労奉仕を若者にふさわしい自発的活動として義務づけるという矛盾した文教政策に顔を覗かせているとすれば、どうであろうか。婦人や老人のみならず障害者をも「社会人」という名の賃金労働者に仕立てようとする福祉政策のうちに、労働に救いを求める近代精神が宿っているとすれば、どうか。

少なくともここで言えるのは、労働をめぐる問題群は広大な裾野を有しており、ハイデガーの「労働の擬似存在論」はその一例でしかない、ということである。生の哲学から社会哲学まで、あるいは人権派から環境派まで、どれだけの論者が「人間らしい労働」に夢と希望を託し、その理論的意義づけに腐心してきたことか。ナチが振りまいた幻想の虜となった過去の事例を告発することなら、今では誰にでもできる。これに対して、そのナチズムの十八番だった「労働に基づく平等化」は、姿を変えてしぶとく生き延び、社会への画一的同質化という形でなお主流ですらある、などと言い出せば、ひとの神経を逆撫でするのは目に見えている。

学長ハイデガーの立ち居振る舞いそれ自体は、なるほど矮小であったかもしれない。だが、彼の口から迸り出た「労働の尊厳」という思想のほうは、近代全体を覆い尽くすほどの根の深いものなのである。ハイデガー問題は、全体主義と呼ばれる怪物の出現という空前の出来事に比べれば、吹けば飛ぶ程度の挿話にすぎない。そのはるかに上手の難問に取り組むには、しかし「労働」という問題はどうしても避けて通れない。じつに、この事情をある奇妙な流儀で示しているのが、その後のハイデガーの技術論なのである。

ハイデガーの技術論というと、一九五三年の講演「技術への問い」がまず思い浮かぶ。現代技術の本質を「ゲ‐シュテル」と名づけたこのテクノロジー論の原型と見られるのが、一九九四年に全集第七九巻として公刊された一九四九年ブレーメン連続講演「有るといえるものへの観入」である。なかでも、ずばり„Das Ge-Stell“と題された第二講演は、戦争の時代を通じて飛躍的に進んだ現代技術がハイデガーの目にどう映っていたかを生々しく伝えている。この重要なテクストに、以下では、ある限定された角度から光を当てることにしよう。つまり、三〇年代から持ち越されていた「労働」の問題が、どのように戦後の技術論へ流れ込んでいったか、という視点からである。

一見われわれのこの観点は見込み薄であるかに見える。なぜなら、この講演に「労働」という言葉はろくに登場しないから。この語を乱発した往時とは打って変わって、戦後のハイデガーは、最初に挙げたマルクス解釈の文脈以外、「労働」を話題にしなくなる。(36) 一九二〇年代にもこの概念は看過されていたことを考えると、ハイデガーにとって労働論は、免疫もないまま政治熱にやられたときの既往症でしかなかったかのごときである。だが事はそう単純ではない。労働という問題は、ハイデガーが出会ったさいにも片鱗を示したように、讃美されて大人しくなるどころか、一切を貪り尽くす勢いでいよいよ進化を遂げてゆく巨獣と見える。一たび怪物に見入られた者は、その正体を解き明かすまでは、相手が行く手に立ちはだかることを覚悟しなければならない。

ブレーメン連続講演は、まえおきで「原子爆弾」という話題にふれている。(37) この究極の軍事技術の登場が、講演時の背景をなしているのは間違いない。とはいえ講演者は、大胆にも、原爆の惨禍と人類の将来に戦慄をおぼえる程度では生温い、とほのめかしている。ハイデガーに言わせれば、それはとっくの昔から用意されてきたことなのだ。核時代の「大枠」を決定し、真にわれわれを震撼せしめないではおかないもの――それこそは、「ゲ－シュテル」と呼ばれる技術の本質にほかならない。では、ありとあらゆるものをかり立て、挑発し尽くす勢いのこの地球規模の事態は、何を意味するものなのか。

それを示唆するキーワードが、bestellen なのである。

この語は stellen（立てる）という語から派生した動詞であり、その意味では、物を「制作する（herstellen）」、対象を「表象する（vorstellen）」といった言葉と同根である。ベシュテレンというドイツ語は、品物を「注文する」、人や物を「送る」、土地を「耕作する」という意味で、ふつうに使われる。ハイデガーはこの日常語を、現代技術の動向を言い表わす、いわば存在論的術語に据えるのである。また、それに応じて、通常は「備蓄品・在庫」といったほどの意味の名詞 Bestand も、やはり存在論的に改鋳される。

ハイデガーによれば、制作経験に由来する古代的な「実体」概念とも、表象作用に帰着する近世的な「対象」概念とも、およそ異なるのが、現代技術に特有な「立てる」はたらき Bestellen の相関者たる Bestand である。ベシュタントがベシュテレンされるのは、ひとえにベシュテレンされうることをめざしてである。つまり、そうした「ストック」が繰り返しかり集められるのは、同じ自動的循環過程が全体として増進することに奉仕するためでしかない。一つ一つはバラバラで孤立しているが、「画一的に同形（gleichförmig）」であるから、たとえ無くなっても他のものによって代替可能であり、各個は「同価値でどうでもよい（gleichgültig）」。任意に投入可能な状態で常備された物資の在庫分は――「全体（Ganze）」をともに形づくる不可欠の「部分（Teil）」とは違って――「総計（Summe）」を物量的に構成する「断片（Stück）」である。それゆえベシュタントはつねに、ベシュテレンされたものの総量を構成する断片（Bestand-Stück）としてしか現われない。[38]

この場合の bestellen は、昔ながらの「耕作」という意味での労働とはおよそ異なる。かつて労働の代表であった農耕は、今日「機械化された食糧産業」（GA79, 27）に組み込まれ、すっかり変質している。[39]先祖伝来の農法を捨てた農民が、物的資源たる土壌を開発し農産物を工業生産する企業に雇われ、従業員つまり人的資源として働くこと――これが、ハイデガーの言う「別の種類のベシュテレン」[40]なのである。ここでは「雇用」という日本語がピッタリする。現代風に言えば、「人材派遣」といったところか。

人間がベシュテレンされてベシュタントとなる事態は、今日至るところで進行している真にグローバルな現象である。ハイデガーはさりげなくこう述べる――「男も女も勤労奉仕にかり立てられることを余儀なくされる。彼らはみなベシュテレンされるのである」と（GA79, 26. 強調は引用者）。かつて学長としてみずから学生に呼びかけた「勤労奉仕（Arbeitsdienst）」という時局語が、思いがけなくもここに顔を覗かせている。戦後すぐと言ってよい時代の講演だから、戦時中の「徴用」令のイメージが思い浮かべられていたであろう。「技術への問い」や「同一性の命題」で主導語となる「挑発する（heraus-fordern）」という動詞はそれほど目立って用いられていないが（GA79, 27）、この語にしても元来、戦時体制下の「徴発」のニュアンスを含んでいたと考えられる。現代技術の動向を示すbestellenという語は「徴用してかり立てる」という意味で理解されるべきなのである。

くどいようだが、老若男女がこぞって労働へかり立てられるのは、今日ますます目につく現在進行形の事態である。往年の愛国婦人会が支えた「銃後」と同様、現代女性の「社会進出」とは「勤労奉仕」の別名である。農業と並ぶ由緒正しい労働であった家事と育児の場を去って、一人前の「社会人」つまり被雇用労働者となることが、自分らしさへの道だと鼓吹される。平時にも万人が等しく労働へそそのかされ、半ば自発的に召集される普遍的徴用制こそ、ハイデガーが「ゲ‐シュテル」と呼ぶところの現実にほかならない。

ハイデガーはBestellenを語義説明するうえで、「召集・召応」を意味するGestellungという語を持ち出している。「立てる（stellen）」とは、ここでは、挑発する、徴発する、みずから出頭するよう強いる、ということを言う。こうした立てるはたらきは、召集（Gestellung）という形で起こる。召集命令において召集が人びとに宛てられるのである」（GA79, 27）。総力戦下では「徴兵」という剝き出しの形で人びとに降りかかってくるのが「ゲーシュテル」である。Gestellung という戦時語と響き合う形で das Ge-Stell が術語化されていたとすれば、この語は「総かり立て体制」とでも（直）訳されるべきであろう。[41] ハイデガーは現代技術の核心に、自己増殖的な資源再生産過程に投入可能な労働へと万人をかり立て進んで参加させる巨大自動装置が働いているのを見出したのである。

五　労働者はどこへ？

かつて勤労奉仕を説き、労働の存在論を唱えたハイデガーは、戦後の技術論において、過去の負債を決済するかのように、万人が等しく労働へ徴用されていく現代技術の根本動向に立ち向かっていった。どこまで自覚的であったかは定かでないが、哲学者はこのようにしてナチズム問題を反芻したのである。しかも、そこに浮かび上がった「総かり立て体制」は、一九四五年に潰え去った政治体制よりも、はるかに根深くしぶとい問題であったことが判明する。その後のハイデガーは、この怪物と格闘を続けたのである。

同じ頃、国民社会主義ドイツ労働者党の巻き起こした二十世紀の怪異な政治現象をつぶさに分析した、彼の元弟子がいた。彼女ハンナ・アーレントは、一九五一年に大著『全体主義の起源』を刊行したのち、さらに起源を遡り、人間の類的本質を労働に見出し近代精神を集約してみせたマルクスとの対決へと赴いていった。そこでアーレントが発見したのは、古来私的領域に局限されてきた「労働」という人間の活動様式が、近代になって解放されるや公的領域を席巻し、ついには支配するに至る歴史上の布置であった。活動的生の位階秩序のこうした変遷を押さえることで、「労働する動物の勝利」に極まる近代の特質を浮き彫りにしたのが、一九五八年刊の主著『人間の条件』にほかならない。

アーレントが『人間の条件』で活用している「労働／仕事／活動（／思考）」という活動様式の分節化は、かつてハイデガーから手ほどきを受けたアリストテレスの領域区分を、さらに精緻化したものである。なかでも目につくのは、「労働」と「仕事（制作）」の区別である。働くことと作ることとは違うのだ、とする論点は一見瑣末に見える。だがそこには、全体主義研究およびマルクス読解を通して獲得された洞察が宿っている。近代は、それ以前と袂を分かって、生活の必要のために労苦するという人間の自然的あり方、つまり労働を最優先させるばかりか、物を作ったり事を為したり考えに耽ったりする人間の他の側面をも、ことごとく「労働の相のもとに」水平化してしまう傾向を内蔵させている――全近代に覆いかぶさるこうした偏向を見抜いたからこそ、アーレントは、そのアンバランスを是正すべく労働批判を行なったのである。むろんそれは、生命という人間の根本条件にもとづくこの営みを、軽視するとか捨象するとかいったことを何ら意味しない。

自然と技術の垣根が取り払われ、一切のヒトとモノが労働――およびそれと一対の消費[42]――の拡大再生産過程へ集中させられていく自動的事態を、ハイデガーは「総かり立て体制」と命名した。同じ事態をアーレントは、「自然／技術」に対応する「労働／仕事」の区別をあえて堅持することで、鋭く分析してみせたのである[43]。

ハイデガーは戦後すぐ、ヘルダーリンにあやかって、乏しき時代に「詩人は何のために（Wozu Dichter?）」と問う、リルケ論を書いた。われわれはその顰《ひそ》みに倣って、幾重にもこう問い続けなければならない。――暗い時代に「労働者はどこへ（Wohin Arbeiter?）」と。[44]

注

（1）本論はもともと、第一部「ハイデガーと労働の問題」、第二部「アーレントにおける労働と仕事の分節化」の二部構成を予定していたが、前者の分量が増えたため、後者はほんのさわりしか論ずることができなかった。全体としては、副題に示したように、「ハイデガーからアーレントへ」という一連の研究の中途報告という性格をもつ。〔その後の歩みとして、拙著『現代の危機と哲学』放送大学教育振興会、二〇一八年、を参照。この書の第9章「労働のゆくえ」は、本論の簡約版であり、第10章「ハイデガーからアーレントへ」は、その続きである。〕

（2）Martin Heidegger, „Der Satz der Identität", in: *Identität und Differenz*, Neske, 1957. 言うまでもなく『同一性と差異』にはもう一つ、ヘーゲルを論じた「形而上学の存在－神－学的体制」が収められている。なお、ハイデガーが「ヘーゲルとの対決」をおのれの課題と見定めた時点としては、ヘーゲル形而上学を「神－学（Theo-Logik）」と規定した一九三三年夏学期講義が有力であろう。Vgl. *Die Grundfrage der Philosophie*, in: *Sein und Wahrheit*, GA36/37, 2001, S. 69ff.　もっとも、当時のハイデガーにとって、ヘーゲル以後の重要な思想家は「キルケゴールとニーチェ」であって、マルクスの名は挙げられていない。Vgl. GA36/37, 13.

（3）*Die Grundsätze des Denkens*, in: *Bremer und Freiburger Vorträge*, GA79, 1994.

（4）「出来事（Ereignis）」を根本語に掲げるハイデガーは、その根幹において「革命」志向であった。ナチ「革命」を支持したのも、ここから理解されねばならない。

（5）„Brief über den »Humanismus«", in: *Wegmarken*, GA9, 1976, S. 340.　渡邊二郎訳『「ヒューマニズム」について』ちくま学芸文庫、一九九七年、八一頁。

（6）GA9, 399.

(7) *Reden und andere Zeugnisse eines Lebensweges*, GA16, 2000.

(8) „Aufbau einer neuen geistigen Welt“ (27. April 1933), GA16, 82. 強調は原文。

(9) ノルベルト・フライ『総統国家』芝健介訳、岩波書店、一九九四年、八三頁。だが、この「労働者階級に対するウィンクと譲歩」（同書八二頁）の翌日に待ち構えていたのは、労働組合に対する抜き打ち的暴力行使、ひいては労働運動そのものの解体であった。「一九三三年五月二日の朝、突撃隊、親衛隊の補助警察部隊は、ナチ経営細胞組織の活動家に先導され、全国の自由労働組合会館・諸施設を占拠した」（同書八三頁）。組合幹部は一斉に保護検束され、かくして既存の労働運動は一挙に骨抜きにされたのである。

(10) „Der Ruf zum Arbeitsdienst“ (23. Januar 1934), GA16, 238–239 ; Guido Schneeberger, *Nachlese zu Heidegger*, Bern, 1962, S. 180–181. 強調は原文。

(11) „Selbstbehauptung der deutschen Universität“ (27. Mai 1933), GA16.

(12) „Das Rektorat 1933/34 – Tatsachen und Gedanken“ (1945), GA16, 378.

(13) この部分の読み方については、本書第十一章「ハイデガーにおける学問と政治」を参照。

(14) „Spiegel-Gespräch mit Martin Heidegger.“ (23. September 1966), GA16, 657. 川原栄峰訳「シュピーゲル対談」（ハイデッガー『形而上学入門』平凡社ライブラリー、一九九四年、所収）、三六七頁。

(15) „Das Rektorat 1933/34“, GA16, 378.

(16) 本書第十一章を参照。

(17) 新入生への挨拶でハイデガー学長は、大学が「学問の自由」を呑気に享受してよい時代は終わった、と宣告している。「記念すべき一九三三年夏学期をもって、学問の自由という概念は最終的にその内実を失った」（„Zur Immatrikulation“ (6. Mai 1933), GA16, 95）。ハイデガーは「シュピーゲル対談」でも、「学問の自由」を批判したかつての自説を撤回していない（„Spiegel-Gespräch“, GA16, 655）。時代の流れだとして大学の自主独立を否定する大学改革論者は今日、数多い。

(18) 「グライヒシャルトゥング」という時流をハイデガーがそのまま認めていたわけではないことは、論理学の変革を企てた講義中の次の発言からも察せられる。「われわれが当面している論理学の揺さぶりは、一九三四年の現時点で或る任意の〈画一的同質化〉を目的として取りかかっているものではなく、われわれが十年前からわれわれの現存在そのものの変革に基づいて尽力してきたものである。〔…〕われわれが尽力している揺さぶりは、計画という意味においてではなく、われわれの運命の必然性からのみ意志しうることなのである」(*Logik als die Frage nach dem Wesen der Sprache*, GA38, 1998, S. 11)。この「歴史的必然」論が、画一的同質化の猛威の前には無に等しいこと、いやそれを補完するだけでしかないことは、言うまでもない。

(19) 前掲『総統国家』一二五頁および一二九―一三〇頁を参照。

(20) 『演説と、ある生涯のその他の証言』に収録された史料のうち、とくに「労働」を強調しているものとしては、本文中でふれたもののほかに、「労働キャンプ」を大学に匹敵する学びの場として讃えた一九三三年六月一四日の訓辞「勤労奉仕と大学」(GA16, 125-126)、三四年一月二二日の「市の緊急事業労働者のための講習会を大学で開催するにあたって」の挨拶(GA16, 232-233)が挙げられるが、どちらも労働国家の国策に合致したものである。なお、学長辞職後の三四年八月一五／一六日の外国人学生向け二回講演「ドイツの大学」(GA16, 285-307)――当時のハイデガーの大学観をよく示すこの講演は、シュネーベルガーの『ハイデガー拾遺』には収録されていない――にも、在職中の発言の集約とも言えるような「国民社会主義革命」寄りの議論が見られ、「労働」概念の高騰ぶりが目につく。

(21) „Aufruf zur Wahl" (10. November 1933), GA16, 188-189, u. „Ansprache am 11. November 1933 in Leipzig", GA16, 190-193; *Nachlese zu Heidegger*, S. 144-146, u. S. 148-150.

(22) 「われわれはもはや〈教養層 Gebildete〉と〈無教養層 Ungebildete〉とを区別しない」(GA16, 235; 305)という決まり文句と並んで、「いかなる労働も、労働であるかぎり、精神的なものである」(GA16, 236; 239; 303)とする見解を、ハイデガーは強調する。この「肉体／精神」の差別撤廃が、知識人階級と労働者階級とを同化させる「ナチの社会改革プログラム」に沿っていたのは、R・ウォーリンの指摘の通りだろう(『存在の政治――マルティン・ハイデガーの政治思想』小野紀明ほか訳、岩波書店、一九九九年、一六四頁以下)。だが「さらに、こうしたハイデガーの主張は、知識人は大衆から遊離しているという、ヒトラーその人が『我が闘争』や他の様々なところで度々表明していた見解との不気味な共通性をさらけだしている」（一六五頁）と付け加えているのは、穏当さを欠く。「知識人は大衆から遊離している」との不満なら、われわれ自身が今日大いに口にしていることなのだ。思えば、「シュピーゲル対談」で記者がハイデガーにしきりと水を向けたのも、哲学は現実にもっと関与すべきではないのか、という論点だった。「世の人々が哲学者から、生きる可能性といったようなものをどう考えるかについて示唆がもらえると期待するのは、やはりもっともなことではありませんか。そして、哲学者がその求めに何ら応じられないとすれば、彼は自分の職務と召命の、たとえわずかではあれ一部分を怠っていることになりはしませんか」（„Spiegel-Gespräch", GA16, 681. 邦訳四〇五頁）。

（23） „Schöpferische Landschaft: Warum bleiben wir in der Provinz?" （1933）, in : *Aus der Erfahrung des Denkens*, GA13, 1983, S. 10. 強調は原文。

（24） GA13, 10. 強調は引用者。

（25） GA13, 11.

（26） „Der deutsche Student als Arbeiter. Rede bei der feierlichen Immatrikulation 25. November 1933", GA16, 205–206. 強調は原文。長らく各種新聞の紹介記事（vgl. *Nachlese zu Heidegger*, S. 154-160. ユンガーへの言及はなし）でしか近づけなかったこの突出した「労働者」論が、そっくり読めるようになったのは喜ばしい。ハイデガーへのユンガー『労働者』の影響を考察したツィマーマンは、シュネーベルガーに依拠しつつも、この演説がユンガーとの親近性を有することを指摘していた（Michael E. Zimmerman, "Ontological Aestheticism: Heidegger, Jünger, and National Socialism", in: T. Rockmore & J. Margolis（ed.）, *The Heidegger Case. On Philosophy and Politics*, Temple University Press, 1992, pp. 64-65）。

（27） *Vom Wesen der Wahrheit*, in: *Sein und Wahrheit*, GA36/37, 86 ; 212.

（28） もう少し正確に言うと、「人間とは何か」という問いは「われわれ自身は誰なのか」という問いへ尖鋭化され、さらに「民族とは何か」および「決断とは何を意味するか」という「二つの本質的な中間的問い」（GA38, 60）を通じて、いわば政治哲学化された「決意性（Entschlossenheit）」のカテゴリーが析出されてはじめて、「歴史」ひいては「時間」というテーマが浮上するに至る。そのさい「出来事（Geschehnis）」という語が使われている点に注意したい。「決意性とは一つの出来事である」（GA38, 77）。「出来事」を志すこの革命の哲学の延長線上に『哲学への寄与』は書かれた。もっともEreignisという言葉は、この講義では必ずしも良い意味で使われていない（vgl. GA38, 121）。これに対し、Geschehnisのほうは、ナチ「革命」を表わす美辞麗句として、一九三三年秋の選挙応援演説でも使われている（vgl. GA16, 193）。

（29）強調は引用者。なお、「使命」にはさらに第三の意味成分として「気分（Stimmung）」が属するとされるが（GA38, 129）、ここでは取り上げない。

（30）「〔良心の〕呼び声を了解したからには、現存在は、自分で選択したありうべきことに基づいて、最も固有な自己をおのれのうちで行為させる」（SZ, 288）。「決意している以上、現存在はすでに行為している」（SZ, 300. 強調はともに原文）。とはいえ『存在と時間』では、誤解を避けるため「〈行為〉という術語」は「意図的に避け」られていた（SZ, 300）。この慎重さに比べると、一九三四年の講義での「労働」という術語の使い方は、はるかに大胆と言わざるをえない。

（31）「人間存在の根本本質、つまり存在者に晒され、存在へ委ねられていることを、私は、かつて〈気遣い〉と呼んだし、今後もそう呼ぶことにする」（GA38, 162）。

（32）失業という「苦痛」と対比される形で、「労働の喜び（Arbeitsfreudigkeit）」が存在論的な「根本気分」として重視されている（GA38, 154）のも興味深い。

（33）次の言明は、労働の重視と近代ヒューマニズムとの結びつきをよく示している。「労働は、人間の根本的なふるまいとして、相互共存在および労わり合い存在の可能性にとっての根拠である」（GA38, 156 ; vgl. 164）。『存在と時間』に頻出する「相互共存在（Miteinandersein）」という術語の隣に、「労わり合い存在（Füreinandersein）」という人道的に心地よく響く言葉が新たに添えられているのは、何ら偶然ではない。

（34）一九三四／三五年冬学期講義『ヘルダーリンの讃歌「ゲルマーニエン」と「ライン」』でも、「労働の本質」を変革することが、なお課題とされているが、そういう抱負は、これを最後に語られなくなる。Vgl. *Hölderlins Hymnen »Germanien« und »Der Rhein«*, GA39, 1980, S. 196.

(35) ハイデガーの民族概念はしばしば批判されてきたが、その前にわれわれは、「〈民族〉の代わりを果たしているのは、社会なのだ」(„Spiegel-Gespräch", GA16, 657) としたハイデガーの発言を拳々服膺《けんけんふくよう》すべきだったのではないか。もっともこの重要発言は、他の少なからぬ箇所と同じく、シュピーゲル誌面では削除された (vgl. *Der Spiegel*, Nr. 23, 31. Mai 1976, S. 198)。ヴィッサーとの対談の中でもハイデガーは、「社会とは何か」という根本的反問を投げかけている。Vgl. „Martin Heidegger im Gespräch" (17. September 1969), GA16, 703.

(36) 戦時下に書かれた手記「形而上学の克服」では、理性的動物として形而上学的に規定されてきた人間が、近代になって「労働する動物 (das arbeitende Tier)」と化し、大地を荒廃させている状況が述べられている (vgl. „Überwindung der Metaphysik", in: *Vorträge und Aufsätze*, S. 68–69)。敗戦直前の一九四四／四五年冬学期の、ハイデガー自身が「徴用」されたため中断した講義でも、近代において人間は「労働者という意味での創造者」として本質規定されるに至った、とされている (vgl. *Einleitung in die Philosophie. Denken und Dichtung*, GA50, 1990, S. 111)。一九四一年夏学期講義に見られるように、ハイデガーは、「労働」を近代における人間の形而上学的規定と見なす立場を、表向きは、ニーチェの「力への意志」説から抽出しているが (vgl. *Grundbegriffe*, GA51, 1981, S. 36f.)、そこにエルンスト・ユンガーの『労働者』が大きく影を落としていることは否めない。

(37) *Einblick in das was ist. Bremer Vorträge 1949*, GA79, 1994, S. 4; vgl. 9. なお、ブレーメン講演と合本で出版されたフライブルク講演でも、「原子力」や「原子力時代」という時の話題には好んで言及される。Vgl. GA79, 88; 89; 123; 127; 128.

(38) この段落の説明は、ブレーメン連続講演でのベシュテレン、ベシュタントに関する記述を、第二講演 („Das Ge-Stell", GA79, 24–45) を軸としてまとめたものである。なお、まえおきからさっそく問題となる「画一的同形性 (Gleichförmigkeit)」(GA79, 4; 36; 44) という特性なき特性は、すでに「形而上学の克服」第二六節で、「区別の欠如 (Unterschiedslosigkeit)」とともに、世界戦争の時代の根底にひそむニヒリズムの特性とされていたものである（vgl. *Vorträge und Aufsätze*, S. 87-93）。ベシュタントの無差別性には、かの「画一的同質化（Gleichschaltung）」の余韻が聞きとれるだろう。

(39) 戦時中の一九四一年夏学期講義の、あまりに現代的な次の指摘も参照。――「農民が配給産業労働者になり変わりつつあるとすれば、この現状は、有力な学者が研究所において経営責任者となるプロセスと、何ら別物ではない」（*Grundbegriffe*, GA51, 38）。

(40) „Die Frage nach der Technik", in: *Vorträge und Aufsätze*, S. 18.

(41) われわれが「総かり立て体制」という訳語にこだわる、いっそう重要な理由は、Ge-Stellという用語が、エルンスト・ユンガーの「総動員（totale Mobilmachung）」や「形態（Gestalt）」という考え方と、内的に関連しているからである。ハイデガーの技術論の形成にとって、ユンガーの「総動員」（一九三〇年）なかんずく『労働者』（一九三二年）が決定的意味を有していたことは、ハイデガー自身、ユンガー本人に向かって認めたところでもある。「『技術への問い』は、『労働者』における記述に、長きにわたる助成を負うている」（„Zur Seinsfrage", in: *Wegmarken*, GA9, S. 391）。

(42) 労働は消費と一体であり「労働者社会」は「消費者社会」でもあるとは、アーレントの指摘するところだが、ハイデガーも晩年のゲ－シュテル論では、ベシュタントの「消耗品」の面をむしろ強調するようになる。Vgl. *Seminar*, GA15, 1986, S. 368f.; 388.

(43) アーレントのもう一人の恩師ヤスパースも、その技術論でこう述べている。「人間が自然に結びつけられた存在であることが、近代技術を通じ改めて明らかになる。〔…〕技術的に労働する人間の自然を通じて、自然はいよいよ人間の暴君となる」（Karl Jaspers, *Vom Ursprung und Ziel der Geschichte*, 3. Aufl., Piper, 1952, S. 129;『歴史の起源と目標』重田英世訳、理想社、一八三頁）。同様の指摘は、アーレントの終生の友であったハンス・ヨーナスにもある。「人工物と自然物との違いは消え去り、自然物は人工物の領域に呑み込まれてしまった。〔…〕このトータルな人工物は同時に、新しい種類の〈自然〉を、すなわち独自の力学的必然性を生み出す」（Hans Jonas, *Das Prinzip Verantwortung*, Suhrkamp, 1984, S. 33.『責任という原理』加藤尚武監訳、東信堂、一九―二〇頁）。

(44) 本章の原稿を寄せた『講座　近・現代ドイツ哲学Ⅲ』が二〇〇八年五月に理想社から公刊されたとき、次のやや長めの「後記」を付した。

「二〇〇二年九月に本稿を脱稿してから、五年半が過ぎた。当時、出てまだそれほど経っていなかったクロスターマン社版ハイデガー全集第一六巻も、今や、創文社邦訳版の完成が近いと聞く。二〇〇三年二月に何とか出せた全集第七九巻の拙訳の訳者後記を先回り的に補完する意味も込めて書いた本稿は、遺憾ながら、もはや賞味期限を過ぎたと言うべきかもしれない。その一方で、本稿で予告しておいた「ハイデガーからアーレントへ」の道はいまだ途上にとどまっており、遅々として進まぬその歩みには内心忸怩たるものがある。とはいえ、迂路と見えなくもないその道が、近・現代ドイツ哲学のゆくえを見定めるうえで決定的に重要であることは、改めて強調しておきたい。アーレントは、何もハイデガーから学んだだけではないし、それに加えてブルトマンやフッサールやヤスパースから学んだというだけでもない。アリストテレスから複数性の思考を、アウグスティヌスから出生性の概念を、独自に引き出しては、プラトンからマルクスまでの西洋政治思想の伝統と対決したのである。その成果が、哲学的主著『人間の条件』のすみずみに横溢している。

マルクスを抜きに近代哲学の遺産を語ることができないように、アーレントを無視して現代哲学の帰趨を云々することはできない。ヘーゲルの史的弁証法の最良の継承者であったマルクスは英国へ逃れざるをえず、ハイデガーの現象学的解釈学の最良の続行者であったアーレントは合衆国への亡命を余儀なくされた。十九世紀でも二十世紀でもドイツ系ユダヤ人は、出身国では困難となった研究を移住先の英語圏でみごとに果たした。この事実は、哲学の盛んな国との印象を近・現代ドイツに対して抱いてきた者たちに再考を迫るものだが、思えば、そういう本場幻想がまかり通ってきた点では、古代アテナイも似たような事情にあった。不世出の愛国哲学者を死刑にしたポリスは、国運の衰退に歯止めがかからず、最良の後継候補者を立ち去らせたアカデメイアは――創設者のテクストを後代に伝えるという機能を果たしこそすれ――、哲学者を輩出したとは口が裂けても言えない。同じことは、いつの時代にもぶり返している。百年ほど前にドイツから移植されたわが国の講壇哲学は、この五年余りの間にいっそうの衰えぶりを示した。その惨状は、当初よりマルクスを持て余し、今日なおアーレントを持て余している、習い性となった狭量さの当然の帰結と言うべきであろう。

もとより、時流に迎合する看板を掲げお国の庇護を受けて延命を図ろうとしても、断末魔のあがきにしかなるまい。さりながら、講壇哲学の絶命は哲学そのものの死を何ら意味しない。たとえば、アーレントの第二の主著『革命について』は、十九世紀後半から二十世紀を通じて支配的であり続けたマルクス主義流革命幻想の終焉後に、「出来事《エアアイグニス》について」なお哲学的に語りうることを、二十一世紀のわれわれに如実に示してくれている。われわれは、哲学の可能性および哲学史研究の可能性を低く見積もることを、もうやめにしなければならない。政治哲学を脇にどけてきた旧弊にしがみ付くのは、もうやめよう。「労働のゆくえ」の踏査とともに、「国家と哲学」についての原理的省察が、ひいては掛け値なしの「国家の哲学」が、あらたに始められねばならない所以である。――たとえそれが「父殺し」を意味しようとも。(二〇〇八年三月記す)」

第十三章　出来事から革命へ

ハイデガー、ニーチェ、アーレント

一　始まりの思索者たち

本章では、難解で知られるハイデガーのテクスト『哲学への寄与』[1]のある側面に光を当てよう。この遺稿集の「本題」は、「出来事について（*Vom Ereignis*）」である（GA65, 3）。とはいえ、出来事を対象として純然と記述することが問題なのではない。「有る」ということの真相を問う思索の試みにとって肝要なのは、有の本領発揮たる「本有化の出来事（Er-eignis）」にみずからを委ねることであり、それは同時に「〈理性的動物〉から、現存在という場への、人間の本質的転化に等しい」（GA65, 3）。おのずと隠れる真相の機微にわが身を譲り渡すことで、かえって人間は、本来固有の持ち前を還付される。かつてニーチェが、人間は超克され「超人」が生まれねばならない、とツァラトゥストラに語らせたように、ハイデガーの壮大かつ切迫したヴィジョンによれば、人類は今や別様の存在に生まれ変わる転機を迎えるか否かの瀬戸際にある。有をめぐる思索の出来事からして（*von*）人間のあり方が根本から変わり、「あらたな始まり（der andere Anfang）」が劃される――この始まりの出来事のことを、広義の「革命」と呼んでもよかろう。この書が志向しているのは、「第一の始まり」以後、二千年以上再来することのなかった哲学上の「大いなる出来事」なのである。

じっさい、近代の哲学者の多くは、思考法の一大変革という意味での哲学革命を待望し、あわよくばその首謀者になろうとしてきた。ハイデガーの垂範となった革命家は、ニーチェその人である。それどころか『哲学への寄与』は、『権力への意志』に匹敵しようとの底意を秘めている。他方、ハイデガーの「始まりの思考」は、その後、紛れもなき「革命論」を生み出す導火線となった。すなわち、アーレントの『革命について』は、幻の書『出来事について』の換骨奪胎なのである。これにより、革命というあらたな始まりは、政治哲学の公然たる主題に据えられた。始まりの思考は、形而上学から有の歴史の思索への移行を経由し、歴史哲学から政治哲学へ転回を遂げたのである。

出来事と革命を鍵語として、ハイデガーとニーチェ、そこからハイデガーとアーレントへ。われわれはまず、ハイデガーの重視した『反時代的考察』第二篇の歴史論を手がかりとし、それが近代批判へ深化するさまを見届けよう。次いで、『ツァラトゥストラはこう言った』の「大いなる出来事」論を瞥見したのち、『権力への意志』の革命志向に通ずるものが『哲学への寄与』の基調をなすことを示そう。最後に、『哲学への寄与』の一節にそくして、この書のはらむ革命性格を浮き彫りにしよう。ハイデガー、ニーチェ、アーレント――この三者は、われわれの時代の始まりの思索者たちなのであり、彼らの革命思想からわれわれはわれわれなりの政治哲学を学びとれるのである。

二　反時代的な脱現在化から、近代そのものの批判へ

ニーチェに対するハイデガーの共感を示すテクストとして名高いのは、『存在と時間』第七六節に見られる『反時代的考察』第二篇『生にとっての歴史学の得失について』への言及である（SZ, 396f.）。ニーチェの言う「記念碑的（monumentalisch）」、「尚古的（antiquarisch）」、「批判的（kritisch）」という歴史学の三つのあり方を、ハイデガーは、彼の言う「現存在の歴史性」から、ひいては「時間性」の三重の時熟構造から、説明してみせる。歴史学は、現存在が決意しつつみずからの可能性を企投し「将来的」に実存するがゆえにこそ、「記念碑的」なのであり、現存在が自身の被投性を引き受けて「既在」の可能性を摑みとるからこそ、「尚古的」なのであり、現存在が一個の「瞬間」となって今日的なものを「脱現在化」するかぎりでのみ、「批判的」なのである。「記念碑的‐尚古的な歴史学は、本来的歴史学であるかぎり、必然的に〈現代〉の批判である」（SZ, 391）。

ここで注目すべき用語は、「今日的なものの脱現在化（Entgegenwärtigung des Heute）」であろう。これは同箇所で、「今日的なものの頽落的公共性から苦悩しつつみずからを解き放つこと」と敷衍されているが（SZ, 397）、直前の第七五節末尾でも、時間性の「現在」の本来的なあり方として、非本来的な「今日的なものの現在化（Gegenwärtigung des Heute）」と対照させられている（SZ, 391）。「今日的なものの現在化」とは、「〈過去〉を〈現在〉から了解する」態度である（SZ, 391）。その場合、過去の遺産を評価する尺度はもっぱら「現代」の側にある。「現代的なもの（das Moderne）」（SZ, 391）を求めてやまない新しもの好きの傾向は、頽落の一様態たる「好奇心（Neugier）」という形ですでに取り上げられていた（SZ, §36 u. §68c）。新しいもの、現代的なものを次々追い求め「脱け出しつつ跳んでいく（entspringen)」現在のこの様態は、本来的現在である「瞬間とは、最も極端に隔たった反対現象」である(SZ, 347)。ジャーナリスティックな「頽落的公共性」に支配されたそのような非本来的「現在化」からことさら身を引き離し、歴史をむしろ「可能的なものの〈回帰〉」として了解すること、これが、「脱現在化」という本来的現在のあり方なのである(SZ, 391)。

「現代の批判」に重きを置くこうした姿勢は、明らかに、公衆批判の先駆者キルケゴールに範を仰いでいるが、ハイデガーとしては、ニーチェの「反時代的考察」の取り返しを強く意識していた。『悲劇の誕生』を書いた「未来の文献学者」は、次の著作では、自分の職業でもあった歴史学に対して、「反時代的(unzeitgemäß)」なあり方を求めた。「時代に抗して、かつそうすることによって、時代に向かって、そして望むらくは、来たるべき時代のために、活動すること[2]」を、である。ハイデガーが彼自身の歴史性の議論を締めくくるさい本来的現在として最終的に際立たせた「脱現在化」とは、ニーチェの提唱したこの「反時代的」批判精神の反復以外の何ものでもない。

ニーチェにとって、忘却という荒《あら》療治をもってしてでもそこから解放されねばならないと思われた同時代の病弊とは、歴史学的知識の肥大化を有難がる「歴史熱」であった。近代のこの風土病からいかにして癒えるかが、「教養俗物」批判から始まった『反時代的考察』全体のモティーフだった。歴史偏重へのアンチテーゼとして「非歴史的なもの」や「超歴史的なもの」が打ち出されたのも、あくまで「現代の批判」を意図してのことである。

『生にとっての歴史学の得失について』第一節冒頭でニーチェは、「記念碑的」「尚古的」「批判的」という歴史学の三つのあり方を最初に打ち出すが、そこでは、「批判的歴史学」とは、「苦悩し解放を必要とする者（der Leidende und der Befreiung Bedürftige）としての生者に属する」と述べている（UB, 258）。上述のようにハイデガーは、「脱現在化」を「苦悩しつつおのれを解き放つこと（leidendes Sichlösen）」と敷衍していたが（SZ, 397）、『存在と時間』中のこの説明は、ニーチェのかの言葉遣いを踏まえていることが分かる。ニーチェは同書第二節の最後で再度、歴史学の三つのあり方を概括しているが、そこでは、「批判的歴史家」は、「現代の困窮に胸を締めつけられ、何としてでも重荷を投げ捨てようとする者」と特徴づけられている（UB, 264）。「現代の困窮（gegenwärtige Noth）」を背負って「苦悩」し、そこからの「解放」を念願することこそ、批判的歴史家の条件であり、それゆえ「困窮なき批判者（Kritiker ohne Noth）」（UB, 264f.）は、失格なのである[3]。

『反時代的考察』は第四篇までで休止された。だが、その後のニーチェの歩みは、まさに「現代の批判」そのものへと向かう。反時代的考察の流儀は、一個の「歴史哲学」に変貌し、「新しき時代」つまり「近代・現代（die Neuzeit）」の総体に対する徹底的批判へと拡大されていく。「近代的なもの」の断絶を孕んだ起源へと遡って問う歴史方法論として、「系譜学」のスタイルが獲得される一方、近代化のプロセス全体の根底にひそむ動向が、「神は死んだ」という時代診断によって抉り出されていく。『ツァラトゥストラはこう言った』第二部「教養の国について」の章で印象的に語られるように、教養批判というモティーフは堅持されるものの、『愉しい学問』で明言されて以来、批判的歴史家ニーチェの眼に大いなる危機として映ずる「現代の困窮」とは、「神の死」という歴史的状況そのものとなった。ニーチェは、この「困窮（Noth）」を正面から受け止めることで、その意味を「転回（Wende）」させて肯定しようとする。これが、いわゆる「困窮の転回としての必然性（Noth-wendigkeit）」の思想である[4]。「永遠回帰」にしろ「運命愛」にしろ、この転回の思索と別物ではない。そうした全的な肯定の境地は、神の死という形をとって姿を現わすに至った「ヨーロッパのニヒリズム」の徹底化を通してのみ到達可能とされたのだった。

ハイデガーの場合は、どうであったか。『存在と時間』において、「脱現在化」の批判が向けられたのは、さしあたり、実存カテゴリーとしての世人に固有な「頽落的公共性」であり、言い換えれば、現在という時間性の契機に入り込む「非本来性」であった。古代民主政であれ、近代大衆社会であれ等しく妥当する、普遍的で没歴史的な水平化現象が、俎上に載せられたのである。だが、それで話は終わらなかった。『存在と時間』において、本来性と非本来性とに関して無記的であるはずの「もとでの存在(Sein-bei)」が「頽落」と等置され、さらにその時間的意味である「現在化(Gegenwärtigung)」が「非本来的現在」と同一視されたのは、偶然でも不手際でもなかった。「今日的なものの脱現在化」が不可避とされたのは、「現在・現代(Gegenwart)」が一個の巨大な問題として立ちはだかってきたからにほかならない。しかもこの問題は、「時間・時代(die Zeit)」に関わるまぎれもなく歴史的な問題として浮上してくる。「非本来性」の問題系は、いわば中立的な実存カテゴリー上の問題から、近代そのものをめぐる「歴史的省察」へ変貌を遂げていったのである。

ここではハイデガーの思索の転回については論じられないが、一九三三年の『ドイツの大学の自己主張』では、「神の死」が近代を特徴づける既定路線と見なされるに至っている。没歴史的な実存カテゴリーの析出を旨とする『存在と時間』では、この種の時代診断はまずありえないものだった。一九三〇年代前半以降のハイデガーにとって、ニーチェは「現代の批判」者として特権的位置を占めるようになる。『哲学への寄与』の遁走曲《フーガ》的構成の序章たる「鳴り初《そ》め（Der Anklang）」において「困窮（Not）」が強調されるのは、何ら偶然ではない。ハイデガーの言う「困窮」とは、「存在に見捨てられている状態（Seinsverlassenheit）」と呼ばれる近代の総体的危機のことであり、それは、神の死という言葉に凝縮しているニーチェの時代認識全般の捉え返し以外の何ものでもない。「存在に見捨てられている状態とは、ニーチェがニヒリズムとして最初に認識した当の事態の根拠であり、したがって同時に、その事態のいっそう根源的な本質規定である」（GA65, 119 ; vgl. 115 ; 138）。

『哲学への寄与』の「現代の批判」の部たる「鳴り初め」では、「存在に見捨てられている状態」の完成化として、「作為体制（Machenschaft）」と総称される技術時代の動向が描かれる。その徴候に挙げられる「算定」「高速性」「大量なものの突出」（vgl. GA65, 120ff.）は、『存在と時間』での頽落分析を髣髴させるものがある。だが、決定的に違う点がある。今やそれら「非本来的現在」のあり方はすべて、現代にきわまる歴史的現象と見なされるのである。『反時代的考察』後のニーチェが「歴史的に哲学すること（das historische Philosophiren）」[5]を自覚的に課題として引き受けたように、ハイデガーの「歴史の思索」は、『存在と時間』後に初めて、それに相応しい「困窮」とその「苦悩」を思い知るに至ったのである。

三　大いなる出来事としての哲学革命

「出来事が偉大さをもつためには、」――との書き出しで『バイロイトにおけるリヒャルト・ヴァーグナー』は始まる――「二つのことが重なり合わなければならない。すなわち、それを完遂する者たちの偉大な感覚と、それを体験する者たちの偉大な感覚と」[6]。演劇的音楽家との盟友関係の最後の記念碑とも言うべき『反時代的考察』第四篇は、巨大な上演実験であった「バイロイトの出来事」（UB, 433）が、卑小な教養・文化の時代にあって一個の偉大な出来事でありうるか、を見定めようとする。この問いは早くも否定的に答えられようとしているが、それにも増して重要なのは、このヴァーグナー論が、芸術による文化変革の可能性をめぐっている点である。ニーチェが大いに期待をかけ、また幻滅を味わったのも、ヴァーグナーに革命芸術家の姿を見てとろうとしたからであった。

思えば、『悲劇の誕生』に横溢していた期待感も、これと別物ではなかった。古代悲劇の精神の再生は、たんなる「復興」を意味するのではなく、芸術主導による「新しい始まり」をドイツの地に約束するものと考えられた。しかも、夢幻の如き芸術の根底において深淵の思想が協働すべきことが、そこには語られていた。ニーチェは処女作以来、哲学による革命を志向し続けたのである。その「革命への意志」の端的な表現を、われわれは、『ツァラトゥストラはこう言った』第二部の「大いなる出来事について」の章に見出す。

注目すべきこの章の細部には立ち入らないが[7]、火山島の地下の洞窟で地獄の番犬然とした革命陰謀家——「火の犬」[8]——と出会った主人公は、相手を見切ってこう言う。

「自由」と、お前たちは皆さもうれしそうに吠え立てる。だが、その自由をめぐって咆哮と煙がたくさん上がるや、たちまち私には「大いなる出来事」というものがすっかり信じられなくなる。／私の言うことを信じなさい、地獄の喧噪屋なる友よ。**最も大いなる出来事**——それはじつのところ、われわれの最も騒がしい時ではなく、われわれの最も静かな時なのだ。／新しい喧噪の発明者ではなく、新しい価値の発明者の周りを、世界は回転する。音もなく静かに、世界は回転する。／せめて認めるがいい。お前の喧噪と煙が収まったとき、どのみち大したことは起こらなかった、と。一つの都市がミイラとなり、一つの柱像が泥の中に転がったとしても、それが何だというのか。（Za. 169. ゴシックは引用者）

ヴァーグナーにとって一八四八／四九年が革命の季節であったように、ニーチェの時代に「大いなる出来事」と言えば、まずもって一八七一年のパリ・コミューンであった。引用文中の「都市」は、明らかにパリを指す。革命蜂起に身を投じた宮廷指揮者とは異なり、祖国軍の看護兵を志願した古典文献学者にとって、史上初の社会主義政権成立の事件は、同時代のニュースの域を出なかった。だが、ニーチェが革命精神と無縁だったとは速断できない。上掲のツァラトゥストラの発言には、「自由」と叫んで大衆を煽動しようとする当代の革命運動家とは一線を劃しつつ、体制転覆をはるかに凌ぐ「最も大いなる出来事」を、すなわち哲学革命を、ひそかに念願している一個の活動家の自己主張が、はっきり聞きとれる。彼にとって真の「革命」とは、古い価値の破壊と新しい価値の創造による「一切の価値の価値転換」である。「最も大いなる思想こそ、最も大いなる出来事なのだ[9]」。

もとより、哲学者が「思考様式の革命」（カント）を企図するのは、珍しいことではない。早くもデカルトは、「一個人が国家を、その根底からすべて変えたり、正しく建て直すために転覆したりして改造しようとする[10]」など滅相もないととぼけつつ、学問のうえでまさにその大改造計画に乗り出した。この革命家は、伝統的学問とそれに根ざす知識や信念の一切を懐疑へと投げ込み、その虚無の淵から救い出された「コギト」を土台として、まったく新しい哲学体系を築き上げようとした。「解体－還元－構成」という方法論は、なにも現象学の専売特許ではない。むしろそれは、十七世紀科学革命に淵源し、近代哲学が繰り返し試みてきた建設手法だった。デカルトは、「いつも新しい改革を頭のなかで描かずにいられない」[11]世の政治家からは距離をとり、自身の非政治的「暫定的道徳」にとどまろうとするが、ホッブズにおいては、自然学上の大いなる出来事が新しい政治学の成立という形で波及していくさまが見てとれる。この「自然主義」が、以後の革命思潮を規定していく。

言うまでもなく、十九世紀革命思想の代表は史的唯物論であって、永遠回帰説ではない。だが革命精神は、ニーチェに別な方面から強力な霊感を与えた。哲学革命家ニーチェは、哲人王政論者プラトンの徒なのである。この影響関係が濃厚なのは、ツァラトゥストラのぶち上げる超人思想である。絶対的少数の超エリートの出現のためには、大多数の人間は犠牲になって当然だ、とするニーチェ流の「大いなる政治」は、しかしながら、古代の理想国家論に劣らず、「どこにもない国」の物語でしかなかった。いきなヨーロッパ人たることを志した放浪者ニーチェは、公刊著作のなかでは、意外なほどバランス感覚あふれる政治的発言を残している。ニーチェの「革命文書」は、むしろ彼の死後現われた。編者たちの明白な政治的意図のもとに編集された遺稿断片集『権力への意志』[12]がこれである。

この疑惑の書がニーチェの主著だと信ずる者は、今日誰もいない。だがそれが、二十世紀の最初の年にはじめて公刊され、数年後に増補され、この哲学者の理論的主著として喧伝され大いに読まれた、という事実は軽視できない。半世紀後にシュレヒタがその編集上の問題点を暴露するまで、「本来のニーチェ」はこの遺著から解読されるべきだと信じられた。その配列の仕方たるや、理論的どころか実践的、いや政治的であり、綱領的でさえあった。第一書「ヨーロッパのニヒリズム」、第二書「従来の最高諸価値の批判」、第三書「新しい価値定立の原理」、第四書「訓育と育成」。一八八七年三月の著者自身の計画に由来するとされるこの編成は、哲学刷新による体制変革のプロセスを示すものとなっている(13)。

ごく簡略に概観してみよう。第一書では、「何のために？」という目標の不在としての「ニヒリズム」が、現代の真の「困窮（Not）」にして「危機（Krisis）」であることが示される。そして、それゆえの「暗鬱化」が近代ヨーロッパを長らく支配してきたと診断される。こうした現状認識を踏まえて、第二書では、伝統的な宗教、道徳、哲学が、その本質においてニヒリズムを内蔵してきたということが、歴史に遡って、それぞれ暴露される。過去との訣別がここで果たされる。以上のいわば「批判的歴史学」の部に続いて、後半では、一転して未来志向の「建設的」構想が述べられる。その中心となるのは「権力への意志」説にほかならず、これは第三書で、「認識」「自然」「社会と個人」「芸術」という四つの領域に適用される。かくて、変革の本体をなす新しい価値創造の原理が確立されたのち、第四書では、いっそう実践的で具体的な共同体組織化の原則が述べられる。「位階秩序（Rangordnung）」にもとづく新たな上下関係のあり方、そして最後に、新時代の守護神として祀られるべきディオニュソス。末尾に、ニヒリズムの克服としての永遠回帰思想を語る断片が収められているのは、一見総まとめのように見えて、じつは、「権力への意志」をベースとするこの配列法では、どこにもうまく収まらなかったからであろう。

著者自身の与《あずか》り知らぬこの書の構成にふれたのは、ほかでもない。われわれに与えられたもう一つの没後公刊の遺著との符合に注意を喚起したかったからである。ニーチェの「哲学的主著」と、ハイデガーの「第二の主著」との対応は、今や明らかであろう。

ハイデガーが『権力への意志』を重視したことは、一九三〇年代後半に集中して行なわれたニーチェ講義の題目に、この書の見出しが繰り返し使われたことからも明らかである。「芸術としての権力への意志」、「認識としての権力への意志」、「ヨーロッパのニヒリズム」。——今日このような括り方でニーチェを論ずることはまずありえない。だが、詩人思想家と見なされていた著述家を第一級の哲学者として遇することに与って力のあったハイデガーの解釈は、じつに、「哲学的主著」の編成に負うところが少なくなかったのである。

『哲学への寄与』という論稿が書かれた一九三六年から三八年というのは、ハイデガーがニーチェ解釈に本格的に取り組むようになった時期に当たる。どこまで自覚的だったかは別として、ハイデガーはニーチェの遺した論稿の断片性格にならって自著を書き溜めていったように思われる。なるほどこれは、奇妙と言えばあまりに奇妙な後追いの仕方であった。なにしろ、死者となった著者本人には身に覚えのない恣意的な仕方で配列された遺稿集に倣って、生者が自分自身の遺稿集を編むというのだから。だが、当時のハイデガーにはこのやり方を選ぶしかないと思われたのであろう。ニーチェの思想が本人の退場後初めて公然と影響をふるうようになったのと同様に、『哲学への寄与』に書き残された思想もまた、著者の死後はじめて日の目を見、読者を鼓舞することが意図された。これは一つには、政治的発言を少なからず含むその原稿が、当時の政治情勢からして公刊できなかった、という事情によるものだろう。しかしそれだけの理由なら、戦後ハイデガーの存命中に出版の機会はいくらでも見つかったはずである。しかるに、結局ハイデガーは生前の公刊を許さなかった。これは、おのれの遺著がニーチェの「哲学的主著」と同じ運命を辿ることを、著者がひそかに念願していたからだ、と思われてならない。『哲学への寄与』に語られる「出来事」とは、古代ギリシアにおける「第一の始まり」を踏まえつつ、それとまた別にこの地上に勃発する「あらたな始まり」という歴史的生起のことである。とはいえ、それがいつやって来るかは誰にも分からない。われわれにできるのは、あらたな始まりへの移行を準備する思索にいそしむことだけである。そのような移行的思索を展開する本書には、しかし、その始まりの出来事がいかなるプロセスを辿るか、の輪郭があらかじめ描き込まれている。その連なりを示すのが、六重の「結構（Fuge）」である。そしてそれは、『権力への意志』の四部構成が、従来の価値を転覆して新しい価値を定立する手順を示しているのと瓜二つなのである。これは偶然ではない。ニーチェ遺稿集が、新しい価値の創造という「大いなる出来事」に照準を合わせているとすれば、ハイデガー遺稿集は、有の本領の場が創設される「本有化の出来事」を遠望しているのだから。

『哲学への寄与』をその革命志向において読み直すと、次のような概観が得られる。

序奏をなす「鳴り初め（Der Anklang）」に関しては、すでにある程度述べた。これは「現代の批判」の部であり、「困窮の転回」という意味での革命の「歴史的必然性」が説き明かされる。第一の始まりはとうに終わりに達し、「存在に見捨てられている状態」の完成態が、「作為体制」という形で断末魔とも言うべき猛威をふるっている。これが、一見「困窮のなさ」を特徴とする、現代という危機の時代の歴史的布置なのである。

では、革命はどこから着手されるか。「第一の始まり」との対決からである。これは『権力への意志』では第二書に相当するが、ハイデガーの場合、いっそう革命志向が顕著である。「革命（Revolution）」

とは、その名の通り、偉大な原初の再生・復興というモティーフ抜きには考えられないからである。古代に遡って革命の「正統性」を証示するのが、序曲第二部たる「遣り合い（Das Zuspiel）」の課題なのである。この歴史的部分は、保守的な「尚古的歴史学」と革新的な「批判的歴史学」の合奏として理解できるだろう。

以上の二重の助走ののち、存在革命の火ぶたがいよいよ切って落とされる。その「蹶起《けっき》」の場面に相当するのが、「跳躍（Der Sprung）」である。これは、没落を辞さない一か八かの賭けであり、失敗して堕ちれば奈落がパックリ口を開けて待っている。伝統との断絶の強調。革命の企投が「没根拠の深淵（Abgrund）」であるのは、その本義たる有そのものが無のふちどりをおび、必然と自由との「分かれ目」を内蔵していることによる。

存在革命の本体は、「創基（Die Gründung）」である。『権力への意志』では第三書に相当するが、ここでも革命志向は『哲学への寄与』のほうがいっそう顕著である。有の真相が公開される場が、すなわち、おのずと隠れるはたらきの「明け開き（Lichtung）」という自由の広野が、あらたに「創設」される、というのだから。[14]『権力への意志』の中心をなす第三書がさらに四つの主要項目に分かたれたように、この「創基」も五つの重要項目に分かれる。存在革命の核心をなすのは、人間が「本有化」の支配に服し自己を譲渡することでかえっておのれの本分を得るという、「所有（Eigentum）」にまつわる出来事であり、その忘我的《エクスタシー》絶頂は、有の本領のやどり続ける「時－空間」が基礎なき基礎を建立される、その「瞬間－場所（Augenblicks-Stätte）」にある。

革命に体制転覆という意味がついて回るかぎり、その出来事によって共同体のあり方がどのように再編されるか、が重要なテーマとなるのは言うまでもない。『権力への意志』の第四書は広い意味での国体論をなしているが、『哲学への寄与』においてそれに相当するのが、「将来する者たち（Die Zu-künftigen）」と「最後の神（Der letzte Gott）」という二通りの締めくくりの部である。新時代を招来する者たちは、いつも「少数者」であらざるをえないものである。また、ディオニュソスの位置に「最後の神」が配されている点に注意しよう。この神は、信仰対象でも、第一原因でもない。急場を救う機械仕掛けの神でもない。むしろ、革命の成就を約束し、神聖な権威とそれゆえの安泰と繁栄とを新体制にもたらす神であり、創設神話がそれをめぐって紡ぎ出される「始まりの神」なのである。

四　新しきものへの自由——将来は原初にやどる

『哲学への寄与』の余滴とも言うべき「有（Das Seyn）」の部の次の文章は、ニーチェとの対決のあとを示しているだけでなく、この時期の思索の「志向」をよく伝えている。

> 真正の移行には、古きものへの勇気と、新しきものへの自由が同時に属する。この場合、古きものとは、骨董的なものではない。原初的に偉大なものはその第一の原初性ゆえに、その偉大さにおいてあくまで比較を絶しているが、それが、歴史学的に伝承されたり否認されたりするようになるや、骨董的なものがのさばることは避けがたい。しかるに、古きものとは、後進の若きものには本質的な点に関してどのみち凌駕できないものであって、そういう古きものがおのずと現われるとすれば、それはもっぱら歴史的な対決と省察に対してのみである。他方、新しきものとは、「現代的」なものではない。現代的なものは、今現在

支配的になっているそのつどの趨勢に迎合して人気を博す一方で、およそ決断を要するもの一切をひそかに、しかも無自覚に憎んでやまない。新しきものとは、ここでは、ふたたび始めることの根源性にそなわる清新さのことである。つまりそれは、第一の原初の隠された将来へと大胆に乗り出し、それゆえ「新しい」ものでは断じてありえず、むしろ、古きものよりもいっそう古いものでなければならない。

（GA65, 434f. 傍点は原文の強調、ゴシックは引用者）

この文章には、大きく分けて二つのことが言われている。すなわち、「古きものへの勇気（Mut zum Alten）」と、「新しきものへの自由（Freiheit zum Neuen）」。あらたな始まりには、太古への帰入と新生への突破が、等しく求められる。温故‐知新のこの等根源的契機のいずれを欠いても、始まりは始まりたりえない。既在と将来は、瞬間のうちに漲る。かつて時間性の時熟と呼ばれた事態だが、それぱかりではない。『哲学への寄与』のこの箇所は、出来事についての思索が、革命への意志を内蔵していることを、紛れもなく示している。[15]

「骨董的・尚古的（antiquarisch）」ならざる「古きものへの勇気」――明らかにこれは、ニーチェの歴史論を踏まえつつも、それを踏み越えようとの意志表明である。[16]「歴史学的（historisch）」ならぬ「歴史的（geschichtlich）」な対決と省察は、「原初的に偉大なもの」へと遡る。古きものの圧倒的な力に身を晒すことは、危険を伴う企てであり、決死の覚悟が要る。伝統を有難がったり排斥したりするのに便利な、現在通用している無難な尺度――「進歩的／保守的」といったレッテルやイデオロギーの類――は、そこでは無効と化す。

とはいえ、この「古きものへの勇気」は、『存在と時間』で「反復可能なものに対する、闘争しながらの随従と忠誠」(SZ, 385) と呼ばれていたものと、必ずしも別物ではない。これに対し、『哲学への寄与』ならではの特色として目立つのは、「新しきもの」に対する姿勢である。すでに見たように、『存在と時間』では、「新しきもの」志向は、「好奇心」として、あくまで批判の的であった。「最近の新しきものを予期しながら、現存在は古きものをいちはやく忘却してしまっている」(SZ, 391. 強調は引用者)。非本来的実存が求めてやまない「現代的なもの (das Moderne)」と同じく、「新しきもの (das Neue)」は、本来的実存の埒外にあるとされた。

しかるに、『哲学への寄与』においては、なるほど「現代的なもの」は依然として猜疑を向けられているものの、「新しきもの」は何ら否定されていない。「新しきものへの自由」——これは、『存在と時間』の時間論・歴史論には、少なくとも明示的には出てこなかった考え方である。それが『哲学への寄与』で積極的に語られているのはなぜか。それは、『存在と時間』以後、次第にテーマとして浮上するようになった「始まり」や「出来事」には、「新しさ」が固有だからである。新しくない出来事は、そもそも出来事たりえない。

ここで言う「新しきもの」とは、「最新のもの」でも「新奇なもの」でもない。それはむしろ、「古きもの」と表裏一体であるようなもの、それどころか、ハイデガーの逆説的な言い方に従えば、「古きものよりいっそう古いもの」なのである。なぜそう言えるのか。その謎を解く鍵は、上掲引用文中の「新しきもの」の規定、つまり「ふたたび始めることの根源性にそなわる清新さ」にある。この「清新さ・新鮮さ (das Frische)」という言い方自体、ハイデガーの思索にそぐわない印象を一見受ける。だが、まさにそういう性格づけを受けるにふさわしいのが、「ふたたび始めること」なのである。「ふたたび始めること（*wieder* Anfangen）」——これは、たんなる「再開（wieder Beginnen）」でも「反復（Wiederholen）」でもない。「新たに始めること（*neu* Anfangen）」である。ちょうど、日本語の「あらたに」には「改めて・ふたたび」と「新たに・新しく」の二重の意味があるように。あるいは「復活」が「新生」を意味するように。だからこそ「別の原初」は「あらたな始まり」なのだ。Anfangen とは、古きものと新しきものをともに志すという、掛け合わされた意味での「あらたにすること」、つまり「革《あらた》めること」にほかならない(17)。

右に挙げた文中でハイデガーは、「第一の原初の隠された将来」という言い方をしていた。ここでの「将来」は、まさに既在のもののうちに秘蔵されている「あらたな始まり」のことであろう。古きものへ遡ることとは、保守でも反動でもなく、来たるべき新しきものへ「大胆に乗り出すこと（hinauswagen）」である。革命とは、ぶっ壊すことではなく、「ふるきをたずねること」から始まる。しかも、そこから生ずる新しさは、そのつど一過的に終わってしまうのではなく、それが真に始まりであるかぎり、いつまでも「清新」であり続ける。将来は原初にやどる。もしそうだとすれば、『哲学への寄与』で呼び出される「将来する者たち（die Zu-künftigen）」が、未来の世代を第一次的には意味せず、むしろ既在の預言者たち、なかんずく憂国の革命詩人ヘルダーリンのことを指しているのも、当然であろう。革命精神の衣鉢を継ぐ者たちは、世代を貫くかたちで断続的に出現する。そうした通時的な連帯の絆こそが、革命の存続性と正統性とを保証するのである。

五　『出来事について』から『革命について』へ

以上の考察は、当初の「本題」まで至らず、その準備にとどまった。ハイデガーの幻の第二の主著『出来事について』を起点とし——つまり「出来事からして」——アーレントの第二の政治哲学的主著『革命について』の内実に踏み込むという本来の課題は、依然として果たされていない。最後にごく簡略ながらその道筋をつけておこう。

『哲学への寄与』の核心をなすのは、「創基（Die Gründung）」であった。なぜならまさにそれは、「あらたに始めること」を意味するからである。同様に、『革命について』の中心をなすのは、「創設（Foundation, Die Gründung）」を扱う二つの章[18]である。真理の立ち現われと同様、政治的自由の立ち上げと公的空間の樹立は、底が抜けており、没根拠の深淵なのである。

革命は、「歴史的必然性」から生ずるのではなく「自由」をめぐって勃発する——これが、アーレント革命論の要諦である。『哲学への寄与』では、「創基」を裂開させる「跳躍」が、この始まりの始まりたるゆえんをなす。可能と不可能、必然と偶然といった相反する様相の「亀裂」をおび、有と無の「裂け目」をはらむのが、始まりの出来事なのである。ありそうにないことが、現に「突発」するからこそ、出来事は出来事たりうる。

だが、ハイデガーが第一の原初を古代ギリシアに見出すのに対し、アーレントは革命精神の起源をむしろ古代ローマに求める。ハイデガーとアーレントの革命論上の数ある相違をもう一点挙げるとすれば、アメリカ革命——フランス革命ではなく——によって「あらたな始まり」はすでに始められたとする、アーレントのユニークな近代史観であろう。アメリカ共和国の失われた宝を探索することは、痛烈な

「現代の批判」でもありうる。

神の問題は、革命論においては、創設された体制の「権威」の問題と結びつく。始まりは、底が抜けているかぎり、自己自身を基礎づけることができない。そのような人間的な「はじまり（initium）」が、人びとに自発的服従を促す「権威」をいかにしてもちうるか。この難問の前に必ずと言ってよいほど持ち出される絶対的で究極的な支配原理が、「神」なのである。フランス革命末期の「最高存在」崇拝がそうであった（近代日本の維新国家でも同様）。そう考えれば、『哲学への寄与』という叙事思索を締めくくるさい、「最後の神」が持ち出されたのも納得できる。それはじつに、革命を軌道に乗せ、正統化して存続させる権威の要請という政治問題だったのである。[19]

『存在と時間』との対決が『人間の条件』で果たされたように、ハイデガーの出来事についての思索に真っ向から挑んだ、アーレント政治哲学の第二の主著こそ、『革命について』にほかならない——このテーゼに関する詳論は、しかし、他日を期すほかはない。

『人間の条件』のなかでアーレントは、「歴史哲学とは偽装された政治哲学である」と述べた。[20] このよく知られた指摘は、カント、ヘーゲルにしろ、西田、三木にしろ、哲学史上の「歴史の思索」の多くに当てはまるように思われる。むろん、ハイデガーの「歴史的省察」も例外ではなかろう。だが、もしそうだとすれば、こうも言えるのではないか——「出来事について／から」の思索とは、隠された「革命への寄与」であった、と。

注

（1） *Beiträge zur Philosophie (Vom Ereignis)*, GA65, 1989.

（2） F. Nietzsche, *Unzeitgemäße Betrachtung II. Vom Nutzen und Nachtheil der Historie*, in: *Sämtliche Werke. Kritische Studienausgabe* Bd. 1, dtv/ Gruyter, 1980, S. 247. 以下本書をUBと略記。

（3） 同箇所で、「批判的歴史学」は、「裁きを行ない、有罪判決を下す歴史学」とも言い換えられている（UB, 264）。その場合、「批判」つまり「裁き」や「判決」の対象とは、じつは、現代ではなく、過去である。つまり、「過去を批判的に考察する」とは、「過去を裁き、無にする（richten und vernichten）」ことなのである（UB, 270）。ニーチェの言う「生に奉仕するため」の批判的歴史学とは、過去の克服を目指すものである。ハイデガーの説明からすると、批判的歴史学というのはもっぱら「現代の批判」に関わるかに見えるが、ニーチェはそうは言っていない。ハイデガーがそう解釈するのは、「時間性」のうちの現在の契機に割りふる必要があったからである。

ちなみにハイデガーは、一九三八／三九年冬学期演習「ニーチェ『反時代的考察』第二篇の解釈のために」でも、『生にとっての歴史学の得失について』を取り上げている。よりテクストに即した解釈が行なわれているはずのその演習のなかでも、「時間性とその時熟」（GA46, 91）という自説にもとづいて、ニーチェの言う三様の歴史学を捉え返すことは、依然として断念されていない。「時間性こそが、（未来への）創造と（既在のものの）保存と（現在的なものの）解放の可能性にとっての根拠なのである」（GA46, 91. 強調は引用者）。「批判的歴史学は、現在そのものにともに関わるのであり、現在を問題とする」（GA46, 77）。だが、ニーチェの言う批判的歴史学とは、まずもって、「過去を打破し解消すること」なのである（GA46, 269; vgl. 78）。演習参加者のプロトコルには、この両義性が次のように記されている――「批判的歴史学は現在に所属する。というのも、過去の打破は現在において生起するからである」（GA46, 291）。しかしそれを言うなら、記念碑的歴史学の活動にしろ、尚古的歴史学の保存にしろ、同じではあるまいか。

思うに、ニーチェの言う三種の歴史学は、やはり、その統一的全体性において解されるべきであろう。だがそれは、ハイデガーがこだわっているように「時間そのものが三次元的だから」（GA46, 291）ではない。「大いなる出来事」の生起のためには、前進する（記念碑的）意欲も、過去への（尚古的）畏敬も、過去との（批判的）訣別も、すべて不可欠だからである。

（4）ツァラトゥストラは、おのれの「意志」をそう呼んでいる。「おお、汝、わが意志よ、汝、一切の困窮の転回、汝、わが必然性よ」（F. Nietzsche, *Also sprach Zarathustra III*, „Von alten und neuen Tafeln" (Nr. 30), in: *Sämtliche Werke* Bd. 4, S. 268)。以下本書を Za と略記。

（5）F. Nietzsche, *Menschlich, Allzumenschlich I*, in: *Sämtliche Werke* Bd. 2, S. 25 (Nr. 2).

（6）F. Nietzsche, *Unzeitgemäße Betrachtung IV. Richard Wagner in Bayreuth*, UB, 431.

（7）拙稿「革命精神とその影――テロリズムの系譜学のために（Ⅰ）」（東京女子大学紀要『論集』第五六巻一号、二〇〇六年三月刊、所収）における解釈の試みを参照。

（8）Za („Von grossen Ereignissen"), 168.

（9）F. Nietzsche, *Jenseits von Gut und Böse* (Nr. 202), in: *Sämtliche Werke* Bd. 5, 2. Aufl., 1988, S. 232.

（10）R. Descartes, *Discours de la Méthode*, Flammarion, Paris 1992, p. 35；谷川多佳子訳『方法序説』岩波文庫、一九九七年、一二三頁。

（11）*Discours de la Méthode*, p. 36;『方法序説』二四頁。

（12）F. Nietzsche, *Der Wille zur Macht. Versuch einer Umwertung aller Werte*, Ausgewählt und geordnet von P. Gast unter Mitwirkung von E. Förster-Nietzsche, Kröner Taschenausgabe, 1980. この書の捏造の事実に関しては、渡辺二郎・西尾幹二編『ニーチェ物語』（有斐閣、一九八〇年）に収められた渡辺二郎の解説を参照。また今日では、M. Riedel, *Nietzsche in Weimar*, Reclam, 1997（恒吉良隆・米澤充・杉谷恭一訳『ニーチェ思想の歪曲』白水社、二〇〇〇年）が興味深い。リーデルは、「いきなヨーロッパ人」というニーチェの理念が没政治的であったことを強調している。右派左派双方からの歪曲の歴史からして、リーデルの解釈にはもっともな面もある。だがニーチェの哲学に、政治性――たとえそれが「大いなる政治」のそれであったにせよ――が濃厚であったことは否定できないし、否定する必要もない。

（13）Vgl. *Nachgelassene Fragmente*, Ende 1886 – Frühjahr 1887 7[64], in: *Sämtliche Werke* Bd. 12, S. 318 ; vgl. auch Herbst 1887 9[164], in: ibid., S. 432. この四書構成がどこまでニーチェの真意であったかは、われわれの問題ではない。一時的にせよ彼が、「一切の価値の価値転換の試み」という「大いなる出来事」のプログラムを抱懐していたこと、そしてこの「主著の構成」が、ハイデガーのニーチェとの対決の大枠を決定したこと（vgl. GA43, 28ff.）、この事実こそ重要なのである。

（14）『権力への意志』第三書「新しい価値定立の原理」の「原理（Prinzip）」の語を、ハイデガーは、「始まり（Anfang）」と「根拠（Grund）」の二語を用いて敷衍している（GA43, 36f.）。

（15）ハイデガー自身「革命」という言葉を、『哲学への寄与』執筆当時の一九三七／三八年冬学期講義『哲学の根本の問い』で積極的に語っている。「歴史（Geschichte）」は、過去でも現在でもなく「将来的なもの（das Zukünftige）」であり、それゆえ「将来的なものは一切の生起の始まりである」が（GA45, 36）、そのような「始まり的なもの（das Anfängliche）」は往々にして隠蔽されるがゆえに、「因習となったものを反転させること、つまり革命（Revolution）」が必要だ、と（GA45, 37）。「始まりへの根源的で真正の関わりとは、それゆえ革命的なもの（das Revolutionäre）である」（GA45, 37）。「因習となったものの転覆、つまり革命は、始まりへの真正の関わりである。〔…〕革命的なものだけが、歴史の深みに届く」（GA45, 41）。「将来」の優位は『存在と時間』以来のモティーフだが、一つ重要な論点移動がある。かつてのように「終わり」ではなく、「始まり」に焦点が当てられている点である。それが「革命」という表現の積極的使用をもたらしたのであり、この「始まり性」は、『哲学への寄与』における「出来事」という根本語にもこめられている。じっさい、一九四一年成立の遺稿『始まりについて（*Über den Anfang*）』（GA70）では、「出来事（Ereignis）」と同等同格のものとして「始まり（Anfang）」が論じられている。

（16）『始まりについて』に収録された断章には、ニーチェの（記念碑的・尚古的・批判的の区別を含む）歴史論は、けっきょく「歴史学的」な次元にとどまっており、「歴史的」な水準に達していない、とする批評が見られる（vgl. GA70, 185）。

(17) 同じ「革める」でも、「革命」と「改革」とは違う。「とにかく改革を！」の絶叫が、「現代的なもの」をそのつどとっかえひっかえするだけであるのに対し、「あらたな始まり」は、既在のものへの畏敬と将来的なものへの希求が結びついてはじめて生ずる。復古と革新の同時生起としての「革命の意味」については、H. Arendt, *On Revolution*, Penguin Books, 1990, p. 21ff. を参照。

(18) 「創設Ⅰ――自由の構成（Constitutio Libertatis）」、「創設Ⅱ――時代の新秩序（Novus Ordo Saeclorum）」。

(19) 『存在と時間』でもすでに「権威」は問題とされていた。「忠誠（Treue）」とは「自由に実存することが持ちうる唯一の権威（Autorität）への可能的畏敬」である、と（SZ, 391）。

(20) H. Arendt, *The Human Condition*, The University of Chicago Press, 1989, p. 185.

第Ⅳ部　哲学の可能性

第十四章　共－脱現在化と共－存在時性

ハイデガー解釈の可能性

今日、ハイデガーの『存在と時間』を読む意義はあるだろうか。そこに示された思索を引き受け直し、現代日本において哲学の可能性をひらくことは、いかにして可能か。

以下では、こうした問いを向こう見ずにも立ててみたい。問いの大きさに応じて荒っぽくなるのは避けられないが、努めて事象にそくした論述を試みよう。そのさい、一つの目当てとして、渡邊二郎（一九三一―二〇〇八年）のハイデガー研究を思い起こし、かつそれを乗り越える方向を探っていくことにする。だが、そのためにも、渡邊の業績に直行するのではなく、彼が生涯格闘した相手であるハイデガーの根本問題を再考することから始めるのが、むしろ近道であろう。

一　存在者と存在、物と世界

マルティン・ハイデガーの根本問題とは、何だったのか。

この哲学者は、「存在」を思索したと言われる。彼は、「存在者（Seiendes）」――有る、と言われる諸々のもの――と、「存在（Sein）」――有る、ということ自体――とを区別したうえで、後者の「存在」をことさら問おうとしたからである。主著『存在と時間』を繙けば、「存在への問い」を貫こうとする姿勢がそこに見てとれるし、どんな解説本にも、「存在者と存在との区別」がこの書を理解するうえで最重要の思想だと説明されている。「有るとは何の謂いか」を古来論じてきた存在論の伝統に対し、『存在と時間』の著者の最大の貢献にして挑戦であったのも、存在者から存在そのものを区別する提案であった。

だが、この教説を金科玉条と前提してかかるのは、じつはハイデガーにはそぐわない。存在とは何かという問いに対する答えがついに欠如したままだという肝腎要《かなめ》の点はさておくとしても、(1) ハイデガー自身、このいわゆる存在論的差異を墨守しようとはしていないからである。もし彼を第一級の哲学者と見なしてよいとすれば、その理由は、存在への問いにこだわり続けた執拗さに劣らず、存在者と存在との区別という「梯子《はしご》」を自分で蹴飛ばそうとした気前よさにある。それぱかりではない。『存在と時間』では既定路線として堅持されているかに見えるこの区別は、じつは、この書に先立つ時期には確立されていなかったし、この書以降、さっそく乗り越えの対象とされたほどである。存在者との区別における存在なるものは、「存在者性（Seiendheit）」という形而上学的残滓だと見なされ、むしろ、それとの対比において特記された「有（Seyn）」――「奥深い存在」（渡邊二郎の訳語）――が、その現われと隠れの双面において問われてゆく。だからといって、存在者のほうが疎《おろそ》かにされたというわけではない。すでに『存在と時間』直後には、存在を扱う存在論から翻って存在者へ向き直る「メタ存在論としての存在者論（Ontik）」への転回構想が述べられていた。

そこから摑みとられたと考えられる一九三〇年代の「物への問い」の延長線上に、第二次世界大戦後に打ち出された技術論、とりわけその幕開けとなった一九四九年の「ブレーメン講演」も位置づけられる。第一講演「物」で始まるこの連続講演は、かつての「存在者論」構想の行き着いた地点と見なしうる。[2] 物にそくして世界がおのれを現わすという思想が、そこには一貫して表明されている。「世界内存在」から出発した思索は、ここに絶頂を迎える。だとすれば、物との係わり合いにおける世界こそ、ハイデガーの根本問題であった、と言いたくなる。第二講演で主題に据えられる「総かり立て体制（Ge-Stell）」――現代技術の本質とされるもの――も、最初期以来の世界問題の変奏であった。

じつを言うと、私自身、世界こそ哲学の根本問題にふさわしいと考える者だが、世界についての集中的議論は、別の機会に譲る。ハイデガーの思索の歩みにおける「物への問い」の帰趨を追うことも、ここではしない。むしろ、その前になすべき基礎作業に向き合うことにしよう。主著における「存在者論」を、その問題点とともに顧みておくことである。

二 『存在と時間』における存在者論

ハイデガーの主著は、『存在と時間』である。他の遺稿類がどれほど公刊されようと――一〇〇巻を超える予定の全集も、八〇巻余が既刊となった――、それらは挙げて主著を参照するよう促しており、解釈者はこの原点へ繰り返し立ち返らざるをえない。「存在者論」や「物への問い」を解釈するうえでも、事情は同じである。

『存在と時間』において、「存在」を問うことは、まずもって「存在者」を問いの糸口とすることであった。「有る」ということの意味を明らかにするには、その手がかりとして、「有る」と言える何らかのものに着目するに如《し》くはない。そこで選ばれたのが、「現存在（Dasein）」と呼ばれる存在者、つまりこの世に自分が有ることを漠然とではあれ了解しているわれわれ自身、であった。この存在者は、存在を根っからの関心の的としている点で、他の存在者から際立っている。日々の「暮らし・実生活（Dasein）」を営んでいるわれわれ各自にとって、存在とは、存在論の主題である以前に、文字通り「死活問題（Existenzproblem）」なのだ。そのように「実存的（existenziell）」に自分の存在を気遣っている存在者は、存在への問いにおいて、「存在論的（ontologisch）」にも「存在者的（ontisch）」にも優位をもつ。だからこそ、『存在と時間』全篇は事実上、この存在者を「実存論的（existenzial）」に分析すること――現存在にふさわしい「実存カテゴリー（Existenzialien）」の析出――に費やされるのである。存在論的‐実存論的な探究がどれだけ実り豊かとなるかは、現存在という存在者的‐実存的な賭金に、あくまで左右されている。その意味では、現存在なる一存在者から出発して存在へと向かう「基礎的存在論」――『存在と時間』の結構――そのものが、れっきとした「存在者論」なのだ。真理をめぐる高度に存在論的な論議のただ中で、「実存の真理」が「最根源的真理」（SZ, 221）とされ、『存在と時間』全論述の根底に置かれることは、この書でいかに「実存的なもの」が重視されているかを物語る。こうした「実存思想」的側面を薄める解釈は、ハイデガー哲学を希釈するものでしかない。

そればかりではない。『存在と時間』の本論は、実質上、「道具的存在者（Zuhandenes）」についての具体的分析から始まる――むろん、道具的存在者を「配慮」する現存在の態度ふるまいとの相関関係においてだが。理論的対象化に先立って日常的に出会われる世界内部的存在者との交渉に焦点を当てた環境世界分析の「即物的」豊かさこそ、この哲学書の名を高らしめたハイデガー現象学の精髄であったことを忘れてはならない。

環境世界の道具連関のうちに置かれ、「何々のため」という有用性の指示によって規定された道具的存在者の存在は、「適所性（Bewandtnis）」と呼ばれる。たとえば、ハンマーという仕事道具の場合、「ハンマーでもって、ハンマーを打つことのもとで、適所が得られる」。「ハンマーで打つこと」からはさらに、「家屋を補強すること」、「悪天候に備えること」といった指示のネットワーク――適所全体性――が連なり、最終的には、住んでいる当人が安心して住めるという「存在可能（Seinkönnen）」に帰着する。この「究極目的（Worumwillen）」は、指示連関の最終項であるとともに、目的－手段の指示連関をまずもって成立させている第一項でもある。現存在は、道具とのそのつどの交渉において、自己にこの指示連関を暗々裡に「了解するようほのめかす（zu verstehen geben）」。このように現存在が自己指示連関全体を「有意義化するはたらき（be-deuten）」の拠点こそ、「世界」にほかならない。それゆえ、世界の世界性は「有意義性（Bedeutsamkeit）」と呼ばれる。

『存在と時間』における「有意義性としての世界」概念について、論ずべきことは多い。とりわけ、不安という根本気分に襲われるや、この有意義性が一変し、世界が「無意義性」という正反対の様相を呈するとされる点は重要だが、ここでは措く[3]。

むしろ、目下の文脈では、世界の世界性を「有意義性」と規定した直後に、ハイデガーが、有意義性と密接な存在者たる現存在は、道具的存在者が「暴露される可能性の存在者的条件」（SZ, 87. 強調は引用者）だとしたうえで、こう述べている点に注目しよう――「現存在は、存在するかぎり、何らかの出会われる〈世界〉にそのつどすでに差し向けられて依拠してしまっている。現存在の存在には本質上、こうした依拠性が属している」（SZ, 87. 強調は原文）。さらにこれに続けて、世界の有意義性が、現存在によって道具的存在者が暴露・発見され言語化されるための「可能性の存在論的条件」（SZ, 87. 強調は引用者）だとされることも考え合わせて、次の二点をまず確認しておきたい。

第一に、現存在自身が、道具的存在者の発見可能性にとっての「存在者的条件」だと明言されていること。現存在という存在者の現事実的存在ぬきには、道具的存在者はその本領を発揮しないのである。第二に、道具的存在者のほうも、これはこれで、現存在にとって、それに依拠することなしには実存がおぼつかなくなる一種の存在者的条件と解されていること。有意義化作用の機能中枢に鎮座するかに見える現存在は、その反面、現存在ならざる存在者に徹頭徹尾「差し向けられて依拠している」。指示という現象の「存在論的発生」（SZ, 68）を突きとめようとする環境世界分析は、世界の有意義性という「存在論的条件」を見出す一方で、かくして、二重の「存在者的条件」に行き当たるのである。

当たり前と言えば、あまりに当たり前の話である。その使い方を知り実際に操る者がいなければ、ハンマーは道具として意味をなさない。逆に、ハンマーがなければ、またハンマーによって補修されるような家がなくては、ひとは雨露をしのいで暮らすことができない。そのような存在者間の相互依存関係が、現存在と道具的存在者との交渉には、そのつど成り立っている。世界をその超越論的機能において有意義性として概念規定することは、存在論的メタレヴェルへと上昇するための浮遊装置などではない。そうではなく、道具類に囲まれ物たちのもとで暮らしているがままの世界内存在のすがたを改めて発見するための「梯子」なのである。そして、そこに灯台下暗し的に見出された事態こそ、「〈世界〉に差し向けられて依拠していること（Angewiesenheit auf die »Welt«）」であった。

　思えば、実存論的分析にかけられる現象としての「世界」とは、現存在ならざる世界内部的存在者の総体という、存在者的意味での括弧つきの「〈世界〉」とはあり方を根本的に異にするものの、それでもやはり「存在者的意味」つまり「前存在論的に実存的な意義」をもつとされていた（SZ, 65. 強調は引用者）。「現事実的現存在が現事実的なものとして〈生活〉している当の〈場〉」（SZ, 65）――この存在者的‐実存的規定が、『存在と時間』における世界概念の最初の身分確定だったことを、肝に銘じておく必要がある。

　『存在と時間』の世界概念が、物への依拠という面に強調を置くものだということは、世界内部的存在者の「世界適合性」が閃き現われる場面としての配慮の「欠損的」様態の記述（SZ, 72ff.）からも明らかである。道具が壊れている場合であれ、見当たらない場合であれ、邪魔な場合であれ、ともかく物たちが言うことを聞かなければ、われわれはその前に立ち尽くして途方に暮れるのみである。そうした小《プチ》限界状況においてこそ「世界がおのれを告げる」（SZ, 75）と言われる以上、そこで問題となっている世界とは、まさしく「物的に条件づけられた被制約性（Be-Dingtheit）」の領圏だと解されるのである。

　道具的であったり事物的であったりする種々の世界内部的存在者に囲まれ、そこに居合わせ、それらと交渉を結ぶあり方は、「もとでの存在（Sein-bei）」と呼ばれる。この概念を、「内存在に基礎づけられた実存カテゴリーの一つ」（SZ, 54）として導入するや、ハイデガーはすかさずこう述べる。無差別的でどうでもいい「事実性（Tatsächlichkeit）」と区別される「現事実性（Faktizität）」の概念には、世界内存在する現存在が「自分自身の世界の内部で出会う存在者の存在と、〈運命〉において固く結びつけられている」という含意がある、と（SZ, 56）。ここは、「現事実性」という実存カテゴリーの『存在と時間』における初出箇所でもある。物たちとの遭遇は、その場かぎりの通りすがり的な付帯事件《アクシデント》にとどまらず、われわれの存在と一蓮托生で結ばれており、「運命」的に降りかかってくる場合すらある。「運命」とかりに訳した„Geschick"は、のちに歴史性の議論で再浮上する実存カテゴリーである。

だが、歴史性の次元という本題に向かう前に、「もとでの存在」という概念の孕む問題点について復習しておかねばならない。

三　「もとでの存在」の問題点と、脱現在化

『存在と時間』は、整然と組み立てられているかに見えて、辻褄が合わないと思えてならない箇所が、少なからずある。「もとでの存在」をめぐる問題点も、その一つである。(4)

「もとでの存在」は、現存在の存在として定式化される「気遣い」の三肢構造のうちに、次のように組み入れられる。「おのれに先んじて－（世界の）うちにすでに存在する－（世界内部的に出会われる存在者の）もとでの存在として」（SZ, 192）。ところが、「形式的に実存論的な全体性」をなすこの三つの契機は、それぞれ「実存性」、「現事実性」、「頽落」と言い換えられる。もとでの存在が、「頽落」つまり「非本来性」と同一視されているのは、いかにも不可解である。気遣いが「もとでの存在」を構造上含んで成り立つかぎり、しかもその契機が、非本来性を意味する頽落と同一視されるかぎり、現存在はどうあがいても「本来性」には至りえないことになってしまうからである。それにしても、頽落ならざる本来的

な「もとでの存在」が顧みられていないのは、なぜか。

　気遣いの契機に「もとでの存在」が組み込まれることの難点が、もう一つある。「世界内部的に出会われる存在者」には、道具的存在者および事物的存在者のほかに、現存在と同等同格にそのつど「私」と言うことのできる存在者、つまり「共現存在」があり、そうした他者との「共存在（Mitsein）」は、「もとでの存在」には解消できない独自性をもつ、とされていた。ところが、気遣いの定式化においては、「共存在」は「もとでの存在」によって代理され、融解させられてしまう。この粗略な扱いがまずもって不可解だし、もとでの存在と一緒くたにされたうえ頽落と同一視されるかぎり、共存在も、「ひと（das Man）」という非本来的なあり方をいつまでも脱しえないことになってしまう。

　もとでの存在をめぐる以上の問題点は、「時間性」の議論にそっくり持ち越される。

　現存在の存在の意味として持ち出されてくる時間性は、それが「可能化」する気遣いの構造に照応して、三肢的である。形式的にそれは、「将来－既在性－現在」の三位一体として定式化される。もとでの存在は、そのうちの「現在」へと引き継がれる。この「現在（Gegenwart）」は、動詞形で「現在化（Gegenwärtigen）」とも表記され、それが脱自的に解されると、「…を出会わせること（Begegnenlassen von）」と敷衍される。(5) また、その地平的図式は「…するため（Um-zu）」である。(6) ここには多くの問題点がひそんでいる。

　まず、「現在化」は、三肢構造の形式的－無差別的契機という以上に、「予期－忘却（保有）－現在化」という非本来的時間性の一契機に割り振られる。これに対して、本来的時間性は、「先駆－反復－瞬間」とされるが、その「瞬間」において「…を出会わせること」がどのように成り立つかは、明らかにされない。もとでの存在の契機は、時間性の次元でも、その本来性において詳らかにされずに終わっている。共存在に至っては、「時間的」解釈において、ついに語られないままである。道具が出会われるのと、他者が出会われるのとでは意味合いがまるで異なるはずなのに、その違いも無視される。とりわけ、「…するため」が現在の図式とされる場合、共存在が顧慮されていないのは明らかである。共現存在との間人格的関係を「目的‐手段」連関に置いて済ますわけにはいかない以上は。

このような不整合は、しかし、たんなる過誤でも不注意でもなく、事柄に根ざしている。つまり、もとでの存在や共存在の本来的あり方を、「現在」の相において記述することには、事象的困難が付きまとうのである。われわれが道具に気を回し他者に気を配り我を忘れて暮らしている平均的日常性の地平は、それほど本来性から隔たったものなのであり、そこから跳躍して自己自身に直面した実存は、日常性と気安く折り合うわけにはいかないのである。本来性は敷居が高い。これを逆に言えば、本来性への跳躍は、不安における寄る辺《べ》なき単独化の果てに、おのれに最も固有な実存可能性を一途に摑みとるという、産みの苦しみにも似た始まり《イニシエーション》の関門を経なければ望むべくもない、ということである。

世界内存在のただなかにひそむこの狭き突破口のことを、それゆえハイデガーは、「瞬間」と呼んだ。本来的現在とは、あるかなきかの「一瞬」であって、今現在に長閑《のどか》に安住することではありえない。今という前景を探しても、そのどこにもない非‐場所、それが瞬間なのだ。これを裏から言うと、「配慮された道具的存在者や事物的存在者への頽落を第一次的に根拠づけている現在化は、根源的時間性の様態においては、将来と既在性のうちにあくまで閉じ込められている」(SZ, 328. 強調は原文)。本来的現在とは、どこかにごろっと転がっているものではなく、頽落的現在化を押しとどめる「根源的で本来的な時間性が、将来的に既在しつつはじめて呼び覚ます」(SZ, 329) ものなのである。

しかし、以上のような原理的困難を踏まえたうえで、それでもなおこう問うてみよう。もとでの存在の本来的あり方を、共存在との区別と協働とにおいて、現在のうちに積極的に見出すことはできないだろうか。すなわち、まったき世界内存在の本来的現在は、いかにして可能か。この問いに答えるための手がかりは、ほかならぬ『存在と時間』の歴史性の議論のうちにひそんでいるように思われる。

「歴史性」という実存カテゴリーは、時間性の議論が一段落したあとで、その奥行きをさらに具体化するときに持ち出されてくる。本来的時間性および非本来的時間性は、本来的歴史性および非本来的歴史性という形で肉づけされ、厚みをおびるのである。本来的現在も、そこで歴史的具体化において再度取り上げられる。ここではとくに、「脱現在化」という概念の導入に注目したい。「今日《こんにち》の脱現在化 (Entgegenwärtigung des Heute)」という同じ言い方が二回なされるが (SZ, 391, 397)、その二番目の箇所で、ニーチェの「反時代的考察」を念頭に置いてこの用語が打ち出されていることが分かるしくみになっている。[7]

その最初の箇所はこうなっている。「今日の現在化に自己を喪失しつつ、世人は〈過去〉を〈現在〉から了解する。これに対し、本来的歴史性の時間性は、先駆し反復する瞬間として、今日の脱現在化であり、世人の習慣を断つことである」(SZ, 391. 強調は原文)。「世人の習慣」とは、「新しいもの」に飛びつき「古いもの」を忘れる、「現代」に呪縛されたあり方のことであり、これが「今日の現在化」と呼ばれている。これに対し、「本来的歴史性」は、狭隘な現在の呪縛から身を引き剝がし、そこから解放されて自由になり、「既在しているものを反復する」ことを心得ている。これが、「今日の脱現在化」

と称されるものである。だがそれは、現今的《アクチュアル》なものからひたすら逃れ、過去や未来というユートピアへと逃げ込むこととは違う。「脱現在化」とは、むしろ、「今日」と、距離をとりつつ真正面から対決することなのであり、要するに、「〈現代〉の批判」(SZ, 397)のことなのだ。ニーチェの「反時代的考察」の作法が、まさにそうであったように。

それゆえ、「脱現在化」とは、現在の全否定ではない。じつにこれこそ正真正銘の「本来的現在」だというのが、この実存カテゴリーの言わんとするところなのである。ならばそこに、本来的な「もとでの存在」の余地はあるだろうか。また本来的共存在はどうか。

『存在と時間』における歴史性の議論は、「脱現在化」の概念を導入することで実質的に終わっており、われわれの問いに答えを見出すのは困難である。しかし、だからといって答えなくてよいわけではないし、ましてや問わなくてよいということにはならない。

ハイデガーが範に仰いだニーチェは、みずからの反時代的考察態度を、『愉しい学問』三七七番「われら故郷喪失者」で、こう述べている。「われわれがよほど好むのは、山上に生きること、遠く離れて、〈反時代的〉に、何世紀もの過去と未来に生きることだ(8)」。では、本来的歴史性の住まう「遠く離れ」た「山上」は、果たしてどこにあるのだろうか。ツァラトゥストラよろしく、人里離れた山奥の「洞窟」に、であろうか。もしそうだとすれば、「脱現在化」とは、脱俗・超俗のことであり、要するに、出家遁世を意味することになる。しかし、ツァラトゥストラにしても、あるとき「下山」を決意し、巷間で活動を開始したことになっている。「世を捨てよ」と命ずるだけでは、世界内存在の現象学にはふさわしくない。少なくとも、現在的なもののうちに積極的なものを何かしら見出さなくては、もとでの存在と共存在の謎は、いつになっても解けないであろう。

こうしてわれわれは、「脱現在化」をさらに考え進めるべく強いられるのである。

四　物の「共‐脱現在化」の働き

考え進めるとはいっても、『存在と時間』以外のテクストに飛びつくのは、まだ早い。主著における歴史性の議論は、なお再考されるべきものを孕んでいる。先にふれた「運命」という実存カテゴリーもその一つだが、それぱかりではない。「現存在の歴史性」とともに「世界‐歴史（Welt-Geschichte）」が語られ、しかも「世界‐歴史的なもの（das Welt-Geschichtliche）」と呼ばれる世界内部的存在者について論じられる第七五節は、とりわけ注目に値する。そこには、まさに「もとでの存在」の本来形が垣間見られるからである。

「世界‐歴史的なもの」としての世界内部的存在者を例示すべく、その箇所で目立って使われる表現は、「道具や作品（Zeug und Werk）」である（SZ, 387, 388, 389）。「道具的存在者や事物的存在者」という定型表現に優先して、こちらが使われていることに注意しよう。いっそう注意すべきは、そこに挙げられている「範例的」存在者である。「道具や作品、たとえば書物は、それなりの〈運命〉をもっており、建造物や施設も、それなりの歴史をもっている」（SZ, 388. 強調は引用者）。ここで括弧つきで語られる、現存在ではない存在者のもつ「〈運命（Schicksal）〉」は、実存カテゴリーとしての「運命」や「共同運命（Geschick）」とは同じではないだろう。それは、世界内部的存在者がもつ「歴史」が、現存在の歴史性とは同じでないのと同様である。だがそれにしても、「道具や作品」は、何がしかの「歴史」

をもち一定の「運命」をもつ。そしてそれは、現存在の歴史性や運命と「固く結びつけられている」のでなければならない。出会いは偶然であろうと、いや偶然だからこそ、のっぴきならぬ仕方で世界内部的存在者と結びつくとき、その出会いは「運命」となる。

問題は、その結びつき方である。言いかえれば、道具や作品の「もとでの存在」の本来的あり方そのものである。残念ながら、ハイデガーは、書物と建物という例を挙げておきながら、それを活用しておらず、さらにもう一つの例として「指輪」を付け加えているが、こちらも例示のみである。「たとえば、指輪は、授けられ、指にはめられるが、この存在において単純に場所の移動をこうむるのではない」(SZ. 389)。では、どのような「生起の動性」が、そこに見出されるのか。ハイデガーはそれ以上語っていないが、それが大問題だということは間違いない。われわれは、「存在と運動の謎」という、大いなる存在論的「暗闇」(vgl. SZ. 392)の前に立ち尽くすほかないのだろうか(9)。だが、そう大風呂敷を広げずに、物たちのもとにとどまって考えてみれば、意外に道は開けることに気づく。

結婚指輪や、王位継承権の象徴としての指輪——さらには「ギュゲスの指輪」というのもある——をめぐって、何らかの「物語」が生まれ「歴史」が叙述されるというのは、それはそれで興味深い事例だが、ここでは措く。「建造物や施設(Bauwerke und Institutionen)」の例も魅力的だが、後回しにしよう。「世界-歴史的なもの」として真っ先に挙げられていた「書物(Bücher)」を、さしあたりここで取り上げることにしたい。

書物は、読まれるために製作される一個の「道具」である。売られるためのもの、つまり商品という意味もある。だが、新刊書店にではなく図書館に並んでいる古い書物の場合、手段性や商品性は、この存在者の前面にはもはや現われていない。図書は、既在している何ものかを指し示す、どっしりした「物」として現にある。学生にとってその本は、自分の生まれる前に書かれ、出版されたものかもしれない。それどころか、何百年、何千年も前に書き記された内容を今日に伝えるものであったりする。手にとって読むという仕方で、その若者は、その物とたまたま出会い、そこに刻み込まれている「既在のもの」にふれる。書物の指し示す歴史的世界に、読者はわれ知らず引きずり込まれるのだ。最初は、現代の視点からして古臭いと違和感をおぼえていたはずが、いつしか、現代を批判するうえでの確固たる視座をその「古典」から手に入れていたりする。そのようにして、読者たる彼は、そのテクストを書き残した著者自身と、「出会う」。そのたまさかの邂逅から生ずる対話＝対決が、若者の将来を決定する「運命」となるかもしれない。

ここで起こっていることは何であろうか。じつにこの、古典との遭遇において発動しうる「今日の脱現在化」こそ、本来的な「もとでの存在」にして本来的共存在でありうる。そして、そうした「本来的現在」の成立に紛れもなく関与している物の働きのことを、私はあえて、「共－脱現在化（Mit-entgegenwärtigen）」と呼びたいと思う。

重要なのは、ここでは、物が主体だということである。古典にふれて「今日の脱現在化」を果たす読者は、当人なりに、おのれの生きる時代のせせこましさから解放されて、「おのれを脱現在化させる」――もしくは「おのずと脱現在化させられる」――と言ってよい。だが、その手助けをするのは、既在している可能性へと読者を赴かせる書物であり、そういう物こそが、「共－脱現在化」の働きをする主役なのである。物は共－脱現在化する。「作品」としての書物は、それなりの完成性・存続性を示す存在者として、ある意味――つまり古びてくるという仕方で――「時間化《エイジング》」をこうむるが、それとともに、それを手にし読みふける読者たちを、彼らのはまり込んでいる現在の呪縛から解き放って、時代を隔てた既在の人びとと、ひいては将来の人びとと、脱自的‐地平的な歴史性において出会わせるのである。現代という一刹那を踏み越えた人と人との邂逅が、一個の出来事として、そこに稔るのである。一冊の本が、世代を隔てた人びとをつなぐものとなる。書物のもつ遡示機能に見合った、この「出会わせるはたらき（Begegnenlassen）」は、まさしく「共‐脱現在化」と呼ばれるにふさわしい。物たちを介して、人びとの間に、本来固有の出来事がおのずと性起《しょうき》する――ここに、「本来的現在」が時熟するのである。

たとえば、若き日にブレンターノの著作をプレゼントされた青年は、それを機縁としてアリストテレスと昵懇《じっこん》の間柄となり、存在への問いに目覚めた。また、書店でふとショーペンハウアーの主著に呼び止められた若者は、人生は生きるに値するかという難問をそこから引き出し、哲学者として生きることとなった。のみならず、ニーチェもハイデガーも終生、卓越した意味で「文献学者」であった。つまり「書物への愛《フィロロギア》」をはぐくみ続けた。彼らが古代ギリシア世界へと出動するうえでの拠点となったのは、いつでも、古典という一存在者であった。しかも、往古への彼らの回帰は、強烈な「現代の批判」となりえたばかりでなく、彼らなりの思索を生んで、新たな書物を誕生させ、そういう物たちを後世に贈った。かくして、後代のわれわれはそれを手にし、新たな出会いへと再び乗り出すことができるのである。こうした事例や他の数多《あまた》の事例は、「世界‐歴史的なもの」としての世界内部的存在者のもとでの存在が、本来的でありうることを物語っている。

もしそうだとすれば、「書物」の例はたんなる一例にとどまらない意味をもつことが分かる。ニーチェの『反時代的考察』第二篇「生にとっての歴史の得失について」というテクストは、第三篇「教育者としてのショーペンハウアー」とセットで、文献学者ニーチェの哲学宣言という意味合いをもつ。それを下敷きにハイデガーが「今日の脱現在化」について語り、そしてそれを、みずからのいわば文献学的実践の指針――「以下で遂行されるはずの、哲学の歴史の歴史学的解体の課題の明確化のための準備」(SZ, 392)――にしようとしたとすれば、書物の「共-脱現在化」の働きについて考え進めることは、ハイデガー自身の哲学的企投を方法的に再考するのに役立つのであり、のみならず、総じて、思索という営みを制約する「存在者的条件」をめぐる省察となりうるのである。

それればかりではない。「建物」や「指輪」といった「道具や作品」は、これはこれで、行為する人びとが「脱現在化」へと踏み出すための「存在者的条件」ともなる。

「行為(Handeln)」とは、『存在と時間』では考察が差し控えられているものの、「共に事を為す」という世界内相互共存在の際立ったあり方である。それゆえ行為は、他なる人びとへの顧慮によって第一次的に規定されているのはもちろんだが、それればかりでなく、物たちによって必ず媒介されている。道具へともに差し向けられ、道具にともに依拠しているのが、他者との共存在の実相なのである。しかも、行為者に必要なのは、何も「情熱」だけではない。徒手空拳ではわれわれは何事も為しえない。その場合、ハンマーとか飛び道具とかは必ずしも要らない。控え目ながらその目配せによりわれわれを触発してくる、いわば小道具のほうが、「共-脱現在化」の働きを、むしろ存分に発揮する。世代的に遠く隔たった過去の人びと――より正確には「現に既在している現存在」(SZ, 381)――へ赴くよう、われわれを促し、時空を隔てた連帯を可能にするのは、古文書や記念碑といった古参なのである。もちろん、物の目配せに聴き従うのは、回顧するためではない。新しい始まりをひらくためにこそ、われわれは、物による遡行的導きを必要とする。

このように、思索にしろ、活動にしろ、それなりの仕方で「物的に制約され」ている。以上の視点を携えつつ、『存在と時間』とじかに関連する、しかし別のテクストを手がかりとしてみよう。われわれは、今度は、「建物」という物へと目を転ずることになる。

五　物は何を語るか――『マルテの手記』の一節から

共‐脱現在化の働きをする「物」は、現にそこに事物的・客体的に存在（vorhanden）しているのでなければならない。今まさに現前しつつ、どこか現在から「浮いた」相貌をそなえ、おのれの現前性を何かしら打ち消すような一面をそなえている物が、おもむろに「物を言う」。その呼び声に呼び止められた者は、当の物の遡示機能に触発されて、現在という前庭から抜け出て、時を遡行し始め、既在性の地平へと招《しょう》じ入れられる。

そうした共‐脱現在化の例示としては、無数の「物証」がありえよう。以下では、ハイデガー自身が言及している「壊された建物」の事例を取り上げることにしたい。

『存在と時間』の出版直後になされたマールブルク大学一九二七年夏学期講義『現象学の根本問題』(10)で、ハイデガーは、「『存在と時間』第一部第三篇の新たな仕上げ」（GA24, 1）を試みた。『存在と時間』とは逆に、歴史的考察――第一部「存在についての伝統的ないくつかのテーゼの現象学的‐批判的議論」――を先行させたあとの第二部「存在一般の意味への基礎的存在論的な問い　存在の根本構造と根本様式」が、『存在と時間』の本論となるはずだった第一部第三篇「時間と存在」に相当する。ただし、『現象学の根本問題』の講義も半ばで途絶しており、第一部を承けて四篇構成で予定されていた第二部は、第一篇「存在論的差異の問題」までが――そこも十分とは言えないながら――講じられたにとどまる。隔靴掻痒《かっかそうよう》の感は否めないが、それでもこの講義は、存在一般の意味をめがけて「存在時性《テンポラリテート》」の問題群に踏み込んだテクストとして、つとに注目されてきた。一九七五年に開始されたハイデガー全集公刊事業の最初を飾ったばかりでなく、早くも講義直後からタイプ打ちの私家版――つまり海賊版――の講義録が流布し、日本にも伝わってきた。これについては、まさにその私家版を底本として出版された邦訳書の「訳者あとがき」に詳しい。[11] ちなみに、九鬼周造が一九三一年度／三二年度の京都大学講義「Heidegger の現象学的存在論」ですでに「Grundprobleme der Phänomenologie（講義のタイプライター）」[12] を活用したことも、よく知られている。九鬼が、『存在と時間』第一部第一篇を「現存在から関心（九鬼は Sorge をこう訳す）へ」の「還元の第一階梯」と、同第二篇を「関心から時間性へ」の「還元の第二階梯」と、それぞれ呼んでいるのは、「還元－構成－解体」という現象学の三位一体的方法に関する『現象学の根本問題』中の記述（GA24, §5）に依拠してのことであった。

注目すべき記述の散見されるこの講義録中に、リルケ『マルテの手記』の一節が長々と引用される、ひときわ印象深い箇所がある（GA24, 244-246）。ハイデガー教授は、「世界内存在」という独自の概念を聴講生たちに懇切に説明すべく、その恰好の例解として、前年に死去した詩人ライナー・マリア・リルケ（一八七五―一九二六年）が、作中の主人公に目撃させた、うらぶれて取り壊された家の残骸に、注意を向けさせるのである。パリに一人滞在し街中を徘徊しては内面の心象世界を行きつ戻りつしている若い詩人、マルテ・ラウリッズ・ブリッゲは、ある日、異様な光景を目にして衝撃を受ける。「あれは家といえたろうか。厳密に言えば、もう形骸をとどめなくなった家であった。上から下まで取りこわされてしまった家であった」[13]（GA24, 244）。建物自体はもう撤去されて、柱組のほかには、廃屋となった集合住宅の「壁」がそこに残るばかりである。その古壁にへばりついた数々の痕跡が、かつての住人たちの「生」を、ありありと垣間見させるのである。

なによりも印象を与えたのは、各部屋の壁それ自身であった。各部屋で送られた強靭な生活が壁へしみこみ、踏まれても蹴られても生きつづけていた。その生活はここかしこにまだ生き残り、残っている釘にしがみついていたし、二、三インチの幅で残っている床の形骸にもへばりついていたし、まだいくらか部屋らしさを残している四隅の残りの下へももぐりこんでいた。また、年々すこしずつ変色した色のなかにも生きつづけているのが見えた。[14]（GA24, 245）

ハイデガーも着目しているように、この情景描写のキーワードは「生（das Leben）」である。「蜘蛛の巣や埃」や「襤褸《ぼろ》」だけでなく、壁に残った輪郭や染みから、「鏡や額縁や戸棚」が、そこにかつて確かにあったことが、まざまざと現前する。その壁には、かつてその部屋で暮らした人びとの「生活」が、そして、「生活のねばっこいよどんだじめじめする空気」が、さらには、「その空気のなかには正午《ひる》と病気と何年間もの煤《すす》とか」が、どぎつくにじみ出ては、あちこち発散している。それどころか、腋《わき》の下からにじみ出て着物をべっとりと重たくする汗、饐《す》えた口臭、蒸れた足の悪臭がしみこんでいた。尿の刺すような臭い、煤のきなくさい臭い、馬鈴薯《ばれいしょ》のわびしい臭い、古いラードのよどんだつるつるとした臭いがしみこんでいた。顧みられなくなった嬰児《えいじ》の甘ったるい執拗な臭い、学校へ行く子供の恐怖の臭い、年ごろになった男の子たちのベッドのねばっこい臭いがしみこんでいた。[15]　（GA24, 246）

生活感あふれる生活臭のオンパレード。だがこの記述に「生活・生命・人生・生・いのち」の問題のみを見てとるのは、不十分である。ここに紛れもなく開示されているのは、「物」の世界なのだ。しかもその、かつて立派に道具として使われていた物たちは、あらかた取り払われてなくなってしまい、そこに残るのはもっぱら残骸と痕跡のみである。そういう、もはや「物」とは言い難くなった「物ならぬモノ・馬鹿げたモノ（Unding）」が、しかしそれでもなお、いや、だからこそいっそうしつこく、おのれを主張し、過剰なほど何かを語る。そこに開示される「生」以上の何かとは、往時の住人たちの姿であり、彼らがかつて現にそこで暮らした世界であり、その前に慄然として佇む当人自身なのである。

あらかた撤去された家のわずかに残った壁の前に立ち尽くす青年は、今そのただなかを生きている現在の地平を脱し、現に既在する者たちの世界へ、ふと連れ去られる。ハイデガーの言う意味での「今日の脱現在化」――つまり「現代の批判」――と同じではないが、この青年もやはり、今の刹那を漫然と生きているあり方を脱して、おのずと脱現在化させられ、かくて、会ったこともない大昔の住人たちの、お世辞にも上品とは言えない実生活《ダーザイン》に、いわば生身の生き生きしたありさまにおいて、出会う。そして、現にそこに居合わせ、時代を隔てた者同士を出会わせるという仕方でともに働きつつ、物を言う語り手こそ、今や残骸となり果て醜く露出している一個の「非物《ウンディング》」にほかならない。物は共‐脱現在化する。世界内存在の「時間化・時熟（Zeitigung）」のこの相を、紛れもなく例証しているのが、『マルテの手記』の一節なのである。ただし、その時熟のさまは、いささか錯綜している。それを解きほぐすべく、ハイデガーの解説を聞こう。

> どれほど基本的にここで、世界すなわち世界内存在――リルケはそれを生と呼んでいる――が物のほうからわれわれに向かって飛び出してくるか、に注意してほしい。リルケがここで彼の文章によって、剝き出しにされた壁から読みとったもの、それは壁のなかへ歌い込まれているのではない。むしろ逆に、この描写はひとえに、この壁のなかに「現実的」にあるもの、つまり壁との自然な係わり合いにおいて壁から飛び出してくるもの、の解釈ならびに照明としてのみ可能なのである。[16]　（GA24, 246. 強調は引用者）

ここでは、「世界すなわち世界内存在」が「物のほうからわれわれに向かって飛び出してくる（aus den Dingen uns entgegenspringt）」とか、「壁から飛び出してくる（herausspringt）」とか、と言われている。主観の内面にそこはかとなく生じた心象が、外界に実在する対象のうちへとボーッと投影される、という仕方で創作・虚構されるのではなく、世界内存在そのものが、あくまで物のほうから、われわれへと突きつけられてくる。物にそくして突発するそうした働きかけのおかげで、世界が、われわれに面と向かって如実に開示されてくる。しかも、その世界たるや、そのつど一過的に繰り広げられるだけの顕在的なものではなく、今となっては微かな痕跡しか残っておらず、それとしてはもはや現前しようのない、それでいて抹消しがたい現実味をもって迫ってくる、往古の世界なのである。

ここでも、主体は物である。つまり、物がわれわれを共‐脱現在化させる。

だが——と、いぶかしむ者もいるだろう——現在化とは異なる方向で働く物の仲介作用を、ことさら「共‐脱現在化」などと小難しく考えなくてもよいのではないか。そこに起こっているのは、過ぎ去ったものを思い出すという意味での「想起（Erinnerung）」であり、その意味での「準現在化（Vergegenwärtigung）」ではないのか。なるほどひとは、昔を懐かしむ回顧のよすがとして、思い出の品物をあれこれ求めたり、形見を後生大事にしたりするが、それは、健忘性の生き物である人間が、過去に思いを馳せるうえでの不可欠の拠りどころとして必要であるにすぎないのではないか。

この疑問に取り組むためには、つまり「共‐脱現在化」をその種別性において理解するには、「現在化」ならびに「準現在化」と、「脱現在化」との違いを、いっそう明確化する必要がある。それは同時に、脱現在化をどこまで「本来的現在」として理解できるか、に係わってくる。

まず、「現在化」とは、目の前にあるものを目の前にある当のそれとして出会わせる働きである。たとえば、今そこに立っている家を、一個の住まいとして「知覚」することが、それである。つまり、現にある事物を現にあるとおりに見てとる感性的直観という志向性の時間的意味が、「現在化」と呼ばれる。

これに対して、「準現在化」としての「想起」——より正確には「再想起（Wiedererinnerung）」——は、現在化としての知覚作用を「再現」して、かつて知覚されたものを「再現前化」させる働きである。たとえば、昨日見た家を、それゆえ今目の前にはない家を、ありありと思い出すことである。想起するには、当然ながら、知覚がまず先行しなければならない。知覚にもとづき、その志向的変様として派生してくるのが、想起なのである。想起作用そのものは今現に起こるが、その対象は現前しない。その非現前性を埋め合わせ、現前性に近づける想起の時間的意味が、「準現在化」と呼ばれる。想起とは知覚の「再生」であり、知覚こそ想起の「本来形」である。準現在化は本性上、現在化へ向かおうとする。つまりここでは、あくまで現在が中心の位置を占める。

　ところが、「脱現在化」の場合、まさにその現在中心性に風穴が開けられる。もちろん、マルテは目の前に裸出している壁を目撃するのであり、そういう意味では知覚が成立している。知覚がなければ物との出会いもない。しかしその壁は、見るも無残な家屋の残骸なのである。物とも言えぬその断片は、もはや現前していない本体を、まさにその不在性において、どぎつく描き出す。かつてその家に住んでいた人びとのありさまが、えぐり取られた現在のただ中に、おのれを示す。現在のうちに現在ならぬものが深々と入り込み、その侵入を受けてたじろぐ者は、今現在にありながらそこからわれ知らず脱け出て、かつてそこに繰り広げられた既往の世界のうちへ入り込み、そこに生きた人びとに面前する。現在ならぬものがそのように現在を侵食していることは、しかし例外でも奇蹟でもなく、むしろ日常茶飯の現実なのである。現在の囲いが突破され、既在性ならびに将来の脱自的地平がそのつど現在とじかに隣り合わせていることが、物からの襲撃によって開示される。この時間化の瞬間こそ、脱現在化という出来事にほかならない。

　ハイデガーは、時間性の非本来的時熟を、「予期し‐保有する‐現在化」として記述していたが、そこでは現在が中心を占めていた。「保有（Behalten）」とは、あくまで現在に凝集させられた既在性への関わり方であり、だからこそ非本来的な様態とされる。その点では、「予期（Gewärtigen）」も同様である。これに対して、時間性の本来的時熟たる「先駆し－反復する－瞬間」における「反復（Wiederholung）」とは、既在性への本来的関わり方だとされていた。なぜかと言えば、現在中心性の狭隘さから脱しつつ、おのれに先んじて将来へと関わりゆく「先駆（Vorlaufen）」のほうから転じて、既在性の地平へと遡行しては、既在する現存在の可能性をあらためて摑みとるのが、「反復」だからである。だが、先駆だけでは、反復には十分でないように思われる。既在性への本来的関わりが時熟するためには、惰性化した現在から脱け出る「脱現在化」の働きにより、現在中心性がいったん剝奪され、「今」が失効させられる、というのでなければならない。そしてそのためにこそ、物の協働が、つまり物のほうからの「共－脱現在化」が必要なのである。

物の共－脱現在化のはたらきが、本来的現在の成立に与《あずか》る。そうだとすれば、つまり、物を主体とする時間化作用が見出されるのであれば、物の側にも、何らかの「時間性」が割り当てられてよい、ということになろう。物に帰せられる時間性は、ハイデガーが現存在の存在意味と解した「時間性（Zeitlichkeit）」と無関係ではありえず、それと共属するであろう。しかしだからといって物の時間性が、現存在の時間性に従属させられ還元されてしまうということはない。脱現在化と共－脱現在化の連動は、時間性のレヴェルでの物たちとの「幅広い」連繫がありうること、しかもその連繫こそが、今現在に局限されない人びととの「奥行きある」連帯を可能にすることを、示唆している。

「物たちのもとで人びととともにあること」、つまり、もとでの存在と共存在によって等根源的に構成された世界内存在は、時間性のひだを幾重にもおびている。それらの絡み合いを踏まえてこそ、「存在を時間の地平から了解する」という、かの存在論的企ても成就しうるのである。私はこの、物たちのもとで人びとともにあることとの重層性に鑑みた、まったき世界内存在にふさわしい時間性の交錯のことを、「共-存在時性（Co-Temporalität）」と呼びたいと思う。(17) ここでの「共-」は、他者との共存在もしくは「共-実存（Co-Existenz）」をむろん暗示すべきだが、それにとどまらず、事物のもとでの存在との共同＝協働をも含意する。共-脱現在化（Mit-entgegenwärtigung）の「共《ミット》-」が、物から人への働きかけを意味していたように、共-存在時性（Co-Temporalität）の「共《コ》-」は、時間性の拡がりにおいて物たちと人びととの交錯し応答し合う関係が成り立つことを表わすのである。この「相関-関係（Kor-relation）」は、もとでの存在と共存在と自己存在の三つ巴とがそうであったように、等根源的である。共存在の時間規定が自己存在の時間規定には解消しえない独自性をもつのと同様、物の時間性は、現存在の時間性と絡み合いつつ、それに還元されない独自の極性をなす。

そして、そのように物的に制約された幅をもつ共-存在時性が、既在性と将来の奥行きをそなえた相互共存在の共同行為を、はじめて可能にする。物を介して人と人とが出会うところ、そこにはじめて出来事が性起する。だとすれば、ここで問題として浮上してきた共-存在時性とは、複数性において時熟する出来事の時間性を意味するのである。(18)

さて、ハイデガーの「脱現在化」の概念に加えて、「共-脱現在化」という新たな概念をあえて導入したのは、『存在と時間』の書かれざる本論「時間と存在」の中心テーマとなるはずだった「存在時性の問題群（Problematik der Temporalität）」（SZ, 25）を引き受け直すべく、「共-存在時性の問題群」を独自に提起することを狙ってのことであった。だが、この狙いをさらに追求するには、改めて、渡邊二郎のハイデガー解釈を振り返る必要がある。渡邊によって見出された「本来性と非本来性との絡み合い」という問題事象は、もとでの存在と共存在が、現在のみならず既在性と将来の地平を孕んでいる点に着目して、本来的現在に厚みをもたらす解釈方向において、再考されるべきなのである。そのさい、事象をして語らしめる記述態度が、ふたたび求められることとなろう。

六　本来性と非本来性との絡み合い——渡邊二郎の解釈

日本人によるハイデガーの初期受容の水準を引き上げたのが九鬼周造であったとすれば、戦後日本のハイデガー研究に新風を吹き込んだのは、まぎれもなく渡邊二郎であった。その遺産を無視して、現代日本におけるハイデガー解釈の可能性を論ずることはできない[19]。

渡邊のハイデガー研究は、一九五五年の修士論文「ハイデッガーに於ける存在の問題——存在と人間との交錯をめぐって」を出発点としている[20]。この論文の現存は確認されていないが、一九五六年一二月の『哲学雑誌』に掲載された学界デビュー論文「ハイデッガーの存在の思索をめぐって」(Ⅱ五七—六二二頁)に、その概容をとどめていると考えられる[21]。これに続く時期の研究が、一九六二年刊の金字塔的な『ハイデッガーの実存思想』『ハイデッガーの存在思想』(ともに勁草書房)に結実するのだが、渡邊のハイデガー研究はその後、少なくとも二度のクライマックスを迎える。最後のそれは、遺著『ハイデッガーの「第二の主著」『哲学への寄与試論集』研究覚え書き——その言語的表現の基本的理解のために』(理想社、二〇〇八年)に稔った最晩年の『哲学への寄与』研究である。だがそれ以前の一九七〇年代にも、一九七一年に完成した『存在と時間』の翻訳(原佑と共訳、原佑責任編集『ハイデガー』(「世界の名著」62、中央公論社）を承け、また『ハイデッガーの実存思想』の改訂作業（第二版は一九七四年刊）と並行して、ハイデガーの思索を乗り越えることを意図した、創意に富む思索が繰り広げられた。その記念碑とも言えるのが、「真理と非真理、もしくは本来性と非本来性――ハイデッガー『存在と時間』研究覚え書き」である。

渡邊がドイツ語で最初に公表したこの長大論文（『渡邊二郎著作集』第三巻に邦訳収録）は、一九七九年に『アナレクタ・フッサリアナ』に掲載されるよりずっと以前の一九七三年に、草稿が書かれたと推察される。この年の七月から九月にかけて、渡邊はボン大学に研究滞在し、「下宿にひとり籠って拙いドイツ語論文の作成に専念」（Ⅻ六〇四頁）した、と回顧されているからである。この論文で得られたハイデガー解釈の基本路線は、その後もさまざまな機会に変奏されることになるが、「もとでの存在」の位置づけの問題点を含めて、『存在と時間』における本来性と非本来性の係わり合いに関して最も詳細な注解を施しているこの論文――以下「『存在と時間』覚え書き」と略記――に、ひとまず注目することにしよう。そこに示された「本来性と非本来性との絡み合い」論から、われわれは、渡邊二郎のハイデガー研究の可能性と限界を見出すことができるのである。

二〇一一年秋に完結した『渡邊二郎著作集』全一二巻では、最初の部をなす第一―四巻に、ハイデッガー研究論考がまとめられている。第一巻収録の『ハイデッガーの実存思想』と第二巻収録の『ハイデッガーの存在思想』では、それぞれ第二版が底本として採用されているが、初版との主な異同も付録として収められており、参照に便利である。

その付録を見ると、『存在と時間』では、「気遣い（Sorge）」（当時は「憂慮」という訳語が用いられていた）の契機である「もとでの存在」を「頽落」と同一視する「不整合」が、「時間性」の議論でも生じ、「本来的な現成〔現在〕のあり方をはっきり見ていない」ことが、『ハイデッガーの実存思想』の初版では、「悪い癖」とか「大きな過誤」とかと論評されていたことが分かる（I六七三頁以下）。その種のあけすけな物言いが抑えられ、ハイデガー批判が全般的にトーンダウンした第二版を、「後退」と見る向きもあるかもしれない。初版公刊後すぐ、渡邊は東京大学文学部に呼び戻されたが、かりに、自由に物が言える立場から重責を担うポストに異動したから批判的論調が影をひそめたのだとすれば、それは堕落というものだろう。だが、そういう低次のレヴェルとは異なる、事柄にそくした事情がそこにはあった。「過誤」や「悪い癖」といった軽い言い方ではない仕方で、問題を掘り下げる視点を摑みとったがゆえに、そういう評言を削除するのが妥当だったのである。

では、その視点とは何か。――「本来性と非本来性との弁証法的交錯」の思想である。渡邊のハイデガー解釈のこの基本線を、急ぎ確認しておこう。

『存在と時間』覚え書き」では、まず、問題はこう尖鋭化させられる。「いかにして本来性が非本来性へと係わり合うか、どのような仕方で本来性は非本来性を変様させるか、いかにして非本来性は本来性によって変化させられるか」（III一三七頁以下）。渡邊によれば、ハイデガーは、本来性から非本来性への実存変様のほうは、「頽落」というあり方として、つまり、本来的自己存在から非本来的な世人‐自己への変様として、十分解明している、という。では、その逆の、世人‐自己から本来的自己への変様についてはどうか。死へと先駆しつつ、良心の呼び声に耳をすませ、そのつどの状況内行為へと赴く「先駆的決意性」がそれだ、とひとまず答えることはできるだろう。だが渡邊は、その答えは「疑問である」とし、それほど「事態が単純ではない」（Ⅲ一三八頁）と言う。

非本来性から本来性への移行の場合、非本来的あり方から本来的あり方への自己の向き直りをたんに指摘するだけでは、まったく不十分である。なぜかといえば、たとえ現存在が本当に、非本来性から、すなわち自己喪失と自己忘却から、おのれを本来的に引きとどめたとしても、それでもやはり現存在は、本来的自己存在でありつつも、あくまでも世界のうちに実存せざるをえないからである。しかも、世界内存在である以上、〈世界〉や他者となんらかの関わりをもたざるをえないからである。というのも、現存在は世界内存在という根本機構に従って実存しているのであって、その世界内存在とは、被投的企投という現存在のあり方とつねに一緒に、顧慮における他者との共存在、および配視的配慮における〈世界〉との関わり、を意味するからである。（Ⅲ一三九頁）

本来的自己存在は、本来的な「もとでの存在」と「共存在」を等根源的な契機として具えた「本来的な世界内存在」（Ⅲ一三九頁）へと高まらなければならない。これは、『存在と時間』の内的論理からおのずと生ずる要請である。この課題を、現象学的に再定式化すればこうなる──「〈世界〉および他者へとかかわりつつ本来的な態度でふるまうことができる、という現存在の存在の実存論的‐存在論的な可能性が、せめて、一つの可能性としてだけでも提示されるべきであろう」（Ⅲ一三九頁）。物たちのもとで、人びとともに、おのれをまっとうする本来的自己が、その具体的な現場において取り押さえられなければならない。つまり、先駆的に決意した現存在は、非頽落的で非世人的な仕方で、道具への配慮ならびに他者への顧慮へと、いかにしておのれを差し向けうるか、が現象的に確保されるべきなのである。さらには、こう問わねばならない。「時間性のいかなる時熟が、この存在論的可能性を可能化すべきなのか」(Ⅲ一四〇頁)。その名にふさわしい「本来的世界内存在」は、おのれに固有な時間性の時熟の相を示すのでなければならず、それなりの脱自的地平を具えているのでなければならない。総じて、本来的時間性のまったき構造には、もとでの存在と共存在がそれぞれの本来性において等根源的に属しているはずなのである。

　渡邊は、『存在と時間』の内在的解釈から、「本来的世界内存在」というテーマを摑みとった。この課題は、哲学的人間学のトピックでも倫理的要請でもない。つまり、基礎的存在論の圏内には属さないとの逃げ口上は使えないのである。存在への問いを仕上げ、ひいては「存在時性《テンポラリテート》」の問題群を展開するためにこそ、「世界内存在を、より高次の本来性のまったき様態へと高める」(Ⅲ一三九頁)ことが、必須なのである。存在問題の核心に位置するこの課題を、渡邊は明確に見てとった。この透徹した問題意識のもと、『存在と時間』の論述を詳細に辿り直すことに、「『存在と時間』覚え書き」は実質的に費やされることになる。

　しかるに渡邊は、他方で、『存在と時間』の基本枠組みそのものが、「本来的世界内存在」の獲得への道に立ち塞がってくることを、明らかにしようとする。本章第三節で瞥見した、気遣いの定式化における「もとでの存在」にまつわる難点が、それである。もとでの存在が「頽落」つまり非本来性と同一視されることで、もとでの存在の本来形は、構造上、不可能となりかねない。つまり、「現存在は、たとえどんなに本来的に世界のうちに実存することを決意しようとも、おのれにとって欠くことのできない配慮に乗り出すや否や、非本来性に陥らざるをえないことになってしまう」（Ⅲ一四一頁）。しかしそれでは、非本来性から本来性への実存変様の可能性を本筋とする『存在と時間』の理路そのものが、破綻をきたす。では、そうでない道は、つまり、もとでの存在（および共存在）の本来形を積極的に描く方途は、どこかに存していないだろうか。その方途こそ、渡邊によれば、「本来性と非本来性との弁証法的な係わり合い」という打開の方向にほかならない。

渡邊の主張は、こうまとめ上げられる。「現存在はやはり本来的に実存することを決意するのだが、それでも非本来性に繰り返し巻き込まれざるをえず、非本来性へのこの頽落を繰り返すことによって、また、非本来性からおのれの本来性を回復すべく努力をつねに更新していくことによって、はじめて、本来的実存の理想を不断に獲得しうる〔…〕。本来性は、非本来性をうちに含みつつ、低次の本来性から高次の本来性へと上昇していく不断の前進のうちにあり、まさしくこの点に、真の実存が存する〔…〕。それゆえ現存在は、非本来性から本来性への力動的な、いやそれどころか弁証法的な、たえざる過程においてはじめて実際に実存しうるのだ」（Ⅲ一七九頁）。

見られるとおり、ここでは、現象学と弁証法とが融合させられようとしている。非本来性から本来性への変様は、一度きりで決着するものではなく、本来性は非本来性を「止揚」という仕方で保持しており、まさに非本来性を「契機」としてうちに具えてこそ、より高次の本来性への上昇が可能となるのだ、という。本来性から非本来性へ、またその逆への力動的で弁証法的な過程が、まったき世界内存在を稔らせる、というわけである。

実存の現象学を、弁証法的発展史観へと接続させようとする、渡邊のこの解釈方向を、われわれはどう受け止めるべきであろうか。
それが一つの優れた解釈であることは、間違いない。「おのれに固有なもの」にあくまでこだわるハイデガーの現象学を、「おのれとは別物になる」という外化・疎外をくぐり抜けて高次における自己回復へと至るヘーゲルの弁証法へと接続させるのは、ヘブライズムとヘレニズムの融合にも似た、壮大な統合化の試みと言うべきだろう。水と油のような二者を一つの全体へもたらすことは、哲学が古来内蔵してきた野望に属する。

また、渡邊がここでヘーゲルを引き合いに出すのは、必ずしも唐突というわけではない。ハイデガー研究と並行してドイツ観念論に長らく親しんできた卓抜な哲学史家にとって、自家薬籠中となった弁証法的思考は、現象学的思考と親和的でありえたであろう。じっさい渡邊は、自己の「非力さ」を重んずるハイデガーの良心論を、他者との「和解」をめざすヘーゲルの良心論につなげる論文を、一九八六年に書いている[22]。ここに、「本来性と非本来性との絡み合い」の思想は、ひとまず肉付けされたと言ってよい。翻ってみれば、渡邊が「他者性の媒介を経た自己性」をおのれの「内面性の現象学」の最重要の思想として摑んだことは、一九七一年講義に遡る『ニヒリズム――内面性の現象学』(東京大学出版会、一九七五年。『渡邊二郎著作集』第六巻所収)の結論部分に、明言されていた。「実存の本来性は、具体的には、非本来性と交差し合い、非本来性に陥ってはそこからおのれを取戻し、おのれを取戻してはさらにまた非本来性へと入りこむという、真理と不真理の絶えざる交錯の中にある」(VI二〇七頁)。『ニヒリズム』の到達点たるこのテーゼを繰り返し確証することに、渡邊哲学の真骨頂はあった[23]。

以上を十分認めたうえで、あえて言わせてもらおう。ハイデガーの現象学的存在論は、弁証法的発展の思想と、どこまで融合しうるのだろうか。原初的なものへと遡り、根拠を露呈させようとする現象学の方法は、高次の段階へのジグザク的な上昇とはどこまでも折り合いのつかぬものを、何といっても蔵しているのではないか。そのような折衷へと踏み込む前に、『存在と時間』の内部に、まだ考察すべきことは残っていないかったであろうか。現象学の可能性は、なお汲み尽くしがたい豊かさを湛《たた》えているのではないか。

われわれは先に、まさにこの問題意識を携えて、しかも渡邊の解釈に示唆されつつ、「脱現在化」の問題に取り組んだのであった。そしてそこに見出されたのは、瞬間という本来的現在が、歴史性において具現した形としての脱現在化には、物の側からの触発が伴うこと、つまり、物がわれわれを共‐脱現在化させるということであった。渡邊の垣間見た「本来的世界内存在」の時間的構造には、現存在に固有な時間性をはみ出す、客体としての物ならではの時間地平が、等根源的に共属していたのである。とはいえ、そこまで考え進めたとき、ハイデガー自身語ることのなかった地点へ踏み出すことは避けられない。

だとすれば、私の提案も、現象学と弁証法との融合という渡邊哲学の戦略と同様、水と油のように異質なもののつなぎ合わせになってしまうのだろうか。そうではないことを、次に示さなくてはならない。世界内存在の現象学の可能性が、今や試されるのである。

七　『存在と時間』における「共‐存在時性」の問題群

共‐脱現在化の「共‐」とは、人びとと「ともに」という意味での他者との共同性と、同じ意味ではない。現存在の時間性に属する脱現在化が作動するうえで、物のほうからの触発が関与してくるということが、「共－」という小辞によって暗示されるべきなのである。とはいえ、時間性におけるそのような物との連動を介して、他者との奥行きをもった結びつきも、時間性の次元で絡み合ってくる。共存在の脱自的地平を伴ってこそ、世界内存在の時間性は「複数的」に時熟するのである。

現象学において総じて、志向性の構造は、志向する作用と志向される対象との「相関関係（Korrelation）」において考察される。その相関性に比肩しうる応答関係が、現存在の時間性と、物の時間性のあいだにも想定されてよいとすれば、双方の絡み合いこそ、共－脱現在化の「共－」によって表わされるものにほかならない。そしてそれと同時に、他の人びととの共同性も、それに種別的な時間性をはらんで交錯してくる。道具への配慮および他者への顧慮と結び合わされた自己への気遣いが、つまり世界内存在の全体連関が、時間性において協働し共振しうる多元的地平が、そこにひらけてくる。相互に絡み合った時間性のこの共属関係のことを、「共－存在時性（Co-Temporalität）」と呼ぶ。

「存在時性（Temporalität）」とは、ハイデガーが『存在と時間』の第一部第三篇で論じる予定にしていた「存在の時間性」の謂いであった。現存在の時間性にもとづき、しかしそれにとどまらない射程を具えたものとして、つまり存在一般の意味の地平をひらくものとして、「存在のテンポラリテート」（SZ. 19）がことさら主題化されるはずであった。だが、その試みは未完に終わった。それはなぜか――この問いに、これまでずっとハイデガー研究の関心は向けられてきた。しかも、存在時性の問題群のゆくえをどう見定めるかに関して、日本のハイデガー研究史は世界有数の蓄積を誇る。九鬼はすでにこの問題を強く意識していたし、渡邊も『ハイデッガーの実存思想』で集中的に取り上げている。近年では、たとえば木田元、仲原孝といった解釈者が、このテーマと格闘してきた[24]。

それでも、もどかしさはぬぐえない。というのも、テクスト解釈上の整合性が重んじられたり、後期ハイデガーの思索との関連が云々されたりすることはあっても、『存在と時間』にひそむ内的可能性から、積極的な再続行がなされるということは、なかったからである。その一方で、かつて渡邊の掲げた、「〈世界〉および他者へとかかわりつつ本来的な態度でふるまうことができる、という現存在の存在の実存論的－存在論的な可能性が、せめて、一つの可能性としてだけでも提示されるべき」という課題も、手つかずのまま残された。あらためて思うに、もとでの存在ならびに共存在の本来形のほうから時間性を肉付けするという仕方で、存在時性の謎に迫るという行き方が、試みられてもよかったのではないか。本来的世界内存在が時間性の厚みをおびるとき、そこにおのずと存在時性の問題群への視界がひらけてくるのではないか。存在時性への道半ばで挫折したことになっている『存在と時間』は、まだその可能性を汲み尽くされていないのではないか。

しかもこの点に関しては、『存在と時間』を踏査したはずの渡邊自身も、じつは例外ではなかった。この書の内的論理から要請されると見なされた「本来性と非本来性との絡み合い」の動性を、形式的に指摘するのみならず、現象的実情に拠りつつ具体的に記述することへと、渡邊もついに踏み出してはいないからである。

しかるに、この点についての示唆を、ほかでもない、『存在と時間』のテクストは、幾重にも与えているように、私には思われる。その一つが「脱現在化」の概念であることは、先に見たとおりである。それを含む歴史性の章が急所だということも間違いない。だが、じつはそればかりではないのである。

世界内部的存在者の「もとでの存在」または「配慮」のあり方を、ハイデガー自身積極的に記述している箇所が、少なくとも二つある。一つは、理論的認識の成立を辿り直す「学問の実存論的概念」（SZ, 357）の提示箇所であり、もう一つは、「配慮される時間」の章である。それぞれ一瞥を与えておくことにしよう。

(一) 学問的実存における本来的な「もとでの存在」

『存在と時間』第六九節では、まず、道具的存在者への「配視的配慮の時間性」が明らかにされるが、それに続けて、いわゆる理論と実践との不可分性が強調され、次のように言われる。

> 実験の測定結果としての度数を読み取るためには、実験手順の込み入った「技術的」構築をしばしば必要とする。顕微鏡による観察は、「標本」の製作に差し向けられて依拠している。「出土品」の解釈に先行する考古学的発掘は、このうえなく荒っぽい作業を必要とする。だが、問題を「このうえなく抽象的」に仕上げ、獲得されたものを確定する作業でさえ、たとえば、文房具でもって行なわれるのである。学問的探究のそのような構成要素がどんなに「面白味のない」、「自明」なものであろうと、それらは存在論的には決してどうでもよいことではない。（SZ, 358）

ハイデガー自身、実験道具や研究備品の取り扱いといった「些細なこと」に着目するのは、「回りくどくて余計なものに見えるであろう」（SZ, 358）としているが、しかし、そのような面を看過するのは、理論的認識の存在様式をなおざりにすることなのである。「技術的なもの」がいかに決定的でありうるかは、近代科学の歴史全体が立証しており、その成果が「テクノロジー」と総称され今や地球を席捲していることは、言うまでもない。科学研究の現場での道具との交渉が、「非本来的」というレッテルを貼って済ませられる類のものではないことは、ハイデガーがまさにこの箇所で語っているとおりである。たとえば、「顕微鏡」はれっきとした「物」であるが、この観測器具が科学史上いかに重要な意義をもってきたかを考えてみればよい。ハイデガーがここで示唆している実験道具の存在論的意義を、のちにアーレントは、「望遠鏡」という近代科学成立期の最強の武器——神殺しの凶器——にそくして証示してみせることになる[25]。

科学においても、いや科学においてこそ、世界内部的に出会われる道具的存在者との交渉は、重要性をもつ。「直観（Anschauung）」（SZ, 358）を事とする理論的認識の時間的意味は、「現在化（Gegenwärtigung）」（SZ, 359）に極まるが、この場面での現在化を「非本来的」と形容しても、ほとんど何の意味もなかろう。そればかりではない。理論的認識の成立には、「本来的実存」（SZ, 363）が与っていると、そうハイデガーは考えるのである。だとすれば、それが「本来性と非本来性との絡み合い」の具体例でなくて何であろうか。

この点を、『存在と時間』の記述にそくして、少し辿り直してみよう。

「配慮」は一般に、「かくかくのときには－しかじか（wenn-so）」といった暗黙の算段を含んでおり、そうした一種の図式的解釈のことを、ハイデガーは「熟慮（Überlegung）」と名づける（SZ, 359）。その場合の「予期し－保有する－現在化」の時熟が変様をこうむり、存在了解そのものの「転化」が生ずることがある。そして、その「古典的事例」として挙げられるものこそ、「数学的物理学の成立」(SZ, 362) という出来事にほかならない。

つとに注目されてきたこの「科学の発生」論では、「自然そのものの先行的企投」という存在論的側面がまずもって強調されており、科学革命論の草分けの一つと見なしうる。だがじつはそこでも、存在者と係わり合う科学的態度の存在者的側面に注意が払われていることを忘れてはならない。事物的存在者へのそのような特異な配慮のあり方は、「主題化」もしくは「対象化」と呼ばれ、それに固有な時間性に鑑みて特徴づけられるのだが、目下の文脈において重要なのは、それが「もとでの存在」と表示されている点である。「客観化しつつ世界内部的な事物的存在者のもとに存在すること (das objektivierende *Sein bei* innerweltlich Vorhandenem) は、ある際立った現在化という性格をもつ」(SZ, 363. 強調は引用者)。この「もとでの存在」が、もはや非本来的とは到底言えないことは、この場合の現在化と一体をなす「被発見性の予期」が、「実存的には、現存在の決意性にもとづく」(SZ, 363. 強調は引用者) とされていることからも、明らかである。開示性ではなく「決意性」と、また実存論的ではなく「実存的」と言われている点に注意しよう。存在者のそのつどの科学的発見は、当の存在者の「存在機構の先行的企投」(SZ, 362) によって可能となるが、その存在論的企投は、これはこれで、決意性にもとづくという意味で実存的‐存在者的基礎をもつ。メタ存在論としての存在者論の問題系が、ここにも顔を覗かせている。

「本来的実存からの学問の起源」(SZ, 363) への問いは、現行の『存在と時間』ではここで途絶している。だが、哲学という実存に反省を迫るこのテーマが、本編たる第一部第三篇で取り扱われる予定であったことは間違いない。[26]この未決の問題は、目下の文脈では、実存の真理にもとづく「予期する現在化」は何らかの脱現在化、ひいては共‐脱現在化と連動するのではないか、という問いを惹起する。[27]暴露・発見される存在者のほうからの触発・襲撃が、そこに働くと考えられるのである。少なくとも、科学的発見の時間性は、発見される当の事象の属する主題領域に応じて、異なった時熟の相を示すことだろう。真理問題も、共‐存在時性の問題群に属するのである。

(二) 時間の配慮における本来的な「もとでの存在」と「共存在」

今見てきた、理論的認識における配慮の実存変様と関連がなくはないが、トピックとしては系列を異にするのが、『存在と時間』最終章での「配慮される時間」の問題である。

この第二篇第六章「通俗的時間概念の起源としての時間性と時間内部性」に出てくる、「配慮される時間」、別名「世界時間」は、非本来的時間性の一種と見なされやすいが、これは正しくない。存在者が総じて「時間の内にある」という意味での時間内部性とは、むしろ、人間事象の歴史性と並んで、根源的時間性の具体相をなすのである。世界内部的存在者の時間内部性は、世界内存在している現存在が時間といったようなものを斟酌している、という意味での「時間の配慮」に、存在論的にはもとづく。しかも、その配慮される時間が根源的時間性の「反映」であることは、それが、「かくかくの時」という規定をおびていること、つまり「日付可能性」(SZ, 407f.) という「脱自的性格」(SZ, 408) を有することから、あらわとなる。この生きられる時間は、時間性の伸び拡がりに見合った形で「かくかくの間」という「伸張性」(SZ, 409) を具えており、なかんずく、時間性の有限性に動機づけられた「有意義性」（SZ, 414）をもつ。時間の「有意義性」とは、「…すべき時」、「…するにふさわしい時」という、状況内行為の時間規定性のことである。

この「時間の配慮」が重要なのは、明らかであろう。物たちのもとで人びとともに、何ごとかを行なう場合、われわれはつねに時間を斟酌せざるをえない。「思慮（フロネーシス）」と呼ばれる実践理性においても、「時機（カイロス）」こそ決定的だと、古来考えられてきた。先駆的に決意した現存在が、何らかの行為へ参入する場合、そのつどの今つまり「瞬機」を捉えることが、何より重要なのである。しかもその「時宜」は、私個人だけのものではなく、「万人にとって」（SZ, 411）のものである。時間のこの「公共性」（SZ, 411）を、世人に自己同一化してしまった非本来的なもの、と言ってみても始まらない。世界内相互共存在は、徹頭徹尾、公共化された時間のうちを動くのであり、だからこそわれわれは、時計から時間を読みとっては、その「われわれの時間」を気にするのである。配慮された時間、つまり世界時間にもとづいて、われわれの公共世界は成り立つ。世界時間とは、われわれがそのつど明示的に志向している個々の対象ではなく、何かを志向するさい誰しもそれに従い、暗黙のうちに則らざるをえない準拠枠なのである。(28)

この時間の配慮において、われわれは実際何をしているかと言えば、時計を眺め、この世界内部的存在者から時間を読みとっている。むろん時計と時間とは同一ではないが、時計という運動体の動きにこそくしてはじめて、時間といったようなものの測定が可能となる。古来その時間測定にとっての「原器」とされてきたのは、日や月といった天体の運行から成り立つ「自然時計」である。天空の下、大地の上に住む、という意味での世界内存在が、時間内部性の基礎をなす。どれほど時間測定が精密化したとしても、存在者へのこの依拠性は何ら変わらない。のみならず、時計による時間測定の根底にともに存しているのは、時間を気にしている一個の運動体としての私自身なのである。おのれの有限性を気遣いつつ、そのつどの身の処し方を決めている存在者の事実的存在こそ、時間測定の実存的基盤にほかならない。ここでふたたび存在者的基礎が問題となっていることが分かる。(29)そればかりではない。「配慮される時間」は「言い表わされる時間」でもあり、時間を配慮しつつ自分自身を気遣っている当人のあり方が、時間にまつわる言明の端々におのずと現われる。「時間がない、忙しい」と語る者が、おのれを見失っているのに対し、おのれの為すべきことを弁えている者は、「つねに時間《よゆう》がある」(SZ, 410)。

『存在と時間』の最終章は、もともと第一部第三篇に接続させるべくして書かれた箇所であり、そこには、直前の歴史性の章と並んで、存在時性へ連なる問題系が織り込まれていると見てよい。(30)これまで必ずしも顧みられてこなかった、この「世界時間」の問題には、私の見るところ、「共‐存在時性」の問題群に取り組むうえでの示唆が、いくつも含まれている。——(1)同一でありつつ運動し続ける恒常的存在者にそくして、時間といったようなものが読みとられ、されにそれを尺度として、世界内部的存在者の運動が測定されること。(2)時計と時間とのこの相互参照関係の基礎には、時間を気にしているそのつどの私という特異な運動体がひそんでいること。(3)そのようにして日常的に配慮される時間は、同時に、われわれにとっての公共時間であること。(4)たがいに時宜をわきまえつつそのつどの状況へと乗り出すことが、われわれの共同行為には属していること。(5)自分の時間ならびに共有された時間をどのように配慮するかが、本来性と非本来性の尺度となること。(6)人びととの間に出来事が生じ、歴史として稔る世界内相互共存在は、循環運動を続ける天空の下、生成消滅を繰り返す大地の上に住まう、というわれわれの自然的条件によって、ともに規定されていること。——いずれも、時間性相互の絡み合いという共‐存在時的な観点において、さらなる考察を要するものばかりである。

総じて、歴史性と時間内部性の交錯において、世界内存在のまったき時間性は時熟する。共‐存在時性の問題群の中心も、ここに見出されるのである。

以上、㈠学的実存における配慮の変様と、㈡行為主体によって配慮される時間、という二通りの主題系のうちに、理論と実践における本来的時間性の問題が眠っていることを瞥見した。ほかならぬ『存在と時間』のうちに、時間性どうしの呼応し合う「共‐存在時性」の問題群が、伏在していたのである。この書に汲めども尽きせぬ豊かさがひそんでいることは、衆目の一致するところであり、今さら驚くには当たらない。それを摑みとり切れず、別のテクストや異なる思考様式に頼ろうとしてきた、これまでの研究状況のほうが、よほど奇異に見えるほどである。

本章のあゆみを総括するに当たり、本筋に戻って、共‐存在時性の問題群に連なる、もう一つの鉱脈を掘り（蒸し？）返すことを試みよう。歴史性の章にひそむ、「世代」と「民族」という眠れる問題がそれである。

八　「隔世代倫理」へ——原爆ドームを手がかりに

われわれは第五節で、『存在と時間』直後の講義でハイデガーが、『マルテの手記』の一節を引用し、廃屋のわずかに残された壁が、主人公の前に、既在の人びとを髣髴させる「物」としておのれを現わし、そこに居合わせる者を往時へおのずと脱け出させることに注目していたのを見た。本来的現在としての脱現在化に、物のほうからの共－脱現在化の働きが関わってくるという実情が、物とのふとした遭遇に例証されていると考えられたのである。その脱現在化とは、『存在と時間』の最後から二番目である第二篇第五章「時間性と歴史性」の議論を締めくくる「時間的」規定であった。

この歴史性の章には、これまたすでに見たとおり、書物や建物、指輪といった「物」の具体例が挙げられている。「世界－歴史」といった大がかりなテーマに哲学が省察を傾ける場合でも、そこには「世界－歴史的なもの」である具体物へのまなざしが置き据えられるのである。歴史性の議論が開始されるにあたって真っ先に引き合いに出されるのも、「ギリシアの神殿の遺跡」（SZ, 378）とか、「博物館に保存されている〈古代の遺物〉、たとえば家具」（SZ, 380）とかいった、古き善き物たちである。歴史家の地味な手作業の対象となる「今なお事物的に存在している廃墟、記念碑、記録」（SZ, 394）は、歴史的世界の構成のためのたんなる史料にとどまるのではなく、まさにその物的現存において、もはや現存しないが「現に既在している（da-gewesen）」人びとへと、現に存在しているわれわれを差し向ける。物たちのもとでの存在は、時代を異にする人びと同士を出会わせるのである。言いかえれば、物のほうからの共－脱現在化の働きにより、われわれはおのれを脱現在化させ、既在の人びととの世代を隔てた共存在を引き受けることができるのである。

一定の耐久性をもつ物たちのもとでの存在が、移ろいやすい死すべき者たちの共存在を、仲立ちする。異なる時間的性格をもつ物象と人称という存在者同士が、たがいの存在関係において組み合わせられて、脱自的－地平的かつ複数的な時間性の時熟を形づくる。これぞ、「共－存在時性」という術語で表示されるべき問題事象にほかならない[31]。歴史性は、時間内部性とともに、共－存在時性の問題群を構成するのである。

私はここで、ある際立った「廃墟」を、共－脱現在化の例に持ち出す誘惑を抑えることができない。それは、今日の広島市になお事物的《フォアハンデン》に存在している「原爆ドーム」である。

二五〇〇年も昔の古代ギリシアの遺跡に比べれば、被災して七〇年ばかりの歴史しかもたない廃墟は、まだまだ新しい。一九一五年にチェコ人建築家ヤン・レツルの設計によって広島県物産陳列館（のち産業奨励館）として建てられたこの近代建築（レンガ造り、一部鉄筋コンクリート）は、もし被爆を免れていたら、それこそ耐震性に問題ありとレッテルを貼られ、とっくに解体の憂き目に遭っていたことだろう。たまたま爆心地近くに無残な姿で残存し、いつしか「原爆ドーム」という名で呼ばれ原爆の惨禍のシンボルと見なされるようになったこの遺跡をめぐっては、しかしその後、原爆投下国からの風圧もあり、不快な思い出は消したい、と取り壊しを求める声も少なくなかった。他方、平和を訴える現代の遺跡として保存を求める声も、市民のあいだに根強く、国内外に多くの賛同者を得た。

賛否両論の渦巻くなか、もう一つの「遺物」が少なからぬ役割を果たした。幼時の被爆がもとで、十五年後に急性白血病で命を落とした少女の日記に書き遺されていた言葉――「あのいたいたしい産業奨励館だけが、いつまでもおそるべき原爆を世にうったえてくれるだろうか」――に突き動かされて、保存を求める市民が一九六〇年、修理費捻出のための街頭募金運動に立ち上がったのである。保存要望の声が徐々に高まり、市もようやく重い腰を上げ、一九六六年、広島市議会は保存を決議するに至った。全国募金運動では目標を超える額が集まり、一九六七年、第一次保存工事を実施。一九八九年、ふたたび募金運動を行ない、第二次保存工事を実施。一九九五年には国の史跡に指定され、一九九六年、合衆国や中国の反対に遭いながらも、「広島平和記念碑」は、世界遺産に登録されたのである。[32]

このエピソードには、物のほうからの共‐脱現在化の働きが如実に示されている。

原子爆弾による都市殲滅攻撃と大量の放射能汚染という凶悪な無差別テロリズムの記憶が風化しないためには、そのときどきの思惑に流されやすい人間たちの一過的《テンポレール》な「決意」に頼るわけにはいかない。往時の惨状を伝える「記念碑」が、どっしりとした物として、後世の人びとに語りかけ、訴えかけるということが、どうしても必要なのである。『マルテの手記』の廃屋の壁がそうであったように、原爆ドームも、敗戦後の不屈の復興により近代都市として甦った当世風《コンテンポレール》の街並みの中で、異彩を放つモノであり、現代の景観にあって「浮いている」。共‐脱現在化として働くその疎隔化作用が、われわれをして、どっぷり浸かっている現在から脱け出て、その物が告げ知らせている既在性の地平へと、おのずと赴くようにさせる。そして、物のそうした恒常的現前性を介して、とっくに亡くなった人びと、現に生きている人びと、そして、これから生まれてくる人びととの、連綿たる《コ・テンポラール》交流が成り立つのである。「安らかに眠って下さい／過ちは／繰返しませぬから[33]」と誓い合った相互約束が、世代を超えて成り立つには、それに見合った「物証」が必要となる。物のほうからの突き上げなくしては、その日暮らしの死すべき者たちは、今日誓ったことを明日には忘れてしまうからである。

かねてより、人間の環境世界が人間自身の所業によって危機に瀕していることが自覚されるにつれ、「環境倫理」が叫ばれるようになった。未来の人びとのことを顧慮して、今日の人びとが、資源を枯渇させないように、また環境を劣化させないように配慮することの工夫が、環境倫理に属する「世代間倫理」として強調されるようになった。思うに、「未来倫理」とも「責任倫理」とも称されるこの技術時代の新しい考え方は、さらに一歩進んで、既在の人びとへの応答責任へと向き直る必要がある。それとともに、世代から世代へ受け継がれてゆく物のほうからの「呼び求める促し」に応えるものでなければならない。

応用ではなく原理をめざすこの新しい倫理は、限りある資源を使い尽くさず次世代のためになるべく残しておこう、といった消費の発想に尽きるのではなく、伝承されてきた既在の可能性を、今日のわれわれが引き継ぎ、生き生きと甦らせ、さらに後世に引き渡してゆくという、相互共存在の永代事業の次元へ向かうべきである。そしてそのためには、過去の遺物をたんに維持し保存するというよりは、物たちに蔵された実存可能性を繰り返し発見し、その本領を発揮させるべく活用することが肝要なのである。このように、世代を跨いで成り立つ共－存在時的「顧慮」は、死すべき人間のいのちを超えて存続する物たちを労わり、前代から引き継ぎつつ－現に発見・活用し－後代へ贈り与えるという、超がつくほどの「配慮《ケア》」を兼ね備えたものでなければならない。

現代世界の危機に応答しようとする即物的倫理は、世代の連続性を優に超え出て、遠く隔たった世代間の連係可能性を、含意する。異なる世紀に生きる人と人との応答関係を孕む、この古くて新しい倫理はそれゆえ、「間世代倫理（intergenerational ethics）」というより、「隔世代倫理（*tele*-generational ethics）」と称されるのがふさわしい(34)。共－存在時性の問題群は、この「隔世代倫理」の可能性をひらくべくして提起されるのである。

ところで、ここで俄然重要となってくるのが、「世代」の概念であることは言うまでもない。これについても、『存在と時間』の歴史性の章は、有益な示唆を含んでいる。ところが、その箇所は同時に、これまで悪評に塗れてきた部分でもあった。

運命的な現存在が、世界内存在として本質上、他者との共存在において実存するのだとすれば、現存在の生起は、共生起であって、共同運命（Geschick）によって規定されている。共同運命という語でもってわれわれが表示するのは、共同体の、つまり民族（Volk）の、生起のことである。〔…〕おのれの「世代（Generation）」の内での、またそれと共なる、現存在の運命的な共同運命が、現存在のまったき本来的生起をなす。（SZ, 384–385）

ここでの「世代」は、「同一の世界に相互共存在する」（SZ, 384）と考えられており、同じ時代に生を享ける「同世代」のことを指している。だがそれが、相前後し交代してゆく「間世代」関係へと拡張されることは言うまでもない。ひいては、遠く離れた世代間の「隔世代的」共存在可能性へ伸び拡げられうる。ハイデガー自身、古代ギリシアとの「遣り合い・連係プレー（Zuspiel）」を語ることになる以上[35]、そのような「遠隔作用」を念頭に置いて世代の概念を提起しようとしている、と考えてよい。ここで語られている「共同運命」も、共-存在時的な連係性において解すべきであろう。

ところが、「まったき本来的生起」としてのこの「共生起」を形づくる、もう一つの概念がここに登場することに絡んで、これまで尋常ならざる拒否反応が示されてきた。「民族《フォルク》」という概念がそれである。

今さら確認するのも憚られるが、“Volk”とは、英語の“folk”（民衆）と語源を同じくし、英語の“people”（人びと・人民）に対応する意味をもつドイツ語である。フランス語では“peuple”に相当する。それが、近代国民国家を構成する「民族・国民（Nation）」の意にも用いられ、かつ政治的に強い意味をおびるに至ったからといって、哲学上の概念としてそれを用いることは許されないなどということはないはずである。ところがじっさいには、そのタブーを踏んだというかどで、『存在と時間』は政治的偏向の書呼ばわりされることになったのである。[36] そのこと自体、優に哲学のスキャンダルと言うべきであろう。

なるほど、一九二七年の『存在と時間』に「民族」概念が登場したことだけでは、問題はそこまで紛糾しなかったであろう。ヒトラー率いるナチ党が政権を掌握した一九三三年以降、時局語と化した「民族《フォルク》」という言葉を、哲学者の学長があえて使うことが、看過しえぬ政治的含意をもったことも確かである。しかしだからといって、『存在と時間』に「民族」概念が登場していることの積極的意味を、抹消してよいということにはならない。「本来的共存在」について語ろうとする以上、その共同性のかたち——ポリス的なもの——について踏み込んで語ることは避けられない。いやむしろ、大いに語ってよいのだ。「政治的なもの」の領分に分け入りそうなテーマは敬遠し、「純哲」におとなしく閉じこもるのをよしとしてきた講壇哲学の旧弊こそ、打破されねばならない。政治に対する免疫のなさが、哲学を去勢させ、また往々にして迷走させてきたからには。[37]

なぜ「民族」概念が重要なのか。共存在の歴史性がそこに含意されているからである。民族という共同体のなす「共生起」は、同世代の人びとのみならず、世代を異にする既在の人びと、そして将来の人びととの、時代を隔てた相互交流を意味しうるのである。歴史的規定性を欠いた無差別な人類共同体とか地球市民社会とかいった一般理念とは違うところに、地上における人びとの具体的連帯は成り立つ。実例で説明しよう。

原子爆弾を投下された国の人びとが、その経験にもとづいて、核兵器なき平和な世界をともに希求し、その連帯の輪を広げるべく決意する、とする。その決意が一過的なものでなく、誓いがたんなるセレモニーに終わらないためには、時間的な伸び拡がりを堅持する必要がある。被爆者が死に絶えたのちも、何世紀にもわたって、その連帯の輪がしぶとく持続してゆかねばならない。時代を超えたそのような相互共同事業が成り立つためには、その「共同運命」の原点となった既在の経験を、繰り返し思い起こし、その現事実を世代から世代へと伝えてゆかねばならない。「唯一の被爆国」を以て任じ、その「共同運命」をともに担う人びとは、語の正当な意味における「民族《フォルク》」なのである。

そして、そのような仕方でともに決意した歴代の「人民《フォルク》」が、世代を隔てた連帯を交わすためのよすがとなる「世界‐歴史的なもの」の最たるものこそ、原爆ドームにほかならない。そのもとに現に集い、佇む者たちは、廃墟からの共‐脱現在化の働きによって、狭隘な現在の地平から脱け出て、原体験ならびにその後の人びとの不屈の平和運動の精神へと立ち返っては、「今日の脱現在化」としての批判的思考へと乗り出していくことができる。この際立った物のもとでの存在として、時代を隔てた人びと同士の本来的共存在が可能となる。この共生起はすでに、まったき「本来的世界内存在」の範例と言ってよい。

言うまでもなく、この「〈民族〉の論理」は両刃の剣である。たとえば、「9・11」を経験した

「国民《ピープル》」が、テロ撲滅を誓い、世界新秩序のため治安システムを国内外に張りめぐらせようと決意するとき、かつてのテロ被災地は、当の「民族《ピープル》」の「共同運命」を再確認するための砦と化すことだろう。しかもその連帯の輪が広がることは、運命共同体の地球規模の拡大を意味しかねない。同じことはいつの時代にも行なわれてきたし、それが美談でも何でもないことは明らかである。だが、そうした共同体の論理が、共存在について考えようとする哲学——政治哲学——にとって重要なテーマであることには変わりない。存在論が政治哲学に結びつくことに怯んではならない。「民族」や「共同運命」について倦まず語り合うことが、「現代の批判」のためにも求められているからには。(38)

最後に、「現代の批判」を志す以上は、もう一つの「廃墟」について考えることを迫られていることに、思いを致そう。そしてそれは、「隔世代倫理」の試金石ともなるに違いない。

九　「反‐存在時性」の爛熟——３・11以後

原爆ドームは、世界遺産登録上は、「広島平和記念碑（Hiroshima Peace Memorial）」という正式名称をもつ。原子爆弾がもたらしたものの「平和利用」とはこのことだが、それと異なる「転用」により、かつ被爆の記憶を揉み消そうとする投下国の底意を秘めて、日本各地に投下、いや建設されてきたのが、原子力発電所であった。二〇一一年三月一一日、その一つを大津波が襲った。その直後に姿を現わした無気味な光景は、「原子力の平和利用」の名のもとに推し進められてきた政策が、核兵器に優るとも劣らぬ巨大暴力装置を配備することだったという事実に、迂闊なわれわれをも気づかせるに十分であった。

三基の原子炉が同時多発的にメルトダウンに陥った東京電力福島第一原子力発電所の重大事故は、わわれわれに戦慄を催させ、その戦慄はわれわれをあらたな思考へと促す。そう私は考えるし、原子力時代の出来事に見合う広壮な思考が求められていることに、自覚的でありたいと願う。共‐存在時性との対比において、「反‐存在時性」(39)という、いっそう耳慣れぬ概念をあえて提起したいと考えるゆえんである。

共‐存在時性とは、複数の時間性が絡み合うことによって世界内存在が規定されることを表わす概念であった。たとえば、原爆ドームの前に佇む二一世紀の若者は、一九四五年八月六日の経験をもたないが、その廃墟の共‐脱現在化の働きにより、おのずと脱現在化させられ、往時の人びとの筆舌に尽くしがたい経験に思いを馳せる。そこから、保存運動を担ってきた人びととの連帯への意思を摑みとることもあろうし、そのつど現になされる決意が、後世の人びととの協働可能性へと伸び拡げられることもあろう。たえずそこに現前し続ける物が、生まれ出ずる死すべき者たちの世代交代を貫いて、この地上に何事かを伝承させてゆく。どっしりと持ちこたえる物たちのもとで、既在し将来する人びとともに、われわれは現に今この世界に存在しているのである(40)。

これに対して、過酷事故を起こした原子力発電所はどうか。それを「廃墟」と呼べるかということ自体、疑わしい。原発事故は、収束するどころか、依然として進行中であり、陸地と海洋を今まさに汚染し続けている。われわれはその前に佇むことを禁じられ、近づくことすら許されていない。「負の遺産」というふうに完了形で語られる遺物と違って、放射能汚染の源泉たることをいつまでもやめない事故現場は、あたかも、不滅の生命を有する化け物の棲む迷宮のようである。何万年単位という、この地上にはありえないほど長寿の生き物の棲み家は、エイリアンの巣窟と呼ぶにふさわしい。

地上の自然は生成消滅を繰り返すことで永遠回帰の相を呈するが、それとは別「テンポ」の恒常的現前性をもつ存在者が、人工的に制作され、存分にその本領を発揮している。物は、死すべき者たちの手で作られているからには、朽ちやすさを本性上おびており、維持するには不断の保守作業を要するはずだが、放射性人工元素は、人間の寿命とは桁外れの不死身さを示して、いつまでも脅威であり続ける。現代の人間がもっぱら消費のために作り出し、とっくに用済みとなったモノが、気の遠くなるほど長期にわたって健在ぶりを発揮し、将来の人びとにその「守蔵」を強いるのである。

古来、世界《コスモス》は、天空と大地という区別と調和の相において観じられた。近代は、その天地の世界論的差異を取り払い、上下貴賤のない無差別な「普遍＝宇宙（universe）」を据えた。この無限空間にあっては、世代や民族といった地上的《テンポラール》な概念など、無に等しい。大地は「惑星＝地球（globe）」と化し、そこを仮住まいとするコスモポリタンの思考も、同じく普遍的である。それと同じ意味でユニヴァーサルな超絶性をもつのが、原子力テクノロジーの産物なのである。誰がいかなる意図で生み出し使い捨てたか、といった特定が一切無意味と化すほど、ひとの生死を超えた半永久的恒久性を、原発廃棄物は有する。しかもそれでいて、どこを最終処分場にするかの決定は、その特定された場所とその地に住む人びとに、未来永劫にわたって甚大な影響を及ぼさずにはおかない。それどころか、この地上に住む将来のすべての「人民」にとって、並々ならぬ「気遣い《ケア》」の種であり続けるのである。

原発事故という仕方でわれわれを見舞っているのは、相異なる複数の時間性が呼応し協働し合う「共‐存在時性」の時熟とはおよそ異質の、破格の出来事である。「反‐存在時性（Kontra-Temporalität）」という対概念は、その異常さに見合った用語であろう。放射性人工元素は、自然的なものと人工的なもの、物象と人称といった区別を攪乱し、虚無化させてしまう。半減期二万四千年に達するプルトニウム‐239の不滅性は、時間内部性と歴史性とがそのうちで絡み合う共‐存在時的地平に逆らうのである。そのような超領域的な難物と係わり合う態度ふるまいを、われわれはまだまだ身につけていない。

廃棄する技術も開発されないうちに、わずか半世紀のうちにみるみる地上のあちこちに出現した原子力発電所と、これからどう付き合っていけばいいのか。放射性物質の「もとでの存在」に、本来形はありうるのか。現代技術の状況において、本来的共存在と科学的発見の両立はいかにして可能か。――これら難問は、原発廃棄技術開発にとどまらない、人類に課せられた終わりなき課題であり、間世代倫理の質もそこで問われることになる。これは、有限な資源を次世代にいかにして保証してやるか、といった「エゴ」問題と同じではない。われわれの想像を絶する遠い未来になお残存する不死の「物ならぬモノ《ウンディング》」と、われわれは――たかが百年足らずで死んでいくわれわれは、そもそも付き合っていけるのか。核テクノロジー時代の世代ギャップは、まさに「隔世代倫理」を要請するのである(41)。

共‐存在時性の時熟をはみ出す、反‐存在時性の爛熟。原子爆弾が炸裂し原子力時代が到来して以来、じつはわれわれは、コントラ‐テンポラリテートの問題群にとっくに直面していたのであった。３・11の戦慄は、呑気なわれわれにそのことへと目を向けさせてくれたにすぎない。前代未聞の普遍＝宇宙時代にふさわしい、あらたな形而上学的思考と倫理が、待ち望まれるゆえんである。ヒロシマ・ナガサキ、フクシマで起こった巨怪な出来事を、まじめに受け止めること――ここに、現代日本における哲学の可能性はある。

注

（1）「有る」とは「現われる」ことだ、とした古代ギリシア的存在観を、存在と真理――「隠れなき真相（Unverborgenheit）」という意味での――の相互帰属において取り返したのが、ハイデガーの現象学的存在論だった、とかりに総括できるとすれば、「おのずと現われることとしての存在（Sein als Sichzeigen）」が、すでに、存在の意味への問いに対する一つの答えだったことになる。「現前性としての存在（Sein als Anwesenheit）」も、そこから捉え返されよう。だが、「おのずと現われることとしての存在」が、古代以来の強力なテーゼとされた「作られてあることとしての存在（Sein als Hergestelltheit）」や、ハイデガー自身の逢着した「出来事としての存在（Sein als Ereignis）」と、どう関係するかは、依然として謎のままである。

（2）ハイデガーにおける「物への問い」の帰趨については、『死を超えるもの』を参照。

（3）「有意義性としての世界」については、本書第三章「自発性の回路」を参照。「有意義性としての世界」と「無意義性としての世界」の二面性に関しては、辻村公一の論文「ハイデッガーに於ける世界の問題」（一九六七年成立、『ハイデッガー論攷』創文社、一九七一年、所収）が、なお示唆に富んでいる。

（4）『存在と時間』の七不思議を、戯れに列挙してみる。⑴未完の謎（なぜ中断されたのか？「後半」はどこまで書けていたのか？「転回」との関係は？）。⑵予告されただけの「存在時性（Temporalität）」の問題群（第一部第三篇「時間と存在」はどう書き継がれるべきか？）。⑶「存在＝恒常的現前性」の身分（これは克服すべきものか？）。⑷カント図式論の解釈（「地平的図式」とは何のことか？）。⑸「存在＝被制作性」テーゼのゆくえ（アリストテレス解釈の帰趨は？）。⑹「語り」の位置づけ（開示性および時間性のどこに収まるのか？）。⑺「もとでの存在」の問題点（頽落的非本来性と同一視され、かつ共存在と一緒くたにされるのはなぜか？）。――高度の一貫性があるからこそ綻びも気になるのだし、思索の続行可能性もここにひそんでいる。本章は、なかでも最重要と目される⑵と⑺の解明を試みる。

なお、「もとでの存在」の問題点に関して以下で行なう整理は、Jiro Watanabe, „Wahrheit und Unwahrheit oder Eigentlichkeit und Uneigentlichkeit: Eine Bemerkung zu Heideggers *Sein und Zeit*“, in: *Analecta Husserliana, The Yearbook of Phenomenological Research*, Vol. VIII: *Japanese Phenomenology*, edited by A.-T. Tymieniecka, Reidel, 1979, pp. 131–203（森一郎訳「真理と非真理、もくしは本来性と非本来性——ハイデッガー『存在と時間』研究覚え書き」、『渡邊二郎著作集　第三巻　ハイデッガーⅢ』筑摩書房、二〇一一年、一〇九—一八六頁）の詳細な注解に負うところが大きい。

（5）「将来、既在性、現在の示す現象的性格は、〈おのれに向けて Auf-sich-zu〉、〈…へと戻って Zurück auf〉、〈…を出会わせる Begegnenlassen von〉である」（SZ, 328f.）。

（6）将来の地平的図式は、「おのれのために、という目的（Umwillen seiner）」であり、既在性の地平的図式は、「被投性が直面させられている当の相手（Wovor der Geworfenheit）」もしくは「引き渡されて委ねられている当の宛先 Woran der Überlassenheit」である（SZ, 365）。

（7）本書第十三章「出来事から革命へ」でもニーチェとの関連において取り上げた「脱現在化」を、本章で再論するのは、その豊かな含意を『存在と時間』から踏み出て前進させることを狙ってのことである。

（8）Friedrich Nietzsche, *Die fröhliche Wissenschaft*, Nr. 377 („Wir Heimatlosen“), in: *Sämtliche Werke. Kritische Studienausgabe*, Bd. 3, dtv/ Gruyter, 1980, S. 630.

（9）『死と誕生』はこの問題を、出会いと始まりの偶然性のほうから追跡しようとしたが（とくに一一四頁以下）、「道具や作品のもとでの存在」という仕方では展開しなかった。

（10）*Grundprobleme der Phänomenologie*, GA24, 1975.

（11）木田元「訳者あとがき」、マルティン・ハイデガー『現象学の根本問題』木田元監訳、平田裕之・迫田健一訳、作品社、二〇一〇年。

（12）「講義 Heidegger の現象学的存在論」、『九鬼周造全集』第一〇巻、岩波書店、一九八二年、所収、二〇四頁。

（13）リルケ『マルテの手記』望月市恵訳、岩波文庫、改版一九七三年、四八頁。

（14）同書、四九頁。

（15）同頁。

（16）この箇所を含む、『現象学の根本問題』中のリルケ論は、渡邊二郎の一九六二年刊の研究書『ハイデッガーの存在思想』（勁草書房）でも引用されていた（『渡邊二郎著作集　第二巻　ハイデッガーⅡ』筑摩書房、二〇一一年、二〇八頁以下）。当時の渡邊も活用したタイプライター版講義録では、第一巻、三一〇頁以下に相当するが（Martin Heidegger, *Grundprobleme der Phänomenologie*, 東北大学文学部哲学研究室、一九五四年印刷、一九六八年縮刷複製版、を参照）、全集版とは相当異なるテクストである。前掲『現象学の根本問題』二八三頁以下も参照。

（17）「共－存在時性」という用語は、『死を超えるもの』第二章、第十一章、および『世代問題の再燃』第十三章、でも用いた。

（18）「複数性における時間性の時熟」は、『死と誕生』終盤で見出されたテーマであった。

（19）以下で『渡邊二郎著作集』（全一二巻、髙山守・千田義光・久保陽一・榊原哲也・森一郎編、筑摩書房、二〇一〇—一一年）を用いる場合、「Ⅱ五七七頁」のように巻数と頁数を記す。

（20）渡邊の事績を概観するには、「渡邊二郎年譜」（Ⅻ六四一—六五八頁）が便利である。

（21）渡邊二郎自身の述懐（Ⅰ一三、Ⅳ一三頁）および細川亮一の解説（Ⅱ六七〇頁以下）を参照。ちなみに、「ハイデッガーの存在の思索をめぐって」には、リルケ『マルテの手記』をハイデガーが取り上げた一九二七年夏学期講義『現象学の根本問題』の箇所についての考察が、すでに見出される（Ⅱ六一五頁以下）。処女論文におけるその叙述が、前出注（16）でもふれた『ハイデッガーの存在思想』の論述（Ⅱ二〇八頁以下）に活かされることになる。

（22）「「良心」Gewissen の問題——特にハイデッガーとヘーゲルに即して」（Ⅷ三五七—三九三頁）。また、「否定性を含んだ世界内存在する現存在の実存の力動的な生成の弁証法」を課題に見据える論文「無の概念をめぐるドイツ観念論期の思索とハイデッガーの思索との関連——「実存哲学の正統性」に関する一試論」（Ⅷ五二〇—五四七頁）も参照。

（23）壮年期の渡邊の代表作の一つが『ニヒリズム』だとすれば、晩年のそれは『自己を見つめる』（二〇〇二年成立、『渡邊二郎著作集』第一二巻所収）である。前著で宣言された本来性と非本来性との交錯の思想は、この畢生の哲学試論に最終的に織り込まれていることが分かる。

（24）木田元編著『ハイデガー『存在と時間』の構築』岩波現代文庫、二〇〇〇年。仲原孝『ハイデガーの根本洞察――「時間と存在」の挫折と超克』昭和堂、二〇〇八年。

（25）『人間の条件』第六章のガリレオ論、とくに第三六節「アルキメデスの点の発見」を参照。ちなみに、ハイデガーは『哲学への寄与』の近代科学論でも、「顕微鏡」という観測器具に着目している。Vgl. GA65, 160 ; 161 ; 165.

（26）「学問の実存論的解釈」を仕上げるには、「存在の意味と、存在と真理の〈連関〉を、実存の時間性にもとづいて解明する」という「中心的問題群」に取り組む必要があるとされるが（SZ, 357）、まさしくこれは存在時性の問題群をなすものである。そこで改めて「現象学の理念」（SZ, 357）が問題となるしくみだったことは、『存在と時間』上梓直後の講義『現象学の根本問題』の序論で予告された同講義第三部「存在論の学問的方法と現象学の理念」のプログラムからも明らかである。Vgl. GA24, 32f.

（27）本来性と非本来性との交錯と並んで渡邊によって繰り返し強調された、「真理と非真理とは、おたがい分かちがたく絡み合っている」（Ⅲ一二七頁）という真理構造も、現在化と脱現在化、さらに共‐脱現在化という時間性の次元へ差し戻してみる値打ちがあろう。

（28）本書第六章「配慮される時間」を参照。

（29）第七章「時計と時間」を参照。

（30）第八章「時間の有意義性について」を参照。

（31）言うまでもないことだが、„temporal“（存在時的）が、„temporär“（一時的・かりそめの）とは異なるように、„co-temporal“（共‐存在時的）は、„kontemporär“（同時代的・当世風）とは異なる。「コ‐テンポラール」とは、むしろ「コンテンポレール」の真逆なのである。

（32）原爆ドーム保存運動については、中国新聞社編『検証ヒロシマ　一九四五―一九九五　ヒロシマ50年』中国新聞社、一九九五年。中国新聞社編『ユネスコ世界遺産　原爆ドーム――21世紀への証人』中国新聞社、一九九七年。朝日新聞社広島支局編『原爆ドーム』朝日新聞社（朝日文庫）、一九九八年、参照。「折鶴の会」の世話人河本一郎さんと子どもたちを募金運動へと促した楮《かじ》山ヒロ子さんの日記は、広島平和記念資料館に現物が保存されている。

(33)　広島原爆犠牲者慰霊碑に刻まれたこの碑文に約束主体が明確でない点は遺憾だが、起草側の公式見解では、「広島市民であるとともに世界市民であるわれわれが過ち（the evil）を繰り返さないと霊前に誓う――これは全人類の過去、現在、未来に通ずる広島市民の感情であり、良心の叫びである」という意だという（浜井信三『よみがえった都市――復興への軌跡　原爆市長』（復刻版）、原爆市長復刻版刊行委員会企画・編集、シフトプロジェクト、二〇一一年、二〇九頁）。

(34)　「世代間倫理」が、加藤尚武の一連の仕事によって定着させられた「和製英語の翻訳語」であることは、この語にとって何ら恥ずべきことではない。それと同様に、「隔世代倫理」は、奇妙な造語であるのは否めないものの、3・11以後の日本において摑みとられた考え方だとすれば（後述参照）、日本発の思想として発信されてよいであろう。

(35)　『哲学への寄与』における „Zuspiel“ の観念は、古代ギリシアに遡る「第一の始まり」との何千年も時代を隔てた「相互の遣り合い（Wechselzuspiel）」（GA65, 9）によって、「あらたな始まり」が出来事としておのずと本有化する、という思想の表明であった。同じく「隔世代的」と言えるのが、「将来する者たち（die Zu-künftigen）」の観念である。ヘルダーリンに代表される既在の少数者が、「創設者（Gründer）」（GA65, 395）として、やがて到来すべき「あらたな始まり」を準備する、との革命思想がそこに見られる。本書第十三章「出来事から革命へ」を参照。

(36)　ハイデガー『存在と時間㈢』熊野純彦訳、岩波文庫、二〇一三年の「解説」五四七頁以下参照。

(37)　近代日本の講壇哲学が「純正哲学」に偏して「政治哲学」を忌避してきたことは、加藤信朗の指摘するところである（『平和なる共生の世界秩序を求めて――政治哲学の原点』知泉書館、二〇一三年、参照）。

(38)　ハイデガー擁護に回ることは私の本意ではない。だからこう言っておく。『存在と時間』の「民族」についての言及が問題的なのは、ハイデガーがこの語を用いたことではなく、彼がこの概念を一度思わせぶりに用いたにとどまり、それ以上――一九三三年以前には――立ち入って論じようとしなかった点にこそある、と。もう一つ断わっておけば、原爆投下国の国民や、第二次世界大戦の戦禍に苦しんだ東アジアの国民からすれば、被害者根性丸出しで負の世界遺産を誇る国民が、連帯しがたいと映るのはむしろ当然なのである。

(39)「反-存在時性」という用語は、『死を超えるもの』最終第十一章ではじめて用い、その続行である『世代問題の再燃』第十三章「作ること、使うこと、そして働くこと」でも使った。

(40) ハイデガーは「世代」の概念をディルタイから学んだ旨記しているが(vgl. SZ, 385 Anm.1 ; *Der Begriff der Zeit*, GA64, 2004, S. 88)、そのディルタイ晩年の次の言葉は、あたかも「脱現在化」という考え方を先取りしているかのようである。「歴史はわれわれを自由にする。というのも、われわれの生のあゆみからして意義の観点は制約されざるをえないが、歴史はわれわれを高めてこの被制約性を乗り越えさせてくれるからである」(Wilhelm Dilthey, *Der Aufbau der geschichtlichen Welt in den Geisteswissenschaften*, Suhrkamp, 1981, S. 311)。

(41) 間世代倫理の提唱にとって古典的となった観のある、K・S・シュレーダー＝フレチェットの一九八一年の論文「テクノロジー・環境・世代間の公平」(丸山徳次訳、シュレーダー＝フレチェット編『環境の倫理』上、京都生命倫理研究会訳、晃洋書房、一九九三年所収)は、有害化学物質の「DTTおよび核分裂の副産物たるプルトニウムは、本質的に永続的な毒性を有している」こと、かつ両者が「未だ答えのない倫理的問題を議論するための範例的事例を提供している」ことの確認から説き起こされている(同書、一二〇頁、強調は引用者)。間世代倫理とは、もともと核世代倫理だったのである。

第十五章　政治に対する哲学する者たちの応答可能性

ハイデガーの事例を手がかりに

私としては、「哲学者の政治責任[1]」というテーマ設定には違和感があると、最初に言っておきたい。もしそれが、死んで四十年になる哲学者が七十年以上も昔にひそかに書き遺していたノートに関して、責任問題を追及することを意味するのだとすれば。とはいえ、このテーマ設定から何か学べることはないか、とりわけ、哲学する者たちには政治的なものに対していかなる応答可能性があるか、考えてみたい。そのことによって、現代日本における哲学そのものの可能性がひらけてくることを期待しつつ。

一　ある戦中と戦後の間――『注記』拾い読み

問題の『黒ノート（Schwarze Hefte）』は、ハイデガーの私的つぶやき集みたいなもので、膨大なその全体のうち最初のほう（一九三一―四一年頃執筆、『考察（Überlegungen）』と題されている）が、二〇一四年三月に全集第九四、九五、九六巻として公表された。(2) そこには反ユダヤ主義的言辞があからさまに記されていた、やはりハイデガーは筋金入りのナチだったのか、と公刊前から議論が噴出したことは、本邦でも早々と紹介された。(3) 容疑者を告発する証拠を文書の中から探し出せればそれで結構、というわけでもないだろうから、以下ではむしろ、翌二〇一五年三月に全集第九七巻として公表された『黒ノート』の続き（『注記（Anmerkungen）』と題されたノート集前半）を拾い読みすることから始めよう。

一九四二―四八年に書かれたとされるこの五百頁余の「思索日記」に接して、まず印象づけられるのは、「戦中と戦後の間」の闇から発してくる、この時代の救いようもないほどの暗さである。「いかなるこの世的権力もいかなる神も、私の思索が有（*Seyn*）それ自身に委ねられることを、力ずくでやめさせることは決してないだろう。思索がその本質において否認されることは決してないだろう」（GA97, 63）。折れそうになる心にそう言い聞かせなければもたないほど――、それほど追い込まれていたのだろうか。激化する世界大戦、祖国ドイツの壊滅と無条件降伏、そしてハイデガー本人にとって極めつけともいえる、教授職停止。(4) 非ナチ浄化政策下で、かつて学長まで務めたフライブルク大学から、講義を行なう権利を剝奪されることが、三十年にも及ぶ教授活動を全否定されたような仕打ちと感じられたであろうことは、想像に難くない。思索という砦に閉じこもった彼は、虚脱感と猜疑心とに苛まれつつ、「一九三三年の誤り」に幾度となく立ち返っては、言い訳がましくこう記す。

> ウィンストン・チャーチルは数ヶ月間、僅かながらも公的発言においてスターリン支持をあからさまに表明しただけでなく、何年間もずっと、スターリンと一緒にひどく現実的な事柄をせっせと実行に移した。

その彼が今日、ヨーロッパ連合を最も熱心に唱えている。〔…〕私は自分を、ウィンストン・チャーチルと比較するつもりはない。他方、一九三三／三四年の十ヶ月間の私の活動を大目に見てほしい、と乞うたりもしない。ただ、今日なお、嘘や誹謗中傷を伴って復讐騒ぎがさらに高まっているがゆえに、政治活動が私の思索を公然と貶めるための口実とされているのではないか、よく考えてもらいたいだけである。これは、復讐を求めてやまない凡庸な連中がよく使ってきた古い抜け道の一つである。彼らの陰謀は拡大し強化されている。（GA97, 461–462）

共産主義と深く結託しておきながら、戦後情勢の変化を見るや、反共勢力の結集を叫ぶ英国首相の軽挙に対して、世の人は非難の声を上げようとしない。それに引きかえ、ヒトラー時代のドイツで十ヶ月学長職に就いただけで、私はどれだけ執拗に難詰されていることか……。追い込まれた者の無念さがひしひし伝わってくる。ルサンチマンの輩どもが、自分の業績にケチをつける口実として、政治責任を追及しているのだと、もう一つのルサンチマンに駆られる元学長。それにつけても、政治というのはいかに恐ろしいものであるか、暗澹とさせられる――七十年経ってもなお同じ「抜け道」が使われているのだとすれば。

みずからの「政治活動」を振り返って、哲学者はこう総括している。

「一九三三年の学長職」の本来の誤りは、他のもっと賢い連中と同様、「ヒトラー」をその「本質」において認識しなかったこと〔…〕ではなかった。むしろ、ヒトラーとともにではなく、西洋の歴史的運命におけ

> る民族の覚醒とともに、今や原初的‐歴史的となるべき時だ、と思い込んだことであった。〔…〕誤りは、思索をその可能性において過大評価したことではなく、その本質において過小評価したこと――いまだ十分考え、待つことなく――に存していた。学長就任演説を参照。（GA97, 98）

哲学者ともあろう者がヒトラーの本質をなぜ見抜けなかったのかと、しばしば言われる。その見損ないに弁解の余地はないが――いや、だからこそ――そちらは棚に上げて、本人としては、それ以上の痛恨の過ちはドイツ民族に過大な期待を抱いたことだった、と「反省」している。古代ギリシアに遡り「学問の原初的本質」（GA16, 110）を甦らせ、民族と一体となった大学の刷新によってあらたな始まりをここドイツに築こう、などと学長就任演説で威勢よくぶち上げたのは、早まっていたし、そこには見損ないがあったかもしれない――が、真に反省すべきは、わが期待を裏切ったドイツ民族のほうだ、と居直っている。謝る気はない。

ここで注意したいのは、思索を「過大評価」ではなく「過小評価」――こちらにも強調を付すべきだろう――したことが間違いだった、と「反省」している点である。ふつうなら、哲学者がみずからを恃《たの》んで政治に乗り出した、その分不相応の思い上がりが挫折を招いた、と評されるところだが、その逆だと言う。本当は思索にはもっともっと可能性があったはずなのに、その本務を怠り、つい「民族の覚醒」などという小事にかまけてしくじったのだ、と。本業に撤退した者の言い分としては、ありがちな負け惜しみである。これなら思索第一主義は何ら傷つかないで済むし、思索への引きこもりをいくらでも正当化できる。

ここにも、哲学と政治の不幸な関係が現われている。久しく縁遠かった両者は、いったん睦み合うも、関係が縺れに縺れ、破綻したあげく、かつてないほど激しく反発し合う。とはいえ、政治に比して哲学はあまりに非力で、ぶつかり合って対等に渡り合えるはずはなく、弱者の側の復讐根性がとぐろを巻くことは必定である。そこで教訓。哲学者たろうとする者、政治には近寄るな。――古代から現代まで、お決まりのパターンがこれである。

この戒めを守ることが、「哲学者の政治責任」なのだろうか。責任問題など発生しないよう、政治とは無縁のところに身を保つことを、教訓とすべきなのか。[5] 私自身は、そうではないと信ずるし、だからこそ以下でこのテーマを再考してみたいと思うのである。

先に進む前に、もう一つだけ、「戦中と戦後の間」を思わせるつぶやきを紹介しておこう。ハイデガー自身が「反ユダヤ主義」という言葉を使っている、まれな箇所である。

「預言」とは〔…〕権力への意志に仕える道具の一つである。偉大な預言者たちはユダヤ人だということは、その隠された内実がいまだ思索されていない一個の事実である。（頓馬のための注記。このコメントは、「反ユダヤ主義」とは何の関係もない。反ユダヤ主義とは、「異教徒」に対するキリスト教の血腥い処置と同様、またとりわけ、その血腥くない処置と同様、じつにばかげた、じつに非難すべきものである。キリスト教も、反ユダヤ主義に「非キリスト教的」という烙印を押すが、これなどは、キリスト教の抜け目ない権謀術数の高度専門教育の賜物である。）（GA97, 159）[6]

戦中、戦後のハイデガーが、キリスト教とりわけ「カトリックの哲学」に対して示す敵意は相当なものだが、それが現代人のタブーに触れないかぎり、特段問題とはされない。[7] これに対して、戦後にはさすがのハイデガーも、「反ユダヤ主義」の烙印を押されることは警戒したようで、「注記」と題されたノートに書きつけた文章に、このようなカッコ内の「注記（Anmerkung）」をわざわざ付している。ユダヤ人に「預言者」が輩出したことは、存在史的思索にとっていかなる意味をもつか、詳述してくれていないのは残念だが、ともかく、ハイデガーの言い分では、ユダヤ人についてのこの種のつぶやきに「反ユダヤ主義」のレッテルを貼るのは的外れで、そうしたがる連中は「頓馬（Esel）」だという。

Eselは、そのまま訳せば「驢馬」である。[8] 王様の耳はロバの耳、ハイデガーの思想は反ユダヤ主義の思想、とヒソヒソ噂しては、シンポジウムを開くわれわれは、さしずめ「驢馬祭り」に興ずるということになろうか。われわれ一人一人はどうにも常識人すぎて、「ましな人間・高人」とツァラトゥストラに嘉《よみ》せられることはありそうもないが。

二　準備的考察――責任の所在

つぶやきにつぶやき返しをするのは、ひとまずこの位にしておく。われわれのテーマは、「哲学者の政治責任」であった。しかし、それはどういう意味なのだろうか。

ヒトラー率いる国民社会主義ドイツ労働者党が政権を掌握した一九三三年、ハイデガーは入党、フライブルク大学の学長職に就き、『ドイツの大学の自己主張』と題する就任演説を行なった。それは、民族と一体化した学問という理念にもとづく大学改革に邁進しようとする所信表明演説であった。なるほど、これは由々しい問題である。とりわけ、現代のわれわれが、時局に迎合した愚にもつかない大学改革をやり散らかしては、大学崩壊を招いているとすれば。また、学長の改革方針は、ナチの党是に沿った労働中心の再編を目玉としており、学生たちも教員たちも、それどころか『存在と時間』の「気分」「気遣い」「時間性」等の概念すら、勤労奉仕体制へ画一的に同質化させるほどの入れ込みようだった（GA38, 119ff.）。なるほど、これも由々しい問題である。とりわけ、今日の大学では、学生が労働予備隊と化し、研究者が社会貢献という軛《くびき》につながれた研究奴隷と化しているとすれば。

大学の理念や哲学上の根本概念に、特定の時局的傾向が混入してくるようなことは、あってはならないと、私は考える。もしそういった重大な嫌疑が、哲学者の学長の言動にかけられるとすれば、その事例は精査に値する。ここで肝に銘じたいのは、大学を民族と一体化させ、労働をキーワードに据えたハイデガーの事例は、何ら他人事ではないという点である。大学が社会という名の総かり立て体制と一体化することを推進し続けている現代のわれわれは、はるかに卑小な形であれ、同じことをえんえんと繰り返しているのだから。

そのような精査には意味があろうし、私も以前から関心を寄せてきた[9]。だが、その課題と、「哲学者の政治責任」とでは、テーマ設定が異なっているように思われる。

そもそも「哲学者」とは誰のことか。『黒ノート』に「世界ユダヤ人組織（Weltjudentum）」（GA96, 243：262）と記した者を指すのか。だが、死んだ人間に「政治責任」が問えるのだろうか。半永久的に元ナチ狩りを課題とせざるをえないかの国では特有の問題が生ずるのだろうが、日本でハイデガーを読む場合も、それと同じ文脈を共有しなければならないのか。

「一人でこっそり書くのは自由だが、それを公開するつもりがあった以上、一定の責任問題が生ずる。物議を醸す文章をあえて後代に遺贈したのは、賢明であったか」——と問われるかもしれない。だがこの場合、何をもって「賢明」と言うのだろうか。不都合なコメントは隠密裡に抹消したほうが賢かった、ということか。だとすれば、そういう世渡りの上手さが欠けていたからといって、哲学者を責めてもつまらない。不適切発言を咎めて意味があるのは、公的立場にある政治家に対してくらいである。その場合、責任を追及される発言者当人には、弁明の機会がまず与えられるべきである。それがまったく不可能な状況で糾弾される「責任」は、少なくとも「政治的《ポリス》」とは言いがたい。つまりフェアでない。

ここで分かることとは、「政治責任」が語られるからには、そこには、現に存在する政治的主体が想定されている、ということである。思い当たる二つのケースで考えてみよう。

たとえば、戦後日本の体制の根幹に関わる「日米密約」の証拠となる文書が、アメリカで発見される場合（日本では「賢明」にも揉み消されるらしい）。明らかにこれは、今日的に重大な責任問題となる。外交はそのつどの担当官だけの問題ではなく、その影響の及ぶかぎりの連続性をもたざるをえないからである。当時の関係者が誰もいなくなっても——それを待って文書は公開される——、代替わりした目下の当事者が、相応の「責任」を引き受けなければならない。釈明する（ロゴスを与える）という応答責任がそこに生ずる。

では、ハイデガーの問題発言は、現代のハイデガー研究者がその応答責任、つまり釈明を引き受けねばならない、ということになるのだろうか。なるほど、反ユダヤ主義者の「存在論的差別」の思想を有難がるのは怪しからんと研究業界全体がダメージを受ける、とか、少なくとも、無批判な思索者崇拝を牽制される、とかいった波及効果ならあろう。じっさい、喚問されて査問を受けているような居心地の悪さを、私自身感じないでもない。

もう一つの例。昭和天皇の戦争責任や戦後責任を今日問う、というケース。『昭和天皇実録』という資料――「菊ノート」とでも命名したいところ――が出てきて、「天皇制維持のために占領軍と取引して、戦後日本の対米従属路線を導いたのは重大だ。戦後七十年経っても駐留米軍に帰ってもらえない屈辱的状況をどうしてくれるのか」と、責任追及したくなる。哲学者の孤独なつぶやきと違って、天皇の政治活動は、多大な実効性を有してしまった分、いっそう看過できない。だが、故人の出処進退は今さら変えようがなく、さりとて、政治的に無とルール上規定されている地位の現継承者に、政治的主体としての応答を求めるのは、ルール違反である。しかしだからといって、ここで何らかの責任を云々することが無意味なわけではない。資料に示された事実を白日の下に晒し、何が根本的に問題であったのかを抉り返し、われわれが今日現に置かれているめぐり合わせの布置について、熟考することならできる。開かれた議論を今後積み重ねて、一定の政治的決定を導くこともありえよう。現代日本の政治に多少とも関わりをもつかぎりでの成員一人一人に、各自の立場なりに、共通の関心事について考えをめぐらせ、話し合うという、応答責任が帰されるのである。その語り返しは、もはや抹消できない事実に対しての、そして、これから築かれるべき時代に対しての、今ここに共に生きる市民、つまり政治的主体としての、公的責務である。

そのような共通の関心事は、哲学的にものを考えようとする者にとっても関心の的となりうる。だが、それをもって「哲学者の政治責任」とただちに呼ぶことができるだろうか。ここにはまだ解きほぐされていない問題の諸層がひそんでいるように思われる。

そこで次に、問題となっている責任の所在にさぐりを入れるべく、「科学者の政治的責任」ということが語られる場合、いかなる側面が区別されるか、考えてみよう。[10]

(1) まず、今見たような、一個の市民であるかぎりの政治的主体としての責任、がある。科学者もまた、共同体のあり方に関与し、それを共に担う以上、一定の政治的責任を負う。これは、市民なら誰もが負うものであり、科学者に種別的とは言えない。だが逆に言えば、どんな専門研究者でも、市民である以上、公的事柄を共有する点では同じ資格である。自分は「理系」だからと逃げを打って公共の関心事は知らないフリをすることはできない。

(2) 次に、科学者に種別的な特定の研究共同体、たとえば大学という組織内での責任、がある。或る共同体が公的主体(法人!)として活動する場合、その構成員は自分の帰属する共同体の活動に関して、一定限度の責任を有する。対等と自治の原則において成り立つ研究共同体の構成員も、自分の共同体がいかなる活動をするか、一人一人責任をもたねばならない。たとえば、教授会での討議は、そのような研究共同体内での言論にもとづく活動であり、政治《ポリス》的と言ってよい。これと対比されるのが、上意下達の官僚組織である。そこでは、各自の思考や判断より上からの命令が優先するから、「考え無し」のままスルスル事が運ぶ。

研究共同体への構成員の関与度をできるだけ減らすことが、組織内外から望まれることがある。それと引き換えに当然、共同体の対等と自治の原則は失われ、官僚組織化が進む。この動向は、産官学連携が歯止めなく推進され、学問研究が国策と一体化し癒着しつつある今日、重大な局面をなすに至っている。研究共同体という政治単位における責任の問題は、決して小さくない。それを見くびる者は、気がつくと研究奴隷に身を落としている。

以上の⑴と⑵は、一見陳腐に見えるかもしれないが、科学者の政治的責任の基本形である。とくに⑵は、「学会」[11]という公的領域をなす科学者団体の重要な共同存在的規定である。

⑶ 最後に、自分の研究がいかなる政治的実効性を現にもつか、またもつ可能性があるか、を反省する責務がある。「科学者の社会的責任」ということで議論されてきたのは、もっぱらこの側面であった。ただし、ここに議論の出発点を据えてしまうと、そこにばかり議論が集中し、⑴や⑵という一般面が、疎かにされてしまう。のみならず、科学者の活動が政治的実効性をもつという事態の特殊性は、気づかれないままとなる。科学研究が、ことによると政治家の通常業務よりも重大な影響力をもち、公的関心事の最たるものになるという、今日ありふれた事態は、歴史的に見て特異な現象だということに、注意する必要がある。

純然たる学問研究に——宗教との結合は措き——政治的実効性は無きに等しいという理解が曲がりなりにも通用していた時代と、そんな暢気なことは口が裂けても言えなくなってしまった時代とは、根本的に異なる。しかもその分水嶺は、はっきりしている。二十世紀最大の出来事の一つを引き起こしたのは科学者集団だということが公然と明らかになった瞬間、一九四五年八月がそれである。原子爆弾の開発に挑んだマンハッタン計画の成功以降、科学研究は抜きん出た政治的実効性をもつに至り、科学者の政治的責任が問題とならざるをえなくなった。パグウォッシュ会議はその「応答」の一つであった。それ以前と以降とでは、科学研究の政治的性格が断然異なってしまったのである。科学上の組織的共同研究が、政治的行為の主役に躍り出たこの事態を、「科学のアクション化」と呼ぼう。

科学と技術の合体たるテクノロジーが現代科学の実相だ、と言うだけでは到底足りない。その場合の技術的生産が、物作りという意味での仕事・制作ではなく、分業の原理によって断片へ還元され、労働に一元化されたと言うのでも、まだ足りない。むしろ、科学研究が、自然をけしかける「挑発」（ハイデガー）、「自然に介入しつつ行為すること」（アーレント）と化したことこそ、問題の中心なのである。大地とそこに生きるものども相手に、未曾有の実験を繰り広げる、アクションと化した科学は、政治活動の最たるものとして、第一級の公的重要性をもつ。政治的なものにかくも深入りしている組織集団に、「政治的責任」を問わないですますことは、できない相談である。どんな結果になるか予測のつかない共同事業に乗り出し、しかもいったん起こったら取り返しのつかないことになる、それほど大胆なプロジェクトを実行している当事者が、自分のしでかしていることに対する自覚がない、などという野放図状態は、放置できない。そのような組織集団の養成課程に「技術者倫理」のカリキュラムを加えれば済むというレヴェルでは、もはや毛頭ないように思う。

なるほど、科学は政治的な「力」をもつに至ったが、科学者たちは政治的判断力を少しも育んでおらず、いわば政治的うぶの状態にとどまっている。専門研究という奴隷状態に繋がれている彼らに、「政治的責任」を期待するほうが酷だというありさまである。「考え無し」に巨悪を行なうスペシャリストは、全体主義的官僚組織に大量発生するだけではない。組織全体としては政治的実効性をもつ業務を、しかし思考停止しなければこなせない、余裕《スコレー》を奪われた（学者《スカラー》あがりの）研究労働者は、誰しも悪の凡庸さと無縁ではないのだ。

三　政治に対する哲学する者たちの応答可能性

「科学者の政治的責任」は、歴史的省察の一大テーマとなりうるということが、おぼろに分かってきたが、ここは、われわれのテーマである「哲学者の政治責任」に戻ろう。

対応させて考えてみると、以下のような諸相が区別できるように思われる。

Ｉ．哲学者も、一個の市民であるかぎり、政治的主体としての責任を有する。つまり、共同体の構成員として、等しく政治参加が求められる。もちろんこれも、哲学者に種別的とは言えない。しかし、それでは物足りないと感じる者もいるかもしれない。哲学者こそ政治的リーダーとなって知恵の徳を発揮すべしと、哲人王国家論者なら言うだろう。

Ｉａ．つまり、哲学者として国家を指導する責任、というわけである。だがこれは、ニーチェの超人思想と同じく、悪い冗談に近い。プラトンにおいてさえ、哲人王待望論がどこまで本気だったかは定かでない。哲学者に国政のリーダーとしての期待を寄せるのは、見込み違いというものである。だいいち、そういう期待を抱く奇特な人はごくわずかだろう。

Ｉｂ．他方、国家指導者とまでいかなくても、おりおりの公的議論に何らかの理論提供や政策提言をする「識者」という仕方での政治的関与がありうる。ここにたしかに責任問題が発生する。政治術の影としてのソフィスト術は、ポリス市民の公的活動に奉仕したというし、現代の政治家は、周りに学識経験者を侍らせては、審議は尽くしたとのお墨付きを得ている。たんなる助言請負人という従属的地位に満足せず、一定の政治的主張を認めさせ、政策決定に関与しようとの底意が働くこともある。志ある者にはとくにありがちなことであろう[12]。

思うに、ハイデガーの事例も、まずもってここに位置づけられる（まさか本人はＩａのつもりだったのではないとして[13]）。先にふれた通り、学長時代の『ドイツの大学の自己主張』やその他の言動が、ナチ政権にとって好都合だったとすれば、当時の体制の加担者としての責任追及は免れない。じっさいそのような政治責任を問われ、ハイデガーは戦後「弁明」を余儀なくされたのである。そして、個人的心情としては大学のため学問のためだったといくら本人は釈明しても、教授職停止が相当とされ、そのかぎりでの結果責任をとらせられた。その憤懣やるかたない思いが、当時の『黒ノート』のあちこちに吐露されている。

そのような事例が目立つからといって、べつに私は、前述した通り、哲学者の政治的関与なるものを全否定しようとは思わない。その一方で、「ドイツでは哲学者が議論をリードして脱原発を政策決定するに至ったというが、なぜ日本ではそうならないのか（腑甲斐ない……）」という声が上がることもあるが、事はそう単純ではない。識者の審議会に「哲学者」として呼ばれた者が、脳天気なことを言い散らかして顰蹙を買う（あるいは政策決定に利用されてしまう）のは、かえって哲学の名誉にならないと、ひそかに思ったりもする。

問題は、政治に関わるあり方として、哲学者に何を求めたらよいのか、である。Ｉつまり市民という一般資格にとどまらず、さりとて、Ｉａで語られたりする善のイデアの所持ではない、Ｉｂにとっての可能的要件を、いかにして積極的に語りうるか。こうなると、「哲学者とはいかなる存在か」という大問題に発展し、話が紛糾するのは目に見えているが、前節の準備的考察を援用して議論を絞ることとし、上述の⑵に対応させてみる。

Ⅱ．すると、知的共同体の一員としての哲学者の責任、という面があることに気づく。プラトンは——政治的に完敗を喫して、責任をとらされてか奴隷として売られたという——、ポリス内に愛知者たちの学園を開き、後代の学問共同体の礎を築いた。以来、知的探究心を友愛の絆とする学問的共存が営まれてきた。われわれの属する大学は近代の制度とはいえ、学問の原点を知への愛に見出すかぎり、語の真正の意味での哲学がその共同体の中心にあることは否定できない。この当たり前のことを、哲学に携わっていると称する者たちが肯定できない現状に問題がありこそすれ、学問の原点そのものに問題があるわけではない。

学問共同体のあり方を根本的に考えることは、学者一般の仕事である以上に、知の根本について省察を行なっている者にふさわしい責務である。アカデメイア初代学頭のテクストを継承する者たちが、学会や大学のあるべき姿を語らないとすれば、それこそ責任回避というものだろう。大学が混迷に喘いでいる時代こそ、アカデミズムの原点、その第一の始まりに立ち返って、あらたな始まりへと向かうべきときなのではないか。

そのかぎりで、ハイデガーの企図には評価すべき面があった、と私は考える。大学人として、いやまさに哲学者として、大学の置かれた困難な状況に応答すべく、火中の栗を拾うかのように学長職を引き受け、就任演説を打ったのだとすれば、そのこと自体を非難されるいわれはない。講壇哲学の家訓を忘れたかと陰で誹る者もいようが、そのお家そのものがかつてない危機に瀕していると思えばこそ、哲学者は大学改革に打って出ようとしたのだ。(14)

学問共同体としての大学に属し、それをリードすべき哲学者のケーススタディーとして、学長ハイデガーの事例は、「哲学者の政治責任」を考えるうえで、依然として偉大である。少なくとも、そんな責任にはつゆ思いを致さずプチ改革をやっては墓穴を掘っている者たちに比べれば。問題は、その大学改革案が、結局、時流や政権に迎合的であったという点にある。しかも、大学の危機を救うどころか、いっそうジリ貧に追い込んだとしたら、その責任は回避できない。この場合、事後的責任をとらされるのも、政治の非情な掟である。戦後、フライブルク大学は――戦後ドイツが全般に――ハイデガーに冷たかったが、それは当局からすれば、ハイデガーの経歴が大学にとってダメージとなったからだった[15]。

もう一つ考えるべきは、学長ハイデガーが無力さを味わった、という現実のほうである。大学人として最高責任者となったとしても、国家規模の政治的現実に対して何ができるかと言えば、せいぜい、Ibの助言者として使われるだけの話である。そして、それもある意味、当然なのである。アカデミズムはもともと、ポリスや民族とは独立の知的共同体として出発しており、原点を異にするのだから、そこを強引に一体化させようとすれば、みずからの原点を歪めてしまうほかない。共同体という面では似たところもあるが、規模だけでなく趣旨からいって、国家共同体とはおのずと領域が異なるのが、大学なのである。そこには深い溝があり、容易に飛び越えることはできないことを、大学人は知らねばならない。

では、その深い溝とは何か。哲学という営みは政治活動とどこが違うのか。

哲学には、距離をとって眺めるというスタイルが固有である。よく見きわめるには適正距離が要る。別の言い方をすれば、自由な批判精神ということである。哲学が、ものを自分で考え、たえず考え続けることである以上、事を為すことは二の次となる。哲人王が画に描いた餅なのは、見ること《テオーリア》と為すこと《プラクシス》の原理的差異ゆえである。あえて無為に身を置き、世の流れには――サボるという流儀で――従わず、現に起こっている事柄にひそむ根本問題を捉え、捉えて離さず、公然と白日の下に晒すこと――この本領を手放すとき、哲学は終わる。

　もしかすると御用学者は必要悪なのかもしれないが、国家や人民の覚えめでたい哲学者という存在ほど、胡散臭いものはない。われわれは、ハイデガーが学問を民族と一体化させようとしたことには、危うさを覚えるが、ヒトラーから覚えめでたくなかったことを、少しも悲しまないし、戦後にドイツの良心として拍手喝采されることもなく不遇をかこったからというだけで、失望したりもしない。むろん、拗ねているだけなら尊敬もしないが。

　もし大学が、国家なり社会なりから距離をとることを忘れ、その言いなりになって、批判の自由を投げ捨てるなら、そんな御用団体に「生き残り」を語る資格はない。

Ⅲ．政治的なものから距離を置く哲学的スタイルに、うってつけの作業課題がある。そのような政治的なもの――国家や民族、公的なものと社会的なもの、権力と暴力、全体主義や反ユダヤ主義、等々――を、通りすがり的に論評したり自説の補強のために用いたり、はたまた恨みがましく拒絶したりするのではなく、原理的に省察するという知的務めである。引きこもっているだけではなく、この世を仔細に眺める絶好の視点を確保し、いかに愚かしく見えようと目を逸らすことなく、人間事象に関して根本的問いを発し続けること、これこそ「哲学者の政治責任」の本来形であろう。ただ、この言葉遣いは傲慢との誹りや過大な期待を惹起させかねないので、「政治に対する哲学する者たちの応答可能性」と言い換えよう。つまりそれは、責任というよりは、知的良心にもとづく自由な言論活動なのである。

政治的なものにロゴスで応ずるⅢの態度は、Ｉｂのための要件となりうる。もし哲学者の政治的関与に積極的意味があるとすれば、距離をとりつつ政治的なものに対して原理的省察を行なったうえでのみであろう。つまり、その名に値する政治哲学を携えての政治参加であるべきだろう。そこを誤魔化し、政治的なものを見据えずにすませられる「メタ政治」(16)なる次元を捏造して政治に乗り出すのは、無謀であり無責任である。他方、要件を満たすかはともかく、それが政治的関与であるかぎり、政治的主体としての責任が帰せられるのは当然である。もちろん、哲学する者は誰でもこの重責を負うというわけではない。政治的なものに哲学的興味の湧かない者は、Ｉの一般市民としての政治参加で足りる。

思えば、ソクラテスが、徳に関してアテナイ市民に質問攻めしたのも、またその活動が告訴されて行なった弁明も、彼なりの「政治責任」の果たし方であった。つまり、問題事象にロゴスをもって応ずるポリス的な語り返しのかたちであった。その衣鉢を継ぐプラトン哲学にしても、ポリス的なものに対する応答・返答として捉え直せるほどである(17)。梟《ふくろう》の鳴き声かは知らないが、政治に対する語り返しとして哲学は始まったと言えるのである。アリストテレスの哲学も、古代世界に空け開かれた現われの空間の余韻をとどめている(18)。

そのはるか後代の残響は、ドイツ民族や国家に対するニーチェの仮借なき批判にも聞きとれるが、何といっても見物は、アーレントの政治哲学であろう。それは、生国を見舞い民族を襲った政治的破局に対する哲学的応答という面をもつものだったからである(19)。

四　われわれの政治責任

ハイデガーの場合、Ⅲに関して事情はどうなっていたか。学長時代のドイツ哲学民族革命構想や、辞任後ひそかに綴った時局批評あれこれ（反ユダヤ主義的言辞を含む）も、哲学者なりの「語り返し」だった、と位置づける向きもあろうが、そこに迎合や怨恨を見てしまう私には、評価しがたい。だが、不遇の時代を通してハイデガーの眼に次第に映じてきた怪物の正体が、克明に描かれる段になると、怨嗟《えんさ》を通り越して優に哲学的批判になっていると感じざるをえない。戦後にハイデガーが打ち出した現代技術への問いがそれである。

「科学者の政治的責任」の準備的考察のさい浮かび上がった(3)を、思い起こしてみよう。科学者の組織的活動が「政治的実効性」をもつ場合、そこに責任がついて回る。哲学の場合、そのような実効性はからきしない。ないからダメではなく、なくてよいのだ。そのなさゆえにかえって、(3)に関して徹底した批判ができる。つまり距離をとって眺める哲学的スタイルの取り柄がある。ところで、科学者の政治的責任問題が本格的に浮上したのは、原子爆弾の炸裂を待ってはじめてであった。ハイデガーはまさにそのエポックに立ち会って、こう記していた――「原子爆弾以後、形而上学の支配は最終段階を迎えたように思われもするが、そのような形而上学の支配の内部で、何らかの方向に連帯を求めては存在史的思索を目覚めさせようとするのは、無意味でしかない」(GA 97, 60)。原子爆弾の告知する、形而上学の支配の最終段階に臨んで、頼るものなしに独力で歴史的に省察するという課題を、思索者はみずから引き受けようとした。それは、戦中から続く現代技術――「作為機構（Machenschaft）」と命名されていた――についての省察をいっそう深めるきっかけともなり、ついに戦後、「総かり立て体制（Ge-Stell）」

論という形で公然と打ち出されることになる（GA79, 24ff.）。そのようにしてハイデガーは、現代世界の危機に対して語り返しをしてみせたのだった。

アクション化した科学は、すでに、語の強い意味における政治活動であり、現代人にとっての共通の関心事である。そのような正真正銘の政治的なものに関して省察に挑むことは、政治に対する哲学する者たちの際立った応答可能性と言ってよかろう。

では、ハイデガーの事例に学んできた、われわれはどうか。原爆を二発も投下されるという最悪の経験を積み、その後も軍備放棄憲法と抱き合わせで米軍にえんえんと駐留され続けて文句も言えず、過酷事故後も原発をやめられないでいる国で暮らすわれわれは。責任という言葉は口はばったいが、政治の根本問題に対する応答可能性なら、われわれは豊かにもっている。そこにはきっと、現代日本における哲学の可能性が存していることだろう[20]。

注

（1）本章は、二〇一六年五月に京都大学で行なわれた日本哲学会大会シンポジウム「哲学の政治責任――ハイデガーと京都学派」の提題用に執筆され、同年四月刊の日本哲学会編『哲學』第六七号に掲載された原稿に由来する。原稿執筆段階では、シンポジウムの主題原案しか示されていなかった。「哲学の政治責任――ハイデガーと京都学派」と題されたその依頼文の最後には、「ハイデガーと京都学派を、交叉する二つのケーススタディーの対象として取り上げ、哲学と政治の関係、哲学者の政治責任を問い直す」とあった（強調は森）。「哲学の政治責任」だと、責任が帰されるべき主体とは考えにくいので、以下、「哲学者の政治責任」という言い方を用いることにする。

(2) *Überlegungen II-VI (Schwarze Hefte 1931-1938)*; *Überlegungen VII-XI (Schwarze Hefte 1938/39)*; *Überlegungen XII-XV (Schwarze Hefte 1939-1941)*, GA94 ; 95 ; 96, 2014. 強調は原文。

(3) 三島憲一「ハイデガーの『黒ノート』をめぐって――反ユダヤ主義と現実感覚の喪失」(『みすず』二〇一四年七月号、みすず書房、所収)がまず現われた。続いて、『黒ノート』の全集編集者で『ハイデガーと、ユダヤ人の世界陰謀という神話』(*Heidegger und der Mythos der jüdischen Weltverschwörung*, Klostermann, 2014)の著者でもあるペーター・トラヴニー(Peter Trawny)が、『ハイデガー読本』(秋富克哉・安部浩・古荘真敬・森一郎編、法政大学出版局、二〇一四年一一月)に、「ハイデガーと「世界ユダヤ人組織」――「黒ノート」をめぐって」を寄稿した。二〇一四年秋にはヴッパータール大学で、「ハイデガーとユダヤ人」と題する国際会議が開かれ、その成果は『ハイデガーとユダヤ人ふたたび』と題されて公刊されたが(P. Trawny / A. J. Mitchell (Hrsg.), *Heidegger, die Juden, noch einmal*, Klostermann, 2015)、日本でも二〇一四年末、東京ドイツ文化センター主催の討議「ハイデガーの『黒ノート』――ハイデガー像はどう変わるのか?」が開かれ、トラヴニーが来日、講演を行なった。その成果は、『ハイデガー哲学は反ユダヤ主義か――「黒ノート」をめぐる討議』(P. トラヴニー・中田光雄・齋藤元紀編、水声社、二〇一五年九月)にまとめられた。トラヴニーは来日時に京都の日独文化研究所でも講演したが、同研究所は二〇一四年四月、マルクス・ヴィルツ(Markus Wirtz)の講演「ハイデッガー「黒ノート」の位置価」を催している(『文明と哲学』日独文化研究所年報第七号、こぶし書房、二〇一五年四月、所収)。ヴィルツの講演の導入に、こうある。「ハイデッガーの「黒ノート」の公刊に際して巻き起こった反ユダヤ主義という非難は、ドイツにおいておよそ一人の哲学者に対して起こりうる最も重大な非難であるといえる」(田鍋良臣訳、二〇八頁)。

(4) この事情に関しては、ハイデガー『存在と時間 Ⅲ』原佑・渡邊二郎訳、中公クラシックス、二〇〇三年、所収の「年譜」(渡邊二郎作成)、三二八―三三四頁、が便利である。

(5) 私が学んだ東京大学文学部哲学研究室は、これを暗黙の家訓としてきた。政治は文学部の外部――法学部の領分――とされ、総じて無視された。天下国家を論じたりせず、認識論を中心に据えた「純正哲学」の本家たることが、講壇哲学の使命だと信じられた。その非政治化路線を固めるのに与って力があったのが——京都学派の政治的浮沈とはまた別に——、出隆の東京都知事選出馬であろう。逆に言えば、哲学と政治の間をゆれ動いた出隆の「戦中と戦後の間」は、もう一つの事例として、なお学ぶべきものをもつ。

(6) この箇所は、轟孝夫「ハイデガー「黒ノート」における「反ユダヤ主義」は何を意味するのか」（前掲『ハイデガー哲学は反ユダヤ主義か』所収）のモットーに引かれている。

(7) 「「カトリックの哲学」——これは、「国民社会主義の学問」——四角い円、木製の鉄〔…〕、とそれほど変わらない」（GA97, 157-158）とまで言われると、さすがに鼻白む者もいよう。ミソもクソも一緒にするレトリックは、悪趣味と言わざるをえない。本文中に引用したカッコ内のコメントでも、つぶやいている本人は、「キリスト教は戦後、反ユダヤ主義とは無縁であるかのごとくふるまっているが、じつは反ユダヤ主義と似たり寄ったりではないか」と言いたげだが、伝統的な「ユダヤ人憎悪」と十九世紀に成立した「反ユダヤ主義」とを一緒くたにしてしまっており、問題の所在を見えなくさせている。

(8) 別な箇所——キリスト教の哲学やヤスパースを難ずるくだり——でも、「この注記は、頓馬《エーゼル》のためだけに書かれたものである」とカッコ内に但し書きされている（GA97, 200）。

(9) 本書第十一章「ハイデガーにおける学問と政治」と、第十二章「労働のゆくえ」を参照。

(10) 「科学者の社会的責任」という言葉が、人口に膾炙してきたが（唐木順三『「科学者の社会的責任」についての覚え書』ちくま学芸文庫、二〇一二年、参照）、「社会的」という多義的な形容は、問題を混乱させる虞《おそれ》なしとしないので、使わないのが得策であろう。

(11) アーレントは、『活動的生』第三七節に付されたやや長い注で、非政治的であることを自他ともに認めてきた「王立協会」以来の近代科学者団体のもつ「政治性」を、鋭く指摘している。Vgl. H. Arendt, *Vita activa oder Vom tätigen Leben*, Taschenbuchsonderausgabe, Piper, 2002, S. 437.『活動的生』森一郎訳、みすず書房、二〇一五年、四九五頁以下。

(12) この点、大橋良介『京都学派と日本海軍——新史料「大島メモ」をめぐって』ＰＨＰ新書、二〇〇一年、は興味深い。他人事のように『黒ノート』を読むより重要であろう。

(13)「哲学者は国家指導者であるべきだとするプラトンの言葉が、賛成であれ反対であれ、しばしば持ち出されるが、この言葉は、じつに滑稽に働く。なぜなら、それを擁護する者も非難する者も、この言葉が語られたのは、哲学が思考を放棄した瞬間であったということを、等しく忘れているからである」（GA97, 343）。そう記すハイデガーが、自分の学長時代のことをやはり滑稽だったと回顧しているかどうかは、一義的には決定できない。

(14) その意味で、デリダの大学論は、ハイデガーの事例への応答として、まっとうなものであった。『哲学への権利』1・2、西山雄二・立花史・馬場智一・宮﨑裕助・藤田尚志・津崎良典訳、みすず書房、二〇一四／一五年。

(15) ハイデガーの経歴の記された「人事記録」が、フライブルク大学哲学部から消えていた（がのちに見つかった）というのは、興味深い事実である。Vgl. GA97, 155f.

(16) ハイデガーにおける「メタ政治」という問題的概念については、さしあたり、加藤恵介「いくつかの区別について」（前掲『ハイデガー哲学は反ユダヤ主義か』所収）を参照。

(17) プラトンのエロース論の根底にポリス的なものを見出す試みとして、『世代問題の再燃』の第三章「ポイエーシスと世代出産性」を参照。

(18) アリストテレスのエネルゲイア論の根底にポリス的なものを見出す試みとして、拙稿「エネルゲイアのポリス的起源――アーレントとアリストテレス」（『理想』第六九六号、理想社、二〇一六年三月、所収）を参照。

(19) ニーチェの「いきなヨーロッパ人」の理念を実践するかのようなアーレントの「ユダヤ民族への愛」については、拙稿「ハンナ・アーレントと「反ユダヤ主義」――アーレント『ユダヤ論集』を読む」（前掲『ハイデガー哲学は反ユダヤ主義か』所収）を参照。

(20) 日本哲学会大会シンポジウム当日の提題では、この応答可能性の帰趨を見定めるべく、アメリカによる日本への原子爆弾投下をどう考えたらよいか、という問題を取り上げた。これについては、拙文「政治的なものに対していかに語り返すか――アンダースとアンスコムの場合」（『みすず』二〇一六年八月号、みすず書房、所収）で報告しておいた。

第十六章　『存在と時間』はどう書き継がれるべきか

一　夢を追い続けて

「私には夢がある」。――どこかで聞いたセリフだが、このさいそういう告白から始めることにしよう。しかもこの告白は、おそらく私個人にのみ関わるものではなく、ハイデガー『存在と時間』刊行九十周年記念シンポジウムにお集まりのすべてのハイデゲリアーナー／リンに共通のものだと信じる。「いつかは『存在と時間』の幻の「後半」を書き継いでみたい。とくにこの書の中心部となるはずだった第一部第三篇「時間と存在」を自分なりに展開したい」――これがその夢である。

世のハイデガー研究者と同じく、私はこの夢を追い続けて、もうかれこれ三十年以上になる。当初私は、ハイデガーが主著を刊行した三十代後半でその仕事をやり遂げようと目論んでいた。若気の至りもいいところで、気がつくともう五十代半ばになっている。ハイデガーなら、フライブルク大学学長をとうに務めては辞め、その後の暗い時代を経て敗戦を迎えていた頃である。その後、学長にまで昇りつめた大学から教授活動禁止処分を受けるという厳しい処遇が、哲学者を待ち受けていた。昔は、老ハイデガーの苦境という漠然としたイメージだったが、自分も同じ年頃となった。

『存在と時間』刊行百周年なんて遠い未来、とずっと思っていたのに、あと十年でやってくる。自分のエネルギーから言って、この先五年が勝負と覚悟を決めている。

日本でも、比較的近いところでは仲原孝氏の業績『ハイデガーの根本洞察――「時間と存在」の挫折と超克』（昭和堂、二〇〇八年）があり、その前には、故木田元氏が『ハイデガー『存在と時間』の構築』（岩波現代文庫、二〇〇〇年）を書いたのは有名である。しかし、それが決定版だとは、たぶん誰も思っていないだろう。

私は、一時代を築いたハイデガー研究者を追悼する企画書籍に小文を寄せて、「近いうち私も、木田とは別の仕方で『存在と時間』を書き継ぐ企てに乗り出そうと思う」[1]と、偉そうなことを書いた。もちろんその抱負は変わっていない。小文で述べたように、アーレントの『人間の条件』（または『活動的生』）を踏まえて『存在と時間』を書き継ぐ、という夢がそれである。私はそのために生まれてきたのではないかと思い始めて、早二十年。その実現に向けての第一歩を踏み出したいと思う。

二　では、どのようにして書き継ぐか

これまでどれほど多くのハイデガー読みが『存在と時間』の後半を書き継ごうとしてきたかを考えれば、そしてその試みのいずれも空振りに終わったという事実を前にすれば、そんな見果てぬ夢に取り憑かれること自体、そろそろケリをつけるべきではないか。――そう呟く内心の声も聞こえてくる。しか

しその一方で、およそありとあらゆるものが「有る」と言われる、その「存在《ある》」の多様な意味を、時間という観点から統一的に理解しよう、という壮大な存在論の夢の放つ妖しい魅力には、依然として抗しがたいものがある。その魔力に引きずられるまま一生を送ろうとしている者にとって、これはたんなるテクスト解釈上のトピックではなく、人生を賭けた大問題である。これを果たさなければ死んでも死にきれないのだから。

ところで、この事業の困難さを示して余りある事実がある。原著者自身それを成し遂げられなかった、という明白な事実である。これがたとえば本人が病没したというのなら、話は別であろう。文体をそっくり真似て、プロットを踏襲して書き継げばよい。これと違って、「前半」を公刊してから死ぬまで五十年間も思索をたゆみなく続けた、二十世紀最大の哲学者本人がついに果たせなかった、そんな一大事業を、そのへんの研究者が引き継いで成し遂げられる、と考えるほうが愚かなことではないのか。

だが、そんな身の程知らずの軽挙をつい犯してみたくなるのが、哲学である。存在一般の意味を問い確かめる、という大それた企てに乗り出した『存在と時間』という書物自体が、そう唆《そそのか》してくるのだから、その挑発に乗ってしまうのも仕方ない。

ここで話題は、ハイデガー自身が『存在と時間』を書き継げなかったのはなぜか、に移るのがふつうである。この本のどこに問題があったか、という詮索がなされ、では、その問題点を克服すべくその後のハイデガーはどのような道を進んでいったか、が好んで論じられる。なるほど、ハイデガーの思索の道に付き随うためには、そういった議論も重要であろう。だが、『存在と時間』という哲学書の魔力にもっぱら魅せられている者にとっては、その価値を低く見積もるようなことは、あまり気乗りがしない。

もちろん、この書物が種々の難点を抱えていることに目をつぶるわけにはいかない。だが、それが昂じて古典のあら探しに終始するのは、それこそ身の程知らずというべきである。

欠陥を論《あげつら》うよりは、むしろ発想を転換して、こう考えるべきではないか。——この書に、続行の糸口となるようなヒントはひそんでいないか、と。なぜ書き継げなかったのかと、後知恵的かつ上から目線的に査定するのではなく、では、どのようにして書き継ぐか、と前向きに問い進めるほうが得策である。

先にふれたように、かねてより私自身は、『存在と時間』の生んだ数ある「子どもたち」のなかでも一番の有望株と思われる『人間の条件』（または『活動的生』）を、懸案打開のための通路と考えているが、その話は別の機会に譲る。以下では、『存在と時間』の既刊部分のどこかに有望な鉱脈が眠っていないか、に焦点を当てよう。灯台下暗しということだってあるかもしれないから。

三 「前半」はどう終わっていたか

ご承知の通り、『存在と時間』の既刊部分を締めくくる最終第八三節「現存在を実存論的‐時間的に分析することと、存在一般の意味を基礎存在論的に問うこと」（SZ, 436-437）は、まさに疑問符のオンパレードとなっている。つごう四つの段落から成るが、どれも最後は「?」《はてな》で終わっている。ちょっと読み返してみよう。

まず、第一段落では、これまでの「前半」の歩みを全体として振り返り、現存在の存在意味が時間性として露呈されたこと、そしてその時間性のほうから現存在のあれこれの存在構造が「根拠づけ」られたことが、確認される。だが、この「根拠づけ（Begründung）」はあくまでカッコ付きのものである。しかもそれは、現存在分析論が「一つの道」にすぎず、目標はあくまで「存在の問い一般を仕上げること」だ、というにとどまらない。むしろ、「普遍的な現象学的存在論」は、その出発点たる「現存在の解釈学」を、じつは帰着点ともしており、存在者から存在へという方向は、存在から存在者へという逆方向にたえず転じるものでもある以上、一方的な基礎づけを語ることはできない、というのである。序論の終わり近くで宣言された「哲学とは、普遍的な現象学的存在論であり」云々の命題（SZ, 38）を、最終節であえて自己引用して強調しているのは、「存在論的に根拠づけること」と「存在者的な基礎（ontisches Fundament）」とは相補的であり、一方を他方へ回収することはできない、ということの再認なのである。

その第一段落の最後が、「いかなる存在者が基礎づけの機能を引き受けねばならないのか？」（SZ, 436）という疑問符で締めくくられるとき、この存在者的「基礎づけ（Fundierung）」の問題は、その後の講義で話題にされることになる「メタ存在論」を予告しているかのようである。そればかりではない。この問いが「――むろん現存在という存在者が引き受ける。」という答えでもって落着するかは、定かでないのである。だがそれにしても、存在論的なものと存在者的なものの根拠づけ関係や、存在論における現存在の優位という、最も基本的と思われた枠組みすら、この期に及んで係争に付されるのだから、最後まで付き合ってきた読者としては、たまったものではない。

次に、第二段落では、現存在の存在と、現存在ならざる存在者の存在という、やはりこの書の基本中の基本と思われる存在論的区別が、係争に付される。「実存」と、「事物的存在性（Vorhandenheit）」（もしくは「実在性（Realität）」）の大別に沿って、これまで話は進んできたのだから、「哲学としてはそこに安んじるわけにはいかない」（SZ, 437. 高田珠樹訳『存在と時間』作品社、二〇一三年、の訳文に拠る）とうっちゃられると、途方に暮れてしまう。ここでのキーワードは「物象化（Verdinglichung）」だが、これまた結論というよりは問題の始まりを告げるものである。「しかしながら、物象化とは何を意味するのか？　それはどこから生じてくるのか？〔…〕こうした物象化が何度も繰り返し支配的となるのはなぜか？」と、たたみかけるように疑問符を並べられると、困ってしまう。きわめつけは、「これらの問いに対する答えは、道ばたに転がっているのだろうか？」（SZ, 437）という自問である。そんなわけないだろう、と言い返したくなる。いや、あまりのおトボケぶりに、つい吹き出してしまう。ひょっとするとこれも、修辞疑問ではなく、道なき道をゆく者のまじめ一徹な問いかけなのであろうか。

これと似た、人を途方に暮れさせる疑問は、第三段落にも出てくる。いくら、存在の解釈が「途上」にあることを再確認する文脈だとはいえ、「本書の探究は今、どこに立っているのだろうか？」（SZ, 437）と、最後の最後で自問して煙に巻くとは……。そういう書物を後生大事に読むわれわれ読者は、どこまでお人好しなのだろう。

そして最終段落。ここが一番肝腎なはずだが、やはりうっちゃられたという感は否めない。現存在の時間性から、存在一般の地平としての時間へと、道は通じているのだろうか？――と、そう今さら聞かれても、「それを聞きたいのはこっちだ。なんて無責任な！」と、つい言い返したくなる。そして、「哲学というのは、かくも無責任なものなのか！」と嘆きたくもなる。

読者をおちょくって遊んでいるのだろうか、と疑いたくなる「前半」のこの終わり方に思いを致すとき、果たしてハイデガーは「後半」をどこまで本気で書き継ごうとしていたのか、正直いぶかしく思われてくる。

四　二通りの暫定的結論めいたもの

とはいえ、たんなるおちょくり以上のことが、最終段落では仄めかされていることに気づく。「脱自的時間性それ自身が時熟する何らかの根源的な仕方が、存在一般の脱自的企投を可能化するのでなければならない」(SZ, 437)。この一文には、幸い、疑問符は付されていない。それどころか、「ねばならぬ(muß)」という(西田幾多郎風)言い切りである。それゆえ、これに続く問いは重要であろう――「時間性のこの時熟は、どのようにして解釈されうるのか？」(SZ, 437)

われらハイデゲリアンの関心事中の関心事たる「どのようにして書き継ぐか」という問いは、おそらくこの「時間性のこの時熟は、どのようにして解釈されうるのか」という問いに等しいのである。

何をそんな当たり前のことを、と言われるかもしれない。「存在一般の脱自的企投を可能化する」時間性の時熟のことを「存在時性(Temporalität)」と名づけ、それを主題化していくのが第一部第三篇「時間と存在」であって、そのことなら最初からプログラムとしてはっきり打ち出されていた、と。ところがまさにその「存在時性」のゆくえが、既刊部分だけでは皆目分からないから、その消息を尋ね求めて、全集版の関連講義をしらみつぶしに調べたり、その後のハイデガーの思索の歩みから推理したりして、数多くの研究者がこれまで膨大な努力を誠実に傾けてきたのだ、と。そんな初歩的なところで躓《つまず》くような似而《え》非《せ》学者は、顔を洗って出直してこい、と。

だがそれだけ努力を費やしても、はかばかしい成果が得られなかったのが実情である。もしかして、探し方が違っていたのではないか。「存在時性」とは、何かものすごく新しいものだなどと、信じ込まないほうがいいのではないか。第一部第三篇まででそれなりに準備されてきたことを踏まえ、それを元手として、第三篇は始められる予定だった。未刊の「時間と存在」には、よほどのどんでん返しが仕掛けられていたに違いないと推測するのは、いかがなものか。もちろん当初の予定が滞り、ついに放棄されたのだから、相当の困難に立ち至ったことは確かだろうが、だからといって、既刊部分に豊かな展開可能性が眠っていることまで見過ごされてよいはずがない。

私がここで念頭に置いているのは、第二篇に見出せる二通りの暫定的結論めいたものである。また少し復習することから始めよう。

『存在と時間』の第一部第二篇は、その前半の第一、二、三章で、死と良心の分析を通して、現存在の本来的な全体存在しうることが、「先駆的決意性」として取り出され、さらにそこから、現存在の存在意味としての「時間性」が際立たせられる。続く第二篇後半では、まず第四章「時間性と日常性」で、かくして得られた「時間性」に基づいて、第一部第一篇での世界内存在の分析が再解釈される。問題はその次である。

第五章「時間性と歴史性」では、時間性が「歴史性」という具体相で肉付けされる。本来的時間性と非本来的時間性の区別に応じて、両者の延長線上に「本来的歴史性」と「非本来的歴史性」が描き出される。時間性の受肉というべき歴史性の議論は、現行の『存在と時間』が行き着いた一応の結論と見なせるものである。たとえそれが、『ディルタイ＝ヨルク往復書簡』の書評メモでぶっきらぼうに終わっているにしても。

では、第六章「時間性と、通俗的時間概念の根源として時間内部性」はどうか。ふつうここは、「根源的」な時間性からいかにして「通俗的」時間概念が「派生」してくるかを跡づけた付論的部分と見なされる。確かにそういう面がある。ハイデガー言うところの「時間性」とは、世に漠然と「時間」と解されているものと決して無縁ではなく、むしろ通俗的時間概念が生じてきた起源であることを示すべく、両者をつなぐ媒介項として打ち出されるのが、第六章の中心テーマたる「日常的に配慮される時間」だからである。「配慮される時間」は、「世界時間（Weltzeit）」とも呼ばれる。

世界の内部で出会われる存在者は総じて、「時間の内に」存在している、とも言われる。実存カテゴリーとしての世界に属している時間性格が「世界時間」であるのに対して、世界内部的存在者の時間規定性は「時間内部性（Innerzeitigkeit）」と呼ばれる。第五章のタイトルに掲げられていた「歴史性」が時間性と緊密なセットをなし、時間性にじかに接続する正真正銘の実存論的規定であるのに対して、第六章のタイトルに持ち出されるこの「時間内部性」は、実存論的分析論のテーマとしては二次的なものであるかに見える。だが歴史性の議論でも、「世界‐歴史的なもの」と呼ばれる現存在ならざる存在者が、何といっても一種の歴史性格をおびたものとして論じ入れられていたように、時間内部性は、現存在自身がそれであるような時間規定性でもある。われわれだって、ある意味「時間の内に」存在しており、そのかぎりでは別に変わらないのだから。

そればかりではない。「世界時間」とは、現存在の時間性がおのずと自己解釈されて言い表わされたものであり、その性格として挙げられる「日付可能性」、「伸張性」、「公共性」、「有意義性」は、世界内存在の根源的時間性のあり方を映し出す「指標」と見なしうる。[2] その意味では「世界時間」の議論は、「歴史性」の分析と並ぶ、「時間性」のさらなる掘り下げの試みだと言ってよい。つまり、世界時間論は『存在と時間』の「前半」のもう一つの暫定的結論めいたものと見なせる、ということである。

第一部第二篇の最後に置かれた「時間内部性」の章は、その手前の「歴史性」の章と並んで、それに接続して書き継がれるはずだった第三篇「時間と存在」において展開されるはずの事柄を下拵えするものであった。――これが私の見立てである。

五　「時間性のある本質上の時熟可能性」

この見立ては、ひょっとして強引に映るかもしれない。だが、この解釈を裏書きしてくれそうなハイデガー自身の説明がある。第二篇冒頭の第四五節の、最後から二番目の段落である。実質的にはこれが――最後の段落は例によって章立ての列挙だから――この節の最終段落ということになる。ここは、第三篇への移行を予告している重要箇所の一つなのである。注意して読むに如《し》くはない。

そのもう一つ前の段落で第二篇第六章の「世界時間」論の骨子が説明されたあと、[3] こう述べられている。

> 世界内部的な存在者が「その内で」で出会われる「時間」の根源、つまり時間内部性としての時間の根源を解明してみると、時間性のある本質上の時熟可能性があらわになる。それによって、時間性のなおいっそう根源的な時熟に対する理解が準備される。現存在の存在にとって構成的な存在理解も、この時熟に

基づくのである。存在一般の意味の企投は、時間という地平のうちで遂行されうるのである。(SZ, 235)

最後の一文からして、存在一般の意味を「存在時性」という地平から企投するという、第三篇「時間と存在」の内容が先取り的に述べられていることは明らかである。第二篇の中心をなす「時間性」も「存在時性」に基づくことが、第三篇で分かるであろう、と最後から二番目の文章で言われている。いっそう重要なのは、それ以前に述べられていることである。

出だしの「時間内部性としての時間の根源」とは、世界時間のことだと解される。あるいは、さらにその由来をなす時間性といってもよいが、そのあたりを調べ直していくと、「時間性のある本質上の時熟可能性があらわになる」と言われている。そこから、「時間性のなおいっそう根源的な時熟に対する理解」がいよいよ準備される、というのである。そう、これぞ第三篇のテーマたる「存在時性」にほかならない。

もう一度言おう。世界時間を手引きとして時間性の時熟の仕方をさぐってゆくと、そこに「時間性のある本質上の時熟可能性」が立ち現われてき、そこから「存在時性」まで辿り着けるだろう、との見通しがここには語られている。第二篇の幕が閉じる第八三節の最終段落で「脱自的時間性それ自身が時熟する何らかの根源的な仕方」と言われていたのも、これと同じ事柄を指していると解せる。先ほど確認した通り、ここで問題は次の一点に絞られる――「時間性のこの時熟は、どのように解釈されうるのか」。

とはいえ、「前半」の末尾で、人を煙に巻くように語られている箇所よりも、「前半」の真ん中で、

「後半」をもっと親切に説明してくれている箇所のほうが、情報量が多いのは確かである。「時間内部性」→「世界時間」→「時間性」の連関をさらに掘り下げてゆけば、有望な「時熟可能性」を見出せる、と言われているのだから。

だが——と推測をさらに進めよう——既刊部分から得られる示唆は、それだけにとどまらない。「時間性」の時熟の仕方を精査するうえでは、「時間内部性」との連関に優るとも劣らず、「歴史性」との連関も、重要となってくるはずである。この二通りの暫定的結論めいたものの間柄を、『存在と時間』で活用される便利な言葉遣いで表現するなら、こう言えるだろう。「歴史性」と「時間内部性」とは、等根源的である、と。

じっさいハイデガー自身、「歴史性」の章の出だしの第七二節で、そういう言い方をしている。「〔歴史性と同じく〕時間内部性としての時間も現存在の時間性に「由来」するかぎり、歴史性と時間内部性は、等根源的なものであることが判明する」(SZ, 377) と。ただし、どうやらこの箇所では、歴史性と時間内部性が、時間性という等しい根源から発現してくることを、「等根源的 (gleichursprünglich)」と形容しているようである。これは「等根源性」の理念からの逸脱だと思われもするのだが、その点は措こう。(4) 少なくとも、両者が同位同格だとは言えるはずである。別の言葉を使うなら、時間性の時熟の現われ方は複数的だ、ということになる。歴史性と時間内部性は、一方を他方へ還元することのできない、等しい位格をそなえた、対等な二者なのである。

だが、平等の確認だけで話は終わらない。歴史性と時間内部性が、たんに同資格で相並んでいる、などということはありそうになく、両者は絡み合っているのでなければならない。あなたこそ西田風に力み返っていますねと言われそうだが、この点は決定的に重要である。「並存・並立（Nebeneinander）」にとどまらない「絡み合い・交叉・相互貫入（Ineinander）」の相を示しつつ、時間性は複数性において、時熟するのである。

ここで言う「複数性」とは、時間性が将来－既在性－現在という三つ巴の脱自態をなして時熟する、という意味ではない。もちろん脱自態相互の等根源性も重要だが、それにとどまるものではない。あるいは、本来的時間性と非本来的時間性の二様態がある、というのでもない。そうではなく、複数性における時間性の時熟とは、同位同格の時間性が複数あって、それらが緊密に絡み合って時熟する、という意味なのである。

六　歴史性と時間内部性の絡み合い

歴史性と時間内部性とが絡み合う「のでなければならない」のは、私のたんなる独断的主張ではなく、事柄として明らかだと思うが、まずは、現行の『存在と時間』にそれを示唆する記述が出てくることを確認しておこう。

先に引用した、歴史性と時間内部性が「等根源的」だとされる第七二節のくだりでは、こう言われている。現存在もまた「時間の内に」存在するし、歴史的に起こることも「時間の内で」起こる、そしてそれは、生命なき自然や生命ある自然の過程が「時間の内で」出会われるのと同じだ、と（SZ, 376-377）。ならば、歴史性よりも時間内部性のほうが包括的だし先に論ずるべきではないか、と言われかねないが、歴史性を通俗的時間概念のほうから理解したつもりになるのを避けるべく、あえて時間内部性より先に歴史性を論ずることにするのだ、と弁明されている（SZ, 377）。「自然と歴史」という領域区分で分かったつもりになりそうな事柄を、時間性から歴史性と時間内部性とが発現する二通りの仕方を解明することで、時間的に掘り下げようとしていることが分かる。

続く第七三節では、「歴史」の多様な意味を暫定的に列挙するさい、「時間の内に」存在するという意味では自然と歴史とは同じでありながら、区別されるとしたうえで、「もっとも、自然といえども、ある種の仕方では、このように〔人間の精神や文化の領域と〕解された歴史に属している」（SZ, 379）とされる。少し先の第七五節でも、道具や作品、建造物や施設と対比されつつ、「自然もまた歴史的である」（SZ, 388）と言われる。

このように、歴史性を主題とする第五章ですでに、自然と歴史のどちらも「時間の内に」存在することが繰り返し確認されるが、それは第六章の最初で、時間内部性を主題とすることの趣旨が説明されるときに再確認される。「存在者というのは時間の〈内で〉出会われるのであり、そのような時間が原則的な分析に値するのは、歴史のほかに自然過程も〈時間によって〉規定されているだけに、いっそう当然である」（SZ, 404）。

とはいえ、こういった自然と歴史の領域区分は、「自然科学 vs 歴史科学」という往年の学問論的区別立ての域を脱していないかに見える。教授資格講義「歴史科学における時間概念」（一九一五年）を行なった駆け出しの頃ならまだしも、新カント派やディルタイやフッサールと似たり寄ったりの二分法に囚われているようでは、本当のハイデガーを読んだことにはならない、と忠告する人もいるだろう。ましてや、そんな道具立てで「存在時性」の謎に取り組むなど覚束ない、と一笑に付されるのがオチだろう。

しかし私としては、繰り返しになるが、書かれざる「時間と存在」でよほどの「転回」のドラマが待ち受けていたと信じ込む前のめり的態度のほうこそ自重すべきではないか、と言いたい。根源的時間性に輪をかけて「最根源的」な「原時間」へ降り下ろうとしたり、かと思えば、超越論的時間地平をさらに超え出たメタメタ次元へ超出しようとしたりするのも、事柄から逸れていく空理空論でしかない。むしろわれわれは、「さしあたってたいていは歴史も、時間内部的な生起だと公共的には解されている」(SZ, 426) と、ハイデガーによっても確認されているような、歴史的なものと時間内部的なものの絡み合いの実相から、もう一度始めるべきではないか。その場合、ハイデガーがヘーゲル時間論の批評を締めくくるさいに洩らした、次の言葉にも十分な注意を払ってよいだろう。――「時間性は世界時間を時熟させ、その世界時間の地平において、〈歴史〉が時間内部的な生起として〈現象〉することができる」(SZ, 436)。ここには、時間性に等しく由来する世界時間‐時間内部性と歴史性の相互貫入的な時熟のありようが、おぼろにではあれ、告げられているように思われる。

歴史性と時間内部性の絡み合いに、なぜそんなにこだわるのか、と言われるかもしれない。一つには、、、そこから、歴史性の章に出てきた「生起一般の動性という存在論的な謎」(SZ, 389) に迫るための手がかりが、何かしら得られるのではないかと期待されるからである。この大問題の手前には、「世界‐歴史的な生起の存在論的構造という問題」(SZ, 389) も控えているとされるが、どちらも問題として放置されたままである。思い起こせば、既刊部分には宿題がいくつも残されており――たとえば「非性の存在論的意味」(SZ, 285) ――、それらすべてが、第一部第三篇「時間と存在」ではじめて持ち出されるはずの概念装置で片付くものだったか、は不明である。それにしても、たとえば「指輪」が、手渡されたり、指にはめられたりするとき、何かがその指輪とともに生起する、その「生起の動性」（SZ, 389）とはいかなるものかについてすら、いつまでも語れないままであってよいものだろうか。

そう考えてみれば、指輪という「物」のあり方について『存在と時間』の第二篇までを元手として語るには、歴史性と時間内部性の絡み合いをそこに見出すことが有望ではないかと思われてくる。青い鳥はどこか遠い彼方にいると思われて、じつはわれわれのすぐ近くに見つかるかもしれないのである。

では、その絡み合いをどう語るか。複数性における時間性の時熟は、どのようにして解釈されるか。――これが問題である。

七　四方界の反照‐遊戯

では、さっそく「指輪の現象学」を始めよう――と言いたいところだが、指輪物語異聞《いぶん》を紡ぎ出すことは、ここでは控えておく。その前に、参照すべきテクストがわれわれに豊かに与えられていることに気づく。そう、ハイデガー自身の現象学的記述である。しかも、後期と呼ばれる戦後のそれである。

思い起こしてみよう。「瓶《かめ》」や「橋」といった「物」についての即物的叙述は、物が物化し、世界が世界するという「生起」を、つまり物と世界が出来事としておのずと本有化するさまを語っている。しかもそこには、「大地」、「天空」、「死すべき者たち」、「神的な者たち」が絡み合う様子が、つまりそれら四者相互の「反照‐遊戯（Spiegel-Spiel）」が、絢爛《けんらん》と描き出される。そのような出来事として生起する「四方界（das Geviert）」では、自然的なものと歴史的なものとが共属し、相和《あいわ》しつつ張り合いを演じる。そして、天・地・神・人が仲睦まじく輪舞を舞う「世界」のそうした「柔和さの競技会（das

Gering)」を取り集め、しばしの間やどらせ続けているのが、倹《つま》しい「物」たちなのである。(5)

「時間性」や「存在時性」といったいかめしい概念の鎧《よろい》で覆われてこそいないが、「事物や作品」のうちに「歴史性」と「時間内部性」がおのずと「時熟」するさまが、いわばヘルダーリン風の軽やかさで歌い込まれていることが分かる。何気なくわれわれの身近にある物たちに、それどころか、瓶の空洞という「無」の中にすら、自然と歴史とが、人間と人間を超えたものとが、絡み合い睦み合うさまがあらわとなり、物と世界のはるかな広がりと奥行きが宏大に開けていることが、思い知らされる。

これはどういうことだろうか。『存在と時間』の歴史性の章において、「世界の生起」および「道具的存在者や事物的存在者の世界内部的な〈生起〉」(SZ, 389)と呼ばれていたものが、姿を変えて後期ハイデガーの「物と四方界」の物語という形で書き継がれていった、と解せるのである。亜流の徒が下手に贋作《がんさく》を拵えるまでもない。

ここでは、一九五一年の講演「建てること、住むこと、考えること」の終わりのほうに出てくる、「物と四方界」の範例的叙述を引いておこう。

しばしの間、シュヴァルツヴァルトの一軒の家屋敷に思いを致してみましょう。その屋敷は、二百年も前に、農民の住む営みによって建てられたものです。大地と天空、神的な者たちと死すべき者たちを織り合わせて単一に、物へと放ち入れる力能のたゆみなき一途《いちず》さが、ここに家を築いたのです。その農家は、風をよけられる南向きの山腹、草地の間、泉の近くにあります。こけら葺《ぶ》きの屋根が、広々と張り出して、ほどよい傾斜で雪の重みに耐え、深々と下方まで伸びて、長い冬の夜の吹雪から部屋を護ります。家族全員の食卓の後ろには、十字架像を安置した一角が忘れずに設《しつら》えられています。産褥《さんじょく》と、死者の木——この地方では棺《ひつぎ》のことをそう呼びます——のために聖別された広間が、空け渡されて部屋をなしていて、一つ屋根の下に、さまざまな年代の住人が歳月を過ごしてきたことが刻印されています。それ自身住むことから発した手仕事が、さまざまな道具や設備をやはり物として用いて、その屋敷を建てたのです。(6)

先にふれたように、『存在と時間』でも建物の例は挙げられていた。「建造物や施設もそれなりの歴史をもっている」(SZ, 388) と。あたかもその予告をいたずらとはすまいと言わんばかりに、四半世紀後にその同じ哲学者が、しかし別の筆致で、馴染みの山村の古い家屋敷の佇《たたず》まいを取り上げている。自然と人為のはざまに、死すべき生まれ出ずる者たちが、聖なるものに護られ、信仰を絶やさず、時代と世代を超えてこの地上に住むありさまが、物に事寄せて語られる。山地の風雪に年々歳々耐え、大きな屋根で大所帯の折々の暮らしを守る一軒の家。範例として選ばれたこの建物のうちに、自然的なものと歴史的なものの絡み合いが凝縮し、躍動していることが分かる。

物をして語らしめる、巨匠の物語りには脱帽するほかない。では、われわれに出る幕はないのか。もちろんそんなことはない。

八 共-存在時性の問題群

後期ハイデガーの「物」論に『存在と時間』の一種の続行が見られることを瞥見したが、それによって「後半」が書き継がれ、めでたく完成した、とまでは、まさか言えるはずもない。われわれにだってまだまだ出番がある。

これまで、第一部第二篇の最後の二つの章に重きを置いて話を進めてきた。それは、書かれざる第三篇のゆくえを憶測するのに、従来この部分にさほど注意されてこなかった感があるからである。だがもちろん、歴史性と時間内部性の交叉配列を書き足すだけで「時間と存在」を完成させられるとは到底思えない。まだまだ未開発の問題群を蔵する箇所が残されている。第二篇の中心に位置する第四章「時間性と日常性」である。

第一篇で行なわれた世界内存在の基礎分析をあらためて辿り直して「時間的に解釈する」この章は、思うに――しばしば取り沙汰される第六九節を除けば――この本の中で面白味を欠く部分である。本来性と非本来性の区別を、時間性の時熟という道具立てを用いて説明し直すことには、はっきり言って新味は感じられない。開示性の構成諸契機や、空間性といった第一篇からの主題を、時間的にもう一度解釈することにどこまで意義があるか、ピンとこないところがある。――などと生意気なことを言い出すと、「テクストを丹念に読み直せばいくらでも発見はあるはず。勉強し直しだ！」と叱られそうな気もする。われらの世代の先生方があらかたいなくなってしまったのは寂しいことである。

あら探しをしたいわけではないのだが、時間性を論ずる第二篇の中心章に物足りなさが感じられるようでは、第三篇の「存在時性」は大丈夫なのだろうか、と心配になる。他人事ではない。このままでは書き継げないのでは、と心細くなってくるのである。

じつはハイデガー自身そうだったのではないか、とつい憶測してみたくなる。大成功をもたらした「前半」刊行後の講義『現象学の根本問題』で、世の期待を一身に背負って「後半」を書き継ぐ試みに着手しようとした、その論調に、どこか空虚な感があることは拭えない。「存在時性」の時熟の仕方を「プレゼンツ」という表向きは新しい用語で説明してはみたものの、それが「時間性」の議論をなぞっているだけだということに、本人もどこかで気づいていたのではないか。「メタ存在論」という苦し紛れの言葉遣いを一時期試みたのも、その「迷い」を示しているように思われもする。

後知恵でも上から目線でもなく、どのようにして書き継ぐか、をまじめに考えようとすればこそ、そのままでは書き継げないのでは、との疑念が襲うのである。

『存在と時間』は、そのままでは先に進めない。書き継ぐには、何かが決定的に足りないのだ。では何が足りないのか。そうつらつら考えたとき、複数の時間性相互が絡み合って時熟する、という発展深化が必要だと思われてくる。しかも事実上その一歩手前まで「前半」は進んでいたことに気づく。歴史性と時間内部性が並び立つ形で終わっているという事実が、そのことを示唆している。両者が絡み合って時熟する可能性に、私がこだわるもう一つの理由がこれである。先に挙げたのは、「前半」で明言されていた課題――「生起一般の動性という存在論的な謎」――に取り組むうえで有望だ、という理由であった。今問題にしているのは、『存在と時間』に内在的というより、むしろ外在的な理由づけということになる。なぜなら、「後半」を書き継ぐには、この書の結構そのものを今や総入れ替えしなければならないからである。著者も言っていることだが。

物たちのもとで、人びととともに、この世界に現に存在していることの意味を、複数性における時間性の時熟としてあらためて捉える、という課題がここに生ずる。そのとき、本来性と非本来性の垣根は切り崩され、物たちの時間性と共同存在の時間性、始まりの時間性と世代の時間性が、相互に入り組んで呼応し合う時熟の相を示す。これを私はかねてより、「共‐存在時性（Co-Temporalität）の問題群」と総称している。(7)

古典の由々しき歪曲、改竄《かいざん》と目くじらを立てる向きもあろう。先生がいなくなって好き放題しゃべっていると思われるかもしれない。だが、これはわが師から受けた学恩への返礼でもある。「本来性と非本来性との絡み合い」という思想を、ハイデガーを超えて大胆に追究しようとしたその先達から、私は哲学することを学んだのだから。(8)

最後にもう一言、急ぎ付け加えたいことがある。時間性における本来性と非本来性の区別についてである。今私は、共‐存在時性の次元では、本来性と非本来性の垣根は切り崩される、と述べた。おそらく、ハイデガーの「存在時性」の考え方からしても、そう言わざるをえないだろう。とはいえ、区別がなくなるわけではない。後期ハイデガーにおいても、物に即して四者が反照‐遊戯を繰り広げる「四方界」と、一切を徴用物資として回転させる「総かり立て体制」とが、どぎつく対置された。それと同じように、「共‐存在時性」にも、まったく逆のあり方を置いて考えることができる。それを私は、「反‐存在時性（Kontra-Temporalität）」と言い表わしたいと思う。

3・11以後の哲学の可能性は、世界内存在をそっくり無差別化し虚無化しかねない核テクノロジー時代を、共‐存在時性の時熟ならざる、反‐存在時性の爛熟の時代として捉えることにある。――そう私は考える者である。

注

（1）拙文「木田元拾い読み——ハイデガーをいかに面白く論ずるか」（『KAWADE道の手帖　木田元　軽妙洒脱な反哲学』河出書房新社、二〇一四年、所収）八二頁。

（2）『存在と時間』において世界時間論の占める位置価および世界時間が根源的時間性を指し示す指標性格を有する点については、本書第六章「配慮される時間」を参照。

（3）『存在と時間』第四五節の最後から三番目のこの段落は、本書第八章「時間の有意義性について」で一文ずつ注釈して検討したので、そちらを参照。

（4）「等根源性」とは、ある全体を構成する部分が多様に並び立っていて、唯一の根源には還元できないことを表わす（vgl. SZ, 131）。それゆえ、歴史性と時間内部性が時間性という等しい根源をもつ、という意味に解するほかないこの箇所は、等根源性の理念とは相容れない用例となっている。„gleichursprünglich" を「等しく根源的」と一貫して訳している高田珠樹訳が、この箇所に関してのみ「その根源が等しい」と訳しているのは、適切であろう。とはいえ、ハイデガーの用語法のゆれを見過ごすべきではない。

（5）「反照‐遊戯（Spiegel-Spiel）」、「四方界（das Geviert）」、「柔和さの競技会（das Gering）」といった「物」論の用語の訳し方については、拙訳『ブレーメン講演とフライブルク講演　ハイデッガー全集第七九巻』創文社、二〇〇三年）を参照。

（6）Martin Heidegger, „Bauen Wohnen Denken", in: *Vorträge und Aufsätze*, Neske, 5. Aufl., 1985, S. 155 ; GA7, 162.

（7）「始まりの時間性」を「複数性における時熟」において捉えるという発想は、『死と誕生』で示したが、「共‐存在時性」という用語自体は、『死を超えるもの』で用いるようになった。『世代問題の再燃』もその続行である。

（8）渡邊二郎のハイデガー解釈の成果を踏まえつつ乗り越えて、『存在と時間』を積極的に活かす方向で「共‐存在時性の問題群」に取り組むという企ての助走として、本書第十四章「共‐脱現在化と共‐存在時性」を参照。

あとがき

読んだり書いたりしながら考えることに無上の喜びを感じ、それに没頭できる以外の時間はどのみち非本来的だと思って、私は生きてきた。そういう自分は時代から隔たった人間なのだと、いつしか自覚するようになった。携帯もスマホも不携帯というだけではない。自分で書いてきたものを眺め渡して、つくづくそう思う。いつもどこかしら世の趨勢に刃向かっているところがある。時代の流れだから……と同調することには、生理的嫌悪感をおぼえてしまうのだから、これはもう開き直るしかない。

大学の紀要に、自分の関心の赴くままに論文を掲載し、学会や研究会での発表も、業績作りというより、自分が発表したいから、好きで発表する。扱うテーマも、業界の流行などは気にせず、自分のこだわりだけで選ぶ。誰もやっていそうにない論題に目を付けて、自前の議論を展開する。かつて大学人にありがちだったそういう依怙地《いこじ》ぶりが、本書には旧態依然と表われている。本書に載せた試論はどれもきっと、今日の学会公募論文の審査基準からすれば、不採用——あるいはせいぜい書き直し再査読——となるに違いない。

古来、自分の時間を好きなだけ研究に捧げる悠長さが、学園で研究生活を送っている者にとっての王道であった。今日、そんな長閑《のどか》な時代は終わったと、大学人の誰もが考え、学者の証《スカラー》である自由時間《スコレー》を返上して研究という名の営業活動《ビジネス》に明け暮れている。業績を上げることが至上命題で、査読なし論文など業績に値しないとなれば、査読に通りそうな無難な論文しか誰も書かなくなる。それどころか、論文を日本語で書いてもムダだ、英語で書けというルールが、哲学研究の分野をも席捲しつつある。大学の授業をできるだけ英語で、と叫ばれているのだから、早晩、学会でもすべて英語で議論すべし、ということになろう。日本語が学術用語としては認められなくなる日が、すぐそこまで来ている。

時代遅れの人間である私は、そういった趨勢には付いていけない。ただしこれは弱気で言っているのではない。ものを考えるのは日本語で、ものを書くのも日本語で、これまで自分はやってきたし、これからもそれしかありえないと思っている。私にやれることは、日本語で考え、日本語で書くことに、どれほどの可能性があるかを、自分なりに示すことのみである。そこには、汲み尽くしえないほど豊かな可能性がある。その豊かさを実地で示すことを通じて、日本語で考え、日本語で書くことの可能性を奪われたらどれほど損失であるかを裏書きできれば、なおよいだろう。お手本通りのお行儀のいい論文とは一味違った、クセのあるハチャメチャ論文を、自由に発表できる場所があるのは悦ばしいことだし、そこでこそ本領を発揮できる自由な精神というものがあると、私は信じる。

私は若い頃、引用や固有名や注の一切ない哲学論文こそ理想だと信じていた時期があった。だが、むしろそれは不誠実であり内容も貧相になりがちだと思い至って以来、自分がこれだと思えるテクストから貪欲に吸収することを心掛けるようになった。その主たる相手がハイデガーであり、ニーチェ、アーレントなのだが、場合によってはカント、マルクス、アリストテレスであったりする。古典を読むことは、自分で考えることを鍛えるのに一番の近道であり、それを否定しては、哲学は始まらない。

その一方で、私はべつに哲学書の解釈をするためだけに生きてきたわけではない。自分はそのために生きてきたと思えるような本を、いつか書きたいと念願している。そして、その用意は少しずつ整ってきたように感じる。ここ十年来、助走に次ぐ助走を繰り返してきた。本書が、なかでもその第Ⅳ部が、一連の準備作業の区切りとなることを期している。その意味でも本書は、留年の果てに再提出した卒業制作という面をもつ。修学時代を終えるメドをようやく付けた今、本題たるべき「世界・時間・政治」に真正面から挑むことができるようになった。

最後に、ごく個人的な献辞を記すことをお許しいただきたい。

本書は私のハイデガー研究のささやかな集成であり、たかだかこの程度のことを成し遂げるのに私は三十年余を費やした。しかも、その歩みを寛大に見守ってくれた多くの方々のお蔭を蒙ってはじめてである。その最大の恩人を挙げるとすれば、わが師、渡邊二郎を措いてほかにない。本書に収めた拙論すべてを、そのつど私は、渡邊二郎という怖い読者に読んでもらうために書いた。第Ⅳ部に収めたものはどれも、二〇〇八年に師が亡くなったあとで書いたものだし、のみならず渡邊哲学批判という面をもつが、思いは何一つ変わっていない。暖かく見守ってもらっているという気持ちはかえって強くなった。私は、この地上で渡邊二郎という人と出会えたことを幸せに思う。そういう無二の邂逅というものがあるのだとすれば、この世も捨てたものではないし、どんな時代になっても、この世を肯定することができる。まれな出会いに満ちているからこそ、世界は美しい。

本書を、尊敬と友情をこめて、渡邊二郎に捧げる。

二〇一八年五月

森　一郎

初出一覧

第Ⅰ部　自己と世界

第一章　「ハイデガーにおける形式的暗示について」、哲学会編『西洋哲学史考』哲学雑誌第一〇五巻第七七七号、有斐閣、一九九〇年一〇月二〇日、所収。実存思想協会第六回大会（一九九〇年六月一六日、於東京大学本郷キャンパス）での同名の研究発表に基づく。

第二章　「死の明証」、東京大学文学部哲学研究室編『論集Ⅸ』一九九一年二月一五日、所収。

第三章　「自発性の回路――ハイデガー『存在と時間』における世界概念の再検討」、日本哲学会編『哲學』第四三号、法政大学出版局発売、一九九三年四月一日、所収。日本哲学会第五一回大会（一九九二年五月一七日、於甲南女子大学）での同名の研究発表に基づく。

第四章　「カント――感受性と〈主体〉」、大橋良介編『ハイデッガーを学ぶ人のために』世界思想社、一九九四年一一月三〇日、所収。実存思想協会・ドイツ観念論研究会第一回合同シンポジウム（一九九二年九月六日、於京都・楽友会館）での研究発表「感受性と主体」に基づく。

第五章　哲学会第三二回大会（一九九三年一一月七日、於東京大学本郷キャンパス）での研究発表「哲学的言説のパフォーマティヴな性格について」に基づく。未公刊。

第Ⅱ部　時間とその有意義性

第六章　「配慮される時間――ハイデガーの世界時間論」、東京大学文学部哲学研究室編『論集Ⅹ』一九九二年三月一六日、所収。その注を減らしたものが、「世界と時間――ハイデガー『存在と時間』における「世界時間」の問題」、日本現象学会編『現象学年報8』一九九二年一一月三〇日、所収。日本現象学会第一三回研究会（一九九一年六月三日、於上智大学）での研究発表「世界と時間――ハイデガー『存在と時間』における「世界時間」の問題」に基づく。

第七章　「時計と時間」、東京大学文学部哲学研究室編『論集XI』一九九三年三月一〇日、所収。

第八章　「時間の有意義性について」、東京女子大学紀要『論集』第四八巻1号、一九九七年九月二四日、所収。現象学解釈学研究会第一九回研究会（一九九四年一一月二六日、於八王子大学セミナーハウス）での同名の研究発表に基づく。

第九章　「技術と生産――ハイデガーからマルクスへ」、東京女子大学紀要『論集』第四七巻1号、一九九六年九月二〇日、所収。

第Ⅲ部　哲学と政治

第一〇章　「哲学の実存」、哲学会編『現代における哲学の意味』哲学雑誌第一一〇巻第七八二号、有斐閣、一九九五年一〇月二五日、所収。

第一一章　「ハイデガーにおける学問と政治――『ドイツ大学の自己主張』再読」、ハイデッガー研究会編『〈対話〉に立つハイデッガー』理想社、二〇〇〇年一二月二〇日、所収。

第一二章　「労働のゆくえ――「ハイデガーからアーレントへ」の途上」、千田義光・久保陽一・高山守編『講座　近・現代ドイツ哲学Ⅲ　ハイデッガーと現代ドイツ哲学』理想社、二〇〇八年五月二五日、所収。

第一三章　「出来事から革命へ――ハイデッガー、ニーチェ、アーレント」、ハイデッガー研究会編『ハイデッガーと思索の将来――哲学への〈寄与〉』理想社、二〇〇六年九月一五日、所収。

第Ⅳ部　哲学の可能性

第一四章　「共-脱現在化と共-存在時性――ハイデガー解釈の可能性（上）」、『思想』第一〇七七号、岩波書店、二〇一四年一月五日、所収、および「共-脱現在化と共-存在時性――ハイデガー解釈の可能性（下）」、『思想』第一〇七八号、岩波書店、二〇一四年二月五日、所収。

第一五章　「政治に対する哲学する者たちの応答可能性――ハイデガーという事例を手がかりに」、日本哲学会編『哲學』第六七号、知泉書館発売、二〇一六年四月一日、所収。これをもとに、日本哲学会第七五回大会シンポジウム「哲学の政治責任――ハイデガーと京都学派」（二〇一六年五月一四日、於京都大学）で提題を行なった。

第一六章　「『存在と時間』はどう書き継がれるべきか」、ハイデガー研究会編『Zuspiel』第1号、https://heidegger2017.wixsite.com/mysite/zuspiel、二〇一七年一二月、所収。ハイデガー研究会主催の「『存在と時間』刊行九〇周年記念シンポジウム」（二〇一七年一一月二五日、於青山学院大学）での同名の開会記念講演に基づく。

人名索引

＊「ハイデガー」は人名としては拾わず，著作名のみ拾い，別掲とした。
「著作名索引」参照。

あ 行

か 行

さ 行

た 行

な 行

は 行

ま 行

や 行

ら 行

わ 行

著作名索引

＊タイトル（または講義の場合開講年）に言及のあったハイデガーの著作のみ拾った。GA と略記されて引用，参照されているだけのものは拾っていない。学長時代の訓話等は個別には拾わなかった。また，『存在と時間』（SZ）は本書の至るところで引用，言及されているので拾わなかった。「jetzt:」とあるのは，本書では単行本に拠ったが，全集版にも収録されているもの。書名は『 』，収録テクストは「 」と使い分けたが，単行本として読まれてきたもので，全集に収録されているもののタイトルには，「 」ではなく『 』を用いた。

あ 行

『アリストテレスの現象学的解釈』（1921/22 講義／GA61） 21, 65, 93, 119, 217, 218, 233
「有るといえるものへの観入」（ブレーメン講演／in: GA79） 194, 195, 199, 203, 207, 277–81, 283, 288, 321, 423
『演説と，ある生涯のその他の証言』（GA16） 262, 284–87

か 行

「カール・ヤスパース『世界観の心理学』論評」（in: GA9） 5, 21, 22
「学長職 1933/34 年」（in: GA16） 265, 284
『カントと形而上学の問題』（jetzt: GA3） 71, 83
「技術への問い」（jetzt: in: GA7） 189–91, 193, 194, 203, 206, 207, 277, 280, 289
『黒ノート』（『考察』『注記』／GA94, 95, 96, 97f.） 379, 380–83, 385, 392, 399–401
「形而上学の克服」（jetzt: in: GA7） 288
『形而上学の根本概念』（1929/30 講義／GA29/30） 21, 98, 119
「芸術作品の根源」（in: GA5） 189
「現象学と神学」（in: GA9） 21, 22
『現象学の根本問題』（1927 講義／GA24） 53, 54, 71, 83, 117, 119, 336–40, 374–76, 420
『言葉の本質への問いとしての論理学』（1934 講義／GA38） 271–75, 285–87, 385
『根本諸概念』（1941 講義／GA51） 288, 289

さ 行

「思考の根本命題」（フライブルク講演／in: GA79） 257–61, 283, 288
「詩人は何のために」（in: GA5） 282
「シュピーゲル対談」（in: GA16） 240, 241, 243, 253, 264, 284, 286, 288
「真理の本質について」（1933/34 講義／in: GA36/37） 286
『ゼミナール』（GA15） 289
「創造的な風土」（in: GA13） 269, 286
「存在の問いへ」（in: GA9） 289

た 行

「建てること，住むこと，考えること」（in: GA7） 418, 423

『ツォリコン・ゼミナール』(jetzt: GA89) 117, 122
『哲学入門』(1928/29 講義／GA27) 254
「哲学入門」(1944/45 講義／in: GA50) 288
「哲学の根本の問い」(1933 講義／in: GA36/37) 283
『哲学の根本の問い』(1937/38 講義／GA45) 314
「哲学の理念と世界観問題」(1919 戦後緊急学期講義／in: GA56/57) 6, 21, 23
『哲学への寄与』(GA65) 287, 292, 293, 298, 303–12, 314, 345, 376, 377
『ドイツの大学の自己主張』(学長就任演説／in: GA16) 239–44, 246, 251–54, 256, 264, 266, 284, 297, 382, 384, 392
『同一性と差異』(jetzt: GA11) 283
『ドゥンス・スコトゥスの範疇論と意義論』(in: GA1) 22

な 行

『ニーチェ』(jetzt: GA6–1, 6–2) 78, 83
「ニーチェ『反時代的考察』第二篇の解釈のために」(1938/39 演習／GA46) 312

は 行

『始まりについて』(GA70) 314
『「ヒューマニズム」についての書簡』(in: GA9) 261, 283
『プラトン『ソフィスト』』(1924/25 講義／GA19) 218, 219, 221, 222, 225, 226, 229, 231, 233, 234
『ヘルダーリンの讃歌「ゲルマーニエン」と「ライン」』(1934/35 講義／GA39) 287, 288

ま 行

「マルティン・ハイデガーは語る」(in: GA16) 288

ら 行

「歴史科学における時間概念」(in: GA1) 415

事項索引

＊ハイデガーの用語や哲学上の術語には原語を添えて，訳語との対応を示すようにした（必ずしも一対一対応ではない）。一般的な語彙はその限りではなく，森自身の言葉遣いも同様だが（例：「〈いのち〉」），対応するドイツ語等を添えたものもある（例：「共－存在時性 Co-Temporalität」）。「解釈」「行為」「死」「時間」「存在」「哲学」など，一般的に用いられる頻出語は拾わなかった。ただし「世界」は拾った。

あ 行

アレーテイア　*alētheia*　190, 219
アレーテウエイン　*alētheuein*　190, 191, 219, 220, 222
おのずと　63, 76, 82, 165, 166, 190
〈いのち〉　116, 170–78, 182
　——のいわれなさ　173
　——のかけがえのなさ　174
　——の取り返しのつかなさ　174
　——の比類なさ　174
エピステーメー　*epistēmē*　190, 221, 222
終わりへの存在　Sein zum Ende　168

か 行

解釈学　Hermeneutik　5, 10, 12, 99, 406
　——的　hermeneutisch　11, 105, 121, 184
　——的直観　hermeneutische Intuition　10, 96, 217
　——的として　hermeneutisches Als　92, 108
カイロス　*kairos*　95, 359
画一的同質化　Gleichschaltung　267, 268, 277, 284, 285, 289
各自性　Jemeinigkeit　18, 23, 174　→「そのつど私のものであること」も見よ
各時性　Jeweiligkeit　3, 94
核時代　278, 378
核テクノロジー　372, 422
核分裂　378
核兵器　368, 369
隔世代的　tele-generational　366, 377
　隔世代倫理　365, 369, 372, 377
可死性　Sterblichkeit　62, 175
語り　Rede　3, 4, 9, 12, 13, 15, 16, 18–21, 23, 24, 26–31, 33–35, 39, 40, 42, 48, 49, 51, 92, 93, 98, 112, 161, 163, 373
語り返し　Entsprechen　387, 396–98
絡み合い　343–46, 351, 353, 354, 356, 360, 414, 416–19, 422
環境世界　Umwelt　7, 56, 155, 323, 324, 364
関係規定　Beziehungsbestimmungen　132, 134, 135, 139, 155
観照　189, 226, 228–32, 249, 250　→「テオーリア」も見よ
既在性　Gewesenheit　327, 328, 336, 342–45, 364, 374, 414
技術　Technik　144, 177, 186, 187, 189, 190, 191, 193, 196, 197, 198, 205, 206, 221, 256, 258, 261, 262, 277, 278, 281, 282, 289, 321, 372, 390

現代—— moderne Technik 191–95, 199, 200, 277, 279–81, 321, 372, 397
気遣い Sorge 113, 161, 162, 164, 166–69, 178, 270, 271, 273, 287, 326, 327, 346, 349, 353, 385
気分 Stimmung 20, 29, 39, 41, 46, 54, 77, 97–99, 116, 119, 287, 323, 38
勤労奉仕 Arbeitsdienst 263, 264, 269, 275, 276, 280, 281, 385 →「労働奉仕」も見よ
現象学 Phänomenologie 6–8, 10, 11, 54, 71, 85–88, 92, 93, 95, 96, 100, 106, 109, 118, 119, 124, 130, 156, 161, 185, 191, 217, 255, 301, 323, 337, 350–53, 376, 417
——的 phänomenologisch 7, 8, 10, 13, 20, 71, 76, 77, 85–89, 92, 98, 105, 106, 108, 111, 117–19, 121, 123, 127, 156, 160, 163, 191, 348, 351, 417
——的解釈学 5, 12, 290
——的存在論 351, 373, 406
解釈学的—— 10, 96, 99
世界内存在の—— 53, 54, 64, 104, 118, 120, 330, 352
現存在 Dasein 4, 12–18, 20, 21, 22, 23, 53, 54, 56–58, 60, 61, 64, 81, 98, 105–10, 113, 117, 120–22, 157, 161, 162, 167, 178, 179, 181, 182, 213–16, 218, 219, 225–27, 252, 270, 273, 285, 287, 292, 294, 308, 322–28, 331, 332, 335, 337, 343, 344, 348–50, 352–54, 357–59, 366, 375, 405–07, 409–11, 413, 414
形式化 Formalisierung 9, 11
形式的暗示 formale Anzeige 5, 6, 9, 11, 12, 14, 18–21, 23, 96, 167, 168
顕現（させる） entbergen 190–93
現在化 Gegenwärtigen 107, 112, 113, 117, 122, 123, 164, 179, 180, 275, 295, 297, 327, 328, 341, 342, 356, 357, 376
準—— Vergegenwärtigen 321, 342
脱—— Entgegenwärtigen 294–97, 329–31, 333, 335, 339, 341–44, 352–54, 358, 362, 368, 370, 374, 376, 378
共－脱—— Mit-entgegenwärtigen 333–36, 340, 341, 343, 344, 352, 353, 358, 362–64, 368, 370, 376
原子力／原子エネルギー Atomenergie 192, 257, 288, 369, 371
原子力時代 Atomzeitalter 288, 370, 372
原子力発電所 Atomkraftwerk 369, 370, 372
賢慮 111, 181, 189, 221 →「思慮」「フロネーシス」も見よ
公共性 Öffentlichkeit 114, 117, 121, 128, 163, 166, 182, 294, 295, 297, 359, 410
顧慮 Fürsorge 120, 328, 335, 348, 349, 353, 364, 365
根元学 Urwissenschaft/ Ursprungswissenschaft 5, 6, 95, 217, 218, 226

さ 行

再帰的 reflexiv 13, 16, 20, 61, 63, 64, 259
搾取 Ausbeutung 182, 195–99, 202, 204, 207
時間測定 122, 123, 125, 127, 143, 144, 148, 149, 151–53, 156, 359, 360
時間のエコノミー（節約／経済） Ökonomie der Zeit 122, 178, 182, 205, 207
時間のテクノロジー 205, 207
時間の配慮 108, 111, 119, 120, 161, 162, 165–67, 169, 178, 358, 359
時間性 Zeitlichkeit 105–08, 112–14, 116, 117, 161–64, 166–70, 175, 178–82. 257, 271, 275, 294, 297, 307, 312, 327–29, 337, 342–44, 347, 349, 352–55, 357, 358,

361, 362, 370, 371, 373, 376, 385, 405, 407, 407–12, 414–16, 418, 420–23
根源的——　105–09, 328, 358, 411, 416, 423
本来的——　105, 107, 116, 117. 119, 327, 329, 349, 361, 409, 414
複数性における——の時熟　375, 414, 417, 421
時間内部性　Innerzeitigkeit　107–08, 117, 120, 179, 358–59, 361, 363, 372, 410–18, 420–21, 423
時機／時宜　111, 119, 165, 181, 359, 360
志向性　Intentionalität　92–94, 111, 112, 120, 166, 185, 191, 217, 341, 353
自己解釈　Selbstauslegung　11, 16, 17, 58, 107, 108, 122, 151, 157, 163, 168, 179, 410
自己感受　77, 79–81, 84
自己服従　59, 60, 76
事実性／現事実性　Faktizität　31, 39, 47, 65, 95, 96, 144, 325, 326
——の解釈学　21, 65, 182, 218, 226
事実的生　faktisches Leben　5, 95, 218
死すべき者たち　die Sterblichen　273, 362, 364, 370, 371, 417, 418
死への存在　Sein zum Tode　116, 167, 168, 170, 175, 177
自然　Natur　64, 68, 71, 118, 130, 154, 172, 188, 190, 192–94, 196, 197, 199, 258, 269, 282, 289, 302, 357, 371, 390, 414, 415, 418, 419
実存　Existenz　4, 14, 15, 18, 19, 22, 23, 37, 38, 50, 81, 96, 121, 168, 174, 181, 187, 189, 211–13, 216–24, 226, 227, 229, 231, 233, 252, 253, 294, 308, 315, 322, 324, 326, 328, 347–51, 356–58, 361, 365, 366, 375, 376, 406
——カテゴリー　Existenzial　4, 53, 109, 115, 117, 118, 226, 271, 297, 325, 326, 329, 330, 331, 410
——的　existenziell　5, 20, 38, 216, 322, 325, 357, 360
——論的　existenzial　20, 60, 107, 109, 115, 120–22, 180, 322, 326, 348, 354, 355, 357, 376, 405, 410
——論的分析論　4, 16, 98, 215, 226, 274, 322, 410
自発性の回路　63, 64, 81, 176
自発的服従　66, 82, 311
事物的存在者　Vorhandenes　4, 122, 123, 179, 327, 328, 331, 357, 418
事物的存在性　Vorhandenheit　4, 406
資本　Kapital　197, 199–204, 207
——主義　Kapitalismus　178, 198, 200–02, 205
——主義的生産様式　178, 198–200, 202, 204
尺度　33, 34, 47, 48, 51, 122, 123, 127–30, 132, 135–43, 146, 147, 149–52, 154, 156, 241, 294, 307, 360
——する　127, 130–32, 136, 137, 139, 140, 142, 144–48, 150, 154
——されて得られた値　130–32, 137, 138, 140, 142, 145, 146, 148, 150
〈——されるモノ〉　130, 131, 137–42, 144–47, 149–51, 154
〈——するモノ〉　130, 131, 137–42, 144–47, 149, 150, 152, 154
自由時間　Freizeit　182, 204, 231
集立　193–200, 202, 203, 206　→「総かり立て体制」も見よ
主体性　Subjektivität　60, 67, 68, 70, 76, 82, 83
召集　Gestellung　194, 195, 202, 208, 209
将来　Zukunft　175, 182, 257, 272, 278, 294, 307, 309, 314, 315, 327–29, 333, 334, 342–45, 367, 370, 371, 374, 414
——する者たち　die Zu-künftigen

306, 309, 377
触発　Affektion　61, 79, 80, 84, 335, 336, 352, 353, 358
瞬間／瞬視　Augenblick　95, 114, 181, 225, 226, 272, 273, 294, 295, 305, 307, 327–29, 342, 343, 352, 389, 401
瞬機　222, 257, 359
情態性　Befindlichkeit　77, 84
剰余価値　Mehrwert　200–02, 204, 205
思慮　221, 224, 225, 227, 359　→「賢慮」「フロネーシス」も見よ
伸張性　Gespanntheit　114, 121, 163, 166, 358, 410
真理　Wahrheit　33, 35, 51, 87–89, 92, 189–91, 206, 212, 219, 220–23, 227, 233, 247, 248, 310, 322, 351, 358, 373, 376
実存の――　322, 358
直観――　Anschauungswahrheit　86–88, 96
陳述――　Aussagewahrheit　88
遂行　Vollzug　4, 8–12, 16, 23, 50, 86, 89, 93–98, 109, 120, 122, 168, 195, 214, 217, 218, 223, 225, 227, 249, 272, 335, 412　→「パフォーマンス」も見よ
――意味　Vollzugssinn　11, 22, 62, 93–95, 97, 98, 217
――的　12, 15, 16, 51, 89, 92, 99　→「パフォーマティヴ」も見よ
生産　178, 188–90, 197–202, 204–07, 258, 259, 279, 390　→「ポイエーシス」も見よ
再――　Reproduktion　201, 202, 204, 205, 259, 281, 282
生の感応 Lebenssympathie　8, 10, 217
世界　Welt　5, 37, 52–58, 60–63, 65, 66, 68, 105, 107, 109, 114–16, 118, 154, 164–66, 176, 179, 180, 188, 229, 260, 261, 263, 268, 300, 321, 323–26, 333, 337, 339, 340, 342, 348, 359, 362, 365, 366, 368–71, 373, 398, 410, 417, 418, 421
〈世界〉　»Welt«　108, 109, 117, 118, 182, 188, 324, 325, 348, 354
――性　Weltlichkeit　52–54, 65, 114, 164, 179, 323
――時間　Weltzeit　104–10, 114, 115, 117–20, 124, 157, 160–62, 164, 165, 179, 180, 358–60, 410–13, 416, 423
――内存在　In-der-Welt-sein　53, 54, 56, 63, 64, 115, 117, 179, 185, 321, 324, 325, 328, 329, 337, 340, 343, 344, 348–50, 353, 358, 359, 361, 366, 370, 375, 409, 410, 420, 422
――内相互共存在　164, 335, 359, 360
本来的――内存在　348, 349, 352, 354, 368
――内部的　innerweltlich　53, 55–57, 61, 65, 107–09, 113, 117, 118, 179, 323, 325–27, 331, 332, 334, 355–60, 410, 411, 418
――－歴史　Welt-Geschichte　331, 332, 334, 362, 368, 410, 416
世代　Generation　135, 309, 334, 335, 361, 362, 364–68, 370–72, 378, 419–21
先駆　Vorlaufen　105, 117, 177, 327, 329, 343, 347, 348, 359, 409
総かり立て体制　Ge-Stell　261, 262, 277–82, 289, 321, 385, 397, 422　→「集立」も見よ
総動員（態勢）　193, 194, 263, 289
測定行為　125, 130, 132, 137, 156
測定される時間　122, 127, 129, 130, 142, 143, 148, 152, 153
そのつど私のものであること 18, 23　→「各自性」も見よ
ソフィア　*sophia*　189, 221–28　→「知恵」も見よ
尊敬　Achtung　71, 74, 75, 77, 79–84, 395
存在意味　Seinssinn　12, 95, 105, 106, 108, 161, 162, 167, 343, 405, 409

存在への問い　Frage nach dem Sein　11–15, 23, 186, 187, 213–15, 268, 320, 322, 334 349
存在させる　seinlassen　53, 55, 58
存在者　Seiendes　4, 5, 12–15, 17, 18, 32, 35, 52, 54, 55, 57, 58, 68, 72, 78, 94, 107, 108, 113, 122, 123, 125, 126, 139, 150–53, 156, 161–63, 178, 188, 198, 213, 214, 217, 247, 248, 261, 270, 271, 274, 275, 287, 320, 322–24, 326, 327, 331, 333, 334, 357, 358, 360, 362, 371, 406, 410, 415
存在者的　ontisch　14, 55, 58, 143, 144, 322–25, 335, 357, 406
　——基礎　ontisches Fundament　152, 156, 357, 360, 406
　存在者論　Ontik　156, 320–22, 357
存在論　Ontologie　4, 11, 13, 83, 114, 160, 188, 227, 256, 271, 275, 276, 281, 320, 322, 369, 404, 406
　——的　ontologisch　4, 20, 21, 55–58, 67, 84, 93, 109, 114, 120, 122, 123, 143, 144, 152, 153, 156, 165, 169, 180, 185, 186, 188, 270, 274, 279, 289, 322, 324, 332, 344, 348, 349, 354–58, 406, 416, 421
　——的おせっかい　56
　——的差異（差別）　ontologische Differenz　320, 386
　基礎的——　Fundamentalontologie　14, 53, 271, 322, 336, 349, 405
　メタ——　Metontologie　156, 320, 357, 406, 421
存在時性　Temporalität　105, 117, 344, 353, 354, 360, 373, 376, 408, 409, 412, 415, 418, 420–22
　共－——　Co-Temporalität　344, 353, 358, 360–63, 365, 370–72, 375, 422, 423
　反－——　Kontra-Temporalität　370–72, 378, 422

た 行

対照規定　Kontrastbestimmungen　134, 135, 139, 155
退屈　Langeweile　27, 98, 99, 110, 119, 153, 272, 274
脱－体験化　Ent-leben　7
脱世界化　Entweltlichung　114
知恵　189, 206, 221, 223, 228, 229, 232, 391　→「ソフィア」も見よ
蝶番　60, 109, 259
挑発（する）　herausfordern　46, 98, 192–99, 257, 278, 280, 390, 404
徴用（する）　bestellen　194, 271, 280, 281, 288, 422　→「用立てる」も見よ
直観　Anschauung　10, 85–88, 96, 99, 221, 225, 228, 229, 232, 341, 356
抵抗　15, 19, 20, 31, 39, 42, 62, 80, 81, 84, 97, 177, 182, 241, 247
　有限性への——　177
テオーリア　*theōria*　189, 228, 229, 231, 232, 248–50, 254, 395　→「観照」も見よ
出来事　23, 28, 29, 37, 38, 78, 80, 90, 91, 94, 113, 151, 153, 161, 165, 216, 257, 277, 283, 287, 291–93, 298, 299, 304, 305, 307, 308, 310, 311, 314, 334, 342, 344, 357, 360, 370–73, 389, 417
　大いなる——　293, 299, 300, 301, 304, 314
　本有化の——　Ereignis　292, 304, 334, 377
適所（性）　Bewandtnis　52, 54–57, 59, 111, 115, 323
　——を得させる　bewendenlassen　55, 58, 60, 323
テクネー　*technē*　189–91, 198, 205, 206, 221, 222
テクノロジー　45, 187, 191, 206, 277,

356, 371, 390
等根源的　gleichursprünglich　57, 58, 76, 77, 155, 175, 264, 307, 343, 344, 348, 349, 352, 413, 414
　等根源性　Gleichursprünglichkeit　120, 413, 414, 423
道具的存在者　Zuhandenes　52, 54, 55, 114, 179, 322–24, 327, 328, 331, 355, 356, 418
　道具的存在性　Zuhandenheit　172
道徳法則　Sittengesetz　65, 70–76, 78–80
当事者性　16, 18, 19, 31, 44
動性　Bewegtheit　15, 16, 19, 30, 31, 42, 54, 62, 63, 68, 81, 332, 354, 416, 417, 421
統率的　archontisch　11, 22, 120, 175
時計　113, 121, 122, 125–27, 130, 142–51, 153, 163, 182, 359, 360
　――という存在者　125, 126, 153
　原子――　115, 144
　砂――　145
取り返しのつかなさ（つかない）　37, 39, 40, 174, 175, 390

な 行

ヌース　*nous*　221, 222, 228

は 行

配慮　Besorgen　59, 107, 108, 111, 112, 116, 152, 177–79, 181, 182, 273, 322, 325, 328, 348–50, 353, 355–58, 361, 364
　――される時間　besorgte Zeit　104, 110, 112, 113, 115, 117, 119, 122, 152, 160, 162–64, 169, 180, 355, 358, 360, 361, 376, 410
パフォーマティヴ　12, 91, 94, 96, 97　→「遂行的」も見よ
パフォーマンス　62, 89, 90, 91, 94–97, 120, 168, 218, 227　→「遂行」も見よ
反照規定　Reflexionsbestimmungen　139, 140, 141, 147
反照的　61, 65, 98, 145, 147, 149–51
反転可能　umkehrbar　61, 133, 147
　――性　Umkehrbarkeit　135, 138, 139, 141, 150, 155
日付可能性　Datierbarkeit　113, 114, 117, 121, 151, 157, 163, 166, 179, 358, 410
不安　Angst　47, 54, 98, 116, 166, 211, 325, 328
物象化　Verdinglichung　141, 163, 407
プラクシス　*praxis*　189, 228, 231, 232, 250, 254, 272, 395
ふるまい　Verhalten　26, 59, 61, 90–96, 99, 110, 111, 121, 165, 166, 180, 217, 218, 220, 273, 287, 322, 372
フロネーシス　*phronēsis*　181, 189, 221, 222, 224–28, 250, 359　→「賢慮」「思慮」も見よ
弁証法　Dialektik　30, 140, 156, 257, 258, 290, 350–52, 375
　――的　dialektisch　86, 123, 256–60, 347, 350, 351
ベシュタント　Bestand　192, 279, 280, 288, 289　→「用象」も見よ
保有　Behalten　107, 112, 117, 179–81, 327, 342, 356
忘却　Vergessen　43, 123, 140, 181, 225, 295, 308, 327, 348
ポイエーシス　*poiēsis*　188, 190, 192, 194, 198, 200–02, 205–07, 272

ま 行

民族　Volk　241–45, 251–53, 263, 265–67, 269–71, 286, 288, 361, 366–69, 371, 377, 382, 385, 394–97, 401
明証（性）　Evidenz　13, 43, 49, 50, 51, 131
　――的　evident　35, 36, 49, 50
無差別　Indifferenz/ indifferent　4, 18,

113, 131, 135, 136, 140, 289, 325, 327, 364, 368, 371
無差別化　269, 422
もとでの存在　Sein-bei　113, 164, 297, 325–33, 343–50, 354, 355, 357, 358, 362, 368, 372–74

や 行

有意義性　Bedeutsamkeit　52–54, 60–65, 115–17, 158–60, 163–66, 169, 176–82, 185, 323, 324, 358, 359, 373, 410
有限性　Endlichkeit　106, 107, 116, 121, 167–70, 175–77, 182, 232, 358, 360
――の分析論　169, 175, 176, 182, 183
用象　192–95, 198, 199, 203　→「ベシュタント」も見よ
用立てる　192, 193, 195, 196, 198, 203　→「徴用」も見よ
予期　Gewärtigen　107, 112, 117, 179–81, 308, 327, 342, 343, 356–58

ら 行

理解　Verstehen　91, 97, 117, 152, 166, 199, 220, 241, 249, 250, 270, 272, 341, 404, 411, 412, 414　→「了解」も見よ
理論　Theorie　92, 144, 155, 177, 217, 218, 221–24, 226, 248–50, 254, 355, 361, 391
――的　theoretisch　6–9, 49, 128, 155, 161, 187, 221, 222, 274, 277, 301, 323, 355, 356, 358
――化　Theoretisierung　7–9
先――的　vortheoretisch　6, 7, 10, 217
了解　9, 10, 15, 19, 20, 27, 30, 31, 40–43, 53, 56–58, 60–63, 96, 97, 104, 108, 110, 112, 115, 116, 120, 159, 160, 179, 182, 188, 190, 214, 244, 265, 287, 294, 295, 322, 323, 329, 344, 356　→「理解」も見よ
――するようほのめかす　zu verstehen geben　18, 60, 61, 62, 64, 65, 165
良心　Gewissen　20, 23, 64, 225–27, 231, 237, 287, 347, 351, 377, 395, 396, 409
歴史性　Geschichlichkeit　106, 122, 164, 257, 271, 294, 295, 326, 329–32, 334, 352, 354, 358, 360–63, 366, 367, 372, 409–11, 413–18, 420, 421, 423
ロゴス　*logos*　4, 21, 108, 386, 396　→「語り」も見よ
労働　Arbeit　178, 183, 204, 207, 230, 251, 252, 254, 256, 258, 259, 261–85, 287–89, 385, 390
――時間　Arbeitszeit　121, 178, 202, 204, 205, 230
――者　Arbeiter　196, 197, 204, 263, 266, 267, 269–71, 273, 274, 276, 280, 281, 283–86, 288, 289, 390
――奉仕　Arbeitsdienst　251, 254　→「勤労奉仕」も見よ
――力　Arbeitskraft　196, 199, 202, 204, 205, 275

ハイデガーと哲学の可能性
世界・時間・政治

2018年 8月 25日　初版第 1 刷発行

著　者　森　一郎
発行所　一般財団法人　法政大学出版局
〒102-0071 東京都千代田区富士見 2-17-1
電話 03(5214)5540　振替 00160-6-95814
組版：HUP　印刷：三和印刷　製本：誠製本

Printed in Japan

ISBN978-4-588-13025-0

著　者

森　一郎（もり いちろう）

1962年埼玉県生まれ。東京大学文学部卒業。東京大学大学院人文科学研究科修士課程修了，同博士課程中途退学。東京大学文学部助手，東京女子大学文理学部専任講師，助教授，教授を経て，現在，東北大学大学院情報科学研究科教授。博士（文学）。専攻は近現代ドイツ哲学，現代における哲学の可能性。著書に，『死と誕生——ハイデガー・九鬼周造・アーレント』（東京大学出版会，第21回和辻哲郎文化賞・学術部門受賞），『死を超えるもの—— 3・11以後の哲学の可能性』（東京大学出版会），『世代問題の再燃——ハイデガー，アーレントとともに哲学する』（明石書店），『現代の危機と哲学』（放送大学教育振興会），共編著に，『ハイデガー読本』『続・ハイデガー読本』（法政大学出版局），訳書に，ハイデッガー『ブレーメン講演とフライブルク講演　ハイデッガー全集第79巻』（創文社），アーレント『活動的生』（みすず書房，第52回日本翻訳文化賞受賞），ニーチェ『愉しい学問』（講談社学術文庫），など。